三吉慎蔵日記《みよししんぞうにっき》　下
2016年９月20日初版第１刷印刷
2016年９月30日初版第１刷発行
監修者　三吉治敬
編者　古城春樹・中曽根孝一
協力　一般財団法人三吉米熊顕彰会／米熊・慎蔵・龍馬会
発行者　佐藤今朝夫
発行所　株式会社国書刊行会
東京都板橋区志村1-13-15　〒174-0056
電話03-5970-7421
ファクシミリ03-5970-7427
URL：http://www.kokusho.co.jp
E-mail：sales@kokusho.co.jp
印刷所　三松堂株式会社
製本所　株式会社ブックアート
ISBN978-4-336-06040-2 C0021

［監修者］

三吉治敬（みよし・はるたか）

長府藩士三吉慎蔵の曽孫。

一九三八年長野県生まれ。東京理科大学理学部卒業。一般財団法人三吉米熊顕彰会業務執行理事。米熊・慎蔵・龍馬会理事兼運営委員。著書に、『坂本龍馬関係写真集』（国書刊行会、二〇一四年、監修）がある。

［編者］

古城春樹（こじょう・はるき）

一九六八年山口県生まれ。島根大学法文学部卒業。現在、下関市立歴史博物館館長補佐／下関市立東行記念館館長。専攻、幕末史（政治史）。著書に、『龍馬とお龍の下関―海峡に遺した夢のあと』（瞬報社、二〇〇九年）、『山口県の不思議事典』（新人物往来社、二〇〇七年、共著）、『長府藩士三吉慎蔵　坂本龍馬非護衛説について』「九州文化図録撰書9　長州維新の道〔下〕」（のぶ工房、二〇一一年、共著）などがある。

中曽根孝一（なかそね・こういち）

一九五一年長野県生まれ。一般財団法人三吉米熊顕彰会業務執行理事。米熊・慎蔵・龍馬会運営委員兼事務局総務。日本感性工学会評議委員。「蚕都上田と三吉米熊」、「幕末三舟と上田」、「坂本龍馬なぜ上田に！」、「幕末の志士たちと上田」、「蚕業教育がなしえた蚕都上田の基盤」、信州大学繊維学部創立100周年記念特別展「蚕都上田の蚕業実業教育と蚕業高等教育を振り返る」、「近代産業の礎を築いた三吉米熊の軌跡」などの特別展・企画展を運営管理。

人名索引

1．氏名のうち名字だけ判明して名前がわからない人物については名字だけを、氏名のうち名字が不明で名前だけ判明している者は、名前だけを採録した。

2．日記中において名前を用いて言及されていないが、役職名や属性（たとえば別の人物との続柄）を用いて言及されていて、その人物が個人として特定できる場合にも採録した（例「宮内大臣」→「伊藤博文」、「二位公」→「毛利元徳」、「宮殿下」→「北白川宮能久親王」、「井上夫人」→「井上武子」）。ただし、「北白川宮」など人物名でありながらも、それが個人ではなく屋敷や場所などを指す場合は、採録しなかった。

3．２の場合において、ある人物について言及する際に用いられている別の人物（例「栢貞香家内」の「栢貞香」）については、その全体（「栢貞香家内」）を一単語とみなして、そこに氏名が記されていても、採録しなかった。

4．「御子様方」「御惣容様」など対象となる人物が複数あって個人の特定が難しい場合は、採録しなかった。

5．同一人物の名字や称号などが変わる場合（例「印藤聿」→「豊永長吉」、「東伏見宮彰仁親王」→「小松宮彰仁親王」）、あるいは幼名の場合（例「騄尉」→「毛利元徳」）には、それぞれの項目は立てたが、記載ページはまとめて示した。

6．人物を同定するために必要な属性や日記本文の人物名表記が一定していない場合の複数表記を、判明している限りにおいて人物名に続けて記した。

7．日記中における同一人物の漢字表記で同音同義語（例「嶋／島／嶌」）が混在している場合は、いずれか一つを採用した。

8．日本人や中国人（清国人）の名称については、姓—名の順で記し、欧米人の名称については、名—姓など（ファーストネーム—〔ミドルネーム〕—ファミリーネームなど）の順で記した。

あ

アーサー・ウィリアム・パトリック・アルバート　下…29
アウグスタ・フォン・ザクセン＝ヴァイマル＝アイゼナハ　下…601, 603
青木　上…264, 306, 308／下…56
青木周蔵　上…351,377, 540／下…593
青木チキ子　下…55, 56
青木行方　上…115, 385
青木弥七　上…369
青柳　下…99
青山　上…314
赤川エイ　下…191
赤木一郎　下…371
赤沢四郎左衛門（董清）　上…24
赤禰武人（貞一）　上…64
赤松次郎　下…457
昭宮猷仁親王　上…442, 504, 505
秋山　下…563
秋吉　下…407
浅香茂徳　上…153, 154, 157, 158, 179, 223, 246, 254, 256, 260, 265, 271, 273, 274, 286-289, 301, 305, 334, 339, 352-354, 360-362, 517, 518, 520, 564／下…600
浅吉　下…264
朝倉義高　上…454, 456
麻田公輔→周布政之助
麻田左二平　上…176
浅田進五郎（熙光）　上…103, 126, 146-151, 154, 157-160, 162-165, 167-171, 174-177, 183, 185, 191-194, 196-198, 203, 205, 206, 209, 211, 213, 215, 223, 224, 229, 233, 234, 238-245, 247, 249, 251, 256, 261, 262, 265, 266, 270, 271, 273-275, 277, 278, 286, 287, 289, 290, 292-294, 301, 302, 304, 307, 312, 313, 322-325, 397, 399, 401-404, 406, 407, 409, 421, 424, 425, 432, 433, 436-440, 444, 448, 450-452, 454, 455, 464, 469, 470, 475, 499, 504, 507, 508, 512, 520, 531, 536-538, 541, 543, 544, 548, 568, 571, 574, 576, 579, 582／下…9, 27, 30, 581, 583, 585, 586, 590, 593, 601, 602
浅野　上…146
浅野〈老人〉　下…397, 401, 420, 481, 510, 532
浅野一之　上…146, 263, 309, 561, 562／下…36, 39, 94, 126, 140, 191, 368, 370, 381, 391, 406, 421, 453, 457, 484, 487, 489, 499, 527-529, 546, 559, 566
　～の姉　下…290, 313
　～の子　下…527
　～の妻　下…520, 533
浅野教（常太郎、為規）　上…33, 35／下…324
　～の妻　下…37
浅野茂勲　上…65
浅見　下…176
浅海　下…557, 564, 565
麻見義脩　上…138, 158, 321
東瑞夫　下…44, 116, 277
麻生　下…587
麻生三郎　上…106, 148, 150, 151, 153, 154, 158, 159, 167, 171, 172, 175, 178, 185, 190, 191, 198, 202, 215, 234, 249, 257, 268, 276-278, 299, 307, 309, 312, 327, 330, 331, 335, 336, 338, 340-345, 353, 360, 363, 371, 382, 384-387, 391, 393, 395, 397, 398, 408, 409, 418, 420-423, 425, 426, 428, 430, 432, 433, 435, 438, 439, 441, 447, 448, 459, 472, 474, 476, 479, 485, 487, 490, 491, 494, 498, 503, 505, 509, 515, 517, 520, 522, 524, 529, 537, 549, 554, 555, 560, 572, 574／下…9, 11, 12, 15, 17-19, 21-23, 25, 29, 30, 32, 34, 41, 43, 51, 56, 58, 60, 61, 75, 82, 83, 100, 101, 104, 152, 159, 160, 166, 188, 199, 206, 225, 273, 306, 339, 340, 353, 363, 364, 388, 389, 592, 603
麻生延太郎　上…153, 177, 191, 245, 299, 433, 447, 520, 555, 574／下…13, 19, 28, 30, 71
阿曽沼荒太郎　上…16
阿曽沼鹿　上…190, 191, 317
阿曽沼正治　上…322
阿曽沼次郎　上…160, 177, 190, 191, 194-196, 200, 211, 257, 264, 302, 303, 322-324, 331, 352, 378, 402, 412, 422, 449, 564, 571, 572／下…15, 141, 151, 417, 421, 423, 462, 491, 492, 495, 529, 546, 563
阿曽沼ミサ　上…177, 178
足立正声　上…151, 188, 198, 299／下…582
足立正義　下…19
跡見花蹊　下…77
安部嘉右衛門　上…59
安部平右衛門　上…99
天野　下…373
天野謙吉　上…59
荒井　上…173

荒瀬カメ　下…327, 328, 555
荒瀬俊太郎　下…178, 180, 338
荒瀬新八　下…138, 139, 151, 178, 263, 265, 266, 328, 338, 362, 363, 370, 440, 453, 455, 482, 535, 536, 555, 556, 565
〜の養父　下…440
荒瀬為蔵　下…453
有川　下…321
有川恒槌　上…57, 163, 164
有実　下…533
有栖川宮績子女王　上…401／下…587
有栖川宮幟仁親王　上…235, 363, 364／下…598-600
有栖川宮威仁親王　上…179, 180, 189, 202, 208, 306, 429, 525／下…27, 587
有栖川宮威仁親王妃慰子　上…202, 208, 525／下…587
有栖川宮熾仁親王　上…109, 119, 127, 133, 151, 152, 154, 156, 160, 163, 164, 170-173, 180, 183, 184, 192, 198, 202, 208, 229, 248, 269, 270, 286, 295, 302, 307, 386, 388, 436, 454, 459, 469, 593, 599／下…25, 33, 307, 585, 586, 591, 594, 608
有栖川宮熾仁親王妃董子　上…208
有住　下…141, 206
有光〈江下住人〉　下…44
有光〈墓地管理者〉　下…519
有光嘉蔵　下…39, 55, 542-544
有光嘉蔵カ　上…563
有光米蔵　下…199
アルベルト・ヴィルヘルム・ハインリヒ　上…120
アレクサンドル・ダヴィドフ　下…593
粟屋景明　上…160, 161, 190, 191, 195, 232, 412, 491, 494, 540／下…26, 42, 82, 156
粟屋左門　上…202, 203
粟屋帯刀　上…66
粟屋弾蔵　上…12
粟屋主税　上…40
粟屋増太郎（四郎兵衛）　上…17
粟屋族（景恒）　上…16, 54
安藤　下…439, 457
安藤精五郎　上…200, 202, 226, 257, 279, 299, 303, 385, 391, 422, 431, 433, 474, 517, 533, 555, 574／下…25, 32, 34, 41, 58, 249, 388
安藤善作　下…387, 390, 391, 425, 429, 441, 448, 457, 464, 515

い

井伊直弼　上…45
飯田　下…176
飯田右源太（信宜）　上…18
飯田親　上…454, 463
飯田信臣　上…549／下…57, 59, 131, 132
飯田又兵衛（信時）　上…27, 40
飯田松三　上…560
飯田遊夢（橘馬）　下…131
伊右衛門　下…500
生田純貞　下…178
井口寅吉　下…105
池内蔵太（細川左馬之助）　上…69, 70／下…571, 572
池田謙斎　上…122, 159, 361, 490, 509
伊国親王宮　上…381, 382
生駒伝兵（利軌）　上…16
生駒直一　下…130, 132, 148, 297, 347, 425, 433
〜の妻　下…429
伊佐清康　下…181, 182, 189-191, 239
伊佐源左衛門（包高）　上…42
石川　下…124
石川　下…566
石川清之助→中岡慎太郎
石川満直（房太郎）　下…124
石川守一　下…25
石川守一カ　下…101, 267, 457, 459, 463, 514
石川良平　上…489, 497, 570／下…130, 149, 217, 365, 405, 420
〜の妻　下…520
石川良平カ　下…34, 347, 523, 539
石河光晃　上…67
石黒　上…555, 556
石崎　上…556, 557
伊地知正治　上…72／下…574
石津幾助　上…98, 102, 151, 172, 223, 262, 264, 303, 322, 366, 525, 570／下…27, 29, 42-44, 283, 290, 291, 323, 347, 368, 372, 387, 392, 397, 403-406, 408, 411, 415, 416, 420, 427, 430, 431, 433-435, 442, 457, 466, 467, 471, 473, 489, 515-517, 528, 546, 565
〜の妻　上…322／下…44, 78, 403, 404, 406, 421
石橋政方　上…454, 456, 457
伊集院金次郎　上…73／下…574

泉重吉　下…493
泉十郎（野々村勘九郎、茂次）　上…57, 58, 66, 163, 164
泉（屋）栄吉　下…214, 546
井関美清　上…141, 148, 153, 154, 157, 179, 182, 186, 190, 197, 200, 204, 211, 213, 218, 235, 240, 246, 252, 254, 260, 262, 265, 272–275, 285, 287, 289, 290, 298, 301, 302, 305, 315–318, 410／下…7, 16, 59, 146, 157, 168, 171, 175–177, 179, 202, 205
磯崎岩槌　下…294
磯村　下…230
磯村定之　上…174, 233
磯谷一助（市介）　上…100／下…164, 530, 535
磯谷謙蔵（春冨、和智格）　上…31, 56, 57
磯谷春三　下…228
井田譲　上…370, 372, 376, 381, 382, 384–388, 390, 392, 393, 397–399, 410, 412, 419, 420, 422–425, 427, 428, 430–432, 435, 441, 443, 449, 450, 474, 578
　〜の妻　上…208, 386
板垣　下…91
板垣熊太郎　上…518
板垣禎三　下…219, 387, 398, 403–406, 408, 412, 421, 455, 484, 502
板垣直貞　上…528／下…122
板原九郎左衛門　上…7
板原林之助（之賢）　上…22
伊丹重賢　上…183
市岡義介　下…223, 257, 290, 320, 403, 420, 432, 435, 448, 454, 458, 466, 473, 535, 542
市川亮明　下…17, 21, 70, 81, 111–114
伊秩右膳（義儔）　上…8–10
伊秩九郎兵衛　下…90
伊秩元処　下…314
伊秩脩平（修平）　下…124, 219
伊秩脩平（修平）ヵ　下…347, 351, 370, 477, 488, 528, 546
伊秩主馬（運尭）　上…32, 35, 40
伊秩紀邦　下…349
伊秩安之助（久香）　上…32
井出信重　下…114, 116, 118–120, 147, 151
伊藤　上…164
伊藤　下…22
伊藤〈豊永隣家〉　下…557
伊藤〈侍医〉　下…603–605
伊藤梅子　上…208, 430
伊藤九三（助太夫）　上…73, 89／下…575, 576
伊藤男二　下…225
伊藤博文　上…90, 99, 194, 195, 234, 236, 240, 248, 256, 257, 263, 269, 278, 287, 292, 300, 302–304, 307–309, 314, 317, 325, 326, 330, 337, 345, 359, 365, 370–372, 377, 383, 384, 386, 388, 389, 391, 396, 398, 404, 408, 419, 423, 424, 427, 430, 442, 463, 520, 566／下…15, 18, 21, 125–130, 132, 134, 186, 206, 225, 275, 312–314, 315, 384, 582, 586, 590, 591, 594, 596–598, 604, 605, 607, 608
伊藤弥六　下…185, 266, 411, 413
伊藤弥六ヵ　下…550
伊藤柳　下…468
稲田義助　下…400, 404, 415, 529
稲田ハツ子　下…565
稲田フチ　下…403
乾仁　下…57
稲生　下…588
井上　下…36
井上　下…276
井上　下…588, 589
井上愛助（重賢）　上…17
井上馨（聞多）　上…61, 63, 149, 185, 237, 242, 243, 250, 267, 277, 307, 308, 377, 516, 523, 524, 528, 532, 534, 536–538, 541, 544, 545／下…57–67, 79–81, 83–88, 91, 97, 120, 121, 157, 160, 178, 205, 206, 220, 234, 286, 288, 323, 363, 383, 387–390, 396, 406, 415–417, 458, 461, 495, 497, 525, 527, 537, 538, 543, 586, 593
　〜の娘　上…208
井上亀蔵　下…263
井上源右衛門　上…66
井上三蔵（清定）　上…18
井上少輔→時田光介
井上次郎　上…100
井上次郎三郎　上…60
井上真三　下…532, 537
井上蔵主（屯、清高）　上…20, 21, 33, 39, 85
井上宅三　下…420
井上武子　上…208, 377
井上丹下（信貫）　上…16
井上禎助　上…37
井上藤蔵　上…36
井上彦左衛門（忠厚）　上…17, 18, 41
井上光蔵　下…198
井ノ口虎吉　下…426, 429, 457, 459, 511, 512, 514, 515

井原孫右衛門（隼人）　上…13, 14
イマ　下…195
今田寛　下…176, 177, 179, 214, 219
今藤　下…276
今藤市左衛門　上…21
今藤増蔵　上…7
今村　上…228
今村〈陸軍少佐〉　上…251
入江　上…408
入江満智　下…229
岩井泉三　上…200, 202, 299, 324
岩城　上…200
岩倉具綱　上…368
岩倉具経　上…508, 510, 518, 520-523, 526, 532, 533, 535, 536, 538, 539, 541, 544, 547, 550, 552, 554, 564, 565, 567, 572-574, 576, 578, 579, 581, 582／下…7-9, 11, 15, 17-19, 23, 25, 27, 599
岩倉具視　上…77, 90, 134, 179, 183, 185, 191, 192, 206
岩佐純　上…450, 456
岩崎壬生助（半之助）　上…12
岩下左次右衛門（方平）　上…72, 80／下…574
岩浪稲子　上…329, 440
岩間アサ　上…315, 317／下…45, 61, 67, 155, 310
岩間角蔵　上…16
岩村　上…227
岩本　下…37, 351, 411
岩谷　上…561
岩谷　下…118, 126, 563
岩谷ウタ　下…532
岩谷作右衛門　下…348
　～の娘　下…522
岩山　上…167
因藤成光　下…36, 42
因藤成光カ　上…412／下…371, 373, 389
因藤和吉→豊永和吉
印藤聿（朗宣）→豊永長吉

う

ヴィクトリア・アデレイド・メアリ・ルイーズ　下…601
ウィリアム・キニンモンド・バートン　下…165, 175
ヴィルヘルム一世　上…149, 471／下…601, 603
上杉茂憲　下…587-590, 592, 594, 595, 597, 598, 600, 606
上田　下…205
上田多仲（直貫）　上…22, 29, 40
植田　下…158
上野　下…563
植村雲平　上…7, 10
植村嶋之允（惟信）　上…18
植村俊平　上…232, 261, 495-498, 500, 502／下…64, 149, 303, 458
　～の母　下…397
上山縫殿　上…59
宇佐川甚七郎　上…79
宇治　下…489
宇治益次郎　上…565, 569／下…12, 16
氏家禎介　下…332, 347, 396
碓井三太郎（三太左衛門）　上…18
碓井太郎　下…250, 278, 320
碓井太郎カ　下…49
臼杵　上…323
臼杵俊平　上…7
臼杵トモ　上…323
臼杵ナミ　上…274, 324, 542, 545, 559／下…117, 182, 190, 264, 308, 319, 320, 409, 420, 425, 466
宇田　上…146
内田為蔵　上…100
内田仲之助（忠之助、政風）　上…73／下…574
ウッドソープ・チャールズ・クラーク　上…55
宇都宮常吉　下…537
宇原教　上…24
宇原義佐　上…182, 202, 205, 244, 252, 264, 273, 561／下…50, 59, 188, 319, 323, 403, 415, 420, 484
馬木宗吉（平馬）　上…12
浦湊　上…168
浦田軍次郎（佐柳高次）　下…576

え

英雲公→毛利重就
栄吉　下…126, 403, 404, 417, 420, 440, 480, 487, 502
栄治　下…546
英照皇太后　上…104, 108-110, 114, 119-121, 124, 127, 131, 132, 137, 150, 157, 198, 216, 221, 224, 237, 286, 301, 302, 335-337, 339, 342, 359, 463, 465, 515, 519, 524／下…10, 396, 397, 399, 400, 403, 426, 454, 586, 591

江川　上…47
江木千之　上…410
江口　下…516
江口信　上…78
江尻　上…264, 561, 562／下…103, 104, 106, 283
江尻全平　下…35, 36, 68
エツ　下…148
榎本隼人　上…59
江見後当兵衛（実章）　上…26
江見忠八郎（実武）　上…22, 24
江本　上…526
江本〈阿内村〉　下…124, 126, 385
江本　下…227
江本〈清末〉　下…433
江本〈東京〉　下…458
江本治左衛門　上…38
江本新吾（常成）　上…22
江本泰二　上…484／下…44, 45, 158, 376, 378, 383, 438, 497
江本弾作　下…412, 415, 423
江本ツル　下…67, 155
江本牧太（重直）　上…16, 21
江良和祐　上…561／下…38, 64, 91, 110-112, 117-119, 130, 137, 155, 162, 169, 172, 175, 176, 179, 182, 203, 212, 214, 215, 217, 228, 236, 254, 303, 353, 561／下…373, 374, 389, 390, 412, 422, 426, 429, 456, 457, 505, 526, 545, 549, 555, 567
江良周造　下…505
江良文太郎　上…42
エルヴィン・フォン・ベルツ　下…427, 428, 431
遠藤　下…226
遠藤明　下…203, 372

お

大石　下…429, 447
大岡育造　下…84, 232
大岡力　下…313
正親町公董　上…56
正親町三条実愛　上…90
大久保一翁（忠寛）　上…70／下…571
大久保五郎左衛門　上…15
大久保利和　下…32
大久保利通（市蔵）　上…72, 180, 183／下…574
大隈重信　上…570
大蔵　上…564
大蔵平三　下…276, 282
大河内信古　上…55
大河内正質　上…479
大米屋市右衛門　下…387
大迫貞清　上…454, 456, 457
大里忠一郎　上…516, 525, 528, 529, 571-573
大嶋正人　上…201
　～の妻　上…246, 264
大嶋正人ヵ　上…160, 172, 205, 247, 262, 263
大杉平七　下…389
太田〈内匠課係官〉　上…335, 341
太田〈左官〉　上…369
太田市之進（御堀耕介）　上…80
大田忠兵衛　下…557
大滝冨三　上…277, 509／下…27
大滝龍蔵　下…606, 607
大津唯雪（村田次郎三郎、四郎右衛門）　上…80
大塚　下…588, 592, 594
大塚盛正　上…279, 299, 433, 450
大鳥圭介　下…275
大西喜太郎　上…12
大野　上…133
大庭〈老人〉　上…489／下…36
大庭一平（伝七）　上…259
大庭景明（紋平）　上…146, 163, 164, 263／下…118, 120
大庭景明ヵ　下…39
大庭景陽　上…259／下…126
大庭景一　上…163
大庭源四郎　下…44
大庭源四郎ヵ　下…90
大庭友槌　上…489／下…219, 220, 222, 271, 370, 420, 482, 487, 488, 491, 516
　～の妻　下…455, 516
　～の娘　下…271
大村徳敏　下…458
大村与助　下…499
大森　下…432, 502
大森鍾一　上…506
大山巌（弥助）　上…73, 286, 345／下…574, 582
大山彦八（成美）　上…72, 80／下…573, 577
岡精一　下…144, 147, 172, 269, 307
岡ミツ　下…371
小笠原次郎太郎（治郎太郎）　上…12
小笠原仙之助（道遠）　上…21

小笠原武英　上…163, 172, 201, 259, 260, 320, 321, 327, 351, 368, 526, 542, 544, 550, 553, 560, 564, 580／下…13-16, 22, 23, 25, 27, 30, 58, 77, 84, 87, 88, 96, 100, 105, 106, 205, 276, 286, 287, 327, 434, 453, 462, 484, 490
岡田　上…205
岡田　上…262
岡田　下…563
岡田清太郎　下…371
岡田良平　下…274
緒方惟準　上…555-558, 563
緒方十郎左衛門　上…12
岡部右内　上…12
岡村　上…217
岡村吉兵衛　上…558
岡本〈染井詰〉　上…328
岡本　下…455
岡本　下…520
岡本熊雄　上…325／下…16, 90, 98, 188, 204
岡本熊雄カ　下…321
岡本高介　上…201, 438, 441, 448／下…15, 36, 38, 101, 107, 117, 184, 225, 389, 390, 444, 459, 460, 489, 502, 542
～の妻　下…290, 372, 403, 420, 444, 462, 466, 502
～の娘　下…141
岡本高介カ　上…320, 352, 562, 570／下…91, 265, 325, 404, 420, 447, 457, 525, 546
岡本マサ　下…55, 202
小川平蔵　上…345
荻野駒太郎　上…18, 22, 23, 31, 34
大給恒　上…548／下…540
奥田　下…408
小倉尚蔵　上…12
桶谷嘉助　下…276, 278
小坂イト　下…430, 435
小坂かつ子　上…7, 17, 82, 310, 421, 557／下…197, 299, 303, 347, 386, 391, 392, 395, 399, 409, 410, 413, 416, 418-422, 424, 437, 472
小坂義作　下…385, 403, 431-433, 464, 492-494, 496-498, 527
小坂祥三　下…124, 435, 438, 470, 477, 483, 484, 529
～の娘　下…482-484
小坂住也　上…85, 102, 176, 263, 288, 312, 484, 557, 561, 562／下…24, 26, 35, 39, 91, 185, 240, 290, 313, 317, 350, 368, 384, 385, 387, 397, 403, 404, 406, 407, 409, 412, 416, 420, 430, 453, 457, 470, 471, 474, 489, 500, 501, 559, 563
～の妻　下…403, 405, 481, 502
小坂土佐九郎（時伴）　上…7, 15, 17, 33, 82, 94／下…155, 413, 527
小坂土佐守　下…503
小坂直三　上…135／下…437
小坂孫助　上…34, 35
小坂松三郎　下…155
小坂ユリ　下…472
尾崎市三郎（清盈）　上…16, 17
小﨑九郎兵衛→中井順平
長田銈太郎　上…149, 246, 280, 304, 306, 309, 339／下…582-584, 586, 596, 598, 602, 603
小田常吉（知至）　上…32
小田南陔カ　上…244
小田村伊之助（文助、素太郎）→楫取素彦
小田村希家　上…218, 262
乙吉　下…546
音造　下…551
小野〈毛利元敏使い〉　上…563, 565, 576
小野　下…55
小野　下…276
小野諫三郎（常明）　上…42
小野サタ　下…88
小野ツイ　上…561
小野ツユ　下…169, 170
小野安民　上…380, 382, 383, 478, 528, 531／下…27, 43, 52, 64, 65, 67, 82, 107, 111, 112, 116, 117, 139, 143, 145, 153, 156-158, 167, 185-187, 192, 196, 207, 241, 247, 253, 258, 276-278, 316, 368, 392, 407, 424
小野田元凞　上…525
小畑蕃　下…198
小幡源右衛門　上…12-15, 25, 26, 28
小幡与惣　上…14
織君→伏見宮邦家親王妃景子
折田　上…348
織山〈老人〉　下…233
織山正則　下…44

か

カール・フォン・アイゼンデヒャー　上…148, 172
海江田信義　上…182, 183
花王宮　上…459
香川景俊　下…200, 209

香川敬三　上…103, 110, 149, 155-157, 170, 175, 176, 184, 185, 188, 189, 221, 225, 226, 228, 251, 298, 311-314, 335, 336, 341, 352, 368, 429, 434, 454／下…581, 585, 594-597, 601
垣田軫之助　下…493
笠原尚備　下…113
梶野佐介　下…371
梶間　下…502, 514
梶間艦次郎　上…201, 204-206, 264, 277, 291, 294, 304, 320, 327, 456, 560, 561／下…37, 63, 64, 143, 155, 426, 465, 467, 515, 522, 537, 558
梶間充三　上…200, 263, 264／下…207, 320, 390, 456, 499
柏村信（数馬）　上…62, 124, 205, 206, 211, 241, 257-259, 289, 537, 540-542, 550／下…70, 81, 157, 205, 227, 228, 262, 343, 352
梶山〈隣家〉　下…473
梶山岩太　下…274, 277, 354, 368
梶山栄作（茂延）　上…22
梶山官兵衛　上…565／下…44, 116, 122
梶山鼎介　上…79, 84, 85, 90, 91, 94-96, 99, 102, 108, 124, 125, 141, 149, 151, 153, 156-160, 163, 164, 169, 172, 176, 177, 181, 183, 184, 192, 196, 197, 200, 201, 203-207, 209-212, 214-218, 223, 225-233, 236-239, 241-243, 245-253, 255-258, 292, 294, 315, 317, 325, 332, 374-376, 378-381, 383, 384, 389, 390, 481, 485, 486, 489-492, 494-499, 501, 502, 504, 506, 507, 509-511, 518-523, 525-528, 530-534, 536-538, 541-548, 551-556, 558-561, 563, 564, 568-572, 574, 578, 579, 581, 583／下…12-17, 19, 22-25, 26, 28, 31, 33, 36, 39, 40, 42-44, 51, 56-63, 69, 70, 76-82, 84-88, 91, 97, 99, 102, 109, 130, 131, 141, 162, 187, 189, 191, 201, 202, 204-207, 211-213, 216, 218, 220, 221, 223, 224, 228, 230, 231, 234, 240, 243, 248-250, 252, 255, 257, 260, 262, 272, 276-279, 284, 286, 289, 291, 315, 323, 326, 334-336, 356, 360, 365, 366, 368, 372, 374, 376, 381, 383, 387-392, 395, 396, 398, 407, 410-413, 416, 417, 419-421, 423, 425, 427, 430-433, 435, 445, 455-457, 459, 463, 465, 467, 473, 481, 483, 489, 496, 497, 503, 511-516, 551, 552, 575
　～の妻　下…202, 378, 403, 406, 408
梶山由郎　下…405, 427
員光屋　下…566
嘉蔵　下…69, 124, 126, 207
賀田〈老人〉　上…562／下…44
賀田　下…55, 202, 218, 529
賀田貞一　上…128, 146, 171, 172, 190, 194, 200, 205, 218, 232, 238, 239, 284, 285, 301, 303, 309, 334, 352, 354, 407, 409, 437, 519, 562, 564, 570, 583／下…7, 15, 24, 35, 38, 78, 132, 133, 137-141, 173, 174, 384, 431, 432, 461, 462, 544
　～の家族　下…265
　～の下女　上…200
　～の子　上…335, 405
　～の妻　上…322／下…37, 138, 139, 414
賀田マサ　下…473
賀田ミサ　上…334
堅田　下…189, 202
片山喜之助　上…12, 14
華頂宮博厚親王　上…154-157, 165, 227, 468／下…599, 602
華頂宮博経親王　上…165
華頂宮博経親王妃郁子　上…154, 156, 165
華頂宮（伏見宮）博恭王（愛賢王）　上…165, 181, 183, 184, 186, 242, 248, 469, 519, 568, 569／下…25, 27
カツ　下…403
勝間田稔　上…242
勝本光実　下…391, 403, 421, 425, 457, 458, 465, 474, 479, 492
勝本光六　下…457
桂歌子　上…362, 363
桂右衛門（久武）　上…72, 73／下…574, 577
桂周樹　下…130, 138, 272, 276, 297, 349
桂周樹カ　下…347
桂周辰（縫殿、一樹）　上…66, 79, 83, 89, 96
桂季十郎　上…40
桂久兵衛（辰道）　上…18, 19, 24／下…406, 420
桂小五郎→木戸孝允
桂助左衛門（久澄）　上…16, 25, 26, 29, 37
桂専太郎（信澄）　上…32
桂タカ　下…37, 290, 403, 405, 408, 421, 422, 481, 527
桂タセ（自鏡院）　下…139, 158, 170, 183, 187-190, 238
桂太郎　上…165, 166, 169, 170, 227, 286, 309, 313, 424
桂義臣（縫殿）　上…8-10, 32
桂宮淑子内親王　上…105, 135

桂弥一　上…96, 128, 172, 249-251, 296, 297, 300, 301, 304, 305, 312, 315, 317, 323, 324, 344, 347, 348, 362, 397, 405, 435, 489, 516, 517, 521, 529, 557, 561-563, 571, 572／下…15, 21, 24, 26, 35, 49, 64, 77, 78, 80, 94, 98, 99, 113, 126, 127, 129, 131-133, 137-140, 144-146, 151, 153-155, 158, 173, 174, 182, 184-187, 208, 213, 214, 216, 221, 248, 250, 263, 266, 276, 278, 286, 289-291, 296, 318, 320, 325, 326, 347, 350, 367, 368, 372-374, 381, 383, 392, 396, 402-404, 406, 409, 414, 420, 421, 430-433, 455, 467, 468, 475, 477, 483, 489, 493, 499, 509, 510, 515, 518, 519, 528, 530, 531, 538, 542, 544, 545, 552, 553
桂米子　下…215
加藤　上…147, 200
〜の妻　上…200
加藤〈北白川宮家御雇〉　上…278, 279, 299, 385, 413, 417, 433
加藤　上…574
加藤トク　上…429
加藤弥一郎　上…201, 205, 266／下…43
楫取美寿子　上…172
楫取（久坂）道明（粂次郎）　上…108, 218, 250, 261-266, 274
楫取素彦（小田村伊之助、文助、素太郎）　上…56, 57, 73, 80, 108, 122, 138, 146, 165, 168, 175, 195, 425, 488／下…25, 27
金崎幸篤　下…276, 278
金山　下…387, 389, 390, 545
金山祥一　下…332
カネ　下…269
金子〈士族惣代〉　下…512, 519
金子　下…546
金子堅太郎　上…150, 158, 161, 186, 187, 216, 238, 240, 268
金子蔀（友槌、忠尚）　上…15, 26, 53, 63, 66, 216, 223, 561／下…213, 263, 272, 276, 295, 297, 308
金子四郎（忠至）　上…58／下…92
金子信治　下…466, 467, 487, 502
〜の妻　下…502
金子マサ　下…533
兼重譲蔵（慎一）　上…64, 292
兼常　下…94, 382
金永清兵衛　下…544
周宮房子内親王　下…12, 13
金光　下…557
金山世高カ　上…556, 557
狩野広崖カ　上…538／下…26
嘉納治五郎　上…494, 495, 500, 531, 561, 563, 564
樺山　上…459
樺山資紀　上…147
神代貞介　下…94, 176, 288, 289
神代名臣　下…84
神谷豊功　下…469
亀井茲監　上…63
亀井満成　上…438
亀吉　下…543, 546, 551, 566
栢　上…262／下…91, 124, 219, 242, 296, 313, 420, 428-432, 434, 455, 468, 557
栢〈老人〉　上…332, 334, 335, 340, 348, 349, 361, 362／下…44, 141, 263, 265, 313, 317, 368, 386, 403, 404, 421, 502
栢貞香　上…127, 146, 162, 166, 175, 187, 193, 200, 204, 205, 211, 217, 246, 261, 264, 269, 287, 301, 309, 311, 317, 318, 320, 322, 323, 332, 352, 362, 381, 383, 384, 433, 454, 455, 474, 478, 507, 512, 517, 518, 526-530, 538, 554, 556-558, 560, 562, 569-571／下…15, 17, 23, 25, 27, 31, 32, 34, 36, 39, 40, 42, 44, 46, 49, 56, 58, 59, 63, 69-71, 78, 83, 85, 88, 89, 95, 96, 98-100, 105-107, 109, 111, 113, 114, 117, 130, 132, 133, 138, 139, 141, 143, 145, 147, 161, 173, 185, 187, 201, 219, 232, 234, 248, 249, 264, 265, 267, 268, 277, 278, 289, 290, 304, 306, 321, 323, 347, 350, 368, 397, 402, 404, 405, 407, 425, 426, 430, 432, 433, 466, 473, 474, 479, 481, 489, 492, 496, 502, 531, 547
〜の子　下…402
〜の妻　下…403, 404, 502
〜の娘　上…235
栢俊雄　上…262, 320, 334, 434, 437, 442, 448, 454, 479, 518, 526, 528, 557, 558, 561-565／下…10, 27, 35, 41, 42, 44, 50, 55, 70, 71, 78, 83, 85, 86, 89, 96, 107, 109, 111, 132, 133, 137-139, 145, 155, 162, 174, 206, 207, 218, 221, 239, 249, 263-266, 278, 279, 281-284, 290, 306, 308, 323, 347, 368, 397, 404, 405, 408, 420, 425, 431, 453, 456, 460, 464, 466, 473, 476, 477, 480, 482, 489, 502, 511, 514, 518, 526, 531, 538, 544, 545, 547, 551
〜の子　上…320
〜の妻　下…402, 404, 407, 502

栢ヒサ　下…141, 377
唐木嘉兵衛　下…102
川井　下…176, 177
河合浩蔵　下…185, 195, 196, 201, 205, 206, 353, 370, 389, 458, 461, 514
河合通広　下…201, 269, 410
河合蕃江　下…176
河上　上…299, 315
河上謹一　上…563, 565／下…12, 16
河崎董（虎吉、頼房）　上…24, 47／下…230
川路利良　上…116
河瀬英子　上…208
河田景与（左久馬）　上…312, 314／下…592, 594, 600
河内野　下…453, 476, 479, 480, 484, 495, 502
河野〈医師〉　上…277, 476
川村正平　上…170, 180, 181, 372, 373, 386, 387, 392
河村〈老人〉　下…150
河村　下…276
河村家久　下…67, 80, 91, 117, 155, 203, 207
河村邦満　下…305
河村茂国　下…155
河村盛太　上…190
河村光三　上…95, 125, 127, 146, 189, 190, 263, 305, 376, 495, 557-563／下…8, 24, 27, 35-38, 44-46, 49, 53, 54, 61-65, 68, 69, 84, 86, 87, 89, 91, 94, 96, 100-104, 111, 117, 118, 120-124, 126, 133, 134, 138, 140, 149, 150, 153-156, 162, 163, 165, 173, 174, 177, 181, 183-185, 187, 188, 192, 196, 203-206, 209, 213, 215, 226, 231, 234, 240, 248-251, 260, 264, 265, 278, 285, 290, 295-297, 307, 320, 323, 350, 367, 381, 387, 402, 403, 405, 407-409, 411, 420, 421, 425, 427, 430-433, 436, 456, 457, 464, 465, 490, 502, 504, 521, 537, 550
河村光三ヵ　上…305
菅　下…214, 289, 298, 303, 430, 431
　～の妻　下…520
菅恒男　下…188, 386
菅恒男ヵ　下…289, 303
菅道種　下…168
閑院宮載仁親王　上…459／下…25, 594

き

城井友徳　上…457
菊池松次郎　下…103
木子　下…69, 105, 106
岸田十之助　上…100
木曽義仲　上…260
北垣国道　上…336
北川万蔵　上…12, 14
北沢虎造　下…498
北白川宮貞子女王　上…440, 443, 465, 500
北白川宮智成親王　上…155, 158
北白川宮（竹田宮）恒久王　上…140, 159, 203, 260, 370, 379, 385, 424, 427, 430, 492
北白川宮（竹田宮）恒久王ヵ　上…374
北白川宮輝久王　上…490-492
北白川宮成久王　上…426-428, 430, 431, 475, 509-511, 549, 550／下…28, 458, 462
北白川宮延久王　上…329-331, 379, 385, 387-389, 392, 394, 401, 435, 483, 484
北白川宮満子女王　上…341, 342, 345, 379, 385, 392, 465, 500
北白川宮能久親王　上…101-106, 108-110, 113, 115-120, 122, 123, 125-127, 129-141, 145, 146, 148-155, 157-161, 163-168, 170-174, 176, 178-183, 185-187, 189, 191-193, 197-199, 201-203, 206-210, 215, 217, 218, 221-229, 231, 234, 235, 237, 245, 246, 248-251, 253, 259, 260, 264, 266-271, 273, 274, 276-280, 283, 291-293, 295, 297-299, 301, 304, 306, 307, 310, 312, 313, 315, 316, 318 321, 324-326, 328, 330, 332, 333, 335, 337, 338, 340, 343-349, 353-355, 359, 362, 365-367, 369-373, 375, 377-385, 388, 390-396, 398, 399, 401, 402, 404, 406, 408-410, 412, 419, 422-427, 430, 432, 435-437, 439, 441, 442, 444-447, 449-456, 459, 463, 464, 466-479, 482-485, 487, 488, 490, 492, 494, 497, 498, 500, 502-504, 507, 515, 518, 520, 522, 524, 525, 528, 540, 542, 548, 552, 554, 564, 566, 573, 575, 583／下…7, 11, 17-19, 21-24, 26, 28, 30, 31, 33, 43, 56, 58, 59, 61, 78, 88, 104, 152, 159, 166, 188, 198, 199, 232, 273, 306, 339, 353, 363, 364, 386, 388, 389, 583, 588, 590-592, 594, 602-605, 607, 608
北白川宮能久親王妃富子（島津富子）　上…373, 382-384, 386, 389-393, 395-398, 412, 420, 422, 423, 426-428, 435, 439, 441, 444, 445, 447-451, 453-457, 459, 466, 469, 470, 473, 484, 485, 490, 492, 493, 497, 499, 501, 502, 515, 520, 548-550, 554, 582, 583／下…

7, 23, 24, 30, 31, 43, 59, 104, 388, 389
北白川宮能久親王妃光子（山内光）　上…115-118, 127, 133, 139, 141, 145, 150, 151, 154, 155, 157, 170, 171, 176, 179, 200, 202, 208, 210, 217, 218, 221, 227, 237, 246, 259, 272, 273, 278, 316, 318, 343-345
北村　上…556, 557
吉川寿賀子　下…176
吉川（毛利）重吉　下…61, 93, 94, 176, 177, 206, 214
吉川経健　上…213, 268／下…81, 86, 142, 146, 176, 177, 214, 243, 297, 534
吉川経幹　上…60, 64, 65
吉川直子　下…176, 214
吉川元春　上…407
木戸　上…272
木戸正二郎　上…273, 274
木戸孝允（準一郎、寛治、桂小五郎）　上…71, 80, 82, 90, 243／下…175, 350, 572, 574
木梨精一郎　上…319, 323, 326, 374, 449, 525
杵屋勝三郎　上…315
木下又五郎　上…100
木原　下…473, 482, 486, 495
木原泰雲　上…73／下…574
木村　下…546
木村九蔵　上…528, 571-573／下…14
木村茂久　上…100
木村茂兵衛（治右衛門）　上…12
木村弥七郎　下…290
木村安八　上…265, 561／下…49, 52, 61, 64, 67, 91, 98, 214-216, 228, 561
肝付兼弘　上…455, 459
木本作蔵　下…141
清浦奎吾　上…433
清棲（渋谷）家教　下…584, 594
桐野利秋（中村半次郎）　上…72／下…574
欽麗院→毛利欽子

く

久坂道明→楫取道明
楠木正成　上…60, 320
楠本正隆　上…116, 183
口羽　上…12／下…64
口羽良輔　下…260, 264, 265
工藤　上…31
工藤謙　下…165
工藤八右衛門（祐忠）　上…8, 34
工藤順臣　下…265, 305, 306
国貞　下…276
国司吉右衛門（二郎三郎）　上…13
国司純行　上…93
国司直記　下…225
国介　下…481
国友　下…337
久邇宮朝彦親王　上…105, 189, 190, 257, 288, 315, 349, 362, 499, 544, 546／下…11, 592
久邇宮純子女王　上…512
久邇宮栄子女王　上…164
国弘湊　下…63, 64
国弘泰十郎　上…44
国弘孫九郎　上…22
久能　上…487
久保の娘　下…93
久保松太郎（清太郎、断三、久清）　上…80
久保田　下…43, 57, 58
熊谷　上…239, 561／下…16
熊谷俊一　下…130, 132, 183, 233, 235
熊谷丈右衛門　下…278
熊谷信夫　下…173, 176, 177, 211, 433, 434, 447, 499, 516, 535
熊野三右衛門（盛明）　上…17
熊野三助　下…261, 262
熊野清右衛門（保寿、精一）　上…60, 89, 90, 96／下…92
熊野弾作　上…27
熊野直介（陳太郎、則之）　上…52, 53, 163, 164／下…575
隈元八郎　上…466
蔵重善兵衛　上…99
倉重平七　下…278, 279, 285
倉光〈老人〉　上…274, 329
倉光三郎　上…160, 161, 172, 200, 211, 251, 261, 265, 297, 301, 304, 314, 317, 347, 348, 350, 406, 503, 529／下…57, 80-82, 145, 146, 307, 459, 509
　～の母　下…19
倉光次郎　上…100
久里　上…178
栗山　下…226
栗山寿三郎（惟貞）　上…22, 23, 32, 44
栗山右作（惟寄）　上…22
来島恒喜　上…570
黒巌有哉　上…157, 165, 167, 169, 178
黒川勇熊　下…100, 105, 106, 110, 373
黒田　下…99

黒田清隆　上…479
黒田長溥　上…79
黒田マス　下…371
桑野安兵衛　下…278, 509, 512, 519

け

ケイ　上…323
月照　上…456, 457
賢徳院→毛利元運

こ

小一原慶三　上…216, 223
小一原長蔵（尚伝）　上…8
コウ　上…322, 323, 570, 571／下…36, 207
コウ〈北白川宮家侍女〉　上…441
甲田直介　下…176
皇太子→明宮嘉仁親王
功篤院→毛利匡芳
河野　上…408
孝明天皇　上…76, 151, 287, 364, 420, 466, 521／下…11, 12, 142, 200, 251, 307, 399
小川甚兵衛　上…13
小嶋　下…347, 372, 379, 387, 389, 392, 402, 404, 420, 423, 435, 455, 469, 471, 481, 484, 488, 533
～の家族　下…420, 502
～の妻　下…435, 471, 533, 538
小嶋〈老人〉　下…408
小嶋権之進（延重）　上…8, 9
小嶋貞二　下…44
小嶋虎槌　下…370, 371, 392, 395, 462, 464, 470, 492, 493, 501, 510, 542, 563, 565
～の子　下…370
小嶋益二　下…197, 207, 291, 365, 387, 402, 403, 407, 410, 493
五条為栄カ　下…584, 586, 588
児玉〈勘定帳簿取締〉　上…158, 160, 182, 253, 271, 319, 524
児玉〈内膳課長〉　上…306, 338
児玉〈東京三田一丁目〉　下…99
児玉愛二郎　上…99, 103, 106-109, 114, 115, 117, 120, 151, 161, 164-166, 171, 173, 176, 179, 183, 187, 189, 197-199, 202, 216, 222, 241, 257, 261, 269, 275, 276, 290, 294, 304-308, 311, 313, 316, 320, 327, 334-341, 342, 344, 345／下…25, 30, 327, 582-586, 588-591, 595-598, 601
児玉源太郎　上…537
児玉源之丞　上…154, 157, 159, 164, 171, 176, 179, 187, 188, 192, 222, 227, 235, 245, 246, 254, 256, 260, 265, 270, 272-274, 285, 286, 289, 301, 302, 310, 311, 340-342, 344-347, 349, 351, 353, 354, 359-364, 367-372, 374-378, 380, 382, 383, 385-390, 392-397, 399, 400-406, 408, 409, 411, 412, 418, 421, 423-426, 429, 431, 433-439, 444-452, 464, 465, 467, 469, 470, 474-476, 479-486, 495-497, 501-503, 507, 508, 511, 512／下…600
児玉四郎吉　上…73／下…574
小寺留之介　上…13
後藤象二郎　下…576
後藤勝三　下…130, 131
後藤勝造　上…454, 556, 563／下…34, 39, 44, 55, 62, 69, 88, 99, 107
近衛　上…371
近衛忠熙　上…390
近衛忠房　上…47
木場伝内　上…70／下…571
小早川三郎　上…92
小早川式子　下…463, 464, 469, 470, 526
小早川四郎　上…370／下…86, 458, 463, 464, 469, 470, 491, 526, 534
小林　上…529
小林　下…512, 514
小林輔三郎　上…573
小藤孝行　上…146, 168, 353, 354, 360-364, 563, 568, 569／下…24, 30-32, 34, 61, 584, 588, 599, 600
小松謙次郎　上…347
小松昌平　下…133
小松帯刀（清廉）　上…72, 73, 80／下…574, 577
小松宮（東伏見宮）彰仁親王　上…109, 150-152, 155-157, 164, 169, 182-186, 191, 193, 270, 277, 298-300, 307, 308, 349, 360, 366, 372, 373, 386, 394, 400, 401, 453, 455, 459, 469, 500／下…25, 319, 590-592, 602-605
小松宮彰仁親王妃頼子　上…400, 401
小松宮定麿王→東伏見宮依仁親王
小村　下…415
近藤由一　上…149
近藤幸正　上…174

さ

西郷隆盛（吉之助、隆永） 上…71-73, 455, 456／下…10, 43, 175, 350, 572-574, 577
西郷従道（信吾、慎吾） 上…73, 229, 245, 251, 303, 307, 308／下…574
斎藤〈宮内省調度課〉 上…335, 341
斎藤〈北白川宮家令〉 上…502, 515
斎藤修一郎 下…593
斎藤フユ 下…67
財満 下…431
財満栄次郎（峯次） 上…30, 31
財満小太郎（久格） 上…21, 24
財満久槌 下…486
財満又三郎 上…32
三枝久子 下…482
坂の子 上…262
嵯峨実愛 下…81, 389
坂井 上…177
坂井 上…557, 558
坂井寿吉 下…276, 278
坂井精一カ 上…561
坂井直常 上…209
酒井 上…512
境栄蔵 上…64
境二郎 下…515
堺屋勘兵衛 上…264
坂上忠介 上…12
酒田市兵衛 下…439, 441, 447, 448
魚屋清兵衛 下…152, 290, 502
坂野 下…121
坂野信次郎→難波舟平
坂野照人 下…256, 268, 270, 272, 274-276, 278, 280, 281, 312, 315, 317-319, 336, 337, 371, 372, 407, 435
坂野良造 下…448, 453, 455, 461, 462, 471, 475, 544, 554
坂部銀三 下…165
阪元純凞 下…198
坂本乙女（留） 下…576-578
坂本直（高松太郎） 上…136
坂本龍馬（直柔） 上…69-74, 136, 409／下…10, 175, 350, 571-578
相良常雄 下…165
相良量右衛門 上…456-458, 484
佐久間 上…214
作間一介 上…138, 172, 260
桜井 上…149, 158, 160, 179, 183, 199, 208
桜井〈内蔵寮〉 上…175, 187, 222, 231, 240, 241, 247, 270, 275, 285, 290, 300, 308, 314, 319, 341, 347, 352, 362, 397, 463
桜井 上…540, 541
桜井一生 上…279, 433, 520, 524, 574／下…25
桜井純造 上…146, 270, 271
桜井能監 上…106, 184, 345, 351, 365, 370, 376, 426, 427, 431, 437, 438, 454, 459, 480, 482, 496, 499, 500, 502, 504, 507, 511, 515, 520, 524, 536, 537, 544, 564, 568, 573, 575, 576, 579／下…594, 599, 603, 604
迫田伊勢之助（義教） 上…8, 9
迫田刑部（運教） 上…20, 37
佐々木 上…150
佐々木貞子 上…425
佐々木高行 上…136, 424, 427, 430, 492, 524
佐々木佑 下…498, 563
佐田新一郎（友之進） 上…59
貞吉 下…124, 126
佐竹〈東京染井邸詰〉 上…328, 561, 562
佐竹小三郎 上…169, 202, 205
佐竹小十郎 下…255, 276, 278, 297, 347
佐竹為延 下…44, 90, 107, 141, 163, 166, 190, 233, 274, 282, 294, 337, 347, 354
貞永 下…453, 546
サチ 上…391, 441, 447
サツ 下…405, 566
佐藤 上…133
佐藤〈局長〉 上…190
佐藤〈医師〉 上…277, 509
佐藤〈北白川宮家従心得〉 上…433, 520, 574
佐藤〈北白川宮家雇〉 下…25, 28
佐藤進 下…602-605
佐柳高次→浦田軍次郎
佐野〈老人〉 上…569
佐野 下…565
佐野正作 下…8, 36, 37, 420
佐野善介 上…153, 158, 161, 162, 190, 191, 200, 204, 209, 217, 228, 256, 261, 264, 270, 272, 276, 309, 315, 316, 324, 347, 354, 366, 380, 382-384, 487, 494, 526, 527, 530, 531, 533, 536, 539, 568, 569／下…8
佐野常民 上…134
サヤ 下…16
サラサン 下…586
申橋幸子 上…140, 257, 341, 490

沢宣嘉　上…57
沢野　上…525
沢村幸左衛門（方真）　上…17
三条実美　上…57, 60, 67, 95, 99, 111–113, 115, 117–119, 126, 133, 138, 139, 152, 156, 161, 166, 172, 173, 206, 236, 269, 272, 298, 307, 319, 375, 376, 425／下…7, 82, 83, 175
三条治子　上…208
三条西季知　上…57, 60
三蔵　下…464
三太郎→毛利元雄
三宮義胤　上…277, 278, 305, 309, 314, 337, 354, 367, 368, 370, 469／下…582, 596, 602, 603
　～の妻　上…306

し

塩入　上…529
自鏡院→桂タセ
滋宮韶子内親王　上…135, 137, 139, 145, 193, 197–199
重村　上…560
重山良三　下…251, 252
志道貫治（貫一郎）　上…76
宍戸　上…202–205, 207, 213, 214
宍戸璣　上…98, 99, 197, 290
宍戸親基　上…61, 67
宍戸伸　上…40
四条隆謌　上…57, 60
七五郎　下…237, 264
品川　上…574, 583／下…399, 407, 420, 422, 426
品川氏章（省吾）　上…85, 90, 147, 151, 154, 156, 160, 163, 164, 171, 172, 175, 177, 182–184, 190, 191, 200, 201, 205–207, 212, 214, 216, 218, 223, 225, 229–231, 233, 236, 237, 239, 242, 243, 246, 250, 251, 255, 257, 259–261, 264–266, 268–270, 272, 277, 279, 280, 291, 296, 303, 307, 308, 314, 315, 317, 319–322, 324, 328, 331–336, 341, 342, 344, 347, 354, 364–368, 373, 375, 382, 405, 412, 422, 424, 452, 473, 488–492, 495, 502, 511, 518–520, 522, 523, 525, 526, 546, 548, 552, 553, 555–559, 561–565, 569–571, 578, 579／下…38, 51, 52, 318, 575
　～の家族　上…274
　～の子　上…342, 526, 565／下…44
　～の妻　上…556, 565, 569–571, 575／下…36, 290, 471
品川勧吾　下…13, 16–18, 26, 36, 347
品川コウ　下…10, 35, 42
品川又助　上…16
品川弥一　下…518
品川弥二郎　上…99, 125, 139, 152, 158, 195, 225, 239, 240, 247, 250, 251, 255, 259, 267, 271–273, 276, 294, 300, 305, 323, 324, 348, 362, 363, 517／下…7, 144, 173–175, 206, 388, 389, 392, 461, 517, 518, 604
柴山典　上…148, 150, 151, 153–155, 157–159, 170, 171, 179, 180, 182–184, 186, 203, 217, 229, 236, 245–251, 260, 261, 265, 266
渋谷家教→清棲家教
島内　下…539
島田誠介　上…147, 241
島津　上…524
島津伊勢（広兼、諏訪甚六）　上…72／下…574
島津珍彦　上…457, 458
島津忠欽　上…458
島津忠済　上…456, 457, 458, 466
島津忠済ヵ　上…481, 484
島津忠義　上…458, 481, 482
島津富子→北白川宮能久親王妃富子
島津久時　上…457
島津久光　上…55, 373, 377, 382–384, 447, 450, 451, 454–456, 471
島津又七（久籌）　上…457
島村〈尊師、大教正〉　下…60, 152, 153
島村〈総長〉　下…486
島村光子　下…418
清水　上…160, 162
清水〈老人〉　上…257／下…206
清水　上…323
清水　上…564, 565, 570, 572, 583
清水　下…16
清水〈大尉〉　下…319
清水麻之丞（佃）　上…17, 20, 22, 32
清水円三　上…525, 556／下…44, 88, 146, 151–153
清水蛙　上…98
清水コウ　上…552, 557
清水清太郎（親春）　上…60, 61
清水精六　下…204, 205
清水善介　上…176
清水武八（惟汎）　上…57, 68

清水門之助　上…525, 552, 553, 556, 557／下…151, 207
下連城　上…410
下田為二　下…121, 140, 149, 150, 163, 165, 183, 209, 222, 376, 479
下田久之助　上…92
下村修介　上…151, 163, 177, 232, 260, 261, 328／下…22
重吉　下…563
〜の妻　下…420
修行院→三吉喜久
寿仙院　下…150
定右衛門　下…37
昭憲皇太后　上…104, 107, 109, 110, 114, 117, 120, 127, 131, 134, 137, 138, 145, 157, 166, 170, 177, 178, 198, 208, 216, 221, 237, 240, 241, 309, 335–339, 342, 359, 384, 396, 406, 419, 420, 431, 463, 480, 501, 502, 515, 517, 524, 540／下…31, 195, 254–256, 582, 586, 590, 591, 605
上司淵蔵　下…128
庄次郎　下…445
昌蔵　上…561, 562
勝田四方蔵　下…340
庄原（荘原）恂太郎（繁邦、半左衛門、半哉）上…18, 21, 35, 80
荘原〈老人〉　上…324, 332, 495
荘原ツユ　下…167, 169, 458–461
荘原ユキ　下…184
荘原（庄原）好一　上…100, 124, 125, 127, 151, 153, 154, 158, 160, 161, 163, 164, 167, 172–174, 177, 178, 180, 182–185, 187–190, 197, 200, 201, 203–207, 209–212, 214–218, 222–227, 229–233, 236–252, 255–272, 277, 279, 280, 283–287, 289, 291, 292, 294, 298, 301, 303–305, 307, 310–315, 317–319, 321, 323–325, 327, 328, 333, 334, 336, 339, 340, 343, 344, 347, 352–354, 360, 361, 364, 365, 369, 376, 378, 379, 381–385, 410, 479, 482, 483, 485, 486, 488–497, 499–502, 504–506, 508–512, 515, 517, 519–523, 525–527, 529–534, 536–548, 550–554, 556–563, 565, 567–572, 575, 577, 578, 581–583／下…8, 10, 12–16, 19, 21, 24–29, 31, 33, 34, 36, 37, 42–45, 47, 49, 50, 52–54, 56–71, 76–82, 84–89, 92–111, 114, 116–118, 120–122, 124, 125, 127–134, 138, 139, 142, 144–161, 164, 170, 171, 173, 175–181, 184, 187–192, 195–198, 200, 201, 203–207, 209–215, 223–225, 228–231, 234, 236, 238, 243, 248, 250, 258, 260–262, 267, 271, 275, 279, 284, 286, 289–291, 293, 296, 299, 304, 309, 310, 312, 313, 315, 316, 326, 329, 344, 354, 357, 365, 370, 371, 380–382, 386–392, 395–398, 400, 404–406, 411, 414, 415, 418, 422, 425–430, 432, 435–443, 445–449, 453–459, 461–468, 474, 476, 478, 483, 485, 487–490, 492, 498, 499, 509–517, 520, 522–526, 529, 533–539, 541, 543, 552, 565
〜の妻　上…322／下…148, 157
〜の母　下…303, 309
ジョサイア・コンドル　上…317
白石　下…12
白石正一郎　上…55
白石四郎　上…100
白鹿優　下…371
白峰　下…99
次郎　上…177
城多董　上…173, 183, 352
新市　下…36, 37, 41, 46, 47, 115, 146, 155, 156, 240, 341, 384, 401, 420, 566
新市〈老人〉　下…36, 404, 414, 417
新市スエ　下…309
新宮馬之助（寺内信左衛門）　上…69, 70／下…571, 572
宍道　上…168, 200, 201, 218, 266
〜の家族　上…169
〜の妻　上…246
宍道樹　上…254
進藤　下…214
神武天皇　上…166, 234, 298, 374, 375, 424, 473, 532／下…26, 90, 209, 259, 358, 409, 469

す

スヱ　下…230
スヱ子　下…501
末永　下…157
菅野覚兵衛（千屋寅之助）　上…174, 180, 205, 267, 274, 348, 489／下…7, 26, 44, 105, 147, 161, 576
菅野（楢崎）君枝　上…265／下…44, 576
菅村コウ　下…399, 402, 413
〜の子　下…399, 402
菅村武救　下…82, 101
菅村弓三　下…399, 407

杉千世子　上…430
杉孫七郎（徳輔）　上…59, 61, 99, 102, 107, 108, 115, 129, 131, 134, 140, 171-173, 175, 178, 179, 181, 183-197, 200-202, 204, 208-210, 214, 218, 221, 228, 236, 239, 241, 244, 247, 258, 263, 266, 272, 273, 276, 305, 314, 316, 318, 326, 329, 330, 334-337, 339, 341, 343, 344, 350, 371-373, 375, 396, 429, 430, 438, 454, 474, 488, 519／下…10, 13, 15, 25, 43, 78-80, 100, 106, 109, 112, 131, 198, 202, 205, 359, 385, 388, 461, 558, 585, 586, 590, 591, 594, 597, 598, 604, 606, 607
杉尾富治　下…371
椙原（杉原）俊太ヵ　上…352, 526／下…43, 59
〜の妻　下…44
椙原治人（恒幹、貞幹）　上…80
杉山直矢　上…556, 557, 561
助右衛門　下…140
鈴尾駒之進→福原芳山
鈴木　上…205／下…366
鈴木武弥　下…574
鈴木直吉　下…143
周布政之助（麻田公輔）　上…59
諏訪甚六→島津伊勢
諏訪好和　上…96, 388, 389, 397, 481, 489-491, 496-498, 557-559, 561-563／下…19, 35, 36, 38, 49, 52, 64, 94, 97, 98, 171, 172, 188, 214, 216, 229-231, 240, 243, 248-250, 252, 257, 260, 272, 323, 341, 347, 350, 381, 383, 384, 387, 391, 403-405, 408, 420, 474, 490, 497, 503, 515, 519, 546, 551, 552
〜の子　下…293

せ

セイ　上…322, 323, 562／下…44
清吉　下…500
精子　下…364
清香院→三好重臣の実母
関口隆吉　上…99, 100
関口ミツ　下…67
関谷〈埴生〉　下…521
関谷　下…524
関屋弥助　上…85
石渓　下…516
仙崎屋　下…565
千田貞暁　上…336

た

大黒屋彦太郎　上…264
大楽王院　上…212
タカ　下…527
多賀義行　上…455, 459
高木〈出納課〉　上…169
高木〈麻布材木町土地所有者〉　下…101
高木〈神田の商店〉　下…459
高木三郎　上…533, 566
高倉　上…47
高崎　下…177
高崎亀　下…146
高崎五六　上…429／下…339
高崎登米子　上…345／下…589
高崎正風　上…183, 348, 456, 457, 467, 475, 484, 496, 568, 571-573, 579, 582／下…19, 21, 23, 30-32, 34, 43, 57, 59, 60, 364, 510
高島　下…511
高嶋得三（北海）　上…528, 570, 572, 573
高嶋鞆之助　上…226-228
高洲素介　上…561／下…374
高杉晋作（谷東行）　上…139, 381／下…175
高杉雅　下…221
高田　下…218, 416, 474, 529
〜の妻　下…413, 533
高田タミ　下…480-482
高辻宜麿　上…478
高野盛三郎　上…544, 555, 574／下…25
高橋　上…270
高橋具清　下…159
高橋文造　上…374
高松　上…148
高松太郎→坂本直
田上源兵衛（正陳）　上…440
田上陳鴻　下…97, 121, 150, 297, 502
田上陳鴻ヵ　下…343
多賀谷総象　下…42
高屋宗繁　上…350, 351, 353, 354, 361, 380, 471, 472, 476, 490／下…158, 164, 199, 205, 232, 389
高山昇　下…230, 280
高山則道（則恒、鴻輔、原田隼二）　上…96, 100, 128
滝大吉　下…187, 195, 196, 206
滝川　上…563
滝川友三郎（速水、資致）　上…18, 23, 25, 29,

33, 35, 38, 40
竹沢藤治　上…335
竹田久左衛門（有陣）　上…39
武田秀信　上…275
武田敬孝　上…103, 150, 154, 157-159, 164, 165, 168, 186, 187, 192, 208, 238-240, 244-246, 254, 256, 260, 265, 272-274, 289, 293, 298, 301, 303, 333, 340-342, 346-348, 350-352, 366／下…600
〜の母　上…243
竹田宮恒久王→北白川宮恒久王
武市半平太（瑞山）　上…168, 296
竹中　上…99
竹中　上…500
竹中〈毛利元忠随従〉　上…559
建宮敬仁親王　上…103-105, 110-112
竹原　上…148, 156
竹原カ　下…101
竹村謹吾　上…474, 476-478
竹森勝国　下…403, 420, 465
多胡クニ子　下…496
田坂壮介　下…250, 276, 278, 297, 305, 317, 319, 320, 327
田島信夫　下…146, 159, 168, 177-179, 458
田代　上…366／下…442
田代郁彦　上…328／下…378
田代郁彦カ　下…396
田代周一　下…28
田代周実（一二郎、音門）　上…80, 96
田代内記（義重）　上…10, 13, 43
多田王→梨本宮守正王
多田藤五郎　上…12
立花種泰　上…97, 185, 186, 191
タツ　下…43
辰次郎　下…500
龍田冨太郎　上…455, 458
伊達宗紀　上…582
伊達宗徳　上…400, 428, 430, 431, 484, 509, 524
立野栄治カ　下…401, 406, 421, 471, 475
立野友吉　上…92
立野列介　下…44, 166
建野郷三　下…591, 602
田中　上…328／下…22
田中〈京橋宗十郎町〉　上…516
田中〈北白川宮家丁〉　下…28
田中　下…130
田中〈清末毛利家令〉　下…434
田中〈伏見宮家従〉　下…584, 587, 593, 597
田中健三郎　下…389
田中甚平　上…528
田中光顕　下…175
田中頼庸　上…454, 456, 457
田辺　上…11
田辺茂十郎（清方）　上…57
田辺新七郎　上…197, 199, 246, 249, 320, 338, 408, 421, 437, 440, 442, 450, 468, 552／下…12, 28, 589, 594-596, 599, 601, 605
田辺惣左衛門　上…7, 366, 380
田辺伝内　上…21
谷　上…183／下…590, 604
谷干城　上…371／下…602
谷東行→高杉晋作
谷口　下…594
田原純蔵カ　下…307, 308, 316, 349, 372, 379, 401-407, 409
玉井久米蔵　下…493
玉村　下…418
タミ　上…576／下…420
田村儀助　上…315

ち

近木　上…100
近木　下…219
智鏡院→毛利千賀子
千種任子　上…150
千坂高雅　上…336
千葉祐堅　下…26
千早正次郎　下…403, 492, 499, 544
〜の妻　下…492, 544
千屋寅之助→菅野覚兵衛
チャールズ・レノックス・リチャードソン　上…55
チャリネ　上…404
忠正公→毛利敬親
張弛　上…21
千代野エイ　上…459

つ

塚田　上…529／下…117
津久井屋吉蔵　下…531
辻正章　上…157, 166, 167, 169
津田　下…581-608
津田市郎平（忠教）　上…32

津田精吉　下…120
津田宗元　上…148, 151, 325, 431, 433
津田正英　上…533, 566／下…33, 40-42
蔦見春吉　上…264／下…529, 530
ツチ　下…386, 415
土蔵　下…63
土御門　上…47
土屋挙直　下…21, 87, 181, 206
堤正誼　上…103, 147, 202, 286, 301, 368／下…100, 589
ツネ　下…16, 376, 443
常岡重五郎　上…182
常宮昌子内親王　上…498, 499
常宮屋六左衛門　上…73／下…575
津原　下…409, 410
坪井　下…542, 563, 566
坪井宗右衛門　上…80

て

テイ　下…317
テオドール・フォン・ホレーベンの娘　上…505
テツ　下…42, 43, 141, 290
手塚　上…259
鉄次郎　上…266
寺内信左衛門→新宮馬之介
寺内弥次右衛門　上…66
寺尾生十郎（小八郎）　上…65
寺田　下…25
寺西盛登　上…65

と

土居　上…561／下…130, 347, 376, 420, 430, 431
土居織江　上…17
桶吉　下…474
東郷重持　上…457
東条　上…242／下…427, 428
東条頼介　上…319, 334, 340-342, 344, 349, 351, 353, 354, 359-364, 367-390, 392-407, 409, 411, 412, 417-421, 423-432, 434-437, 444-453, 464, 465, 469-471, 473-476, 479-482, 485, 486, 495-497, 499-504, 507, 508, 511, 517, 518, 520, 526, 527, 529-531, 534-541／下…406, 599, 600
戸川鉾三郎（安愛、伊豆守）　上…65
トキ　下…566
時恵　上…384
時田光介（少輔、信嵩、実、井上少輔）　上…65, 66, 84, 96, 100, 568
徳川家定　上…46
徳川家茂（慶福、西丸様）　上…46, 47
徳川家康　上…45
徳川瑛子　上…153
徳川斉昭　上…97
徳川慶勝　上…67
徳川（一橋）慶喜　上…70, 76／下…572
徳大寺実則　上…98, 103-108, 110-113, 115-119, 121, 122, 126-131, 134, 135, 138, 141, 147-152, 155, 156, 159, 161, 164, 165, 167, 168, 181, 187, 189, 193, 197-199, 202, 207, 210, 221, 224, 228, 294, 295, 372, 437
徳永源右衛門　上…89, 99
トシ　下…195
戸塚　下…366-369, 409
飛田信敬　下…32, 103
十三〈女中〉　下…38, 137, 212
トミ　下…403
冨岡清雅　下…551
富田〈老人〉　下…317
富田幾太郎　下…250-252
頓野馬彦　上…410
富小路敬直　上…454, 456, 457
友田　上…189
豊永長吉（印藤聿、朗宣）　上…69, 73, 85, 89, 91, 93, 95, 100-102, 124, 125, 146, 174-176, 179, 232, 238-252, 255, 260, 263, 269, 285, 305, 328, 344, 347, 364, 369, 382, 479, 483, 485-488, 490-498, 501, 502, 505, 507-509, 518, 522, 523, 526, 529, 541-548, 551-554, 557-563, 574, 578, 581, 583／下…19, 24, 26, 35-39, 45, 54, 56, 57, 62, 63, 65-67, 77-85, 88-94, 96-98, 100-107, 110, 116, 117, 120-123, 125-130, 138, 140, 145, 149-151, 153-157, 159-161, 172, 174, 175, 180, 181, 184, 185, 189-191, 196-198, 200, 204-206, 208, 209, 211, 215, 220-223, 228-230, 238, 243, 248-250, 264, 265, 282, 284, 291, 293, 295, 297, 312, 313, 315, 320, 321, 326, 334-336, 344, 347, 349, 350, 366-368, 370, 372, 375, 380, 387, 390-392, 395, 396, 401-403, 405, 407, 408, 411, 412, 414-417, 419-421, 423, 426-430, 433, 434, 436, 437, 440, 442, 443, 446, 453-455, 457-461, 465, 466, 473, 475,

477–479, 481–489, 494, 497, 498, 501–504, 509, 511–514, 516, 519, 520, 522, 523, 525–527, 529, 531–535, 537–539, 541–545, 547, 548, 550–553, 557, 558, 563, 571, 575
〜の妻　上…498, 560／下…258, 310, 402, 420, 474, 479, 492, 532
豊永真里　上…499／下…529, 530, 537
豊永（因藤）和吉　上…494, 498, 574／下…47, 232, 291, 349, 350, 379, 391, 405, 433, 435, 526, 530, 537, 552
〜の子　下…535
豊永（因藤）和吉ヵ　上…528／下…155
鳥居川　上…148
鳥尾小弥太　下…602
鳥山重信（堅三）　上…89, 146, 171, 172, 175, 190, 203, 205, 206, 231, 263, 332, 334, 383, 387, 389, 397, 412, 481, 489–491, 496, 497, 501, 502, 511, 522, 525, 528, 538, 581／下…15, 22, 25, 26, 29, 31, 59, 82, 84, 204, 231, 243, 248, 249, 252, 260, 322, 333, 334, 336

な

内藤　下…63／下…421
内藤包来　上…100
内藤紀伊守（信親）　上…47
内藤金次郎　下…567
内藤熊次郎　上…14
内藤作兵衛　上…12
内藤重太郎　下…46, 54, 61
内藤半助（通方）　上…22, 23, 38
内藤道之助（正書）　上…17
内藤安兵衛（春茂）　上…31
内藤芳輔　下…35, 37, 45, 49, 61, 64, 67, 91, 120, 181, 216
〜の妻　下…327
直吉　下…141
直蔵　下…267, 313, 327, 368, 373, 397, 403, 415, 435, 443, 445, 446, 456, 468, 469, 471, 473, 479, 482, 486, 489, 490, 492, 497, 498, 503, 504, 544, 546, 565
〜の妻　下…502
中井順平（小﨑九郎兵衛）　上…13
中井洋人　上…171
長井　上…408
長井雅楽（時庸）　上…13
長井織太郎（実書）　上…17, 22, 31, 35, 36, 42
中尾　下…529
長尾　下…313, 373, 469, 478, 481
長尾の妻　下…265
長尾荒太　下…44, 304
長尾寛助ヵ　上…427, 438
長尾ハル　下…472, 489, 490
中岡慎太郎（石川清之助）　上…409／下…10, 175, 575–577
長岡護美　上…160
長岡和三郎（栄守）　上…24
中川　下…447, 563
中川好治　下…241, 272, 275, 276, 295, 296, 310, 319, 323, 348, 425, 466, 516, 538
中川作左衛門（作七、好行）　上…16, 18, 30
中川深平（好門）　上…7
中川久昭　上…69／下…571
中川涼介　上…303, 382, 383, 529, 547, 553／下…45, 80, 82, 91, 94, 112, 119, 120, 125, 127, 128, 137, 142–144, 155, 182, 189, 195, 202, 215, 217, 240, 276, 284, 296, 310, 340, 342, 350, 415, 420, 426, 429, 467, 522–524, 535
中川涼介ヵ　上…258, 264, 269, 273
長崎省吾　上…171, 198, 202, 501, 570, 576
中路権右衛門（延年）　上…73／下…574
中島佐衡　上…313, 316, 323, 332
中島佐衡ヵ　上…210
中島信行（作太郎）　下…576
長瀬　上…556, 557
中田直慈　上…455
中谷市左衛門（章貞）　上…13
永積安兵衛　下…133
中西政人　上…319
中沼清蔵　下…348, 423
中野　上…335, 341
中野梧一　上…92, 94, 96
中野半次郎　下…312
長野範之　下…525, 551–553
中林ハル　上…429
永淵明奥　上…190, 195
永淵鹿→阿曽沼鹿
長松　上…198
中丸小四郎（勝照）　上…42
中村　上…264, 561
中村安積（友房）　上…22, 43
中村伊介　上…12
中村宇兵衛　上…12
中村修　上…103, 122, 150
中村忍平（友邦）　上…8, 13

中村勝三　上…93, 94, 100, 560
中村敬三　上…100
中村三四郎　上…85
中村重郎右衛門（友邦）　上…43
中村勝平　上…544
中村聡之助（久重）　上…18, 42
中村徳寅　下…180
中村徳之助（勝包）　上…57
中村半次郎→桐野利秋
中村房太郎　下…371
中村文右衛門　上…61, 62
中村屋伝助　下…57
中山忠光　上…55, 488
中山忠能　上…76, 130
永山平左衛門　上…455, 458, 459
長与専斎　下…149, 152, 175
渚　上…205, 262, 263, 266
名嶋尚三　下…146, 176
梨本宮（山階宮）菊麿王　上…175, 186, 188, 190–193, 196, 197, 218, 242, 293, 319, 349, 360, 361, 519, 563, 574
梨本宮守脩親王　上…105, 148
梨本宮守正王（多田王）　上…145, 154, 164, 179, 186, 200, 242, 245, 257, 288, 297, 299, 308, 315, 349, 360–362, 393, 437, 442, 443, 469／下…25, 32, 592, 599
梨羽衛門　上…26
梨羽景介　下…463, 470
ナツ　下…425
鍋島直大　上…156, 183
鍋島栄子　上…208
奈良　上…574／下…25
楢崎君枝→菅野君枝
楢崎恭助　上…100
楢崎龍→龍
奈良原繁　上…371–373, 382, 386, 430, 447, 466, 484
奈良原スガ　上…430
成田敬一郎　上…530
成田主税（尚勝）　上…19, 24–26
愛賢王→華頂宮博恭王
縄彦　上…563
難波舟平（坂野信次郎）　上…85, 89, 93, 95, 96, 99, 101, 102, 146, 263, 557, 561, 563／下…36, 47, 149, 155, 165, 196, 197, 349, 374, 471, 474, 530, 531, 550, 551
　～の妻　下…409, 479, 492, 532
南部〈老人〉　下…93, 267
南部〈医師〉　下…427, 428
南部〈小月〉　下…447
南部謙庵　下…89, 124, 126, 260, 351, 370, 413, 477
　～の養母　下…494, 499
南部太平次→船越教

に

ニコライ・アレクサンドロヴィチ・ロマノフ　下…97
西源四郎　上…127, 339, 352
西多喜之助　下…349
西太郎次郎（房至）　上…96
西運年（小豊後）　上…20, 28, 31, 35, 39, 41, 56, 58, 61, 81
西尾為忠　上…103
錦小路頼徳　上…57, 59
西嶋　下…150
西丸様→徳川家茂
西村　下…109
西村捨三　上…186
西村清左衛門　下…39
西村安直　上…100
西山熊太郎　上…181
二条斉敬　上…47
新田忠純ヵ　上…550
新田トミ　下…566
二宮冨太郎　下…102
仁孝天皇　上…113, 158, 228, 368

ね

根来主馬　上…13
根本通明　上…150, 159, 163, 179, 183, 185–187, 189, 193, 210, 216, 229, 235, 239, 250

の

能美定之助　下…278
野上六之助　下…44
乃木勝典　下…395
乃木静子　下…473
乃木寿子　上…274, 309, 492／下…62, 205, 392
乃木希典　上…100, 124, 125, 133, 147, 151, 160, 161, 163, 164, 172, 177, 183, 184, 200, 201, 205, 212–215, 216, 223, 225–230, 233,

236–239, 246, 250, 251, 257, 259–261, 265, 266, 268–270, 272–274, 277–280, 285, 290, 291, 295, 298, 305, 307–309, 315, 336, 382, 412, 418, 482, 485, 486, 488–492, 498, 502, 511, 518–520, 522, 523, 525, 526, 532, 534, 537, 538, 541–548, 551–560, 564, 565, 578, 581, 583／下…12–17, 19, 21–23, 27–29, 31, 33, 35, 40, 53, 56, 57, 62, 63, 67, 70, 76, 79, 81, 82, 86–88, 99, 133, 160, 189, 191, 204–207, 211, 230, 250, 262, 326, 359, 372, 381–383, 395, 426, 427, 465, 473, 474
乃木希次（十郎） 上…59, 211／下…381, 382
能勢 下…420
能勢孤釣 下…36, 39, 297, 387, 403, 425, 465, 466, 469, 479
能勢友之允（喜右衛門、辰喬） 上…21, 42
野田 上…169, 177
野田〈老人〉 上…395
野田時敏 上…315, 317
野津鎮雄（七左衛門） 上…73／下…574
野津道貫 上…271, 272
野々村勘九郎（茂次）→泉十郎
ノブ 下…502
野辺地尚義 上…271, 312, 347, 406, 505
野見宿禰 上…242
野見山 下…44
野村 上…36
野村 下…23
野村源七 下…101–103, 130, 132, 263, 297, 347, 423, 465, 466, 528, 529, 533
野村源太郎 上…17, 38, 40
野村素軒（右仲、素介） 上…75, 79, 80
野村弾助（弾介、勝親） 上…35, 36
野村花子 下…221
野村靖 上…140, 233, 236, 245, 248, 353, 377, 410, 425, 433／下…220, 221, 227, 229, 261, 594
野村用之進（勝正） 上…22, 24

は

萩原是和 上…511, 518, 520, 522–527, 529–531, 534–537, 539–545, 547, 548, 550, 552, 554, 555, 565, 567, 568, 571, 573, 574, 579, 582／下…9, 12, 20, 23, 25
橋本 上…156
橋本国手 下…398, 426
橋本国手カ 上…509
長谷川 上…582
長谷川貢（季憲） 上…42
波多野金吾→広沢真臣
波多野平政 上…169
八田棟吉（節貞） 上…21
八田汎功 下…44, 277
服部 上…175
服部 上…563
服部吉太郎 上…562
服部政次郎 上…80
服部潜蔵 上…150, 410, 412
ハナ 上…317
花岡 上…474, 477
花岡耕作 下…44
花房義質 上…412, 428, 434, 437, 438, 482, 497, 509, 524, 526, 527
羽仁 上…518
馬場 下…341
馬場蔵次 下…518
土生十兵衛（好保） 上…21, 26, 38
浜田 下…366, 368, 372, 374, 397, 455, 467
浜田市介 下…468, 469
浜野コト 下…44
浜野春次郎 上…255, 433, 472, 520, 574, 578／下…11, 25, 42, 52, 58, 61
浜野段助 下…44
林〈東京〉 上…182, 209, 297, 323
〜の妻 上…274
林〈先生〉 上…274
林〈宮内省属官〉 上…323, 335–337, 340, 341, 499／下…43
林 上…489
林〈長府〉 下…49, 55, 155
林〈下関〉 下…163, 439, 497
林 下…440
林 下…529
林和人 上…301, 311, 316, 322, 332, 350, 387／下…460
林キチ子 下…422
林郡平 上…62
林政二郎 下…124, 147, 162
林静介 上…525／下…29
林盛介 下…44, 116, 213, 219, 368, 469, 544
林仲助 上…16, 66
林常太郎 上…64
林テイ 下…242, 411, 468, 551
林テル 下…335
林友幸 上…182, 218, 275, 413

林文右衛門　上…572
林文同　上…167, 176
林洋三（樵）　上…100, 125, 242, 251, 258, 264, 269, 273, 291, 292, 299, 308-310, 312, 535, 562／下…248, 250, 278, 284, 297, 335, 350, 398, 401, 406
林洋三（樵）カ　下…94, 334
林良輔　上…194, 246
林錬作　上…254, 525／下…84, 493
　〜の妻　下…399
　〜の娘　上…254
原茂太郎（古重）　上…22, 24, 32
原勝一　下…431, 503
原保太郎　上…336, 410／下…128, 130, 220, 225, 272, 280, 282, 288, 313
原田金弥（則郎）　上…16, 27
原田権之進　上…17, 21, 27, 32-34, 41
原田隼二→高山則道
原田武一　下…371
原田政佳　下…45, 493, 503, 549, 553, 555
原田政佳カ　上…163, 559／下…36, 49
針清　下…185
ハル　下…267, 317
春吉　下…207
明宮嘉仁親王（大正天皇）　上…121, 130, 131, 135, 137, 140, 145, 221, 256, 283, 295, 296, 311, 313, 330, 353, 396, 401, 434, 436, 442, 463, 478, 493, 515, 547, 572, 573／下…7, 527, 528, 550
半野極人（簡廉）　上…29, 36, 37, 83

ひ

日瓜　下…235
東久世通禧　上…57, 59, 60, 183／下…584
東園基愛　下…591
東伏見宮彰仁親王→小松宮彰仁親王
東伏見宮（小松宮）依仁親王（山階宮定麿王）　上…167, 236, 286, 350, 379
樋口綾太郎　上…200, 278, 279, 299, 310, 369, 427, 433, 441, 520, 574／下…9-12, 25, 26, 78
ヒサ　下…44, 407
久留栄　下…100, 101
久宮静子内親王　上…366, 367, 424, 425／下…602
土方久元　上…131, 136, 250, 325, 397, 453, 454, 465, 482, 483, 500, 524, 530, 555, 565, 566, 575／下…12, 13, 15, 18, 23, 25, 85, 100, 104, 279, 581
日高秩父　上…368
秀嶋成続　上…190
一橋慶喜→徳川慶喜
一柳直茂　上…100
日向駒三郎　上…544, 560／下…47, 432, 433
日野　下…177
日野春草　上…316, 318, 343, 344
日野良蔵（太郎吉）　上…13
日原　上…494, 502, 521, 525, 551, 555, 581
日原〈老人〉　下…403
日原昌造　下…276, 278
日原素平　上…311／下…7, 12-14, 16, 21, 24, 29, 37, 42, 44, 47, 49, 50, 59, 60, 63, 78, 86, 88, 90, 97, 101, 102, 119, 154, 155, 171, 172, 174, 183, 214, 216, 230, 248, 250, 297, 317, 349, 350, 368, 404, 406, 408, 420, 473, 484
日比正保　上…279
平井精次郎　下…493
平尾直吉　上…264
平岡　上…133
平岡之隆　上…458
平岡通義　上…126, 135, 148, 152, 165, 171-173, 180, 181, 185, 186, 258, 262, 266, 278, 354
平岡弥三兵衛　上…12
平田　上…306
平田正久　上…457
平野郷右衛門　上…61
平野候次郎　上…516, 517, 571
平松時厚　上…147
寛君→北白川宮能久親王妃富子
広沢真臣（兵助、藤右衛門、波多野金吾）　上…63, 80
広世　上…117
広瀬宰平　下…35
洋人　下…291, 442
弘中　上…320, 322／下…526
弘中伊右衛門　上…288
弘中定潔　上…501
弘中小右衛門　上…22, 24, 35, 38
弘中勇平　上…92

ふ

福井〈東京〉　上…262, 263, 266
福井　下…509

福岡　下…214
福嶋安正　下…200, 209
福田　下…22, 96, 105
福田乾一　上…566／下…33
福田茂一　下…420
福田清吉　下…211, 387, 414
福田清三　上…563／下…34, 405, 421, 422
福田扇馬　下…187, 575
福永　下…434
福永専助　上…69／下…571
福永恒介　下…37, 46, 55
福羽逸人　上…572, 573
福原〈老人〉　上…162, 171, 201, 246, 274, 327, 348, 436／下…16, 23, 56, 58
福原　上…205, 213, 232, 258, 262, 328, 352, 373, 412, 488, 583
福原邦樹→毛利邦樹
福原芳山（良通、親徳、鈴尾駒之進、芳山五郎介）　上…93
福原実　上…274, 320, 428, 482, 538, 553, 564／下…545–548
福原元僴　上…64
福原佳哉　上…163, 259／下…276, 286, 287
福原和勝（往弥、村上百合勝）　上…52, 53, 79, 96, 98–100, 162–164, 232, 296, 327, 328, 531, 553, 578／下…22, 28, 175, 334, 350, 575
福本勝一ヵ　下…133, 138, 139, 216, 226
福本勝一の母　下…226
藤四郎（茂親）　上…79
藤井　下…587
藤井希璞　上…103, 149–151, 153, 154, 157, 159, 160, 163, 164, 170, 174, 175, 178, 181–185, 192, 196, 198, 203–205, 209, 211, 217, 222, 226, 228, 229, 231, 234–236, 238–242, 244, 249, 250, 260, 261, 270, 271, 277–279, 285–287, 289–294, 296, 301–303, 305, 307, 310–312, 314, 316–318, 322, 325, 326, 329, 330, 332, 333, 335, 337, 339, 341, 346–348, 352, 361, 363, 374, 375, 378, 380, 382, 384–390, 396, 398–400, 407–410, 420, 428, 431–433, 445, 451, 465, 470, 474, 475, 480–483／下…598, 599
藤井九二吉　上…154
藤井昌蔵　下…420
藤井又次郎（政矩）　上…59
藤崎　下…437, 453, 476, 480, 481, 495, 502
藤嶋常興　上…576／下…29, 116, 275, 407, 408, 424
藤田　下…214
藤田直治　下…20
藤田八右衛門（直澄）　上…31
藤永清吉　上…288
藤波言忠　下…32
藤野　上…146, 448, 561／下…36, 46, 55, 98, 152, 158, 347, 368, 405, 407, 410, 423
～の妻　下…37, 420, 502
藤野〈春帆楼〉　下…198, 232
藤野聿造の子　下…226
藤野末槌　下…371
伏見宮昭徳王　下…601
伏見宮邦家親王妃景子（織君）　上…151, 259, 369, 371, 372／下…582, 587, 589, 594, 596, 599, 602–608
伏見宮邦芳王　下…598, 602, 603, 606, 607
伏見宮貞愛親王　上…109, 127, 148, 150–155, 164, 179, 181–183, 186, 202, 208, 250, 278, 296, 298, 307, 323–325, 338, 354, 359, 363–365, 393, 396, 400, 412, 419, 422, 427, 436, 455, 459, 469, 492, 500／下…25, 581–585, 588–603, 606–608
伏見宮貞愛親王妃利子　上…202, 208, 338, 359, 427, 490, 491／下…582, 584, 585, 587, 589–591, 594–600, 602, 608
伏見宮宗諄女王　下…591, 592
伏見宮博恭王→華頂宮博恭王
伏見宮文秀尼　下…588, 591, 605
藤村重吉　下…422
布施半右衛門（行渥）　上…29
布施三喜之助　上…22, 24
布施木工之助（幸作、安美）　上…21, 37
船越〈老人〉　下…404
船越教（南部太平次）　上…39
船越次郎三郎（茂栄）　上…57／下…35, 54, 63, 64, 116, 124, 126, 556
船越衛　上…225, 226
フランソワ・ポール・ジュール＝グレヴィー　下…593
フリードリヒ・カール・アレクサンダー・フォン・プロイセン　上…149
フリードリヒ三世　上…482／下…601
古沢滋　下…540, 551–553

へ

平六郎→毛利元功

ほ

法円綾子　下…518, 519
宝生九郎（知栄）　下…11
星野長太郎　下…21, 22
細川　上…117
細川　上…174
細川篤長　上…252, 368, 369, 376, 495, 532, 534, 560／下…167, 169, 188-191, 200, 202, 466
細川織部（義邵）　上…8-10, 16, 20-22, 25, 35-37, 40, 43-45, 48
細川左馬之助→池内蔵太
細川宮遠　下…144, 145, 191, 349, 512, 519
細川頼彬　上…92, 560／下…137
堀田正睦　上…45, 46
堀江芳介　上…183, 251
堀尾　下…587, 606
堀河康隆　上…426
本承院　下…186
本多　上…94
本田　下…546

ま

前田　上…133
前田　上…151
前田淑　上…208
前田孫右衛門　上…55, 59, 62
前野九采　上…115
槇　上…540
真木長義　上…535-539, 544, 547, 548, 567-569, 571, 573, 576, 579, 582／下…9
正岡篤之助（藤右衛門、乗通）　上…16, 26
正木退蔵　上…93
マサ子　下…317
正村　上…262, 434, 442, 448, 561
正村喜三郎（忠起）　上…44／下…201, 400
　～の長女　下…201
正村金次　上…561, 562／下…69
正村信一　上…263, 433／下…188, 226, 404, 424, 430, 462, 467, 469-471, 473, 488, 502, 524
正村チカ子　下…265
正村チセ　下…403, 421, 464, 473
正村マス　上…433-435, 437, 438, 448
益田親施（右衛門介、弾正）　上…60
増宮章子内親王　上…150, 152, 197-199
股野琢　上…454, 455, 457, 459, 573, 582／下…9, 19, 69
マツ　下…44, 207
松井　上…308, 335, 338, 340, 341
松井精　下…465
松浦　上…150
松尾　下…563
松尾儀介　下…276
松尾信太郎　下…276, 278, 279, 283, 287, 475
松尾善介　下…278
松岡茂章　下…217, 218, 230, 233, 289-291, 296-298, 303, 323, 343, 347, 386, 402, 403, 405-407, 409, 419, 420, 437, 438, 442-444, 473-475, 482, 483, 510, 521-526, 530-533, 536, 537, 546, 554, 555, 563, 566-568
　～の妻　下…532
　～の娘　下…510
松岡精次郎（俊方）　上…35, 59
松方正義　上…466
松下文治　下…503
松田　下…276
松田間（永清）　上…17
松田誠　上…410
松田弥太郎　下…351
松田良蔵　上…62
松平　上…556, 557
松平容保　上…71／下…573
松平定信　下…461
松平説三　上…511
松平貴子（節宮貴子女王）　下…587, 588, 590, 591, 603, 606
松平忠敬　上…344, 378／下…587-592, 594, 595, 597, 598, 603, 606, 607
松平忠寿　下…588
松鷹　上…300
松名半之允（邦昭）　上…17, 21
松永直蔵　下…557
松原音三→山県九右衛門
松本熊作（高茂）　上…18
松本廉平　上…561／下…22, 49, 173, 174, 274, 276, 278, 289, 320, 350, 396
松山邦仙　下…33
万里小路正房　上…47
真野　上…146
真野節　上…138
馬淵　上…269, 271
丸山　下…285

丸山勝三郎（貞堅）　上…21, 24

み

三井源吾　下…44
三浦　上…306
三浦梧楼　上…339
三上徳治　下…198
三上豊後平　下…125
ミサ　上…201, 323／下…492, 502
節宮貴子女王→松平貴子
三沢精七　下…349
三沢精七ヵ　下…511
三沢帯刀（運為）　上…17, 20, 21
三沢東市介（聾蔵）　上…79
三嶋〈老人〉　上…334
三嶋熊太郎　上…324-326, 329／下…416
　～の子　下…416
三嶋盛二　上…265, 325, 326／下…49, 60, 197, 198, 202, 204, 234, 236, 240, 243, 244, 247-252, 254, 256, 258, 260-262, 267, 269, 272, 275, 279, 281, 284-286, 289, 290, 293, 295-298, 305, 307, 309, 310, 313, 315, 319-324, 327, 334-336, 343, 344, 347, 349, 350, 354, 359, 365, 367-371, 373, 374, 377-381, 383-385, 387-392, 395-402, 404-409, 411-449, 453-456, 458-461, 463-470, 473-479, 481-483, 485, 486, 488-492, 494, 495, 497, 498, 500-503, 509-520, 522-526, 529, 531, 533-539, 541-549, 551-555, 557, 558, 563-565, 567
三嶋盛二ヵ　上…264
三嶋任三郎　上…158, 163, 202, 205, 223, 246, 251, 264-266, 291, 318-320, 324, 325, 327, 328, 331, 332／下…415
　～の妻　上…329, 334／下…471, 482, 533
水川正亮　上…146, 151, 175, 177, 263, 311, 319, 323, 324, 331, 479, 507, 511, 520, 523, 525, 543, 571／下…8, 15, 26, 28, 32, 109
三戸華十郎　上…266
ミネ　下…532
溝口誠心院　上…482
美濃子　上…545
壬生基修　上…57, 60
御堀耕介→太田市之進
御牧基賢　下…582, 586, 591, 592, 594-597
宮城直蔵　上…59
宮城彦助　上…55
三宅　上…366
三宅清次　下…138
宮崎正教　上…100
宮田〈老人〉　下…313, 386, 403
宮田　下…477, 486
宮田清左衛門　下…116, 263, 264, 272, 273, 335, 370, 373, 384, 385, 397, 415, 471, 500, 502, 517, 522, 529, 546
　～の妻　下…335, 378, 592
宮田勇吉　下…415, 551
宮原斎　上…559
宮部亮常　下…26
宮本虎雄太　下…523
妙好→毛利都美子
三吉秋雄　下…334-337, 517-519, 541, 545
三吉イヨ　上…44, 91, 97, 128, 200, 216, 266, 288, 303, 307-310, 317, 318, 324, 326, 335, 376, 397, 405, 417, 433, 441, 509, 569, 571, 576, 577, 580／下…20, 31, 47, 55, 60, 62, 116, 124, 126, 141, 148, 152, 155, 156, 158-161, 164, 185, 201, 206, 218, 222, 225, 264, 265, 267, 272, 325, 354, 370, 376, 388, 390, 391, 395, 404, 406, 408-411, 413, 415-421, 423, 427-429, 432-435, 442, 443, 457-459, 461, 463, 464, 467, 468, 470, 473-476, 481, 484, 493, 497-500, 512-514, 520, 521, 523, 524, 534, 565, 566
三吉梅子　下…263, 313, 317, 325, 342, 348, 362, 371, 384, 386, 392, 408, 414, 434, 438, 440, 442-444, 455, 457, 460, 464, 467, 468, 472, 474, 475, 482, 483, 493, 497, 498, 500, 509, 510, 514, 518, 519, 523-528, 531-534, 536, 537, 539, 540, 545, 547, 549, 551, 554, 555, 558, 563-567
三吉喜久（修行院）　上…39, 82／下…125
三吉敬蔵　下…268-271, 322, 331, 419, 441, 443, 461, 462, 478, 514
三吉茂　上…52, 59／下…519, 541, 545
三吉十蔵　上…33, 35, 82
　～の実母　下…527
三吉慎蔵の伯父　下…317
三吉清子　下…557, 558
三吉タキ　下…185, 195, 196, 201, 268-270, 322, 334, 336, 407, 462, 463, 479, 495, 518, 524, 527
三吉丈夫　下…495, 496, 517
三吉（山本）玉樹　下…133, 138-141, 145-147, 151, 158, 173, 183, 185, 190, 205-207,

210, 216, 218-221, 226, 233, 241, 263-267, 289, 292, 303, 304, 320-323, 327, 328, 338, 339, 356, 368, 370, 371, 374-376, 384, 386, 387, 389, 390, 395, 404, 407, 412, 417, 419-421, 426, 428-432, 434-436, 439-441, 447, 448, 455-461, 463, 464, 466, 470, 471, 474, 475, 477-479, 481, 482, 484, 486-490, 493, 495, 498, 502-504, 509, 511-516, 519, 521, 525, 530, 531, 533, 538, 539, 542-545, 547, 549-551, 555, 556
三吉トモ　上…68, 97, 134, 180, 214, 246, 253, 293, 300, 312, 313, 315, 316, 342, 360, 361, 384, 401, 417, 429, 441, 468, 490, 503, 521, 549／下…26, 39, 47, 51, 55-57, 59, 60, 88, 105, 109, 117, 126, 132-134, 138, 139, 141, 144, 145, 151, 153, 155, 156, 158, 160, 161, 164, 190, 196, 207, 218, 241, 263, 264, 266, 289, 292, 307, 308, 315, 327, 328, 338, 348, 371, 387, 392, 404, 408, 415, 427, 428, 430-438, 440, 442-448, 453-456, 460, 462, 467-470, 472, 474-489, 491-493, 495-501, 503, 504, 509, 516, 540, 541, 545, 549
三吉治子　下…392, 395, 419, 461, 462, 478, 517
三吉半次　上…35
～の後妻　下…527
三吉米熊　上…48, 89, 93, 94, 97, 127-129, 136, 146, 148, 151, 171, 176, 187, 190, 194, 195, 218, 263, 304, 309, 311, 314, 319, 322-324, 331, 365, 399, 426, 435, 448, 449, 451, 479, 486, 487, 491, 507, 512, 516-523, 525-530, 533, 535, 537, 541, 543, 546, 547, 549, 554, 564, 566, 568, 570-573, 575, 581／下…9, 14-17, 21-23, 26, 28, 32-35, 40, 41, 47, 49, 52, 57-59, 65, 70, 71, 75-78, 81, 83, 85, 91, 93, 95, 98, 100, 105, 106, 108-111, 113-117, 119, 120, 122, 127, 131-134, 138-141, 143-147, 151, 152, 155, 158, 159, 161, 163, 180, 185-187, 189, 191, 192, 195, 196, 200, 201, 204, 205, 208, 217-219, 240, 263-272, 280-282, 331, 332, 334-337, 339, 356, 368, 370, 371, 373, 378, 386, 387, 389, 392, 395, 401, 407, 419, 420, 422, 428, 435-437, 441, 443, 449, 453, 455, 459, 461-463, 469, 470, 472, 474, 475, 477, 478, 493, 495, 496, 501, 512-515, 517-519, 521, 525, 530, 533-535, 542, 544, 547, 549, 550, 553, 555-558, 565
三吉周亮（彝太郎、内匠、内蔵介）　上…32, 56, 62, 64-67, 73, 75, 96, 424, 560／下…11, 28, 38, 94, 130, 138, 147, 260, 264, 265, 293, 305, 349
～の末娘　下…351
三吉隆祐　下…130
三吉造酒（義書）　上…16, 20-22
三吉義亮　下…28, 92
三好重臣　上…182, 210, 211, 250, 306, 556
～の実母（清香院）　上…209, 211

む

椋梨弥八　下…512, 519
陸奥宗光　下…312, 314, 315
武藤九右衛門（真）　上…7, 22, 37, 40
武藤彦太郎（文邦）　上…40
村井源次郎　上…21, 26
村井浩一　下…200, 209
村井清一　下…219
村岡　下…203, 285
村上　上…163
村上衛士　上…17, 21, 22, 25, 53
村上彦左衛門（景通）　上…80
村上彦三　下…130, 297, 350, 447, 479, 484
村上通次　下…403
村上百合勝→福原和勝
村木　下…582
村雲日栄　上…180／下…590
村田耕作　上…92, 272
村田寂順（慈修）　上…167
村田次郎三郎（四郎右衛門）→大津唯雪
村田新八（経満）　上…72／下…574
村田彦右衛門　上…166
村野〈老人〉　上…189
村野小一郎　上…31
村野勝左衛門　上…40, 58
村野報介　上…163
村山　上…51

め

明治天皇　上…78, 98, 104, 107, 109, 114-117, 120-122, 127-129, 131, 132, 135, 137, 145, 148, 149, 155, 157, 171, 198, 209, 216, 221, 268, 299, 300, 318, 325, 326, 336, 359, 373, 379, 419, 420, 468, 499, 515, 517, 524, 566／下…31, 195, 254-256, 284, 321, 332, 581, 582, 605

も

毛利　上…197
毛利　下…467, 539
毛利伊織　上…75
毛利勘解由（元忠）　上…8-10
毛利勘兵衛　上…32
毛利（福原）邦樹　上…167, 176, 346, 500, 525／下…44, 60, 63, 85, 86, 90, 370, 372, 374, 375, 388, 426, 445, 545, 546, 548, 552
毛利珪次郎　上…22
毛利上野（広悌）　上…67
毛利五郎　下…447, 458, 513, 525
毛利幸子　上…506, 527／下…42, 60, 61, 63, 67, 85, 94, 129, 130, 132, 524, 527
毛利亮子　下…42, 57, 60, 61, 63, 67, 69, 70, 85, 128-130, 132, 524, 527
毛利新歌子　下…10, 128-130, 132, 148
毛利重就（英雲公）　上…225, 239, 240, 569
毛利須女子　上…92, 93, 96, 496
毛利多栄子　下…127, 128, 147, 354, 425
毛利敬親（大膳大夫、慶親、忠正公）　上…13-15, 35, 36, 38, 40, 43, 46, 47, 53, 54, 57, 60-65, 67, 68, 73, 76-78, 82／下…79, 80, 87, 99, 179, 575, 577
毛利鉦子　下…176, 478, 540
毛利丹宮　上…22
毛利千賀子（智鏡院）　上…52／下…14, 22, 529
毛利重吉→吉川重吉
毛利綱元（龍沢院）　上…41, 42
毛利式子　上…215／下…57, 63, 67, 70, 77, 80, 128, 167, 169, 373, 374, 447, 448, 454, 455, 457, 459-463, 465, 469
毛利藤内（親信）　上…76
毛利都美子（妙好）　上…294／下…458
毛利富子　上…312／下…176
毛利欽子（欽麗院）　上…52, 83, 91, 92, 156, 209, 214, 223, 263, 284, 312, 346, 353, 495, 508, 510, 512, 546, 547, 553, 574-580, 582／下…12, 14, 15, 27, 28, 39, 43, 54, 56, 59-62, 66, 69, 70, 75, 87, 88, 99, 101, 104, 106, 134, 148, 166, 167, 181, 198, 203, 204, 206, 207, 252, 309, 387, 388, 390, 395, 425-427, 429-431, 434, 436, 439, 442, 449, 458, 464, 510, 512, 519, 520, 527, 534, 548, 565
毛利幣子　下…189-191, 239
毛利能登（元美）　上…13, 14, 67
毛利暢子　上…92, 156, 176, 182, 209, 257, 258, 260, 263, 284, 287, 319, 328, 382, 525, 542-550, 559／下…38, 46, 47, 94, 124, 176, 420, 427, 429-434, 447, 489, 543
毛利登人（貞武）　上…62, 63
毛利秀元　上…59, 188, 205, 211, 252／下…35, 234, 263, 373, 374, 379, 458, 460
毛利万佐子　上…542
毛利匡芳（功篤院）　上…7, 29／下…161
毛利加子　上…276-280, 288, 296, 352
毛利美佐子　下…458, 464
毛利光広　下…263
毛利元昭　上…92, 277, 312／下…59, 93, 94, 145, 176, 177, 288, 289, 297, 429, 443, 458, 461, 464, 495, 534, 540, 550
毛利元功（平六郎）　上…34, 37, 39, 51, 59, 99, 183, 213, 248, 393, 439, 536, 537, 540-542, 544, 550／下…7, 81, 86, 87, 142, 146, 147, 176, 177, 243, 297, 425, 426, 476, 478, 534, 540, 541, 547
毛利元雄（三太郎）　上…99, 151, 163, 223, 233, 379, 445, 487, 494, 495, 531, 555, 564／下…47, 48, 50, 63, 75, 84, 92, 149, 164, 167, 169, 204, 205, 370, 372, 374, 375, 388, 415, 417, 419, 421, 422, 426, 432-435, 474, 485, 486, 488, 490, 491, 540
毛利元周　上…16, 19-24, 26, 28-31, 37, 39, 40, 44, 45, 47, 48, 52, 53, 56, 57, 60, 62-64, 68, 73, 76, 77, 473／下…79, 92, 95, 107, 116, 120, 123, 157, 160, 163, 473, 575-577
毛利元清　下…16, 37, 422
毛利元智　上…379, 384, 487, 512, 517, 547, 548, 563, 565, 569, 571／下…8, 12, 14, 16, 44, 63, 80, 85, 86, 90-92, 98, 214, 215, 228, 230, 233, 235, 348, 371, 372, 374, 375, 388, 396, 397, 426, 428, 433, 435, 445, 486
毛利元純　上…60-62, 65, 66, 68, 89／下…96
～の側室　下…164
毛利元忠　上…213, 370, 536, 542, 543, 550, 559, 560, 564／下…21, 38, 47, 65, 89, 92, 94-96, 118, 125, 127-129, 139, 142, 148, 153, 154, 161, 164, 171-173, 176, 177, 191, 203, 211, 224, 243, 248, 260, 274, 284, 288, 293, 297, 312, 349, 351, 414, 420, 425, 428, 430, 433, 434, 440, 446, 447, 455-457, 470, 479, 482, 484-486, 488-490, 503, 511, 514, 523, 524, 534, 538, 552, 563, 565-567

三吉慎蔵日記……下

三吉治敬◎監修
古城春樹・中曽根孝一◎編

国書刊行会

三吉慎蔵。撮影時期は明治23年（1890）頃カ。撮影は東京芝新シ橋角の丸木利陽写真館カ。

［上］長府毛利家当主ほか集合写真。明治23年（1890）頃に撮影されたと考えられる。最前列向かって右から11番目乃木希典、12番目毛利元智、13番目毛利元雄、14番目毛利元敏、15番目毛利邦樹。２列目向かって右から１番目宇原義佐、２番目坂井精一。３列目向かって右から６番目梶山鼎介、８番目荘原好一。最後列向かって右から１番目三吉慎蔵、５番目栢俊雄、６番目日原素平。（下関市立歴史博物館蔵）

［下］三吉慎蔵。撮影時期は明治22年（1889）～23年（1890）カ。撮影は東京芝新シ橋角の丸木利陽写真館。

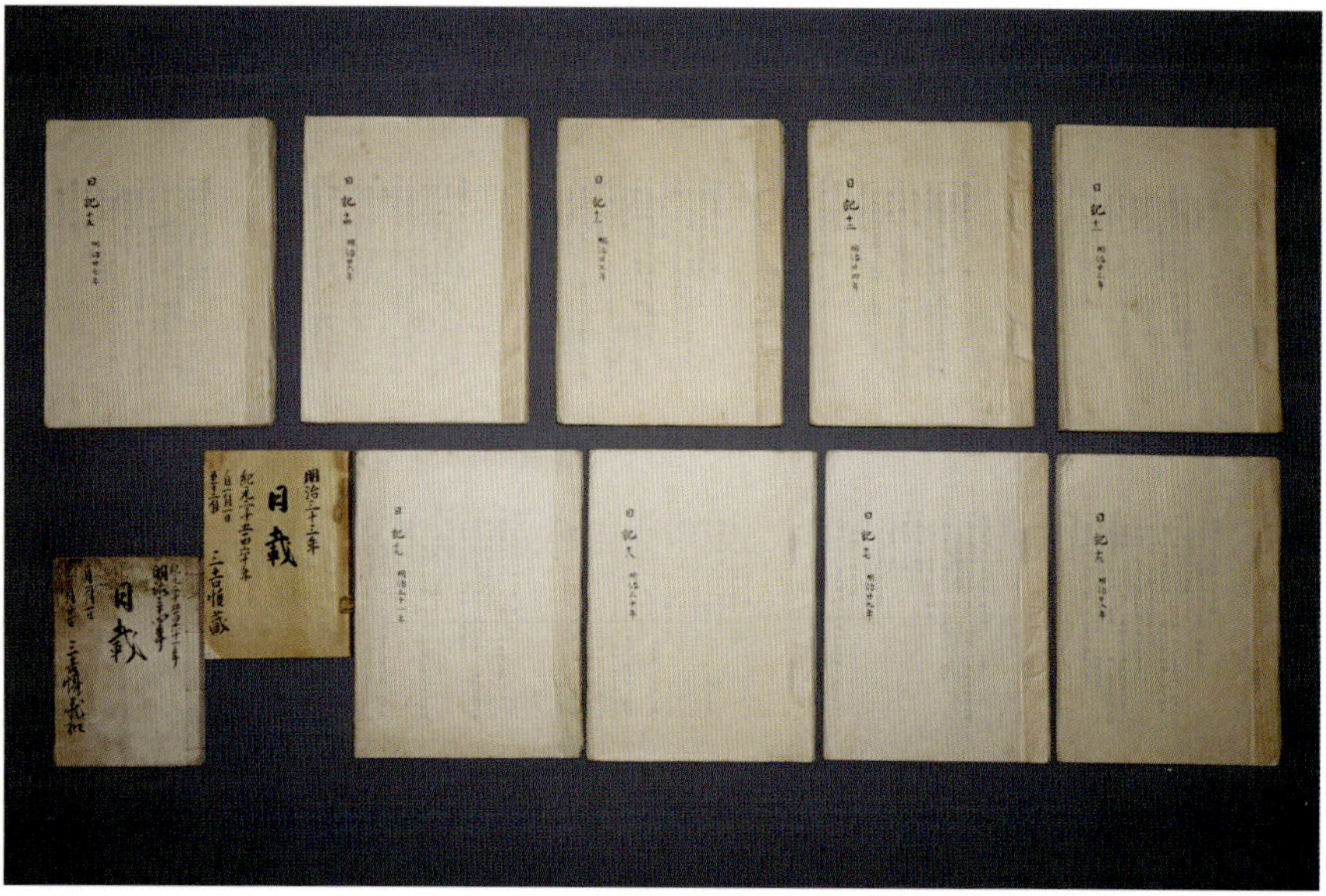

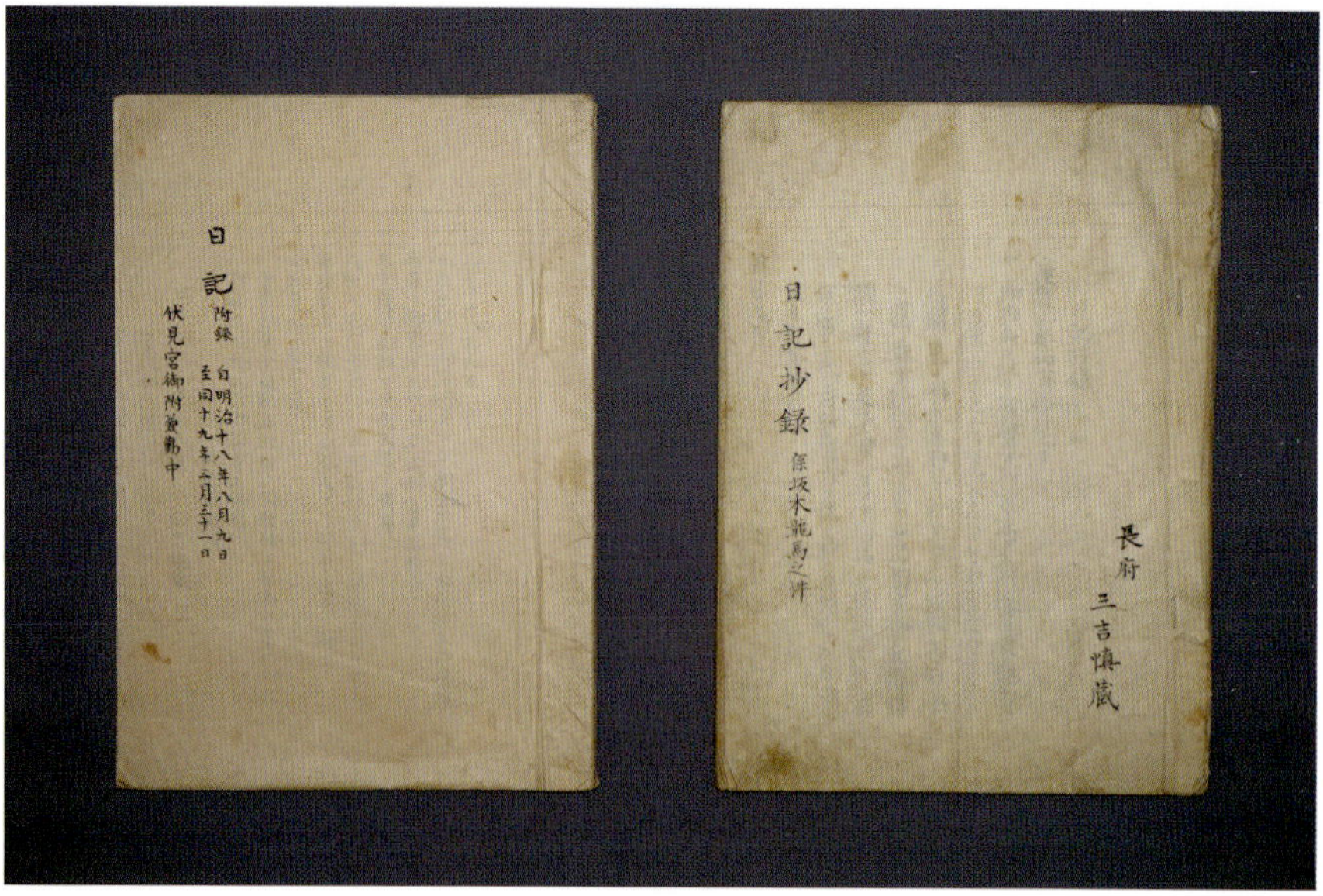

［上］三吉慎蔵日記第11巻～第19巻、明治33年日載、明治34年日載。
［下］日記抄録　係坂本龍馬之件、日記附録　伏見宮御附兼勤中。

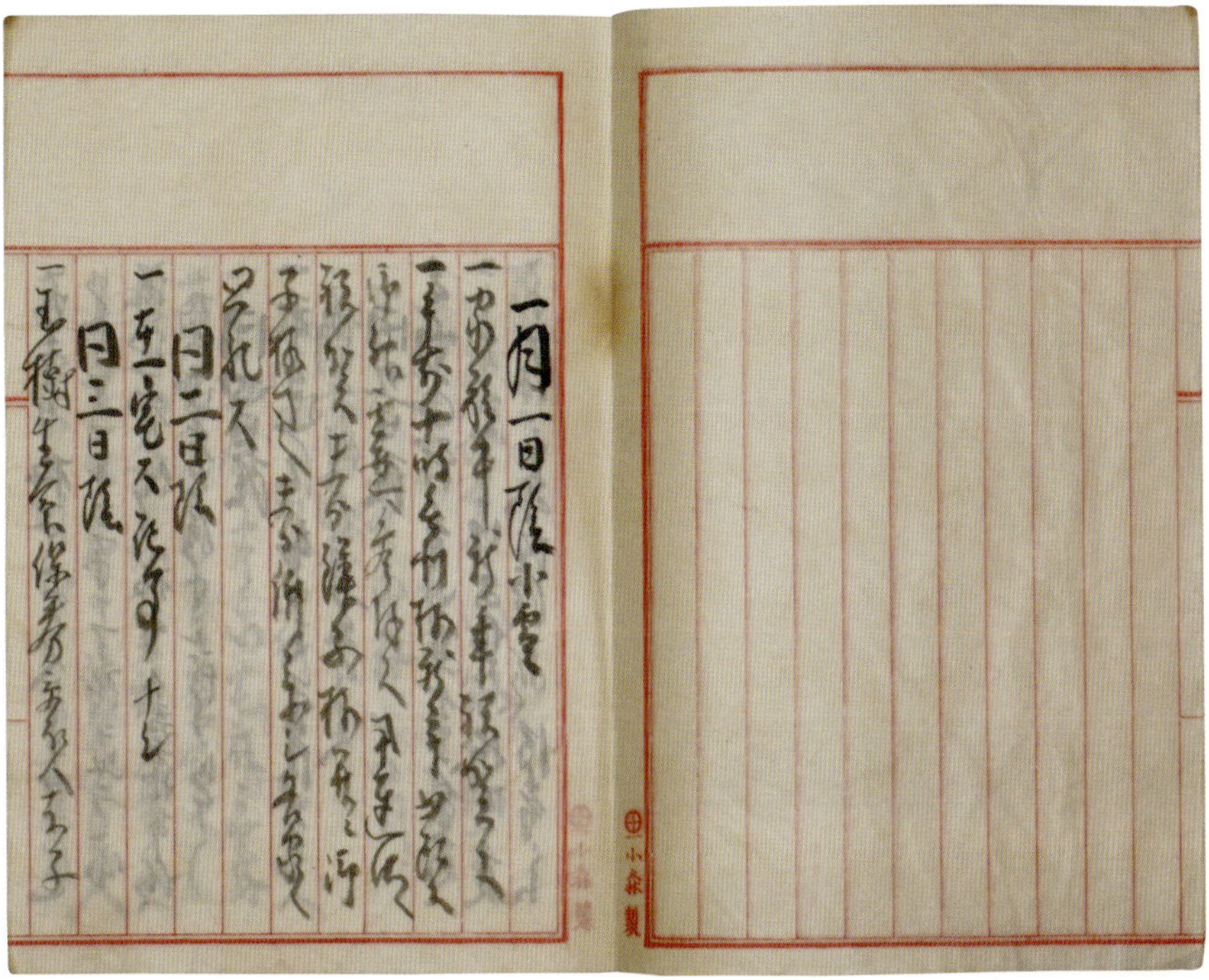

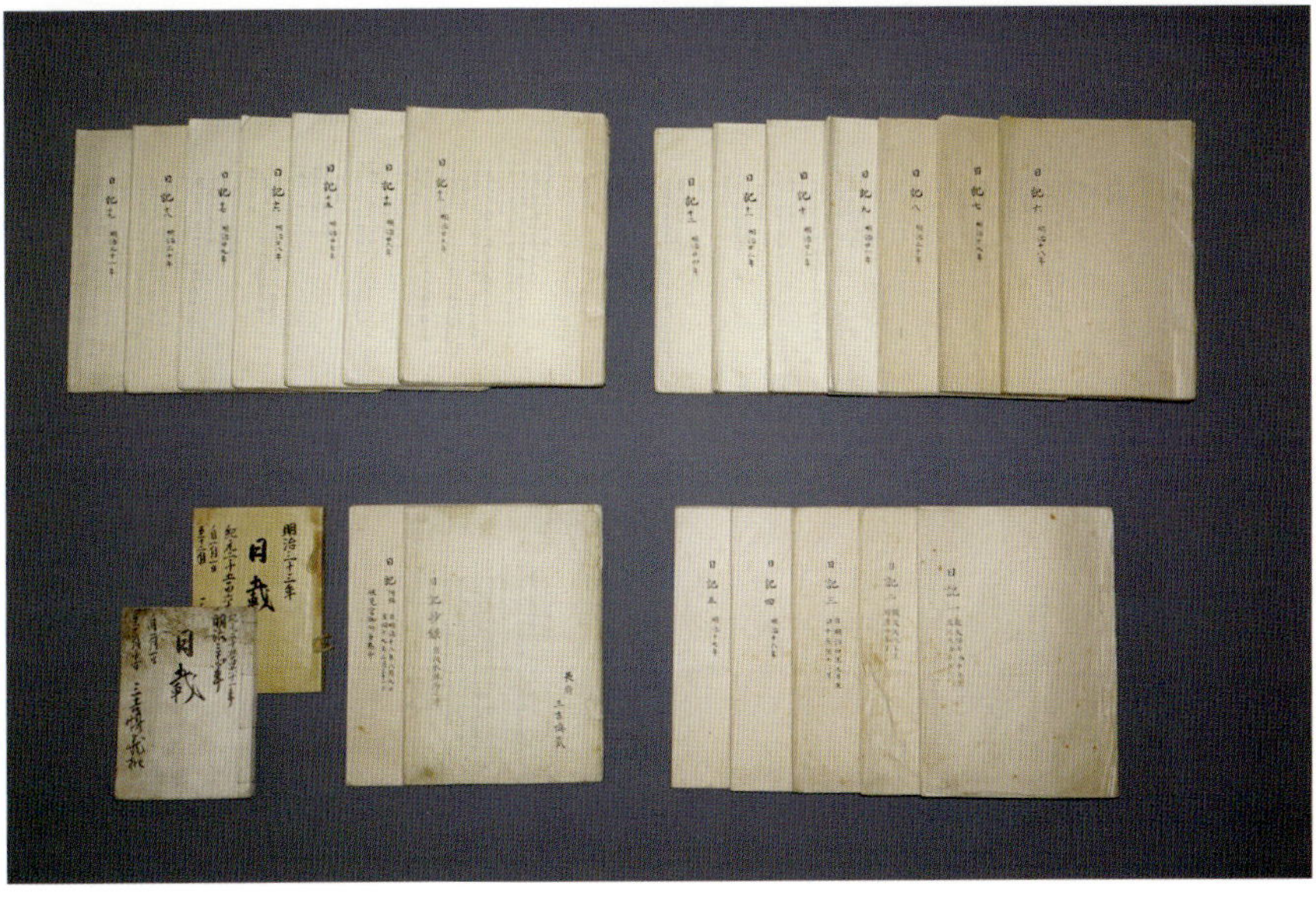

［上］明治33年日載の本文冒頭部分。三吉慎蔵直筆。
［下］三吉慎蔵日記　全。

目次

日記　十八（明治三十年）　393
日記　十九（明治三十一年）　451
明治三十三年日載　507
明治三十四年日載　561
日記抄録　係坂本龍馬之件　569
日記附録　伏見宮御附兼勤中　579

解題（古城春樹）　609
あとがき（中曽根孝一）
人名索引　640

上巻目次

日記　一（天保七年～万延元年）
日記　二（文久元年～明治四年）
日記　三（明治四年～明治十五年）
日記　四（明治十六年）
日記　五（明治十七年）
日記　六（明治十八年）
日記　七（明治十九年）
日記　八（明治二十年）
日記　九（明治二十一年）
日記　十（明治二十二年）

凡例

一、本書の翻刻にあたっては、三吉治敬の所有で、下関市立歴史博物館に寄託されている「三吉慎蔵日記」を原本とした。

一、漢字の字体は、現行の常用漢字に従い、常用漢字以外は原本の字体とした。

一、「ゟ」は「より」、「茂」は「も」、「者」は「は」とした。

一、変体仮名は平仮名に改めた。

一、〔 〕内の注記は、編者が施したものである。

一、〔 〕内の肩書きに異動があった場合は、異動後の最初の登場箇所に異動後の肩書きを施した。

一、人名等の当て字や明らかな誤字には傍注〔ママ〕を施した。明らかな脱字については、〔 〕内に施した。

一、〔 〕内の藩名は、旧国名ではなく、「薩摩藩」→「鹿児島藩」、「土佐藩」→「高知藩」のように藩庁所在地とした。

一、藩庁所在地が途中で移動した藩については、「萩（山口）藩」のように、当初の藩庁所在地の下に移動先の地名を（ ）内に入れて記した。但し、「長府藩」については、明治二年改称の「豊浦藩」の名称は（ ）内に記さず、「長府藩」のみとした。

一、空欄箇所は空欄のままとした。

一、原本で「○」や「○○」と記された箇所は、そのまま表記した。

一、原本には句読点はないが、読みやすくするため、編者においてこれを施した。

一、読者の便宜を考え、年のはじめに年次を示す見出しを、その日の記事の冒頭に日付を補った。但し、年次を示す見出しは、改元の日次にかかわらず新年号により表示した。

一、現在の人権感覚からみて不適切と思われる表現については、本日記が歴史資料であることを考慮して、原文のまま掲載することを原則とした。

一、「一巻」から「一九巻」及び「日記抄録」、「日記附録」の翻刻は、中曽根孝一が担当した。「明治三十三年日載」、「明治三十四年日載」の翻刻は、田中洋一氏（下関市立歴史博物館学芸員）の協力を得て、古城春樹が担当した。

一、翻刻の校訂、人物注記、人名索引、解題については、古城春樹が担当し、監修を三吉治敬がおこなった。

日記　十一　明治廿三年

明治二三年

一月一日

明治廿三年一月一日　陰　夜雨

一　午前神拝

一　同八時過北白川宮へ新年参賀す、岩倉別当〔具経、北白川宮別当〕一同扶従中御二方様〔北白川宮能久親王、北白川宮能久親王妃富子〕へ御祝詞申上、且御邸内廻礼す

一　午前九時大礼服着用参内、九時三十分朝拝之事

一　十時三十分　青山御所へ参賀の事

一　十時五十分　東宮〔明宮嘉仁親王、のちの大正天皇〕へ参賀候事

一　市兵衛町御邸其他各家へ廻礼す

一月二日

同月二日　陰

一　正午三位公〔毛利元敏、長府毛利家一四代当主〕御出に付、午餐呈上す

一　本日は在宿す

一月三日

同月三日　朝小雨

一　元始祭に付午前九時四十五分参集所へ出頭、十時過き賢所参拝す、但大礼服着用の事

一　午后三時より慶新会を紅葉館に於て開之、依て参集す
　　但本年は幹事引受也

一月四日

同月四日　陰　風

一　正午より賀礼として鹿鳴館へ参集す

一　山県大臣〔有朋、内閣総理大臣〕、日原〔素平〕、高輪毛利殿〔毛利元徳、毛利宗家六八代当主〕、井関〔美清、毛利家令〕、二本榎毛利殿〔毛利元功、徳山毛利家第一〇代当主〕、菅野〔覚兵衛、海軍少佐〕、賀田〔貞一、地質鉱山学者、ライマン(Benjamin Smith Lyman)に師事〕、品川〔弥二郎、御料局長官〕、三条殿〔実美、明治二三年二月より貴族院議員〕、右廻礼す

一月五日

同月五日　晴

一　宮新年御宴会午后三時より御開に付参殿す、一統御年玉祝酒料被下候事

一　毛利御邸へ新年御宴会に付、家族中御招請に依て不残参邸す
一　右に付色々献上物致候事

一月六日

同月六日　晴
一　新年御宴会に付御達の通午前十時三十分参内す、例年の通御祝酒下賜候事
一　右に付御礼言上す

一月七日

同月七日　晴
一　午前毛利御邸へ出頭す
一　佐野善介〔長府毛利家従〕病気太切の報知に付、御仕向の件々を議す
一　右に付品代りとして代金御尋の廉、取計方を用達所へ電報有之ことに荘原〔好一、長府毛利家扶〕と議す
一　死後の儀は、凡向来の御取扱方内規を定め置、其人の功労軽重により其時に至り御詮議の上、御増加のことに議置候事
一　本年御出豊の御次第、追々順序間立候様協議す
一　先般集会の件々、書取にして三位公へ上申の下案を打合置候事
一　午后より各宮方其他賀礼廻勤す

一月八日

同月八日　晴
一　午前岩倉別当宅へ宮御奥向一件御用談として到る
一　本日宮内省集会定日の処不参す
一　水川氏〔正亮〕へ教育補助会出金済受取詔書を書留郵便にして本日仕出候事
一　午后荘原氏来宿にて佐野善介こと昨夜死去、右に付御仕向の件示談あり
一　右に付、四ヶ月分月給百円外に祭祀料百円不取敢被下の旨、河村〔光三〕へ電報のこと且又御家族中様より花一対、元智様〔毛利元智、毛利元敏二男〕より同断御仕向のことに談決す
一　佐野〔正作〕へ悔電報又香花料一円、三吉より仕向のことを荘原へ依頼致置候事
一　佐野への御仕向は、内規と是迄の年数功労とを協議の上、談決也

一月九日

同月九日　晴
一　午前宮へ出勤す
一　過日来少々痛所に付不参致し度、就ては都度不申上段を

麻生家扶〔三郎、北白川宮家扶〕へ申入置候事

一　右に付、宮内省へ集会当分の内不参の儀を各宮家令宛にして、明十日仕出方を樋口〔綾太郎、北白川宮家従心得〕へ相頼置候事

一　午后毛利御邸へ出頭す、別に議なし

一月一〇日

同月十日　小雨

一　米熊〔三吉米熊、三吉慎蔵長男〕へ年始状、明十一日仏国郵便船ヱヲウテ号にて仕出候事

一　宮内省及宮へ不参す

一　毛利御邸へ出頭す

一月一一日

同月十一日　陰

一　宮へ出勤す、別に議なし

一月一二日

同月十二日　晴

一　毛利御邸へ出頭す

一　廿三年予算表検査す、外に議事無之

一月一三日

同月十三日　大風

一　本日は書類取調いたし在宿す

一月一四日

同月十四日　陰　雪少々

一　午前宮へ出勤す、別に伺議事無之

一　毛利御邸へ出頭す、議事なく、退出す

一月一五日

同月十五日　陰

一　宮内省集会定日に付参省す、山尾〔庸三、有栖川宮別当、臨時建築局総裁〕、真木〔長義、伏見宮別当〕、股野〔琢、久邇宮別当、山階宮別当〕、岩倉各別当、浅田〔進五郎、伏見宮家令〕、萩原〔是和、華頂宮家令〕、米津〔政敏、梨本宮家令〕、山内各家令也

一月一六日

同月十六日　陰

一　本日は宮へ不参す

一　毛利御邸へ出頭す

一月一七日

同月十七日　晴

一　本日風気に付在宿す
一　栢俊雄〔栢貞香弟〕よりの来書に、本月九日本宅建築棟上のこと申来候に付、右答礼書状仕出候事
一　土蔵の儀は廿二年十一月十一日棟上済也

一月一八日

同月十八日　晴
一　午前宮へ出勤す
一　毛利御邸へ出頭す
一　御奥様〔毛利保子、毛利元敏夫人〕本日午前二時御分娩御女子御誕生の由に付、恐悦申上候事
一　右御名　新《シカ》歌子　六女也

一月一九日

同月十九日　陰
一　本日は休暇に付在宿す

一月二〇日

同月二十日　暁雪　少々后晴
一　本日風邪に付在宿す
一　荘原家扶へ風邪に付、両三日御邸へ不参の書状出す

一月二一日

同月廿一日　晴
一　来る廿三日
皇太后宮〔英照皇太后、孝明天皇女御〕御誕辰に付、午前十一時参賀の儀、大夫杉孫七郎〔皇太后宮大夫〕より達の処、当節痛所に付不参の段、断り届書進達のことを樋口綾太郎へ相頼置候事
一　本日も在宿保養す

一月二二日

同月廿二日　陰
一　本日も在宿す

一月二三日

同月廿三日　雨
一　品川コウ女〔品川氏章の妻カ〕本日より預り同宿の事
一　本日は伏見にて難事の廿五年当日に依て内祝す、右に付、西郷〔隆盛、旧鹿児島藩士〕、坂本〔龍馬、旧高知藩郷士、海援隊長〕、石川〔中岡慎太郎、土佐国北川郷大庄屋、陸援隊長〕等の軸物を調製し、并に其節相用候刀類を出し紀念す

一月二四日

同月廿四日　陰
一　本日も在宿す

一月二五日

同月廿五日　晴

一　本日午后三時より星ヶ岡茶寮に於て例月懇親会に付参集す、尤年始に付三位公御招請申上候、依て宝生九郎〔知栄、能楽師、仕手方、宝生流一六世〕相雇候事

一　右に付金拾円公より会員へ被下候事

一月二六日

同月廿六日　晴

一　三吉周亮氏〔旧長府藩家老、元鳥取県令〕より、刀引合共は不致哉覚へ不申に付と照会状参候得共、更に無之段答書出す

一月二七日

同月廿七日　晴

一　麻生家扶来宿也

一　久邇宮〔朝彦親王〕より御挨拶として金千疋を持参也

一　午前より毛利御邸へ出頭す

一　御子供様方御教育に付、色々談ある

一　午後岩倉別当宅へ出頭す

一　右は昨年辞表の儀上申致候処、御下命の旨に依り廿二年の処御直に御約定仕置く、然るに最早老年其上色々持病も御座候間、不日願書差出可申に付、此段御上申可被下と申入候処、別当には尤のことに答有之候得共、一応宮殿下へ小生より上申可致とのこと也

一　右に付、御家政向是迄の次第入々申出置候事

一月二八日

同月廿八日　暁雪少々

一　午前宮へ出勤す

一　諸帳簿検査等別当一同に可致ことに麻生へ談置候事

一　来る三十日孝明天皇御例祭参拝御達の処、不快に付不参届出の儀、樋口へ相頼置候事

一月二九日

同月廿九日　陰

一　本日宮へ不参す

一月三〇日

同月三十日　晴

一　麻生家扶来宿にて　宮殿下へ辞職出願の儀上申済の答申来る、依て明三十一日辞表を宮内省へ進達可致段を、同人へ申出置候事

一　右に付、明日樋口、浜野〔春次郎、北白川宮家丁〕両名の内、

一　宮内省まて拝借の儀を頼置候事

一　孝明天皇御例祭不参す、尤届書差出置候事

一月三一日

同月卅一日　晴

一　麻生家扶来宿にて、家丁御無人に付、一名雇入の件示談に付、其取計可然ことに答置候事

辞職御願

慎蔵儀

是迄北白川宮家令奉職罷在候処、近来多病、殊に老衰に赴候旁、緩々保養仕度心得に御座候間、何卒情実御洞察の上、辞職御聞届被下度、此段奉懇願候也

明治廿三年一月卅一日　北白川宮家令三吉慎蔵　印

宮内省大臣子爵土方久元殿

右願書本日午前樋口綾太郎使として宮内省へ差出候処、同人出願の上萩原家令へ相頼進達也

一　過二十八日

皇女〔周宮房子内親王、明治天皇第七皇女〕御降誕に付参賀の旨宮内大臣より達の処、不快に付不参す、依て萩原家令へ引合取計方を本日依頼す

一　萩原家令来宿にて願書進達、田辺書記官〔新七郎、内事課長心得、宮内書記官〕へ出す由也

一　午后より毛利御邸へ出頭す、乃木〔希典、陸軍少将、旧長府藩士〕、梶山〔鼎介、内務省地理局次長、旧長府藩士〕の両氏、荘原家扶一同会す

一　三位公御臨席の上、乃木、梶山より毛利家の御基礎となる御目的、徳行、并に御旧地一般信すへき件々、又子弟教育の本源、此上御目的可被為在今日に付、色々上申ある

一　欽麗院様〔毛利欽子、長府藩一二代藩主毛利元運正室〕御進退等に付ては、右両氏より御助力可申上云々の件をも上申す

一　右に付、其件々実以て本たる徳行の旨意を遠慮なく上申なるは、実に毛利家の為め、加之公の向後御参考となるへき順序、慎蔵に於ても可然段を演説す

一　元智様御附宇治〔益次郎、明治二三年二月一七日解雇〕の儀は川上《ママ》〔河上謹一、外務省通産局次長、旧岩国藩士〕へ早々引合、当分の内、日原氏へ御頼の手順を衆決す

一　馬関白石某より才川耕地に付出願の由

右は豊浦用達所へ入々照会の件に付、一先同人儀は何分の引合不致して、豊浦用達所より順序を以て出願可致、其上何分の答あることに致し差返すことに、荘原と談合す

一　右に付、同人より献上物致候由に付、右の御謝礼として金七円迄を被下候ことに申合候事

一　品川〔氏章〕宅地売却引合談決す

二月一日

一　本日慎蔵辞表進退の次第を、三位公始め各氏へ申入置候事

二月一日　晴
一　本日も不参す

二月二日

同月二日　晴
一　杉氏より面会の儀申来り候に付至る、右は辞職出願の件也

二月三日

同月三日　晴
一　午前より毛利御邸へ出頭す
一　過日乃木、梶山の両氏より上申の件に付、豊浦御住所御建替云々荘原気付ある、又本日日原へ示談に参るとの事也
一　右に付、近々集会の都合を引合有之候様談置候事
一　品川氏宅地引合弥十日頃のことに決す始末振の件々、荘原より梶山へ打合せの由、右は都合見込同意也
一　御降誕御七夜に付、本日御命名式参賀の旨御達の処、病気に付不参御届書昨日差出置候事
一　皇女御名房子と命せられ周宮《カネ》と称し奉る
　右宮内大臣より御達也

二月四日

同月四日　陰
一　午前宮へ出勤す、一月中勘定帳簿へ検査の上調印す
一　乃木少将見舞として来宿也

二月五日

同月五日　晴
一　午前毛利御邸へ出頭す
一　日原氏へ示談の次第、荘原家扶より承る、尤返答は追て有之筈に止る也
一　集会日限は乃木氏引合の上可相決筈也
一　品川氏始末の儀は、荘原氏取計方依頼なり
一　明日は不参のことに申出置候事
一　肴　一折
　右麻生延太郎〔北白川宮家従〕へ出生歓として贈之
一　小笠原氏〔武英、宮内省主殿助〕一昨午后来宿の事

二月六日

同月六日　晴
一　本日は不参す
一　午后運動に外出す

二月七日

同月七日　晴
一　午前宮へ出勤す、別に伺の件なく退出す

一　午后より毛利御邸へ出頭す、但六時より也
一　豊浦御住所場所替の要旨を議す、乃木、梶山、荘原一同也
右は是迄在来の坂井建物にては、欽麗院様仮り御住所道端に付、村野屋敷山手に引建添、御弁理相成候様取計之事
一　御二方様の処、素より道端にて何も御構は不被為在筈に候得共、御孝道御弁理且会計向も、山手に御一纏め相成候方御弁理に付、其辺上申の上御決定次第、早々荘原出豊にて其取計相成度ことに協決す
一　日原へ元智様御頼一件は兎に角重て御頼相成度ことに議決す、尚詳細の儀は、同氏へ入々荘原より示談の都合を談す
一　来る十二日午后六時集会のことに、乃木、梶山の両氏談決の事
一　右終て御邸へ一泊す

二月八日

同月八日　風　陰
一　午前九時帰宿す
一　写本一冊木村九蔵〔養蚕改良家〕より書状一通相添
右米熊へ本日仏国リオン府を経て、同国ナルタ号郵便船にて仕出候事
一　埼玉県児玉郡青柳村大字新宿木村九蔵氏へ写本、米熊へ本日仕出済の儀を書面仕出候事
一　小笠原氏来宿也

二月九日

同月九日　雪　少々
一　米熊より十二月廿日の書状、年始状本日着、外に各家へ年始状とも

二月一〇日

同月十日　陰
一　午前毛利御邸へ出頭す
一　三位公御奥様御一同の所にて、荘原家扶一同左の件々相伺候事
一　欽麗院様御出豊の思召被為在候に付、坂井新建物を村野屋敷へ引き御用意如何哉のこと、然るに御二方様は是迄通り旧時田建物其儘にて御住居相成候は当然の訳に候得共、右に付ては荘原気附もあり、其辺を勘考仕候に、素より内外に寄り御誠意の御変りは不被為在筈に付、御都合によりては可然とも相考候に付、思召相伺候上其取計至急不致ては智鏡院様〔毛利千賀子、長府藩一三代藩主毛利元周正室〕御祭日前御出豊も六ツヶ敷、且又右の次第は真の御内輪限り御内評御内決のこと故、前以て高輪様〔毛利元徳〕へ御引合等の儀は御無用相成度段をも添て上申す
一　右御誠意に内外の御相違無之て、為御弁理御一同御住所

引纏のことに弥御決に御座候は丶、其取計荘原出豊のことに決し可申段上申候処、右御決の事
一　明十一日不参届書進達の儀、麻生へ相頼置候事
一　栢〔貞香、長府毛利家従、三吉ィヨの姉の夫〕へ同断
一　荘原始め一統へ一通出す
一　米熊より三位公へ年始状呈上す

二月一一日

同月十一日　大雪
一　紀元節に付参拝、酒饌下賜の段御達の処、痛所に付不参す、尤右届書は昨日進達致置候事
一　鳥山〔重信、内務省県治局次長〕賀田、梶山、乃木、阿曽沼〔次郎、旧長府藩士〕、桂〔弥一、旧長府藩士〕、岡本〔高介〕、小笠原各氏へ米熊より新年状出す
一　水川氏へ米熊より来書無事の段を本日報知す
一　午后一時より岩倉宅へ抵る
右別当よりの談に、出願の儀は既に上奏済に相成、御沙汰可相成ことに有之候処、伊藤伯〔博文、枢密院議長〕より御奥向の件に付、暫時御沙汰御見合の儀を大臣へ示談に付、凡十五日過迄には夫々伊藤伯取計相決候間、右の次第を別当より慎蔵へ含置くと申す訳に付、迷惑なから少々延引の儀を談ある也
一　右の次第に付御聞届の儀相違無之ことに候得共、行掛り一週間位の処、伊藤伯御奥向御始末の御都合相決候上、早々御沙汰相成候様にと答置候事

二月一二日

一　三位公より欽麗院様御旅行一件に付、御直書参候事
同月十二日　晴
一　杉氏より使に付至る
右は昨日岩倉別当宅にて、示談の件にして、御沙汰少々見合との事也

二月一三日

同月十三日　晴
一　午后一時より宮江出勤す
一　岩倉別当へ、会計諸帳簿を麻生家扶一同詳細に検査調印を相頼候事
一　金庫現金検査の儀は、辞職御沙汰の節、立会検査のことに本日談決す

二月一四日

同月十四日　晴　夜小雨
一　午后六時より毛利御邸集会に付出頭す、乃木、梶山、荘原一同也
一　豊浦御住居仕法図面等を以て談決相成候事

但荘原出豊の上、総て同人へ取計方を依頼す
一　於ツネ様御一同御出豊の上、熊谷氏へ御頼みの申合に決す
一　元清公〔毛利元清、長府藩祖毛利秀元実父〕御墓所一件は、高輪様へ一応荘原より引合の筈に決す
一　慎蔵より一つ書にして手順を演説す
一　岡本熊雄〔長府毛利家従〕を当分元智様御用弁兼勤のことに談決す
一　三位公御臨席の上、過日乃木、梶山の両氏より上申に付、右件を御謝被遊候事
一　御寺へ御墓所御頼相成御心附の儀、御詮議相成可然ことに荘原へ談合す
一　右終て御邸へ一泊す

二月一五日

同月十五日　晴
一　午前九時迄御邸へ詰る
一　於サヤ様御進退一件の儀も、尚協議の都合を荘原へ談合す

二月一六日

同月十六日　雨
一　日曜に付在宿す

二月一七日

同月十七日　雨
一　午前宮へ出勤す、別に議なく退出す
一　毛利御邸へ出頭す
一　川上〔ママ〕、宇治の引合本日夫々相済、岡本へ引合のことに相成候て、宇治へ晩餐御相伴の上、金二十円を御謝儀として被下のこと迄に相成る
一　元清公御祭御墓所一件は、高輪様にて井関家扶迄照会の手順相立候由
右荘原家扶より承候事
一　日原氏十八日より出豊に付、帰京の上元智君引受の由相決候事

二月一八日

同月十八日　雨
一　在宿す、別に記事なし

二月一九日

同月十九日　午后晴
一　福原老人〔福原和勝の母カ〕へ見舞に抵る、小笠原氏へ伝言且米熊よりの書状頼む
一　品川氏へ尋問す、宅地一件に付、清水氏昨夜梶山氏へ照会の由に付、慎蔵一己の見込は、六千五百円を限り速に取極め引合可然ことに答置候事

一　毛利御邸へ出頭す

二月二〇日

同月二十日　陰

一　乃木氏来宿にて、品川氏宅地売却一件は、都合次第六千五百円ならは見切のことに同意也

一　御屋敷御長屋当分品川氏拝借の儀談有之候事

一　品川氏へ到る、弥六千五百円にて売払の談相決し、明日登記約定相成候由承候事

一　毛利御邸へ出頭す

一　品川氏当分御長屋拝借の儀相願候に付、三位公へ相伺候処、御聞届相成候事

二月二一日

同月廿一日　陰

一　毛利御邸へ出頭す、本日は別に御用向無之退出す

一　宮へ出勤す、別に議事なく退出す

二月二二日

同月廿二日　雨

一　米熊へ十二月二十日仕出の答書を仏国郵便船にて本日仕出す

一　市川良功《〔マヽ〕》氏〔亮明〕へ答書厚礼取束、一封にして本日仕出す

一　午后毛利御邸へ出頭す

一　梶山氏参邸にて、品川氏宅地売却代金六千五百円を以公債券買入のことに決定の談に付、栢氏へ其引合有之候様頼み置、相場直段相分り候上談合し、取計のことに談置候事

二月二三日

同月廿三日　晴

一　麻生家扶来宿にて岩倉別当不快に付、御内用向の件を伝達なり

一　右に付、宮殿下の御内命あり、気附の儀は無遠慮上申可致との事也

一　御家政向一般心得書、此際御決定相成度段答置候事

二月二四日

同月廿四日　雨

一　午前宮へ出勤す、別に議事伺の件無之

一　岩倉別当不快に付見舞として到る、尤面会せす、家扶へ申入置候事

一　毛利御邸へ出頭す、別に議伺の件なし

二月二五日

同月廿五日　晴

一　午后宮へ出勤す

一　伊藤伯参殿の由、御外席にて御逢可相成とのこと也

一　午后毛利御邸へ出頭す、別に談議なし

一　品川氏へ尋問す、相変儀なし

二月二六日

同月廿六日　晴　大風

一　午后　宮殿下御用有之旨に付参殿す、右は伊藤伯への御内用の件也

二月二七日

同月廿七日　晴

一　午前麻生家扶へ小田原行御内用の件に付、出張の儀を談す

一　毛利御邸へ出頭す、本日は他行のことを栢へ談置く

一　午前九時四十五分発の汽車にて小田原伊藤伯の宿所へ出頭す
右は御奥向御始末の件々を協議す、委細承知に相成り、尚又向後御永久の件々を尽力相成候様、万事相頼み置候事

一　午后四時五十五分乗車にて帰宿す

二月二八日

同月廿八日　雨

一　午前宮へ出勤す

一　殿下へ、昨日伊藤伯へ御使の件々御直に復命す

一　岩倉別当へ見舞す、面会あり、依て伊藤伯へ昨日色々引合の次第を申入置候事

一　毛利御邸へ出頭す

一　御出豊御用意御木綿服に相成度段、且又御子様方今より御二方様の御手順相立候様御勘考相成度、気附御内含迄に上申す

三月一日

三月一日　陰

一　宮内大臣より御用談の儀申来、参省す
右は岩倉別当転任、高崎〔正風、小松宮別当〕小松宮別当兼勤被仰付候に付、其旨宮へ上申可致、且又向後万事御締向の儀は左右なく取計のこと故、其辺も入々上申可致とのこと、右御出張先へ書面を以て上申可然とのこと也、尚追て御帰京の上は、殿下へ御直に大臣よりも可申上段演説有之

一　右の段本所御別邸へ今に御出に付、直に御出先へ参上し、御直に上申候事

任宮中顧問官
兼任北白川宮別当　岩倉
　　　　　　　　　高崎

右の通本日宣下相成候段、内事課長より通知有之候事

一　岩倉具経殿より家扶足立正義〔岩倉具経家扶〕を以て転任吹聴、且又面会致度段申入に付、明午后出頭のことに答置候事

一　鶏卵　一箱　赤飯　一重

右麻生より過日誕生の内祝として到来す

三月二日

同月二日　晴

一　麻生延太郎儀　宮殿下より御内命にて来宿す、右は暫時猶予の儀御下命に候得共、度々のこと故、平に御免被下候様麻生へ答置候事

一　午后岩倉殿へ出頭す、同官在勤中の挨拶を申述、御家政向の儀は一応高崎別当へ御引合被下度、且又会計向検査等の儀は、御口上を以て引合のこと取計可申段申入置候事

一　毛利御邸へ出頭す

三月三日

同月三日　陰

一　高崎別当へ兼任の歓旁出頭す、尤不在に付、取次へ申入置候事

一　宮へ出勤す、二月分勘定帳検査の上調印す

一　二月迄の勘定帳の儀は、岩倉別当在勤中に付検査調印を受候様、家扶へ談決致置候事

一　毛利御邸へ出頭す

一　荘原氏より来書、右は追々取調の上新築の取計にて夫々着手方相成、尚積り書にも取掛り之由也

一　就産義社解約豊永〔長吉、印藤聿、起業家、旧長府藩士〕より届書一通送来

一　右に付諏訪氏〔好和、陸軍歩兵大佐、旧長府藩士〕意見もあり、養蚕伝習所を御買上相成、無税にて御貸付相成度云々申来候に付、明日乃木、梶山の両氏御邸へ集会の儀を照会状本日仕出置候事

一　右伺済の上は、至急電報にて答有之候様申来る

三月四日

同月四日　晴

一　倉光氏〔三郎、旧長府藩士〕老母久々病気の処、養生不相叶死去の報知ある、依て悔状本日郵便仕出候事

一　毛利御邸へ午后五時より乃木、梶山の両官一同会し、左の件々を議す

一　荘原氏より書面を以て新築の件及ひ伝習所の件を議す、右は書面通り伺の上御決相成候ても別に異議無之との事

に談決す
一　豊浦表へ御出発の儀は、四月中旬のことに御取極め相成
居候ことに協決の事

三月五日

同月五日　晴　后大風

三月六日

同月六日　晴
一　午前宮へ出勤す、別に議なく退出す
一　本日毛利御邸へ不参、明日出頭の儀を栢へ通知す

三月七日

同月七日　雨
一　華頂宮家令萩原是和来宿也
一　午后より毛利御邸へ出頭す

三月八日

同月八日　晴
一　昨夜御邸へ一泊し、今午前退出す
一　明九日高輪様御出に付、家内〔三吉イヨ、三吉慎蔵妻〕出頭
候様とのこと也

三月九日

同月九日　陰
一　市兵衛町御邸へ本日高輪様御出に付、イヨ御加勢として
午前より出頭す

三月一〇日

同月十日　雨
一　午后毛利御邸へ出頭す
一　午后藤田直治来宿、帰県入用の示談に付、金九円の辻当
分取替相渡候事

三月一一日

同月十一日　雨
一　午前九時四十五分発の汽車にて品川家族出発に付、新橋
迄見送として至る

三月一二日

同月十二日　雨
一　星野氏〔長太郎、実弟新井領一郎とともに生糸の直輸出に貢献〕
帰朝に付来宿也
右は米熊滞在の次第、尚又今一ヶ年留学志願の儀入々談
ある、右費用は凡金六百円の見込の由なり、就ては先金

の目途等は前以て得と取調、尚予算相立度ことを打合置候事
一　米熊より本年一月廿四日附の手紙、星野氏へ托し、市川氏へ送物とも受取候事
　但市川氏の分は即日為持候事
一　毛利御邸へ午前より出頭す

三月一三日

同月十三日　雨
一　午前宮へ出勤す

三月一四日

同月十四日　晴　風
一　午后高崎別当来宿にて御奥向一件色々取計方の儀、伊藤伯と協議の次第、見込の件、又家令の儀は、宮殿下の思召を以て後任御取極可然等の件々示談ある
一　午后宮へ出勤す、麻生へ別当より入々示談の件々を含置候事
一　御帰殿次第早々上申の件あるに付、報知有之様談置也
一　毛利御邸へ出頭す
一　本日は土屋様〔挙直、土浦土屋家一一代当主〕へ新年御宴会として、御惣容様方御出に付、御不在也

三月一五日

同月十五日
一　本日は在宿す
一　荘原氏より過る十一日仕出の書面落手す、雨天多旁にて建築の運ひ不宜故に出立遅々、又清末様〔毛利元忠〕御着帯御日取相定候上は御使可相勤、且伝習所表面の約定は無之由、小使一件も承知の由、建築の様子は日原より伝可申との由、桂は十日着にて当地の様子承り安心と有之

三月一六日

同月十六日　小雨
一　乃木氏へ抵る、荘原より来書の件々を申入置く、又同氏は廿六日出発の由也
一　毛利御邸へ出頭す

三月一七日

同月十七日　晴
一　午前麻生家扶来宿にて御帰京の都合承候事
一　同十時本所宮御別邸へ出頭す

三月一八日

同月十八日　晴

一　午前より毛利御邸へ出頭す、別に伺議事無之退出す
一　午后宮へ出勤す
一　本日御帰殿の処、拝謁不致して退出す、尤麻生家扶へ相頼置候事

三月一九日

同月十九日　小雨
一　松本氏〔廉平、私立豊浦学校長〕より豊浦学校運動貯金会寄附の儀申来る、右は三位公へ申出の儀を依頼也、次に三吉へも賛成し、寄附金の儀加筆ある也

三月二〇日

同月二十日　陰　又晴
一　午前宮へ出勤す
一　毛利御邸へ出頭す、別に伺議なし
一　四月一日御例祭の儀は、夫々取調御用意の順序相立候様栢貞香へ談置候事
一　智鏡院様御二十年祭五月十三日の処、豊浦へ御墓参可被遊に付、御例祭一同御引揚の積りにて、夫々取調方の儀を栢へ談置候事

三月二一日

同月廿一日　陰

三月二二日

同月廿二日　雨
一　米熊へ本日ジムナ号郵便にて星野氏へ面会入々事情承り、就ては今一ヶ年留学可然と相決す、学費金精々繰合可申に付、右の算当相立早々答書致候様、又外に東京宅地夏迄には売却し、孰れも豊浦住居に決候段を入々明細に加筆し、仏船へ書面仕出候事
一　午后宮へ出勤す
一　本日より　宮殿下御別邸へ被為成、明日御職務上にて高崎分営へ御出張相成候事
一　午后毛利御邸へ出頭す

三月二三日

同月廿三日　晴
一　本日は故福原大佐〔和勝、明治一〇年戦死〕忌日に付、乃木、梶山の両官申合、午后二時より参拝として到る、外に鳥山、小笠原、下村〔修介〕、田中、福田、伊藤等也
一　玉串料金　壱円　　鮨　壱
右持参す
一　米熊より一月八日リオン発の書面本日落手す、第十六号也

三月二四日

同月廿四日　雨
一　午前より毛利御邸へ出頭す
一　御奥様御用問には御書物等御覧相成度、就ては三位公御書物により其意味御伝如何哉の段を上申致置候事

三月二五日

同月廿五日　小雨
一　野村某来宿にて仏国へ便りあるに付、用向如何哉の段申入に付面会し、米熊の事情を告置候事
一　御用有之候条明廿六日午前十時礼服着用参省可有之段、宮内省より来書、若し所労に候はゝ、代人不苦との事なり

三月二六日

同月廿六日　陰
一　本日御用召の処、所労に付、華頂宮家令萩原是和へ相頼参省の処、左の通御達書を持参也

北白川家令三吉慎蔵

依頼免本官

明治二十三年三月廿五日

宮内省

正七位三吉慎蔵

叙従六位

宮内大臣従二位勲一等子爵土方久元宣

明治二十三年三月廿六日

正七位三吉慎蔵

特旨を以て位階被進

明治二十三年三月廿六日

宮内省

従六位三吉慎蔵

維新前後国事に奔走し、明治十年宮内省御用掛北白川宮御附奉命以来、夙夜恪勤功労不尠候に付、特旨を以て金千五百円下賜候事

明治二十三年三月廿六日

宮内省

一　午后宮へ御礼として参殿す、殿下御不在に付家扶従中へ吹聴す
一　御息所へ上申、麻生へ申出置候事
一　毛利三位公へ御吹聴御直に上申す
一　御次中へ吹聴す
一　乃木、梶山両氏へ吹聴状為持候事
一　高崎別当へ吹聴申入置候事
一　岩倉前別当へ同断、尤不在に付家扶へ相頼置候事
一　福原老人へ吹聴、且又小笠原氏へは右老人へ相頼み置候事

一　日原氏へは岡本へ頼む
一　三吉、伊秩の両家へ連名にして御沙汰書面写を仕出候事
一　豊永、河村両氏へ同断
一　栢氏へ同断、尚又正村統族中へ御沙汰書二通にして同断の事、外に大庭始め同族中へ同断
一　小坂〔住也、三吉慎蔵実兄〕へ同断
一　桂弥一氏、賀田氏へ同断報知す
一　午后九時過　宮殿下御帰殿に付、参殿の上本日御沙汰の旨を御直に上申す
一　山階宮家令小藤孝行こと、北白川宮家令転任の御達相成、尤当人は未た出京せす

三月二七日

同月廿七日　陰
一　午前八時宮へ出頭す、御二方様へ拝謁し、是迄の御礼申上候事
一　御紋附御小袖　一着
一　御紋附銀杯　一個
一　金五百円
右宮殿下より奉職中の労に依り下賜候事
一　御召縮緬　一反
右御息所より被下候事
一　殿下九時御出門にて名古屋へ御出張に付、御見送申上退出す
一　午后より毛利御邸へ出勤す
一　荘原昨日出京に付、同家へ尋問す
一　三位公へ荘原より御用向の件々上申に付、陪席す
一　公より辞職に付更に御達不致候得共、尚御用向御内々の所相頼むとの御命也
一　右に付、別段表面の御達無之方却て御都合宜く、更に御沙汰書等は無之ても、兼て思召の旨を以て是より別に関係も無之身上に付、御内輪御用向の儀は、精々出勤仕御助力可申上段を御請申上候事
一　右は荘原家扶一席の事
一　日原素平、梶山鼎介歓として来宿也

三月二八日

同月廿八日　雨
一　荘原来宿にて海面一件、安養寺地所買増一件等色々承る
一　肴　一折
右梶山鼎介より歓として到来す
一　玉子　一筥
右荘原好一より同断
一　肴　一折
右毛利公より同断、御使栢貞香を以て被下候事
一　玉子　一箱

一　右栢貞香より歓として到来す
一　小笠原武英歓として来宿也
一　午后より毛利御邸へ出勤す
一　本日御歓として魚一折被下候、御礼申上候事
一　午后七時より梶山氏出頭の上、荘原帰京に付豊浦引合件々を協議の事
一　上々様方御出豊手順色々協議す
一　御邸へ一泊す

三月二九日

同月廿九日　雨
一　今朝別に議事も無之、八時過退出す
一　麻生三郎一統惣代兼歓の事
一　石川守一〔石川良平の養子、第一高等学校生〕良平代り〔石川良平〕歓の事

三月三〇日

同月三十日　陰
一　有栖川〔熾仁親皇〕　小松宮〔彰仁親王〕　伏見宮〔貞愛親王〕　閑院宮〔載仁親王〕　梨本宮〔守正王〕　華頂宮〔博恭王〕右各宮方へ辞職願通り且昇位賞金賜り候吹聴、尚又従来の御礼として参殿す
一　宮内大臣　杉大夫　山尾別当　児玉図書頭〔愛二郎、宮内省図書頭〕右各官へ従来の挨拶吹聴旁廻勤す
一　鶏卵　一箱
右萩原家令へ過日御用召の節代理相頼候挨拶として持参す

三月三一日

一　岩倉殿より歓として使家扶足立正義来宿也
一　楫取議官〔素彦、元老院議官〕歓来宿なり
同月卅一日　雨
一　北白川宮へ御誕生に付、御歓として参殿す
一　毛利御邸へ出勤す、本日は別に伺議事等も無之退出す

四月一日

四月一日　晴
一　毛利家春季御例祭、外に御相当年祭に付、午前八時過より出頭参拝し、午后三時迄相詰候事
　但玉串料拾銭を備ふ
一　鳥山氏へ面会の上、過日辞職且昇位賞金下賜等吹聴す
一　午后四時より北白川宮家扶麻生弁に家従安藤〔精五郎、北白川宮家従〕高野〔盛三郎、北白川宮家従〕、雇佐藤〔北白川宮家雇〕、桜井〔一生、北白川宮家雇〕、浜野、樋口、家丁奈良〔北白川宮家丁〕、寺田〔北白川宮家丁〕を星ヶ岡茶寮に於て

案内し、酒肴を饗応す
右は先般辞職し尚昇位賞金賜候に付、是迄の積る挨拶を
取束謝候事

四月二日

同月二日　雨
一　午前より毛利御邸へ出勤す

四月三日

同月三日　晴
一　神武天皇御例祭休暇也
一　宮内省御門鑑　三枚
右樋口綾太郎へ相頼返上済に付、調印の証三枚本日受取候事
一　靴下　一折
右上野一山中より帰県に付到来す
一　東叡山輪王寺門跡権大僧正宮部亮常帰県に付、暇乞として来宿也
一　菅野氏来宿に付、色々談話し、辞職昇位賞金下賜の段を吹聴し、又帰県等の儀を噂致候処、トモ〔三吉トモ、三吉慎蔵二女〕事滞京候は丶、万事同氏引受世話可致との談ある也
一　水川、豊永、小坂より歓状到来す

四月四日

同月四日　晴
一　梨本宮家令米津歓として来宿也
一　午前より毛利御邸へ出勤す
一　御二方様御一同御墓参引続き当分豊浦へ御滞在の儀相伺候処、御二方様御滞在の旨御決定也
一　右に付夏冬御服御用意、尚又御手廻り御道具類等も夫々御弁相成御用意被遊候様入々上申す
一　午后七時より豊浦教育会小集会、鳥山、梶山、狩野〔広崖カ〕、粟屋〔景明、豊浦教育補助会委員〕、荘原、三吉会す
一　御邸へ一泊す

四月五日

同月五日　雨
一　本日は別に議事無之、十時過退出す
一　桂弥一氏より歓状到来す
一　品川勤吾〔ママ〕〔勤吾、品川氏章子息〕より是迄の挨拶状来る
一　金二千疋　御肴料
右華頂宮より御歓として御使千葉祐堅を以て本日被為贈候事
一　米熊へ一月八日リオン発三月廿三日着第十六号書面の答、尚亦先般御沙汰辞職御免昇位賞金、且北白川宮より拝領品

等夫々相認、本日仏国郵船へ書状仕出候事
一　小野安民〔長府毛利家従〕歓として来宿也

四月六日

同月六日　晴　夜雨雪
一　欽麗院様御事少々御再発の御様子、栢より内々申来る
一　本日前十時より飯田町五丁目富見楼に於て、第二十一回懇親会有之に付参席し、小野安民へ相頼置、直に欽麗院様御窺として出頭す
一　右は今朝に至り順々御快方也、午后三時過き大滝〔冨三、医師〕代人出頭御診察の処、先御風気に止り、別に差向御変無之とのことに付退出す
一　鰹　一箱
右石津幾助歓として持参也
一　河村光三、栢俊雄両氏より歓状到来す

四月七日

同月七日　陰
一　華頂宮へ過日御使を以て被下物の御礼として参殿す
一　毛利御邸へ出勤す、欽麗院様順々御快方也、本日は別に伺議無之、荘原少々風気の由也

四月八日

同月八日　晴
一　午后毛利御邸へ出勤す、別に伺議事なし
一　荘原風邪に付尋問す

四月九日

同月九日　晴
一　毛利御邸へ出勤す、別に議無之午后退出す

四月一〇日

同月十日　陰
一　楫取、小笠原の両氏へ歓の答礼す
一　毛利御邸へ出勤す、本日も荘原氏所労不参也、別に議事無之退出す

四月一一日

同月十一日　陰
一　浅田伏見宮家令へ従来懇命に付、挨拶旁宅へ参候事
一　米津家令へ答礼として至る
一　岩倉殿へ同断
一　有栖川宮〔有栖川宮威仁親王〕へ御帰朝御歓として参殿す
一　乃木少将帰京に付尋問す
一　毛利御邸へ出勤す、伺議なし、荘原氏本日出勤也

四月一二日

同月十二日　風雨

一　宮殿下昨夜帰京の旨御使佐藤を以て報知有之

一　午后毛利御邸へ出勤す

一　田辺書記官在官中懇命に付、尋問として来宿也

四月一三日

同月十三日　晴

一　午后毛利御邸へ出勤す、乃木、梶山、荘原一同会す

一　御惣容様御出豊一件を議す、右は欽麗院様の処は先不得止場合に付、是は往掛り御進退とす

一　福原故大佐石碑一件は、梶山氏気附通り一同見合可然ことに談合す

四月一四日

同月十四日　晴　夕雨

一　成久王〔北白川宮成久王、北白川宮能久親王第三皇子〕昨日来御不例之由に付、御伺として参殿す、順々御快方也

一　水川氏出京来宿也、尤徳島県へ転任の由

一　右に付、米熊休職給赤十字社引合、是迄通り同氏引受取計可相成ことに依頼す

一　毛利御邸へ出勤す、別に伺議事無之退出す

一　麻生延太郎、田中家丁の両人へ、帰京に付、料理為持候事
但是は過日一同相招候節、御供にて旅行し、不在に付て此の如し

四月一五日

同月十五日　雨

一　午后毛利御邸へ出勤す

一　本日は高輪御邸御例祭に付、御二方様御参拝として御出也、別に議事なし、欽麗院様へ御伺致し退出す

四月一六日

同月十六日　雨　夕風

一　午前より毛利御邸へ出勤す、伺の件なし

一　三吉氏長男義亮〔三吉義亮〕久々病気の処、過る十三日午前四時死去報知、周亮より田代周一〔旧長府藩家老〕連名にて来書に付、直に田代へ回す

四月一七日

同月十七日　陰

一　三吉周亮氏へ悔状郵便にて仕出候事

一　水川氏へ暇乞として靴足袋一タス持参す

一　毛利御邸へ出勤す、別に伺議事無之

一　北白川宮へ伺として出頭す

四月一八日

同月十八日　陰　后晴

一　午前より毛利御邸へ出勤す

四月一九日

同月十九日　陰　后晴

一　星岡茶寮に於て月次会、乃木、鳥山、日原、林静介〔旧長府藩士〕、石津、藤島〔常興、藤島製器学校長〕、荘原、三吉参集す、珍説もなく退散す

四月二〇日

同月二十日　風

一　午前北白川宮へ参殿、夫より毛利御邸へ出勤す、本日は日曜休暇に付退出す

四月二一日

同月廿一日　晴　后陰

一　午前毛利御邸へ出勤す、別に伺なし

四月二二日

同月廿二日　雨

一　香蘭女学校より招に付、午后三時参席す、英国皇族〔アーサー・ウィリアム・パトリック・アルバート（Arthur William Patrick Albert）、ヴィクトリア女王三男〕幷婦〔ルイーズ・マーガレット・アレグザンドラ・ヴィクトリア・アグネス（Louise Margaret Alexandra Victoria Agnes）〕両殿下参席也

一　明廿三日より奥州地方へ三位公幷に御奥様御出に付、伺旁午后出勤す

四月二三日

同月廿三日　陰

一　午前北白川宮へ参殿す

右は廿二年度四月より本年三月迄の総勘定決算調印す、廿三年四月よりは関係なし

但家扶麻生三郎立会調印す

四月二四日

同月廿四日　風雨

一　毛利御邸へ午前より出勤す

一　御二方様仙台へ御安着の報ある

四月二五日

同月廿五日　風

一　午前より毛利御邸へ出勤す

四月二六日

同月廿六日　陰
一　午后より毛利御邸へ出勤す、別に議事なし
一　北白川宮へ御帰京に付御伺として参殿す

四月二七日

同月廿七日　雨
一　午后より毛利御邸へ出勤す
一　三位公幷御奥様御一同御安着也、御伺の上退出す

四月二八日

同月廿八日　陰
一　北白川宮へ参殿す
右は小藤家令本日出京に付、諸引合の都合、麻生家扶より示談に付、打合せ置、就ては当高崎別当へ照会の上、何分の儀、報知有之筈に談置退出す
一　午后四時児玉愛二郎氏より招請に付抵る、尤ヒールータス持参の事
但小笠原氏、浅田氏参集也、晩餐終て十時前散す
一　本日は毛利御邸へ不参

四月二九日

同月廿九日　陰
一　午前より毛利御邸へ出勤す
一　午後一時より北白川宮へ参殿す
右は小藤家令昨日着京に付、高崎別当立会にて是迄の引続き、会計帳簿、現金とも麻生副主任一同別当検査を請、小藤家令へ夫々引合す、右終て別当家令一同　宮殿下拝謁被仰付、夫々引続速に相済、尚亦是迄の尽力不尠段、殿下幷に別当より御挨拶相成候、右に付是迄在勤中の引合、向後関無之相済退出候事

四月三〇日

同月三十日　陰
一　毛利御邸へ出勤す
一　北白川宮へ参殿し、宮幷に御息所両殿下の御写真を頂戴す、右に付御礼麻生家扶へ相頼置候事

五月一日

五月一日　雨
一　吉井次官〔友実、宮内次官〕へ伏見変動の日記持参し、取次へ相渡置候事
一　毛利御邸へ出勤す
一　酒饌料金三百匹
赤飯添

右北白川宮殿下御誕辰御祝として御持せ相成候事

五月二日

同月二日　陰

一　来る六日北白川宮より晩餐御陪食御招請有之、御請申出候事

一　午前宮へ参殿し、右の御請且昨日の御礼を上申す

一　本日高輪様より苑遊会御招請の処不参す

一　毛利御邸へ不参す

五月三日

同月三日　雨

一　毛利御邸へ出勤す

一　本日三位公御誕辰に付、御内祝御酒宴御陪席す、尤家族は不参の御断り申上る

一　乃木、鳥山の両氏参席、梶山氏不快也、荘原家扶、同家族は不参、栢不快、其他一統陪席の事

五月四日

同月四日　雨

一　午后北白川宮へ参殿、夫より星ヶ岡茶寮に於て、高崎別当始め家令より家丁まて懇親会有之、依て案内に付参席す

五月五日

同月五日　雨

一　宮へ昨日の宴会御礼として出頭す

一　毛利御邸へ出勤す

五月六日

同月六日　陰　后雨

一　鯉　二尾　桶共

右北白川宮へ献上す

一　鮨　一重　　樫葉餅　一重

右吉野老女〔北白川宮家老女〕始め女中へ進物す

一　本日午后六時晩餐御招請にて、宮幷に御息所両殿下御陪食被仰付候事

一　右に付、高崎別当、小藤家令御陪席御相伴也

一　毛利御邸へ本日は不参也

五月七日

同月七日　雨

一　愛宕下本教より案内に付、午前十時イヨ一同参席す

但酒肴出る也

一　毛利御邸へ出勤す

一　天皇〔明治天皇〕、皇后宮〔昭憲皇太后〕両陛下本日午后五

時五分御着輦也

一　午后六時より高崎別当宅へ招請に付参席す、大久保侯爵〔利和、大久保利通長男〕、藤波主馬頭〔言忠、宮内省主馬頭〕、小藤家令、麻生家扶、安藤家従一席晩餐酒宴なり

一　梨本宮より御使を以て左の通

手控

近々御帰国之義御承知被遊候に付、甚御麁末乍ら、此袴地一包、金千匹一包、聊御餞別被為贈之候、外に金千疋一包、是亦甚御麁末且御略儀乍ら、一応御招一献をも可被為差進筈之処、当時当宮殿下〔梨本宮守正王〕御旅行御留守中にて不被得其儀候に付、其代りとして被為贈之候事

五月七日　梨本宮使

五月八日

同月八日　陰

一　梨本宮へ昨日色々被下物の御請礼として午前参殿す

一　高崎別当へ昨日の御礼として出頭す

一　毛利御邸へ出勤す

五月九日

同月九日　晴

一　昨日より御邸へ滞泊す

一　三位公より慎蔵儀御先着の御下命有之

一　吉井次官より来書、手跡一枚并に茶タク五枚被為持候

右染筆は

両問正気

千古英風　友実

一　香　壱包

右梨本宮家扶飛田信敬より到来す

五月一〇日

同月十日　陰

一　仏国リオン府滞在米熊へ本日同国サガレン号郵便船に書面出す、水川氏転任等の件、三位公御出豊に付随行し、六月下旬出京の上、東京引払豊浦住居に決す、就ては東京の用弁は栢氏へ依頼す、尚向後市兵衛町御邸宛にして書状仕出方、且又滞在の様子報知ありたし、右含書記す

五月一一日

同月十一日　晴

一　毛利御邸へ出勤す、別に議なし

五月一二日

同月十二日　陰

一　正二位公〔毛利元徳〕過日来御不例に付、高輪御邸へ御伺

　とし て出頭す
一　毛利御邸へ出勤す

五月一三日

同月十三日　雨
一　毛利御邸へ本日不参也

五月一四日

同月十四日　晴
一　毛利御邸へ出勤す

五月一五日

同月十五日　晴
一　服紗　一枚
一　小菊　一包
　右喜多院住職松山邦仙暇乞として持参也
一　午后より毛利御邸へ出勤す、集会乃木、梶山、荘原一同也
一　豊浦御建築始末方検査、幷に諸御用意向御着の節、御手当等の見込実地取調の為め、来る廿一日より出発にて、慎蔵出豊可致ことに議決す

五月一六日

同月十六日　陰
一　昨夜御邸へ一泊し本日午前十一時過き退出す、別に伺議事無之
一　仏国リオン米熊より第十八号四月三日附の書状本日夜落手、右書状一纏にして現書あり、依て書中の件は略置く尤無事也

五月一七日

同月十七日　陰
一　午前毛利御邸へ出勤す
一　横浜本町三丁目同伸会社へ行く、津田正英氏〔同伸会社員〕不在に付夫より同氏宅へ赴く途中にて面会す、右は昨年九月廿四日、金参百円仏国リオン米熊へ送金の分、同所支店福田氏〔乾一、同伸会社員〕へ引合の儀を相頼置候処、未た受取兼候段如何哉の段尋問す、尚又本年二月十五日其后も右一件引合候得共彼是遅々、実米熊入用金差閊に付、至急相運候様談置候事
一　有栖川宮へ参邸す　殿下へ拝謁し、御染筆を頂戴す
一　北白川宮へ参邸す　殿下本日御帰館の由也
一　日光輪王寺来宿、短冊箱一つ菓子到来す

五月一八日

同月十八日　陰　夜雨
一　毛利御邸へ出勤す、別に伺議事無之退出す

五月一九日

同月十九日　雨

一　高崎別当へ暇乞として至る、不在に付申入置候事

一　午后より毛利御邸へ出勤す

五月二〇日

同月二十日　陰

一　昨日より今午前迄御邸へ滞泊す

一　明廿一日より出発に付、上々様へ拝謁し、且又御用談の件々は別紙に記し退出の事

一　北白川宮へ御暇乞として参殿す、小藤家令へ面会、別に引合の件なし

一　ハンケチ　一タス

一　服紗　十枚

右麻生家扶暇乞に持参也

一　海苔　四

右安藤持参也

一　短冊　三枚

右高崎別当より贈の分、麻生持参也

一　荘原氏暇乞として来宿なり

一　福田清三同断

一　石川〔良平カ〕同断

五月二一日

同月廿一日　陰

一　本日午前九時卅分発汽車にて出豊として出発す

一　金三百トル

米熊へ送金に付

右引合三百弐拾五円を栢氏へ相渡し、横浜正金銀行にて為替取計方を相頼候事

一　右に付、書留封筒中包とも二枚、栢氏へ相渡す

一　外に書状入封筒とも引合書入置、栢氏へ相渡置く

右之通横浜津久井屋方にて夫々引合致置候事

一　午前十一時神戸丸へ乗船、正午出港、海上平波にて別に異状無之

五月二二日

同月廿二日　陰　夜雨

一　午前十一時四十分神戸港へ着、直に後藤〔勝造、後藤回漕店経営〕方へ揚陸す、昼飯、晩餐同所にて仕廻す

一　東京栢貞香へ宛て一時過神戸着の段を郵便状出す、尤留守へ伝達の儀を加筆致置候事

一　午后六時隅川丸へ乗組、七時三十分神戸出港す、多度津夫より伊予新浜へ寄港、夫より順々進航

五月二三日

同月廿三日　晴

一　船中にて住友後見人広瀬某〔宰平、住友総理人〕へ始て面会す、右は米熊へ伊国に於て昨年十月頃面会し、色々談話ある由承る、尚向後引合の儀も談ある也

五月二四日

同月廿四日　陰　海上平波

一　午前二時馬関着、直に川卯方へ揚陸、暫時休息す

一　豊永組へ抵る、桂弥一氏本日乗船出京に付色々談話し、且暇乞す

一　賀田氏同宿に付面会す

一　午前九時過豊浦用達所へ出頭す、内藤氏〔芳輔、長府毛利家扉〕へ面会し建築所を検査す、明日出勤のことに同氏へ相頼退出す

一　豊永氏へは馬関にて面会す

一　河村氏は出関の由也

一　右に付明廿五日より日々午前九時出勤のことに引合致置候事

一　小坂へ尋問す、夫より栢留守へ抵る、昼飯仕廻夫より栢俊雄氏方へ止宿のことに決し、本日より滞在の事

五月二五日

同月廿五日　晴

一　金拾円乃木少将より送りの現金を諏訪氏へ持参、面会の上相渡す

一　賀田氏へ尋問、夫より用達所へ出勤す、豊永、河村一同御建築所を検査の事

一　昼飯同家にて仕廻す、河村一同也、尤本日は議事なく、是迄の仕来り順序を承り而已

一　諏訪氏来宿の由、不在中也

五月二六日

同月廿六日　雨

一　江尻〔全平、旧長府藩士〕来る、右は内部仕法夫々引合、良蔵なる者を明日より雇入の都合に談決し引合の事

一　午前より用達所へ出勤、豊永、河村会す

一　大手の区別を立て順々手筈の儀を談す

一　御風呂は在来の分を以て仕調のことに決す

一　女中夜具　三組

　右新調のことを河村へ相頼置候事

一　御送り物の大略、且又御台所の手当向を略河村へ談置候事

一　於鏻様〔毛利鏻子、毛利元運長女〕御住居所へ出頭す、船越〔茂栄〕陪席を頼み、秀元公〔毛利秀元、長府藩祖〕の御旨

意書拝見致候次第を上申す
一　大庭老人へ尋問す
一　岡本、梶山来宿也
一　品川氏へ尋問す、於コウ事情を申入候事
一　鯛　二尾
右藤野より到来す
一　鯛　壱尾
右魚、渚より同断

五月二七日

同月廿七日　雨　少晴
一　本日は在宿す
一　原田〔政佳カ〕、豊永、井上、佐野来宿也、又河村、因藤〔成光〕、浅野同断
一　本日より良蔵大工雇入両人来る
一　江尻来る、内部半途の所夫々引合し、木材等買入のこと
一　外廻り始末日雇一人来る
一　栢貞香へ着報知書仕出す
一　因藤氏〔成光〕へ教育補助会勘定一件、荘原より伝言の次第を談し、且又着後未た書面出さゝる段を申入置く、右は同人本日より出京に付て也

五月二八日

同月廿八日　晴　又陰
一　難波氏〔舟平、坂野信次郎、起業家、旧長府藩士〕来宿也
一　肴
右於コウより到来す
一　同
右新市より同断
一　能勢孤釣〔旧長府藩士〕、山田七郎〔山田愛助の子〕来宿の事
一　鱠残魚　十
右大庭老人持参也
一　キスコ　松茸
右品川未亡人〔品川ウタカ〕持参也
一　牡丹餅　煮染
右新市老人持参す
一　午前用達所へ出勤す
一　御台所仕法図面改正のことに河村へ示談す、右の外廉書を以て河村へ段合の件々申入置候事
一　大廻り腰板打調囲新調、并に門練塀繕等の儀を談決す
右は夫々積り書出候様談置候事
一　浅野氏〔一之、浅野教の子〕へ尋問す
一　諏訪氏へ抵る、積立金別冊の通り入々示談に付、右は配布金と決候節、少々気附も有之、尤賛成のことに答置く
但東京の各位へも尚伝言ある也

一　運動会一件、未た談決に相成らすとのこと也
一　浅野未亡人〔浅野教妻〕、桂於タカ来宿也

五月二九日

同月廿九日　晴
一　井戸堀〔ママ〕場見分、定右衛門へ引合候事
一　有栖川宮御書額仕立
　　右岩本へ頼置候事
一　肴　二尾
　　右佐野より到来す
一　午前より用達所へ、昼迄出勤す
一　御台所改正、豊永、河村一同図面通り相決候事
一　大廻り腰板打調の儀同断
一　旧口羽門取繕の儀同断
一　安養寺地所二百五拾円にて約定決す
一　荘原家扶へ、着豊より本日迄の次第を書面仕出候事
一　賀田家内中午后来宿、重詰持参也

五月三〇日

同月三十日　晴　后雨
一　午前用達所へ出勤す
一　荘原家扶よりの書状、内藤より受取る
一　元清公御墓所御守護一件は、高輪様より御答に相成候書
　　面の控来る、別紙あり
一　右に付、河村へも書面の次第談置候事
一　御湯殿廻り囲諸締り向の件々を、河村へ談合致置候事
一　福永〔恒介〕幷に藤野家内来宿に付、総て引渡致度こと
　　に談置く
一　右に付、現金の分五、六百円、留守へ為替送のことに福
　　永より談ある

五月三一日

同月卅一日　雨
一　午前用達所へ出勤す、河村へ是迄の予算概略勘定、外に
　　石垣の予算取調帰京可致ことに談置候事
一　御台所諸買物取調相成候様、同人へ引合置候事
一　過日来談置候件々、夫々積り書を取り、着手のことに談
　　置候事
一　大工四人へ酒肴幷飯出す、右新市より為仕出候事
一　日原より着歓書状来る
一　肴　一折
　　右河村光三氏より到来す
一　梶間艦次郎〔旧長府藩士〕来宿の由也

六月一日

六月一日　晴

一　清末様へ御伺として出頭、御二方様〔毛利元忠（清末毛利家九代当主）、毛利暢子（毛利元忠妻）〕へ拝謁す、東京表の御様子夫々上申し、尚御直書を呈上す、且又於十三へ送り物夫々引合致し、別に御用等も無之直に退出す
一　賀田氏より案内に付至る、午餐出る也
一　本日より忌宮神社祭礼也

六月二日

同月二日　晴
一　午前出勤す
一　用達所旧村野〔勝左衛門、長府切通〕方へ引移也
一　河村、豊永一同内外とも検査の上、夫々区別相立、柵等も取掛りのことに談決す
一　西之方水抜き調候ことに豊永へ談決の事
一　上下とも御道具用意のことは一書にして夫々談決のこと
　　但別紙ある
一　忌宮神社幷に墓参致候事
一　伝習所へ実地見分す

六月三日

同月三日　晴
一　午前より用達所へ出勤す
一　図面を以て夫々外廻り囲等区別相決、河村へ引合済の事
一　御待請御用品物夫々相決、引合済の事

六月四日

同月四日　晴
一　山田〔七郎〕、佐野、熊谷、正村〔信一、正村喜三郎養子、三吉イヨの妹チセの夫〕へ尋問す
一　用達所へ出勤す、本日河村出関に付不参也
一　功山寺へ拝、且又故品川少将〔氏章、陸軍少将、明治二二年病没〕墓へ参詣す

六月五日

同月五日　陰
一　午前用達所へ出勤す、河村へ御引受の儀、凡二十日過きには全備のことに談置候事
一　賀田より鯛一尾到来す
一　岡本より同二尾同断
一　江良和祐〔旧長府藩士〕より烏賊同断

六月六日

同月六日　雨
一　於鱗様へ御伺、品川、小坂、賀田、豊永、諏訪へ尋問す
一　午前用達所へ出勤す、河村へ別段議事無之候は丶、本日限にて明日は直に出立と決し申入候処、別段引合なし、

一　於トモより二日附手紙落手す
一　西村清左衛門来る、右は本月十五日より御雇入に付、内外とも夫々守護方の儀実地引合置候事
　　但日当拾五銭宛渡切のことに約定の事

六月七日

同月七日　陰
一　豊永、能勢、小坂来宿也
一　大庭〔景明カ〕より煙草一包到来す
一　建築外滞在諸引合勘定、夫々相済候事
一　大庭、浅野、三吉の三家へ出関掛け尋問す
一　香典拾銭　蠟燭三百目
　右仏前へ相備拝礼す
一　午后五時半川卯方へ出張、夜十一時過き正義丸乗組出船、八日終日進航海上平波也

六月九日

同月九日　晴
一　午前一時神戸着港、二時後藤方へ揚陸す、夫より十時発汽車にて陸地東海道を帰路とす、午后六時名古屋へ着し、此所へ一泊す

六月一〇日

同月十日　雨　風
一　名古屋を発し順次新橋へ午后七時三十分着す、夫より八時過帰宿の事
一　新橋へ栢貞香迎として出張也
一　有光嘉蔵を雇入、東京引払の加勢を相頼に付、同人を随従の事

六月一一日

同月十一日　雨
一　梶山氏へ至り、豊浦滞在の概略を談置候事
一　午前市兵衛町御邸へ出頭す
一　三位公へ豊地御住所建築の次第を図面にて夫々上申す、且又欽麗院様、御奥様へ御期限相伺、清末よりの御送り物、於鏻様よりの御直書等を呈上す
一　各家より依頼状等を引合す、退出の事

六月一二日

同月十二日　陰
一　本日は在宿す、依て栢へ少々風邪不参状を出す

六月一三日

同月十三日　晴
一　本日も在宿す

一　栢氏来宿にて、差向御用も無之に付、保養可致旨御下命之由伝へ有之

六月一四日

同月十四日　陰　夜雨

一　本日も在宿す、別に異儀なし

一　横浜本町三丁目同伸会社員津田正英江、リオン送金一件の引合状二通仕出候事

六月一五日

同月十五日　陰

一　午前毛利御邸へ出勤す、別に伺議事無之

六月一六日

同月十六日　陰

一　風邪に付在宿す

六月一七日

同月十七日　晴

一　津田正英より来書、出京の由也

一　本日も風邪に付在宿す

一　梶山氏来宿也

六月一八日

同月十八日　晴

一　本日も風邪、在宿す

六月一九日

同月十九日　晴

一　乃木少将来宿、当分の内転地旅行の由也

六月二〇日

同月二十日　陰

一　在宿す、相変儀なし

六月二一日

同月廿一日　晴

一　米熊へ四月廿九日、五月三日両度投書の返答、本日仏国郵便船にて仕出す

一　右に付、六月七日金参百円横浜正金銀行為替にして書留を以て仕出置候段申遣す、尚又予算書の前十ヶ月分手当金は順々送附可致ことに加筆し、且二十四年帰朝費の予算早々申越候様、是又加筆候事

一　送荷別紙番号付の前本日津久井屋渡す

六月二二日

同月廿二日　晴

一　横浜本町三丁目同伸会社津田正英へ過日来照会致し置候処、金受取方の儀を日限取極め報知有之候様、今午前郵便状仕出候事

一　菓子　一折

右三位公より病中御尋として御贈相成る

六月二三日

同月廿三日　晴

一　在宿す、別に要用の件なし

一　栢俊雄氏へ十日より荷物送出、并出発予定着当日新市より賄仕出等の概略を認め、郵便状仕出置候事

六月二四日

同月廿四日　晴　午后陰小雨

六月二五日

同月廿五日　晴

一　在宿す、別に相変儀無之

六月二六日

同月廿六日　陰

一　煙草　一箱宛

右麻生、安藤の両人へ為持候事

六月二七日

一　本日も在宿す

同月廿七日　陰　夕方雨

一　在宿す、別に要用の件無之

六月二八日

同月廿八日　陰

一　在宿す、別に用件なし

六月二九日

同月廿九日　小雨

一　米熊より五月十七日附書状落手す、右は辞職に付昇位賞与等の歓、且予算書向後書状認方、状袋相添申来る

六月三〇日

同月三十日　陰

一　横浜本町三丁〆同伸会社津田正英氏へ、来月二日午前金員引合として同社へ出張の儀を書面出す、尤不在にても渡方相成候様加筆す

一 午后五時より近源亭にて月次懇親会に付参集す、粟屋、梶山、日原、石津、因藤也

七月一日

七月一日 陰 后雨

一 午前毛利御邸へ出勤す

一 今般御二方様幷に御女子御二方様〔亮子（毛利元敏五女）、幸子（毛利元敏六女）〕御滞豊に付、会計向取計方左の通

一 御着豊の上は、総て東京御定額を以て夫々勘定支払、毎月勘定清算の上、東京へ送方の事

一 御旅費は規則通りの事

一 諸道具類無之に付、略御用弁相調候迄は、予備金支払の事

一 毎月御定通り月給、夫々東京より随従の人へ、毎月廿五日渡の事

一 御手元金毎月二日御定通、御銘々様へ呈上のこと

右の通荘原家扶談決之事

一 本日午后本宅引払、麴町五丁目相模屋へ止宿候事

七月二日

同月二日 雨

一 午前八時発汽車にて横浜同伸会社へ出張し、多賀谷総象〔同伸会社員〕へ面会し、津田正英へ依頼の送金取調候処、右は社ににには〔ママ〕一切関係無之、又津田は六月限退用申付たるとのこと也、右に付直に石川中村千四百四十五番地津田宅へ参り候処、不在に付、向後は麻布区市兵衛町一丁目十四番地毛利邸内栢貞香を拙者代理人と致し、万事此者へ引合の儀、尚又照会等も同人へ宛て有之候様書面認め置候事

一 同伸会社へ復た至り、多賀谷氏へ面会の上色々事情を談し、栢なる者の引合も致し候て退散す

一 午后毛利御邸へ出勤す、別に議事も無之

一 栢氏へ横浜の次第を略示談致置候事

一 来る八日西京丸へ乗組、十一日馬関着港の筈に付、飯料理上下六人其外差支無之様、栢俊雄氏へ書状仕出し置候事

七月三日

同月三日 雨

一 家族一同退去届書区役所へ出す、品川コウ同断

一 下女テツは解雇届出し随行す

一 支配人紀尾町壱丁メ一番地北白川宮御邸内浜野春次郎へ相頼候に付、右の段区役所へ届書出す、尤連印也

但納税の儀も心得のことに加筆す

一 終日在宿す

七月四日

同月四日 雨

一　午后毛利御邸へ出勤す
一　午后菅野家族中、石津同断、椙原〔俊太カ〕、栢内輪不残見晴に於て宴会す

七月五日

同月五日　雨
一　午前分教に於て離杯宴会に付、酒肴を出し一同参集す
一　鳥山、楫取、小笠原、福原、乃木、清水各家へ暇乞として至る
一　毛利御邸へ出勤す、別に伺議事なく退出す

七月六日

同月六日　陰　風少々
一　金参円
右西郷隆盛像調製に付、寄附為持受取証取付候事
一　金壱円
但赤十字社へ本年第二期分
一　金六円
但帰国に付、明年より出金相断、依て当度寄附す
右為持候事
一　鶏　二羽　酒　五升
右荘原始め一統へ出す
一　鯛鯉　取交
右梶山氏へ、又於テツ、弥一郎へ品物幷代り持参す
一　午后二時より梶山氏、荘原家扶御邸へ会し、左の通
御墓所御保護一件、荘原気附打合候通り豊浦にて申合可然ことに相決す
一　御小児様方御休暇中日原見込通り御出豊にて可然、御滞在所は切通し、尤御長滞留無之方と相決候事

七月七日

同月七日　雨
一　金参円
但山林会廿三年分出金し、帰県に付退会、向後出金を相断り候事
右取計方の儀安藤へ依頼す
一　高崎別当、杉内蔵頭、久保田、林、麻生へ暇乞に抵る
一　午前北白川宮へ参殿す、御不在に付御二方様へ拝謁不申上候事

七月八日

同月八日　雨
一　午前七時半宿所出発にて新橋へ至り、八時三十五分乗車す
一　右に付、北白川宮、同御息所より御見送御使麻生三郎、且又惣代送り出張也
一　三位公、欽麗院様、御奥様より御使として小野安民出張也

一　元智様、邦樹様〔毛利邦樹、毛利元敏三男〕御出、梶山、日原其他各人男女数名見送りあり
一　横浜迄送りは左の通
一　菅野夫婦、石津夫婦、於マツ、於タツ、椙原婦人、清水円三、江本〔泰二、小坂住也二男〕、栢等也
一　西京丸へ十時過き乗組、十二時出船、海上平波上下一同無事也

七月九日

同月九日　晴
一　海上平波にて午后四時規則通り神戸入港す、直に後藤勝造方へ揚陸し、一泊の事
一　栢貞香へ、電報せす郵便を以て出立の際世話に相成候挨拶、且又当港着の段書状出す、尤荘原氏へ別段書面不出、依て伝声のことを加筆す

七月一〇日

同月十日　晴
一　栢俊雄へ、来る十二日着豊のことを電報す
一　布引滝見物として一同至る
一　午后七時西京丸へ乗組、平波也

七月一一日

同月十一日　晴
一　午前六時神戸出船、海上平波無事也

七月一二日

同月十二日　晴
一　午前五時三十分馬関入港す、夫より川卯へ揚陸休息し、十時前着豊の事
一　栢俊雄、同老人、賀田老人、於ヒサ、於セイ、品川小児等出迎ある
一　栢貞香、野見山両氏へ安着の電報す

七月一三日

同月十三日　晴
一　毛利用達所へ出勤す
一　河村へ面会し御建築所を見分、且御待請御用意色々談合の事
一　佐竹為延、大庭源四郎、小嶋貞二、梶山官兵衛、浜野コト、栢貞香、立野列介、山長尾荒太、山織山正則、林盛介、野上六之助、八田汎功、東端夫、栢俊雄、山田義祐、花岡耕作、浜野段助、金具屋、山三井源吾、弥吉、有光右江下一円に付住居吹聴、且頼旁相廻候事

七月一四日

同月十四日　晴
一　三位公昨日東京御出発の旨、荘原家扶より電報着す
一　本日は用達所へ不参す

七月一五日

同月十五日　晴
一　毛利用達所へ出勤す
一　三位公御出発の旨を於鱗様へ上申し、且河村へも申入置く、右に付御用意向等の儀談合す

七月一六日

同月十六日　晴
一　午前用達所へ出勤す
一　調理人、小使、御女中、岩間老人〔アサ、之喬の母、長府毛利家侍女〕引合の件々を談置候事
一　御賄の儀は、上下とも御着日より手賄のことに取計順序を議す
一　御滞在中諸勘定の儀は毎月仕詰致し、毎月東京会計方へ引合のことに決候段を河村へ段置候事
一　内藤芳介〔ママ〕〔輔〕へは御着当日より御賄被下ることに議す

七月一七日

同月十七日　晴
一　毛利用達所へ出勤す、別に議なし

七月一八日

同月十八日　晴
一　午前用達所へ出勤す、別に議事無之
一　河村へ御着の上、凡御規則に従ひ取計の儀を談置候事
一　荘原、豊永、中川〔涼介、長府毛利家従、東京在勤〕、江本より着歓状来る

七月一九日

同月十九日　晴
　転籍届
拙者儀御所轄内長府村大字豊浦村第三百十五番屋敷へ仝同居住の処今般同村第拾壱番屋敷へ全戸転籍致候条此段及御届候也
　長府村大字豊浦村第十一番屋敷
明治廿三年七月十二日　三吉慎蔵　印
　長府村長原田政佳殿
右は組合惣代連印なり

七月二〇日

同月二十日　晴
一　本日は在宿す

七月二一日

同月廿一日　晴

一　午前用達所へ出勤す

一　清末御奥様昨日御分娩の由に付、於鱗様へ為御知有之、就ては本日御肴料五拾銭、内藤重太郎〔長府毛利家扈〕を以て御歓御使被差立候事

一　東京へは電報を以て御知せ有之候とのこと也

一　藤野預り金帰豊に付、栢より受取候辻引合済む、右に付福永より受取証書持参也

七月二二日

同月廿二日　晴

一　午前出勤す

一　御着当日より翌日迄、上下とも新市より仕出為致候ことに、河村へ談決の事

七月二三日

同月廿三日　晴

一　午前用達所へ出勤す

七月二四日

同月廿四日　雨　夕晴

一　用達所へ出勤す、別に議事なし

一　御道具類夫々配り付の事

七月二五日

同月廿五日　晴

一　用達所へ出勤す

一　馬関へコレラ病有之由に付、豊永組へ御揚陸の儀は御用捨にて、御召船より直に外浦へ御揚陸のことに相決候事

七月二六日

同月廿六日　晴　夕雨

一　午前用達所へ出勤す

七月二七日

同月廿七日　雨

一　日曜休暇に付、用達所不参

七月二八日

同月廿八日　晴

一　午前用達所へ出勤す、今晩御着豊に付、夫々御用意の件を河村へ打合す

一　午后五時又出勤す

一　三位公、御奥様幷御小児様方御機嫌能、午后六時半御着

豊被遊候、随員何れも無事也
一 右に付東京へ直に電報、難波より取計の事
一 イヨ、トモ直に恐悦として参殿す、何れも十時半退出の事

七月二九日

同月廿九日 晴
一 午前八時出勤す、上々様方御異状無之
一 本日は御伺出仕の面々へ御差支に付、御逢御断り也
一 上下とも御賄仕出方、本月中は新市受に相決置く

七月三〇日

同月三十日 晴雨 不同なり
一 午前用達所へ出勤す、別に相変儀無之、御用向は用達所に記事す
一 清末様御出也
一 米熊より六月十四日附の書状、写真添本日受取候事

七月三一日

同月卅一日 陰 后雨
一 午前用達所へ出勤す
一 荘原氏へ照会状出す、其件は用達所照会記に控置く、別に議事なし

八月一日

八月一日 晴
一 午前用達所へ出勤す、相変る儀無之、御用向引合は別に記載す

八月二日

同月二日 晴
一 清末様へ御使御昇位口宣持参の上、日向家扶〔駒三郎、清末毛利家扶〕を以て呈上す、且亦御分娩恐悦申上、尚御二方様幷に元恒様〔毛利元恒、毛利元忠長男〕へ拝謁候事
一 午后出勤す、元雄様〔毛利元雄、毛利元敏長男〕始め御一行、四日、五日頃御着豊の御予定、荘原家扶より申来る、右上申の上御待用意協議致置候事

八月三日

同月三日 晴
一 因藤和吉氏〔豊永和吉〕東京へ出発に付、荘原家扶へ御用談引合状相頼送る、尤引合は別記ある也
一 日原氏より本日三時御乗船の由、報知有之

八月四日

同月四日 晴

一　午前より用達所へ出勤す
一　本日は御小児様方御待請の為め一泊す

八月五日

同月五日　晴
一　午前三時三十分元雄様始め御一行御機嫌克御着豊被遊候事

八月六日

同月六日　陰
一　本日は在宿候て少々保養致度候て不参の段、用達所へ申出る

八月七日

同月七日　雨
一　用達所へ出勤す

八月八日

同月八日　晴
一　午前より出勤す
一　金壱円
右来る十日於功山寺青年会に付、安尾清治へ持参し、且当日不参断り申入置候事

八月九日

同月九日　晴
一　午前より用達所へ出勤す、別に議事引合等無之

八月一〇日

同月十日　晴
一　午前より用達所へ出勤す、別に議事なし
一　御用物出入御定用物の儀、夫々順序相立決定可有之筈に打合置候事

八月一一日

同月十一日　夕雨
一　午前より用達所へ出勤す、別に議なし

八月一二日

同月十二日　小雨
一　午前用達所へ出勤す、議なし

八月一三日

同月十三日　晴
一　午前より用達所へ出勤す

八月一四日

同月十四日　陰
一　午前より用達所へ出勤す、別に議事無之退出す

八月一五日

同月十五日　雨
一　午前より用達所へ出勤す、別に議なし
一　米熊へ六月十四日出の書答夫々相認め、東京栢貞香へ仕出方相頼郵便状本日仕出す

八月一六日

同月十六日　雨
一　午前より用達所へ出勤す
一　旧城半途の件々を河村へ打合置候事

八月一七日

同月十七日　陰　后晴
一　午前より出勤す
一　安養寺地所御買増の儀御決定に付、早々引合相済候様河村へ談置候事
一　詰前当非相定置候方可然、就ては御人少に付、宿直三人宛に致置、余は時により申合有之度ことに談置候事

八月一八日

同月十八日　雨
一　午后より用達所へ出勤す、別に議なし
一　同七時より魚屋清兵衛方にて諏訪、日原、河村、原田、碓井〔太郎カ〕、三嶋〔盛二、三嶋仁三郎の子、豊浦郡役所書記官、明治二六年より長府毛利家出仕〕、桂、松本、三吉、林集会す

八月一九日

同月十九日　晴
一　午前より用達所へ出勤す

八月二〇日

同月二十日　陰　午前又雨 午后晴
一　午前より出勤す
一　荘原家扶へ運動会一件、内藤、木村〔安八、長府毛利家雇〕両人の儀に付取計方等を郵書仕出す、其件は東西引合記に控置候事
一　諏訪氏へ出金持参す、其節木村安八御雇の件示談に付、未た豊浦詰雇入等の儀も半途なれとも、内藤、木村両名は交番にして御滞在中雇入等の儀は、兼て協議致置候間、木村都合次第当分日雇の儀、取計可申ことに答置候事

八月二一日

同月廿一日　晴

一　午前より用達所出勤す、別に議なし

八月二二日

同月廿二日　晴

一　午前出勤す、別に議事無之

一　荘原家扶より御用談状着す

八月二三日

同月廿三日　陰

一　午前より用達所へ出勤す

八月二四日

同月廿四日　陰 后小雨

一　午前出勤す、尤日曜休暇に付見合、直に退出す

八月二五日

同月廿五日　陰

一　午前より出勤す

一　本日元雄公始め御出発に付、切通しにて御送申上候、日原、宇原〔義佐、長府毛利家出仕〕、随行也

八月二六日

同月廿六日　晴

一　午前より用達所へ出勤す

八月二七日

同月廿七日　晴

一　午前より出勤す

八月二八日

同月廿八日　晴

一　午前用達所出勤す

一　荘原家扶へ御用談状答書夫々書留にして仕出候事

　但此件は引合記に控置く

八月二九日

同月廿九日　晴

一　宇原より買入地所登記済に付、栢俊雄氏より受取幷地券一枚も同断、右は松小田にて耕地買入の分也

一　午前より用達所へ出勤す、別に議なし

一　墓参夫より小坂、品川へ参拝として到る

八月三〇日

同月三十日　晴
一　午前より出勤す、別に議事引合等無之

八月三一日

同月卅一日　晴　夕雨
一　本日は日曜に付在宿す

九月一日

九月一日　陰
一　午前より用達所へ出勤す、別に議事無之

九月二日

同月二日　陰
一　午前より出勤す、議なし

出校延期届　三吉トモ

右は、山口県豊浦郡長府村へ休暇中帰県仕居候処、足痛に付当分滞在保養為致、全快次第出京可仕、此段延期御届申上候也

明治廿三年九月二日　保証人三吉慎蔵

香蘭女学校
幹事御中

右郵便を以て仕出候事

九月三日

同月三日　陰
一　午前より用達所へ出勤す
一　昨二日三位公於鏻様所へ御尋問の節、御当人様より安養寺御建築の儀は御見合相成候て、御手元金二円毎月増額、都合五円宛御仕向のことに御示談の由に付、公より本日其辺取調勘考可致旨御下命也

九月四日

同月四日　陰
一　午前より用達所へ出勤す、別に議事無之
一　梶山氏へ色々御家職向の件照会状仕出す、案別に記す

九月五日

同月五日　陰
一　午前より用達所へ出勤す、別に議なし
一　麻生三郎家扶へ、着後積る挨拶状仕出候事
一　品川故少将明六日一周忌に付、左の通払物す
一　蠟燭　三百目
一　麸　五箱

九月六日

同月六日　晴
一　午前より用達所へ出勤す、別に議事なし
一　本日品川故少将一周忌に付墓参、且宅へも参拝として家族中至る

九月七日

同月七日　晴
一　本日は休暇に付在宿す

九月八日

同月八日　晴
一　午前より出勤す、別に議事無之
一　荘原家扶より来書、用達所へ留置引合有之候事
一　米熊より来書七月廿五日附落手す、右は六月廿一日仕出し金三百円落手の答書也
一　浜野春次郎より来書、赤十字社山林会引合の件申来る

九月九日

同月九日　晴
一　本日は在宿御暇申出候事

九月一〇日

同月十日　雨
一　午前用達所へ出勤す

九月一一日

同月十一日　小雨
一　午前より用達所へ出勤す、別に議なし

九月一二日

同月十二日　晴
一　午前より出勤す
一　八月中御滞在勘定検査す
一　諏訪氏来宿、木村引合の件、寄附金受取証書持参也
一　御小児様方御滞在の件、又三位公学校へ折々御出の件等を協議す

九月一三日

同月十三日　晴
一　午前より用達所へ出勤す
一　八月中御滞在諸勘定仕詰帳、小野安民より申出に付、検査の上総して辻に見留調印す

九月一四日

同月十四日　晴
一　日曜休暇に付在宿す

九月一五日

同月十五日　晴

一　午前より用達所へ出勤す

九月一六日

同月十六日　晴

一　午前より用達所へ出勤す

九月一七日

同月十七日　晴　夕雨

一　午前より出勤す、別に議事なし

一　乃木少将より転任吹聴、御滞在伺ひ、次に小生へ尋問状到来す

九月一八日

同月十八日　晴

一　午前より用達所へ出勤す、別に議事等無之

一　河村光三氏へ悔として至る

九月一九日

同月十九日　陰

一　午前より出勤す、別に伺議事等なし

九月二〇日

同月二十日　陰

一　午前より用達所へ出勤す

一　乃木少将へ答書且御家職向事情色々加筆し、本日仕出候事

九月二一日

同月廿一日　陰

一　本日休暇に付在宿す

九月二二日

同月廿二日　陰

一　午前より出勤す

一　荘原家扶より御用談状来る、其件別紙あり、右上申す

九月二三日

同月廿三日　小雨　后晴風少々又風雨

一　秋季皇霊祭に付休暇也、仍て在宿す

九月二四日

同月廿四日　陰

一　午前より用達所へ出勤す、議なし

九月二五日

同月廿五日　晴　風少々

一　午前より出勤す

一　荘原家扶より御用談状来る、別記あるに付略す

九月二六日

同月廿六日　晴

一　午前より用達所へ出勤す

一　同氏へ帰豊歓として抵る

一　豊永長吉氏帰豊に付来宿なり

九月二七日

同月廿七日　晴

一　午前より出勤す、別に議事無之

一　三位公へ伺の上、当分為御療養当地へ御滞在被遊候思召に付、欽麗院様へ上申、尚高輪様其外御方々様へ、右取計方御留守中の儀御依頼等、荘原家扶へ御用状本日仕出置候事

九月二八日

同月廿八日　晴

一　日曜休暇に付在宿す

一　昨日より（旧八月十四日、十五日）忌宮神社例祭也

九月二九日

同月廿九日　雨　后晴

一　午前より用達所へ出勤す

一　豊永氏帰豊に付、毛利御家職御用談荘原家扶より引合の書類を以て協議す

九月三〇日

同月三十日　晴

一　午前より出勤す

一　先般於鱗様より御願相成候安養寺御建築の儀は、御断り相成、毎月是迄御手許金三円宛の処、二円宛御増額の儀を三位公へ御頼に付、本日右思召通り御決定にて、於鱗様御住居所へ公御出の上、御直に右御決答相成、依て荘原家扶へ其旨書面出す、尚又豊永着に付、箇条書の件々承候処、御滞在云々の件は過日仕出、其余の件は追々報答可致ことに加筆す

一　於鱗様御引合の件は、河村幷に船越、内藤〔重太郎〕へ申入候事

一〇月一日

十月一日　雨

一　午前より用達所へ出勤す、別に伺議事等無之

一〇月二日

同月二日　晴

一　本日少々風邪に付、不参の段を用達所へ手紙仕出し候事

一　午前福永恒介来宿、藤野氏勘定引纏、本日夫々引合済に付、福永、藤野両氏の受取証別紙取付置候事

一　右に付、向後世話向関係更に無之、依て記置候事

一〇月三日

同月三日　晴　風少々

一　午前より用達所へ出勤す

一〇月四日

同月四日　陰　風少々

一　午前より用達所へ出勤す、別に伺議なし

一　夜栢俊雄氏より案内に付、家族中至る

一〇月五日

同月五日　大風　小雨

一〇月六日

同月六日　大風雨

一　午前より出勤す

一　出京に付御用談夫々別記す、其他依頼物等別に控へ置候事

一　午后三時公より御見送として小野来宿也、右は馬関まで出張の旨に付、宿限り断り置候事

一　本日船問屋より報知無之に付、出発見合候事

一〇月七日

同月七日　晴　風少々

一　川卯より明八日午前五時横浜丸入港の儀申来る、依て五時トモ一同出関、川卯方へ止宿す

一　右に付イヨ、栢両家、其他賀田、岡本マサ、林幷に嘉蔵見送有之、川卯へ一泊也

一〇月八日

同月八日　陰　風少々

一　正午過馬関出港、順々通船平波に而トモ同行の青木チキ子三人とも無事也

一〇月九日

同月九日　陰

一　午后一時過神戸着、直に後藤方へ揚陸す、同家にて晩餐済し、六時横浜丸へ乗組十時出船の筈也

一　右の次第トモより栢俊雄氏へ直に報知状出す、且青木氏へも通知のこと加筆也

一〇月一〇日

同月十日　陰

一　午前二時過神戸出船す、少々波あり、午后に至り風雨の処、六時頃より少々晴れ、遠州沖は可成り通船す

一〇月一一日

同月十一日　晴

一　駿河沖より快晴平波也、十二時過横浜入港す、直に津久井屋へ揚陸す、一同無事也
一　三吉、青木両人より着港の儀を電報す
一　午后二時発の汽車にて三時半毛利御邸へ着す
一　栢貞香氏横浜へ出迎の処、道にて往違也
一　本日は何も引合不致、又御都合あり、御伺も不申上候也
一　青木チキ子直に送り夫々引合す

一〇月一二日

同月十二日　陰　又晴

一　午前九時過より梶山、荘原の両氏と御用談す、慎蔵儀御用の都合も有之、少々滞在のことに段決す
一　運動会へ御手元金にて御寄附のことに決す、但六百円也

一〇月一三日

同月十三日　陰　雨少々

一　福原老人過日来不出来の由に付、トモ一同尋問す
一　豊永より向地一件金談の書状来る
　右は荘原氏と協議の上、電報にて「イケヌコトハリス」と午前仕出候事
一　三ヶ寺へ割方金書付、豊永氏の気附書、荘原氏へ渡す

一〇月一四日

同月十四日　陰　后雨

一　トモ事午前学校へ諸道具類入組引合として至る
一　北白川宮へ御伺として参邸　殿下へ拝謁申上候、且麻生家扶始め一統へ面会す
一　麻生家扶より先般御家事向御改正の次第、夫々伝承す
一　栢氏、トモ一同晩餐を八百勘にて仕舞致候事
一　梶山氏へ土産物持参尋問す

一〇月一五日

同月十五日　陰　夜雨

一　乃木少将留守へ土産物持参尋問す
一　欽麗院様浅草辺へ御歩行に付トモ被為召御供致候事
一　午后五時より荘原氏一同、梶山氏より招に付至る

一　御当家兼て御永久一件年来思召立の件々、今般井上伯〔馨〕へ梶山氏より色々談話の処、可然とのことにて其末談決相調候件々、梶山氏より荘原と両人へ談ある、就ては向後の手順を協議の上、乃木少将住所へ荘原一同参り、直に両人出豊の上、豊永氏一同上申のことに談決す
一　右に付乃木氏へ本日前件報知、梶山氏より書面仕出相成とのこと也
一　豊浦御滞在御小児御両人様の儀は、直に御滞豊相成候方可然ことに三人協議す
一　来る十七日より那須農場出張のことに梶山氏へ答置候事
一　来る廿一日書類取調、梶山一同集会のことに談置候事
一　高崎別当宅へ尋問す、不在にて不得面会候事

一〇月一六日

同月十六日　晴
一　本日午后五時よりトモ事出校為致候事
一　午后六時過梶山氏へ尋問す、過日の件々、廿日後に集会のことに談置候事
一　豊浦事情入々示談す
一　奥畑山の儀は、御家の名称にする方可然と談決す

一〇月一七日

同月十七日　陰
一　午前十一時十分発の汽車にて那須農場へ荘原氏一同出張す、午后六時黒磯着、直に倉光氏同所へ迎に出る、依て同家へ止宿す、飯田信臣氏〔旧長府藩士〕も倉光へ至る也

一〇月一八日

同月十八日　晴
一　農場内倉光氏の案内にて荘原氏見分す

一〇月一九日

同月十九日　晴
一　午前十時五十分発汽車にて帰京す、直に上へ御機嫌相伺候事
一　高崎別当来邸の由也
一　米熊より九月七日付リオン仕出の書面到着、第二　三百円為替相届候段申来る

一〇月二〇日

同月二十日　晴
一　麹町区麹町四丁目七番地
中村屋伝助
乾　仁
右の人へ金千九百円にて約定す、右に付手付金として五拾円を本日直に受取、仮証書は久保田より出し、現金は

拙者受取、栢へ仮に預け置候事

一〇月二一日

同月廿一日　晴

一　福原老人昨夜死去に付悔として至る、小笠原氏より色々埋葬一件、梶山、荘原の両氏と協議ある、豊浦にて葬儀のことに決す

一　午后より横浜正金銀行に至る、右は第三送金参百円、仏国リオン滞在米熊へ為替引合の為め也

一　夜梶山氏参邸にて荘原一同集会す
右は井上殿へ荘原氏より引合の件々を談合す

一〇月二二日

同月廿二日　雨

一　麹町元園町一丁目十六番地を本日売却登記引合に付、栢貞香氏へ依頼し、同氏出張の事

一　右代価金千九百円受取登記済の上、宅地鍵相渡し、不残引合相済候上、久保田へ挨拶致し候て、栢氏帰邸の上前条の儀を承り、向後関係無之ことに相成候事

一　午后一時過より福原老人出棺に付参拝として至る、香典五拾銭持参の事

一　荘原氏本日午前より井上伯へ、過日梶山氏発言に付、其順序を以て御家法書会計引合書類持参相成、面会の上夫々照会の処、誠に都合克く、尚又今般高輪様において御制度相立候件々写取のことに談決相成、就ては井上殿より高輪様への引合は承諾、愈豊浦地へ御住居の順序相立候ことに決す

一　右の件々に付、梶山、荘原の両氏一同於御邸前条の次第を承候事

一　井上殿より高輪様へ申出の上は、荘原家扶より高輪御二方様へ、尚再伺の上、梶山氏一同豊浦表の順序協議致し候て、荘原一同出豊のことに申合退散す

一〇月二三日

同月廿三日　陰

一　金参円
右久保田へ是迄宅地世話相頼候処、昨日売却登記済に付引渡候て、向後引合無之、依て謝儀として持参の上、挨拶申述候事

一　浜野春次郎へ是迄宅地差配相頼置候処、売却に付、挨拶として足袋持参す

一　麻生、安藤の両氏へ烟草持参す

一　北白川宮より来る十一月一日迄滞京し、同日御陪食被仰付之旨御下命あり

一〇月二四日

同月廿四日　雨
一　本日は在邸す

一〇月二五日

同月廿五日　陰
一　金三百円也
右本年第三送金米熊へ本日の仏船便を以て仕出す
但横浜正金銀行為替也、又右控の分は追て栢より送付の筈に相頼置候事
一　右に付是迄来書の答一封にして書留を以て仕出候事
但書留受取証書は栢貞香氏預置候事
一　本日午后四時半より星岡茶寮に於て例月懇親会に付参集す、鳥山、梶山、荘原、飯田、栢、日原、三吉、尤日原氏引受なり

一〇月二六日

同月廿六日　晴
一　本日は休暇に付、他行す

一〇月二七日

同月廿七日　雨少々

一〇月二八日

同月廿八日　晴
一　金三百円
右米熊帰朝費リオン送付金として栢貞香氏へ相渡し、送り方を依頼す、同人預り証書取付置く也
一　金五拾円
右トモ学費金本年十一月より廿四年四月迄の予算を以て栢貞香氏へ相渡し、月々トモへ渡方の儀を相頼置候事

一〇月二九日

同月廿九日　晴
一　山口学校開業の節、元昭様〔毛利元昭、毛利元徳長男〕御出に付、三位公へ其節御出張の儀を御頼相成候儀、書面井関家扶より来状の由に付、荘原家扶午前井上伯宅へ尋問として出頭相成、本日は面会なく帰邸也
一　午后欽麗院様長屋休所へ御光来に付、茶菓及ひ酒肴を呈上す
一　夜荘原より案内に付至る、日原、宇原の両氏一席にて晩餐出る
一　杉原氏〔俊太カ〕より重詰到来す
一　北白川宮別当高崎氏より、来る十一月一日於紅葉館晩餐被下の旨、両殿下の御命により御招請申来る、且又麻生家扶よりも右に付懇書を添申来る也

一〇月三〇日

同月三十日　陰

一　過日来持病に付、十一月一日御招請御断り書面を以て高崎別当幷麻生家扶へ添書し、謝状本日午前九時過北白川宮御邸へ差出候事

一　豊浦用達所より三吉出立の儀電報あり、右出立未決の段を答書す

一〇月三一日

同月卅一日　晴

一　欽麗院様、森本座天一技芸御覧として御出に付、御供陪覧被仰付候事

一　トモ来訪、直に帰校也

一一月一日

十一月一日　晴　夕雨

一　今朝井上伯宅へ荘原氏出頭の処、不在にて面会無之由なり

一　嶋村尊師昨卅一日御用の処、被補大教正候段本日参詣の節承る

一　右に付イヨへ手紙出候事

一一月二日

同月二日　晴

一一月三日

同月三日　晴

一　天長節に付休暇也

一　午前梶山氏へ至り、左の件々を談合す

一　御女子御二方様豊浦にて御教育に付、学習院御断りのことに談合す

一　邦樹様日原へ御預けのことに談合す

一　三嶋盛二氏東京へ雇入、御教育幷本部取締を兼可然ことに談合す

一　豊功神社地位御旧城廻り仕法、尚再議有度と談合す

一　梶山宅地、船手、三嶋両所の内如何哉と談置く

一　養子一件は精々取調の上可然ことに談置候事

一　会計は豊浦を本にて会計掛り専務にし、御座右の御用弁不致ことにて可然と談合す

一　渡辺駒太郎雇入可然と談合す

一　東京御邸も先当分の内得と再議之上ならては、容易に手を不付ことに略談す

一　御教育議事は都合次第追てのことに談合す

一　荘原氏、井上伯宅へ至る、本日も不在面会なし、右に付伯よりの答なき時は、其儘にして三吉出立の外致方無之ことに談合す

一　右の次第に相成時は、可成公は御滞豊のことに談合す
一　天長節に付、午后五時より欽麗院様御酒宴あり、依て御陪席す

一一月四日

同月四日　晴
一　午前小藤北白川宮家令尋問として来邸に付、過日御招の挨拶、且又近々出立、此度は少々持病発候に付、伺各家にも御無沙汰の段断り置候事
一　午前荘原家扶、井上伯宅へ出頭面会あり、其件々は別に記し、荘原手許に右之依て略す
一　右に付、来る八日より荘原一同出豊のことに談決す、依て御用有之、荘原出発の儀、発表相成候事

一一月五日

同月五日　雨
一　午後梶山氏参邸、左の件々を議す
一　荘原氏一同、井上伯の答、尚又明日高輪御二方様へ上申の件々を議す
一　山口表へ三吉出張の儀は不致方気付協議す、梶山氏同意に付、見合に決議す
一　三位公御帰京は本月内山口表御引合の上、直に御決のことに談決す
一　荘原氏は先達て帰京に付、小野、河村随行とす
一　御滞在の御女子御二方様、其儘にて直に御滞豊相成、追々御通学のことに協議す
一　右に付岩間老人を相附、御表は木村、内藤交番にて御用弁のことに決す、三吉儀は時々出勤する也
一　三位公、御奥様御帰京の上御教育一件、其他色々協議あるに付、三吉出京可然との議也
一　来る八日出発、名古屋に行き、出豊の上、山口表にての御都合を上申の順序に談す
一　ベルモート　三本
右北白川宮殿下より御使麻生三郎を以て被下候事

一一月六日

同月六日　午后晴
一　北白川宮へ昨日の御礼として参殿す
一　煙草　一包
右小藤家令へ進物の分、浜野へ相頼送候事
一　荘原家扶午前より高輪様へ出頭ありて、右御二方様へ拝謁の上、先般井上伯へ引合、尚又梶山氏一同協議の順序を以て上申致置、御承知に相成候由、右に付、井上伯へ山口に於て三位公より御相談の上、重吉公〔毛利重吉、吉川経幹三男〕より御上申可相成ことにして荘原氏退散の事
一　午后欽麗院様より御酒被下御相伴仕候事

一　真綿胴着
一　切レ地
　右慎蔵、イヨへ被下候事

一一月七日

同月七日　陰　后晴
一　午前八時より梶山氏宅へ荘原家扶一同参集す
　右は昨日荘原氏、高輪様へ出頭の件々、山口表へ御出の上井上伯へ御引合の件々、尚又三位公幷に御奥様へ思召の旨再伺の件々、外に一書を以て尋問す、其件々は別記あり

一一月八日

同月八日　晴
一　午前六時四分発の汽車にて出発、午后七時半名古屋市着、青柳亭へ止宿す
一　荘原氏同行也、同氏は直に乃木少将宿へ尋問ある

一一月九日

同月九日　陰　后雨
一　乃木少将当節演習中に付、出先犬山の宿所へ午前五時出立にて荘原氏同行す、八時前着、直に面会し十月十四日よりの手続、井上伯、高輪様への引合、夫々書取以て協議し、尚又於東京梶山氏一同協議し、一書を以て示談致候処、其件々異議なし、依て十一時退散す
一　帰路於途中昼食す、夫より名古屋市を一覧し、又乃木老人〔乃木寿子、乃木希典の母〕へ尋問して后帰宿す

一一月一〇日

同月十日　陰　后晴
一　午前五時名古屋発の汽車に乗、午后一時過神戸後藤勝造方へ着す
一　楠公社へ参詣す
一　午后六時宇治川丸神戸出発に付、乗組七時出船なり

一一月一一日

同月十一日　陰　小雨
一　午后十一時馬関着船、直に川卯方へ上陸す

一一月一二日

同月十二日　晴
一　午前九時過馬関より直に切通し用達所へ荘原、豊永の両氏一同出頭す
一　御二方様へ御機嫌相伺、且又於東京欽麗院様始め高輪様御親族様方御機嫌宜段を上申す、尚東京表御用向の件々は、追て上申可仕ことに申上置退出す
一　豊永、河村、荘原一同終日会談す、其件々は十月十四日

より東京表の御用の次第別紙書取を以て談合す、又一書の分もあり、尚乃木、梶山両氏へ打合候件々等談合す、其引合は別記あり、午后六時帰宿候事

一一月一三日

同月十三日　晴

一　午前より荘原、河村一同会す、豊永へ昨日一つ書にて協議致候件々の内、船越、内藤、土蔵、栢辞表、後仕等の儀を御内含までに上申す、又国弘〔湊、長府毛利家従〕、梶間御雇の儀も同断、右は其辺気付可然との思召に付、早々取計のことに御決し相成候事

一一月一四日

同月十四日　晴

一　午前より豊永、荘原、河村一同に会す
右は本日三位公少々御風気に候得共、東京表よりの手順を御二方様へ御昼前上申す

一　御転住に付、思召再伺の件
附り東京にての談判上申の事

一　幼君方御教育の件、元雄様、元智様は協議中、邦樹様は日原に、式子様〔毛利式子、毛利元敏三女〕、亮子様〔毛利亮子、毛利元敏五女〕は当地に於て、幸子様〔毛利幸子、毛利元敏六女〕は暫時東京にて御引戻し、其末当地に御転の事

一　一先御帰京の事

一　来年の御転住月予め御治定のこと
右御二方様へ上申す

一　御二方様共、兼て思召立の通、更に御異存不被為在、豊浦御転住の旨被仰聞候事

一　山口表にて井上伯へ御引合の件々、且又慎蔵儀は不快にて不参の件上申す

一　右終て彼是御昼にも相成候間、一応各退出す

一　御転住の件は愈御決定のことに伺定候得共、余三ヶ条は思召御半途に付、午后荘原家扶御内慮を伺、且又協議致置候小割の件を上申す

一　幼君方御教育の件に付、邦樹君は豊浦にて日原へ御預け可然との旨也、又式子様には於東京御教育にして当地へ御残し不被遊旨、御奥様思召の由也、三位公には出立の際親類へも半途暇乞等の引合なく、彼是を以て一先帰京致し、追て出豊可然との旨也

一　一先当地御出発可被遊との旨なり

一　来年東京御出発の儀は二月期限のことに御決也
右之通荘原家扶より伺の旨、豊永、河村一同承候事

一一月一五日

同月十五日　晴

一　御指令下案等、荘原、河村協議す

一一月一六日

同月十六日　晴

一　船越、国弘、梶間の三名へ御達の儀、本日も三位公御風気に付、三吉御代理被仰付、依て御指令書相渡す、但御達文は略之

一　荘原氏本日清末様へ御伺として出頭也

一　諏訪氏へ東京表の次第、今日迄の大要を談置候事
右は同氏異論なし

一一月一七日

同月十七日　陰

一　午前荘原、河村一同御旧城辺巡回す、尤外浦にて旧山王社前へ記念石揚場を見分し、浜崎へ右場所取極め授け置候事

一　来る十九日、愈山口中学卒業式に付、明日三位公御出発のことに御決定、夫々引合に相成候事

一　功山寺、笑山寺、覚苑寺の三ヶ寺より、兼て拝借金出願致し居候分却下にて、右三ヶ寺へ御墓所守護料被下の件伺の事

一　三位公の思召金二十円を功山寺へ、同拾円宛を笑山寺、覚苑寺へ明治廿四年より被下候て御頼のことに御決也
但毎年の金額也

一　御出金一件
金七拾円　偕楽運動会へ
金三拾円　学校へ

一　植村、口羽の両家へ銀盃、是は御書の御挨拶也、外に金二百匹植村〔俊平〕へ御額の謝儀として被下候ことに御決也

一　荘原氏、諏訪氏へ色々談話の内、内藤、木村両氏引合は協議通りの仕法に決す

一　江良一件同意、桂氏と打合せの筈也

一一月一八日

同月十八日　小雨　后晴

一　午前六時三位公御出発御出山也、小野随行又御供外御用向有之、荘原家扶御同行の事

一　植村、口羽の両家へ御直書、銀盃、外に植村へ金二百疋御謝儀共、河村御使を以て被下候事

一　功山寺、笑山寺の両寺より御守護御請申出る、覚苑寺の儀も惣代へ引合の上、明朝御答申上ることにて退出也

一　三位公本日御出発に付、昨日荘原家扶と談合の上、井上伯へ御引合の次第上申す、其件は東京、名古屋当地にても各氏協議の大要を申上、尚又荘原家扶よりも重て山口にて御都合を上申の筈に談置候事

一一月一九日

同月十九日　小雨
一　午前用達所へ出勤す

一一月二〇日

同月二十日　暁小雨　陰
一　午前出勤す

一一月二一日

同月廿一日　晴
一　本日は少々風邪に付、用達所へ不参申出候事

一一月二二日

同月廿二日　晴
一　昨日に同し
一　午后三位公山口より御帰着、荘原、小野同断

一一月二三日

同月廿三日　晴
一　午前八時過用達所へ出勤、三位公へ拝謁す、山口に於て井上伯へ御引合の次第、夫々相伺候、別に御関係可相成件不被為在候由、尤高輪様には詳細に是までの次第、尚又御帰京の儀は少々御尋問可被為在御様子との伝達に付、公より帰京の上は其件上申可致候得とも、是迄の都合は委細井上伯へ申入置候間、同氏より御聞取可相成ことに申上候積りに付、其辺依頼すと御頼相成候処、右承諾に相成候て、余は当月廿六日頃豊浦へ出張の上三吉、豊永へも談合可致と、井上伯被申候とのことに止り候由也
一　清末侯にも御出京相成候様、井上伯より上申の手続を御承知相成候事
一　本日は偕楽運動会開業式に付案内状来る、依て十時前より小学校へ参席す
一　三位公御臨席御演説有之、且又金七拾円を御寄贈相成候事
一　午后二時より用達所に於て、豊永、荘原、河村一同、山口表に於て井上伯へ引合の次第、荘原より談有之
一　米熊より十月四日附の書状落手す

一一月二四日

同月廿四日　晴
一　午前用達所へ出勤す

一一月二五日

同月廿五日　晴
一　午前より出勤す、別に議事無之
一　本日国会式に付、国旗を出す

一一月二六日

同月廿六日　陰

一　午前より御用達所出勤す

一　午後井上伯出府豊永方へ着にて同伯より談議有之由、依て荘原家扶一同豊永へ参集す、右着の上豊永一同へ伯より毛利家向来の家法、且又三位公思召の件々、高輪様へ御引合の次第等、色々議事有之、右承り置候、終て酒肴相伴す

一　同夜用達所にて伯より示談に付、欽麗院様東京御住居一建の御入費予算表を荘原一同下案す

一一月二七日

同月廿七日　大雨

一　午前用達所へ出勤す

一　豊永氏宅へ荘原一同会す

一　昨日伯よりの示談、三位公御家法の尊案の儀は、爰許にては認兼候次第を昨夜より豊永事情伯へ談に付、尚重て本日豊永より伯へ昨夜よりの引合を以て示談に相成候処、先承諾也

一　伯へ荘原一同面会す、伯より豊浦御住居相成候得は、財政の予算何程に相成候哉、其予算表を以て高輪様へ愈此の次第に付、今般豊浦永住のことに可致と御示談相成候へは、万都合宜敷に付、相認可申との談に付、承諾す

一　欽麗院様東京御入費予算表一見せられ、其金額の内二千二百円に相定置可然とに談に付、其辺を以て退散す

一　三位公より伯を御案内にて午餐を被為進、御奥様にも御相伴被遊候事

　　但御住居第二号へ御招也

一　三位公へ井上伯より高輪様へ御引合の件々、御示談有之候事

一　御家憲草案爰許にては認兼候ことに、伯へ引合承知に相成候事

一　予算表丈は是非取調候様にと、伯より談有之

一一月二八日

同月廿八日　陰

一　本日国会開院式に付、国旗を掲く

一　午前より用達所へ出勤す

一　国会開院式に付、午后御酒宴御相伴被仰付候事

一　荘原家扶予算表取調也

一一月二九日

同月廿九日　晴

一　午前用達所へ出勤す

一　予算表調査の上、豊永を以て伯へ引合の事

但異論なし

一　井上伯より高輪御奥様へ、御当家豊浦御住居の件々御取極め、尚亦豊浦にて追々残金七、八千円残りの含書記相成、其書面荘原両人拝見す

一　右に付残金額少々相違の儀は、別に関係無之ことに協議済なり

一一月三〇日

同月三十日　晴

一　井上伯本日出発に付、三位公、豊永方へ御暇乞、且是迄の御挨拶として御出に相成候事

一　右に付荘原と両人随行し、当度尽力にて向後の御目的相立、尚又高輪様へ御引合等色々尽力に付、両人よりも挨拶申述候事

一　予算表別に異論なし、且又荘原早々出立致し、高輪様へ三位公陪従し、勘定向の儀を上申為致度愚存を伯へ申出候処、右可然ことに相決す

一二月一日

十二月一日　陰　風少々

一　午前十一時四十分三位公、御奥様、式子様御出立、外浦迄御歩行、夫よりイロハ丸にて豊永組へ御出、御一泊也

一　小野、河村〔家久、長府毛利家丁〕及ミツ〔関口ミツ、長府毛利家侍女〕、フユ〔斎藤フユ、長府毛利家侍女〕随行也

一　幸子様は御滞豊也

一　右に付御附は岩間アサ〔長府毛利家侍女〕、江本ツル、木村、内藤の事

一二月二日

同月二日　風　小雨

一　御出立后夫々取締り致置、午后四時より御滞在所豊永組へ御送として出関す

一　午前七時上々様方豊永組御出立、神戸丸へ御乗船に付、直に帰豊す

一二月三日

一　午前より亮子様御住居夫々諸引合致候事

同月三日　陰　后晴

一　午前より用達所へ出勤す

一　協議の件々は別記の事

一　荘原家扶午后四時二十分御用仕舞退出、夫より今夜便船にて帰京、尤名古屋へ立寄り、乃木少将へ是迄の事情協議の筈なり

一　渡辺清介〔長府毛利家従〕出立、荘原氏一同出京の事

一二月四日

同月四日　朝陰
一　午前より出勤す、別に議事其他相変儀無之

一二月五日

同月五日　晴
一　午前より用達所へ出勤す、異儀なし

一二月六日

同月六日　晴
一　午前より出勤す、別に議其他とも異儀無之

一二月七日

同月七日　晴
一　日曜休暇に付在宿す、記事なし

一二月八日

同月八日　雨
一　午前より用達所へ出勤す

一二月九日

同月九日　陰
一　午前より出勤す
一　神殿場所河村一同見分の上、江尻へ実地引合置候事
一　荘原家扶より電報、南都合宜く安心とのこと申来る

一二月一〇日

同月十日　晴
一　午后より用達所へ出勤す

一二月一一日

同月十一日　晴
一　午前より用達所へ出勤す

一二月一二日

同月十二日　晴　后陰
一　午前より出勤す、別に議事無之

一二月一三日

同月十三日　雨
一　午前より用達所へ出勤す
一　東京引合書類別紙記事ある

一二月一四日

同月十四日　大風

一　休暇に付在宿す

一二月一五日

同月十五日　雨　風少々

一　午前用達所へ出勤、河村氏へ留守の件々相頼置候事

一　東京引合の件は、別に記事に引合書ある

一　亮子様へ御伺申上、夫より於鏻様へ御伺す

一　午后河村光三氏来宿、本年度豊浦用達所勘定精算帳簿持参に付、別包物に入組置候事

一　午后五時過き出発にて馬関川卯方へ出張す、栢氏幷に嘉蔵見送として出関、各一泊也

一二月一六日

同月十六日　陰

一　西京丸入港に付乗船す、午前九時出船なり、海上平波、尤夜に入風少々ある、別に異儀なし

一二月一七日

同月十七日　晴　后雷雨

一　午前七時神戸入港、後藤勝造方へ上陸す

一二月一八日

同月十八日　晴

一　正村金次来宿に付、懇話の上家法目途分離法相立候ことに決す

一　西京丸正午出船、海上平波也

一二月一九日

同月十九日　晴

一　午后四時横浜へ着す

一　津久井屋へ栢氏迎として出張也、荷物夫々取纏め、五時三十分発の汽車に同乗し、七時毛利御邸へ着す、直に御二方様へ拝謁、欽麗院様には御不在也

一二月二〇日

同月二十日　晴

一　欽麗院様へ拝謁す

一二月二一日

同月廿一日　晴

一　久邇宮別当御邸拝見として、木子技師〔宮内省内匠課〕一同参邸也

一　梶山氏より午餐招に付抵る

一　御転住一件、是迄の順序色々談合す、尚又下案早々取調のことに議す、就ては荘原談置候事

一二月二二日

同月廿二日　晴

一　別に議事なし

一二月二三日

同月廿三日　陰

一二月二四日

同月廿四日　風雨

一　高輪御奥様より御用に付、午后三時荘原氏一同参殿す
右は式子様御教育、於東京御入校相成度旨御気附色々仰聞られ候に付、退て申合、尚思召も相伺候ことに上申す

一　於鏻様御建築一件、高輪様より御尋に付、右は先般御差止にて御手当金御増額の儀を三位様へ御示談に付、其事に御決定の上、御建築御差止相成候段上申す

一　米熊より十一月一日付リオン出の書状着、尤栢俊雄より送来候事

一二月二五日

同月廿五日　風

一二月二六日

同月廿六日　晴

一　昨午后梶山氏へ荘原至る、右は御家憲の件色々協議の由、就ては柏村〔信、毛利宗家出仕〕へ御ヶ条の内聞合の上、御当家の下調に相掛り、下案認め梶山、荘原一同、一月早々乃木氏協議の為め、名古屋へ出張の談ある由

一　亮子様御教育一件、梶山氏にも高輪御奥様思召通り御依頼可然ことに談決の由也

一　奈良漬　一桶
右北白川宮へ御伺として参殿献上す

一　煙草　十斤
右市川へ持参し積る挨拶申入、尚又リオンへも序の節可然伝達の儀添て申述置候事

一　鶏　二羽
右三位公御二方様へ献上す

一　富貴豆　一桶
右欽麗院様へ献上す

一　鶏　二羽

一　酒　二升
右御表一統へ出す

一二月二七日

同月廿七日　晴

一　梶山氏来邸也、荘原一同御家憲取調の件々申合す

一二月二八日

同月廿八日　陰　后雨

一　米熊より十一月十五日仕出し書面栢氏へ来る、依て同人より承る、誠に無事也

一二月二九日

同月廿九日　陰　后晴風

一二月三〇日

同月三十日　晴

一　本日別に議事なし

一二月三一日

同月三十一日　晴　風

一　饅頭　一箱

右北白川宮より出京に付、御尋問として家従麻生延太郎を以て被下候事

一　本日御用仕舞協議、左に記す

一　廿四年第一月四日御用始め

豊浦御寄留御決の旨御沙汰

会計豊浦表を根本と被仰出候件

栢貞香交代の件

渡辺清介豊浦会計被仰付の件

東京会計支部の件

右夫々順序御沙汰可被仰出筈に荘原家扶協議の事

日記　十二　明治廿四年

明治二四年

一月一日

明治廿四年一月一日　晴
一　午前五時起床
一　同七時献供、引続上々様方御参拝、終て一統参拝の事
一　同八時拝賀、尤三位公〔毛利元敏〕御不例に付、御奥様〔毛利保子〕幷に元雄君〔毛利元雄〕へ拝賀の事
一　同八時三十分欽麗院様〔毛利欽子〕幷に御小児様方於御奥拝賀す
但座礼なり
一　九番地御小児様方へ拝賀として出頭す

一月二日

同月二日　晴

一月三日

同月三日　晴
一　本日仏国郵便出船に付、米熊〔三吉米熊〕へ是迄両度の答書、尚又当度限り帰朝の期に至候間、今後は書面不出ことに加筆し、且年始状とも仕出置候事

一月四日

同月四日　晴　夜雨
一　本日御用始に付、午前九時用達所出勤す
一　来る二月より豊浦地へ御寄留の思召の旨、家扶より一統へ内達也
右は三位公御不例に付、追て御旨意書も拝見被仰付、尚御直にも御下命可相成ことに演説ある

一月五日

同月五日　晴
一　本日は休暇也、一統出勤は随意の事
一　新年御宴会御延引達しある

一月六日

同月六日　晴
一　麻生三郎家扶、来る近日の内宮懇親会致し候に付、来会の儀申入、尚書面を以て日限報知すとのこと也

一月七日

同月七日　晴

一月八日

同月八日　陰　寒強し
一　昨夜梶山氏〔鼎介〕へ荘原〔好一〕御家憲下案持参の処、得と勘考可仕との事
一　乃木氏〔希典〕へ下案を以て照会の談あり、右に付其取計方を本日談決す

一月九日

同月九日　晴

一月一〇日

同月十日　晴　風

一月一一日

同月十一日　晴
一　休日也
一　米熊より廿三年十一月十五日付の書面到来す
一　乃木少将へ御家憲下案を本日荘原名前にて仕出す、右意見詳細に付、紙の上回答有之候様認め出す

一月一二日

同月十二日　陰
一　荘原へ見舞としてスーフ手形一升持参す

一月一三日

同月十三日　晴

一月一四日

同月十四日　陰
一　荘原氏へ尋問す、順々快方也、別に議なし

一月一五日

同月十五日　晴
一　三位公御全快に付、午后新年初て御奥に於て御内祝御表御酒御相伴被仰付る

一月一六日

同月十六日　晴

一月一七日

同月十七日　晴　寒強
一　荘原氏へ尋問す

一月一八日

同月十八日　晴

一　小笠原氏〔武英〕へ尋問す、面会の上御邸一件色々談合す、近々相分ることに談合也

一月一九日

同月十九日　晴

一　豊永長吉出京の儀御下命御請申出る、尤十日間の御猶予申出に付、右上申す

一　午后跡見学校へ式子様〔毛利式子〕御入校御頼申込御使として至る、校長〔跡見花蹊〕へ面談委細承諾也

一　両院議事堂午前一時より焼失す

一月二〇日

同月二十日　晴

一月二一日

同月廿一日　晴

一月二二日

同月廿二日　陰

一　本日相変儀なし、夜中御酒御相伴被仰付候事

一月二三日

同月廿三日　晴

一　午前荘原へ抵る、順々快方也

一　廿四年度会計予算一件、色々協議略談決す

一　桂弥一氏より米熊への送書、本日英郵便船にて仕出置候事

一月二四日

同月廿四日　晴

一　本日御奥様御着帯に付、一統へ布達す

一　右に付恐悦申上候事

一月二五日

同月廿五日　晴　風

一　休暇日に付、別に御用無之

一月二六日

同月廿六日　晴

一　豊永氏来宿也

一月二七日

同月廿七日　晴

一　午后豊永宿所へ尋問す、不在也

一　梶山氏へ尋問す、是又不在也

一月二八日

同月廿八日　晴
一　午前荘原氏へ尋問す
一　昨夜梶山氏御家憲下案持参の由、右に付色々談あるとの事也

一月二九日

同月廿九日　晴
一　荘原へ尋問す、昨日地所見分の次第を談合す、豊永、日原〔素平〕一同先つ見込は高輪の方可然ことに打合す
一　北白川宮より御使樋口〔綾太郎〕を以て本日午后二時殿下〔北白川宮能久親王〕御逢被成旨申来る、右に付同刻参殿す、御用向は杉内蔵頭〔孫七郎〕へ聞合の件也

一月三〇日

同月三十日　晴
一　午前杉氏宅へ出頭す、殿下の御命を以て内々御評議の次第を聞合候処、別に御改正はなく、是迄の通に御内決の由に上申可然とのこと也
一　市兵衛町御邸一件、杉氏へ色々相願置候、尤御未決の由なり
一　梶山氏へ至る、昨夜の来書は別に相変る件なし、其他別に議無之
一　荘原氏へ抵る、杉氏より承候事情を咄し置候事

一月三一日

同月卅一日　陰　后雨又夜雪少々
一　石津家内本日出立、埼玉県へ転居に付、暇乞として至る
一　午后宮へ参殿の上拝謁し、過日御下命の内蔵頭へ聞合の件々上申す

二月一日

同月一日　小雨　夕晴
一　本日は初午に付、栢〔貞香〕へ神勤被仰付候事

二月二日

同月二日　晴　風少々
一　米熊よりマルセール十二月十三日附の手紙、栢俊雄氏より送来る
一　右に付、出立帰朝神戸より直に帰豊の次第を、留守桂、賀田〔貞一〕等へ伝声のことを、本日俊雄氏へ手紙仕出置候事

二月三日

同月三日　晴

一　午前より豊永氏出邸、御家憲財産部の件、色々荘原一同示談す

二月四日

同月四日　晴

二月五日

同月五日　雨

一　杉氏より来書、面談の儀を申来る

二月六日

同月六日　雨

一　午前より豊永、荘原一同財産一件色々内議す

一　金銀貨御始末の儀は三位公へ伺の上、左の通り御決定相成る

一　金貨　参百円

一　銀貨　弐百円

右残し置、余は金銀土地に御備置御蓄金を地所に御決の事

一　午后杉氏へ至る

一　御本邸当度は破談に相成候得共、向後可然依頼致し置候事

一　忠正公〔毛利敬親、萩（山口）藩一三代藩主、毛利宗家六七代当主〕御銅像建設に付、御末家方の所も御一同建方可然儀を井上伯〔馨〕より申来、右は篤と協議打合の上ならては取計六ツヶ敷ことに山田伯〔顕義、司法大臣〕へ談し候処、杉氏気附を尤に同意相成、就ては此件を真の内相談致すとのこと也、三吉答曰御気附御尤也、豊浦にても先年有志の者より元周公〔毛利元周、長府藩一三代藩主〕碑を建設致度段出願有之候得共、公の兼て思召の旨も被為在候に付、聞届不被相成旁、此件は容易に御答は致し兼候と答、又銅像の位置等も誠に六ツヶ敷ことと色々愚存を無遠慮答置候、尚又内々申合の上、追て相答候筈にして退散す

二月七日

同月七日　陰

一　杉氏より内話の御銅像一件を、本日荘原氏へ気附の件々談候処、同案の由答ある

二月八日

同月八日　晴

一　本日午前九時、梶山、豊永、荘原、三吉一同御家憲取調として集会す

一　御家憲下案取調協議す、右談決し草案相認候ことに決す、乃木少将へ荘原氏打合として持参の筈に談決也

一　井上伯へ下案引合は、豊永へ依頼のことに決す
一　御寄留御届相成ることに談決す
一　杉氏より忠正公御銅像建設に付、井上伯より御四藩先公も調製如何哉のことを申来る、是は誠に能勘考ものと山田伯へ示談致候処、尤との答に付、今日は真の内話すとの談に付、右内話のことなれは三吉も無遠慮愚考を申す、実に色々事情もあり、且又長府に於ては旧臣より先年出願の件々もあり、誠に協議ものと答置候、尚又梶山へも打合致呉れとのこと添て談ある
右の件本日幸ひ集会に付申述置候事

二月九日

同月九日　陰　夜風
一　倉光三郎出京、荘原氏より那須農場改正一件内含まて談合の由、同氏に於ても尤同意のことを咄し有之由なり、右は主任桂氏へ協議の上、表面着手の心算可然ことに荘原氏と談合致置候事
一　荘原家扶一同伺定の件、左の通り
一　三位公御出発前豊浦御寄留御届の御順序相成候ことに御決定也
一　元智様〔毛利元智〕御教育の儀は、豊浦へ御寄留相成、同所にて御学業のことに御決定也
一　豊浦用達所詰御供人撰の儀は、家従中川〔凉介〕、家丁河村〔家久〕の両名と御決定也
一　井上伯へ御草案引合は、豊永を以て可然ことに御決定也
一　式子様来る十五日より御入校のことに御決定也
右伺済の事

二月一〇日

同月十日　晴　夜風寒強

二月一一日

同月十一日　晴　風寒気〇点に至る
一　紀元節に付、休暇也
一　本日は御定例天長節の通り、御内輪限り御祝宴に付、御表、御奥弁に荘原家扶中御陪席被仰付候事

二月一二日

同月十二日　晴　風少々暁〇点
一　午后豊永氏出頭也、別に議なし
一　同刻より梶山氏出頭也
一　御家憲再議に付下案を被取帰得と取調の筈也
一　豊永所有の住所、井上伯より過日示談有之、就ては向後の都合掛念に付、御当家へ御用に相成候はゝ、是迄年賦上納金を大蔵省の仕法にて御引合相成候て、夫々上納金引合済のことに致し、所有分不残毛利家の御所有に相成

候は、、向年の掛念も無之との儀を豊永より梶山へ示談の由、梶山より荘原一同へ談ある、梶山氏尤其始末可然との決也

一　右三位公へ上申し、夫々取調可申ことに相成る

二月一三日

同月十三日　晴

一　豊永より梶山へ申入の宅地の件々、荘原一同公へ相伺候処、御永住地に御決被遊度、就ては篤と取調の儀御下命、尤豊永是迄尽力致置候地所に付、其情は離堪と御意ある、右は尚得と引合可仕ことに上申す

一　リオン府市川亮功〔ママ〕氏〔亮明〕へ、年始幷に米熊へ懇切の儀を謝状仏国郵便船明十四日出に送附す

一　高輪様〔毛利元徳〕へ、今般豊浦へ御寄留に付、上申として荘原家扶参殿の上、柏村〔信〕を以て上申の処、御承知に相成候由、又元功様〔毛利元功〕へも同断

一　吉川様〔経健、岩国吉川家一三代当主、吉川経幹長男〕、嵯峨様〔実愛、毛利保子実父〕へ上申同断

一　荘原氏御家憲打合として梶山宅へ至る、又同家へ豊永を招き、同人宅地三位公へ上申の次第を談し、其地の引合方を色々三名にて協議ある由、荘原より伝承す

二月一四日

同月十四日　陰　午后晴

一　午前より豊永氏出頭也

一　同氏居住所抱地とも不残毛利家へ御引合可差出談御聞済に相成、満足の段談合ある、右に付、井上伯へ引合の都合等書記すとのこと也

二月一五日

同月十五日　晴

一　荘原氏草案打合として梶山へ至る

一　豊永住所今般御求可相成次第を御奥様へ入々上申す

二月一六日

同月十六日　晴

一　別に議事なし

一　梶山氏より沖津鯛二尾到来す

二月一七日

同月十七日　晴

一　荘原氏、本日午前より名古屋乃木少将へ御用向有之、出発なり

一　豊永氏出頭、荘原へ倉光より申出に付、豊永氏を実地検査として当度出張のこと談有之候に付、如何哉の儀、荘原より談合あり、右豊永へ打合候儀とも、井伯〔井上

馨〕引合の都合も有之旁、此度は出張見合に決す
一　右に付倉光へ滞京中豊永氏へ尚重て尋問致し、実地と引合見込相立、追々申出相成り度段を、午前倉光氏へ申入置候事

二月一八日

同月十八日　晴
一　三条内大臣〔実美〕今朝より御大病の御様子を三位公へ上申す、直に御出に相成、三吉ことも直に御伺として参上す
一　夜鳥山〔重信〕、梶山、粟屋〔景明〕、中川、小野〔安民〕、菅村〔武敎〕等集会す、学友会へ懇親会より寄附の件也、右は当秋まで是迄通りにして、学友会へは出金不致ことに決す

二月一九日

同月十九日　晴
一　三条公午后七時薨去也
一　午后五時より梶山氏へ至る、今般御改正の件色々協議す、其件々は別紙記事の控に在り略之

二月二〇日

同月二十日　晴
一　議事伺なし
一　午后より外出散歩す

二月二一日

同月廿一日　晴
一　荘原氏昨夜帰京の由、乃木少将へ尋問の件々、豊永氏一同其次第を承る、尚梶山氏へ荘原より右の件々打合のことに談合す

二月二二日

同月廿二日　晴
一　日曜休暇に付、別に御用談もなし、依て在宿す

二月二三日

同月廿三日　陰
一　豊永宅地御買入の件々、梶山氏へ荘原より昨日協議の処、右は荘原見込通り夫々勘定仕法相立候て取極めのことに談決の由、本日荘原家扶より承候事
一　午前後迄豊永出頭御家憲協議、豊永宅地勘定書取等の件に付会す
一　御家憲草案幷に豊永宅地御買入代価、年賦利引の方法書に因り差引、残り渡代価引合を記し、三位公へ相伺候、荘原家扶より上申也
一　明廿四日茶寮に於て懇親会催しに付、麻生より案内の所、

風邪に付断り状出す、后又使を以て風邪の様子を聞合に来る

二月二四日

同月廿四日　風　晴

一　豊永氏出頭、別に議なし

一　同氏上納金年賦利引幷に同人宅地御買入代価引合の儀、気附書の通り御内決也

一　豊永氏午后出頭、明日出立に付、酒肴御相伴被仰付、右に付陪席被仰付候事

一　御家憲草案井上伯へ引合に付、豊永氏より其取計致し候ことに付、同氏へ御渡也

一　年賦上納金豊永出願に付、大蔵省年賦利引法を以て御許可に付、指令御渡のこと

一　豊永宅地御買入に付、約定書を以て手付金三千円御渡之事

一　本日迄家扶下案書記の分、豊永へ夫々協決相成候事

二月二五日

同月廿五日　晴

一　本日午前九時三条公埋葬也

二月二六日

同月廿六日　晴

一　是迄の蓄金今般御改正に相成候に付、本日夫々協議の上始末方相成候事

二月二七日

同月廿七日　雨

一　本日議事なし

二月二八日

同月廿八日　雨

一　栢貞香氏へ是迄の総勘定受渡し、差引無残引合致候、其為め書記す

一　麻生家扶へ過日招の処不参、尚又態々使を受候挨拶状仕出す

一　本日は於御奥御酒宴御次中御相伴被仰付御陪席す

三月一日

三月一日　晴

一　休日に付、別に議事無之

三月二日

同月二日　晴

一　米熊より一月五日附にて年始状仕出の分、栢俊雄氏より送来り本日落手す

三月三日

同月三日　陰　后雨

三月四日

同月四日　雨

一　河村光三氏へ病中見舞状出す

一　本日は別に議事なし

三月五日

同月五日　陰

一　豊永氏より、本月二日附を以て井上伯五日頃福岡より帰関の由、就ては御用の件々示談可致とのこと、尚又伯十日頃出発の様子を申来る

三月六日

同月六日　陰

一　本日別に議事なし

三月七日

同月七日　晴

一　議事無之

一　午后三時より星岡茶寮に於て例月懇親会相設候、本年は初会に付、三位公を御招請申上、右に付、公より芸人咄者を被差出候、会員不参者鳥山、大岡〔育造、東京府議会議員〕、林錬作〔野竹散人、『豊乃浦波』著者〕なり

一　三位公より近日御寄留可被遊旨、一統へ御噂也

一　河村光三氏より御用談状来る

一　荘原氏豊浦へ出張の件々示談す、梶山氏同意也

三月八日

同月八日　陰

一　本日は
御玉御改造御移しに付、権大教生神代名臣へ御頼相成、午前十時三位公、元雄公御列座也、三吉、荘原も列座す

一　清祓式

一　合祀奏上式

一　改造御霊移式

一　改造鎮座式

右の通御執行、終て拝礼有之、詳細は御家記にある

三月九日

同月九日　陰

一　午前小笠原氏へ至る、色々御本邸御売却等の件々を相頼、尚又憲法御仕立のことを洩しの件々を頼置候事

一　豊永氏より荘原と両人へ来書、御家憲草案井上伯へ引合

の儀重て小野田へ出張し、示談の都合申来る、此書面は荘原氏手許に在り

一　右の次第梶山氏へ荘原より談ある也

三月一〇日

同月十日　風雨　二十九インチ五分

一　協議人会計主管者等の儀は、三位公思召の筈に付、気附不申上段を本日上申す

一　会計原簿調製の儀は、誠に要用の事柄に付、荘原出豊し実地夫々取調の上協議し、精帳可仕方正当の儀と愚考に付、上申す

右は荘原出豊可致旨御下命なり

一　荘原出豊留守中、暫時栢貞香帰京の儀相伺候処、可然旨御下命也

三月一一日

同月十一日　晴　正午雨 后又晴

一　長府村御用達所、切通し四百九十八番屋敷番号附書記置く

一　会計方交代の件に付、表面御達早々有之如何哉気附を荘原へ議し、可然ことに決候事

一　米熊より一月廿三日附を以て帰朝費三百円落手の儀申来る、尚又無事出発日限は未決の由、且諸所より離杯案内有之由、相変儀無之

一　右書状栢俊雄氏より八日仕出にて本日受取る

一　午后梶山氏出邸、右は弁理公使云々の件内話也、右に付九番地拝借云々示談ある

一　右両件とも可然ことに談合す

一　御家職向の協議は、十三日出邸荘原一同協議の筈に談置候事

三月一二日

同月十二日　晴

一　豊永より井上伯へ引合の件々、荘原へ来書の次第承り候事

右は東京にて梶山、荘原、三吉へ談合の由也

一　栢貞香へ会計方改正に付、御免御達しある

一　右に付、残務取扱の儀、又渡辺〔清介〕へ引合の儀も達ある也

三月一三日

同月十三日　晴

一　三位公、元智君、邦樹君〔毛利邦樹〕、亮子様〔毛利亮子〕、幸子様〔毛利幸子〕、右今般山口県豊浦郡長府村大字豊浦四百九十八番屋敷へ御寄留御届書、宮内大臣〔土方久元〕へ宛て本日進達、尤御出立日限の儀は、追て御届の筈也

一　元智君、邦樹君学習院御退校御願書も、本日御進達相成候事

一　乃木少将本日出京に付、荘原家扶同家へ尋問也、本日午后四時より参殿可相成筈、右に付梶山氏も同刻参集の儀を照会す

一　井上伯着京に付荘原尋問の処、幸に面会相成り御家憲の件々入々示談相調、伯の意見相決し、引合済にて帰邸なり

一　右伯の意見に付、午后より乃木、梶山、荘原三名参集色々協議の上見込相決し、明十四日午后三時半より集会草案協決のことに決す

一　御家政向御教育御子様方豊浦にて御預け先等談合の件々、別冊協議録へ記載す

三月一四日

同月十四日　雨　正午より風強し

一　思召を以て御旧臣の神霊を御神殿の側に御祭り、就ては来る廿一日御玉移の御内決也

　　功足健雄《イサタリタケヲ》等之御《タラチノミ》霊《タマ》

一　本日午后三時半より御家憲の件に付、乃木、梶山、荘原、三吉一同会す

右は御家憲其他協議す、詳細は協議録に記事す

三月一五日

同月十五日　晴　風前に同し

一　休日に付、別に議事なし

一　御子供様方春季運動会ある

三月一六日

同月十六日　陰

一　三位公より乃木、梶山、日原の三氏を星岡茶寮に於て晩餐被下候に付、荘原、三吉御陪席す、右終て御家憲幷に御改正の件々を打合候事

三月一七日

同月十七日　雨　夜風

一　午后歯療治す

三月一八日

同月十八日　晴

一　高輪様始め各家へ御家憲草案を以て御照会の為め、荘原家扶を御使被差廻候事

一　栢俊雄氏へ出発予定、且又通船及一両名加勢人の儀を、本日書状仕出候事

一　河村光三より来書、御神霊今般御転座の儀照会に付、右は三吉へ供奉御内命に付、其旨内報本日郵便仕出候事

一　御家憲案を高輪様、元功様、吉川様、小早川様〔四郎、

毛利元徳四男〕へ荘原家扶持参也

三月一九日

同月十九日　陰　正午晴

一　三位公本日土屋様〔挙直〕へ御出に付、御寄留の件を御直に御申入可相成段上申す

一　御社落成相成居候は丶、矢来垣等は三吉帰豊の上協議可然ことに改て河村へ書状出す、尚又御神霊供奉は仕候得共、御遷座は三位公御自祭に付、其段も答書致し置候事

一　清末様〔清末毛利家〕へ御送の御家憲案書は、本日荘原氏より小笠原へ引合に付持参也

一　御奥様より色々御示談に付、三位公御召仕御雇の儀は必す御不都合の件々、向後の儀を上申す、右に付御奥様御療養の外、別に気附無御座段上申す、然る所御答に向後子供不用に付、療養見込の儀可然との思召を相伺置候事

一　荘原より案内に付夜中至る

三月二〇日

同月二十日　陰

一　諸達伺書荘原より呈上し、御許可相成決定のこと

一　井上伯来邸、荘原面会あり、尚三位公にも御逢被遊候事

一　忠正公御銅像御合併の儀を、旧御支藩御打合の上御纏め致度件々、談ある由なり

一　三位公、高輪様へ御出御会議の節、欽麗院様へ高輪御奥様〔毛利安子〕より被為進金の儀、井上伯より談に付、三位公御断り相成、尚又此件は協議に関り難しと御答相成候旨を敬承す

三月二一日

同月廿一日　雨

一　本日午前十時旧臣の内功労ある者を御祭り、御玉移し、御自祭被遊候、尤思召を以て御祭のこと故、其功臣の姓名は思召に付不被伺候事

功足健雄《イサタリタケヲ》等《ラ》大神霊と被為称候事

一　荘原氏協議の件々は、引合別紙に記載す

三月二二日

同月廿二日　雨

一　御家憲御発布に付、御告祭午前十時御自祭被遊、元功様御出、其他は御差間御不参也

右御祭式の儀は略す、尤慎蔵平服にて御社殿へ相詰候事

一　御家憲御家族中様御拝見也

一　協議人　三吉慎蔵

一　財産主管者　荘原好一

右御直書を以て被仰付候事

一　乃木少将、梶山鼎介両氏へ御家憲拝見被仰付候て、改て

向後の処も万御示談被遊度段御依頼也
一　三位公近々豊浦へ御寄留に付、在京御旧臣中を御招き御離杯被遊候事

三月二三日

同月廿三日　風陰
一　三位公今般豊浦へ御寄留に付、御神霊を同地へ御移し相成、依之本日午前十時神玉遷座式御自祭被遊候事
一　午前御随従一般へ今般御改正に付、御指令御渡相成、依て三吉、荘原相詰候事
一　日原へ御子様御頼の儀、御直に同人へ御依頼相成候事
右用達所より人名書を以て達す
一　御家憲一統へ拝見被仰付、日原へも同断
一　豊永より荘原へ来書、左に記す
一　井伯へ家憲云々引合の次第
一　豊永地所引合の都合を照会状なり
一　協議人家令御沙汰に付、欽麗院様、御奥様へ御吹聴申上候事
一　金五拾円也
右トモ〔三吉トモ〕五月よりの目途を以て栢貞香へ本日預ヶ置候事
一　会計渡辺へ引続廿三年十二月分の処、交代済也
一　梶山氏外行に付、風呂地一釜持参す

一　北白川宮始め、乃木、小笠原、清水〔円三〕諸所へ明日より出立に付、暇乞として廻勤す
一　乃木、梶山の両氏より出立に付到来品あり

三月二四日

同月廿四日　晴
一　午前八時上々様へ御暇乞拝謁の事
一　御神霊様豊浦へ御転座御供奉被仰付候に付、本日午前八時半御守護申上、新橋九時発汽車にて横浜へ出る、右に付新橋へ梶山、清水、小野サタ、トモ〔三吉トモ〕送来る、又栢貞香は横浜迄送来る也
一　西京丸正午出港に付、十一時過渡辺一同乗船す、海上平波なり

三月二五日

同月廿五日　晴
一　午后四時神戸入港、直に荘原へ安着を報知す、尤揚陸は致さす
一　後藤手代参り候に付、用事夫々相頼む

三月二六日

同月廿六日　晴
一　神戸滞船、渡辺揚陸す

三月二七日

同月廿七日　晴　夜雨
一　午前五時西京丸出港す、本日も平波也

三月二八日

同月廿八日　晴
一　午前三時馬関着船、直に川卯へ揚陸す
一　本船へ河村光三、栢俊雄の両氏迎として来る
一　午前九時用達所へ御神霊様御供奉し御安座也、豊永氏出頭の事

三月二九日

同月廿九日　晴
一　午前十時用達所へ出勤す
一　豊永長吉江公よりの御書相渡す、御家憲幷附録とも同氏へ写を以て引合候、右写諸書草案を同人へ渡置候事
一　河村写拝見の事
一　御寄留御旨趣書　一通
一　長府用達所と改称　一通
一　月給恩給旅費定とも　一通
右一統へ布告す

三月三〇日

同月三十日　晴
一　午前より用達所へ出勤す
一　於鱗様〔毛利鱗子〕へ御伺として出頭す
一　今般御神霊様供奉御家憲御発布の次第、右に付御改正御随従へ御達の次第、御子様方御寄留の次第等を入々上申す
一　右に付、向後御慎方等の儀を添て上申候事

三月三一日

同月卅一日
一　午前清末様へ参殿す
右は協議人御依頼書を呈上す、尚又右御請書草案をも差上置候事
一　豊永、三吉協議の儀も上申す
一　財産主管者荘原へ被仰付候三吉家令兼勤の儀、御吹聴仕候事
一　御子様方御寄留の件々も上申す
一　今般夫々御指令相成候廉々添て申上置候事
一　南部〔謙庵、三吉家遠戚〕へ尋問す
一　本日は用達所へは不参
一　江下畔中へ年始、且帰豊吹聴旁回勤す

一　ピストール
右所持届書、佐竹〔為延〕へ依頼す
但栢氏へ相頼置候事

四月一日

四月一日　晴
一　豊功神社春季御例祭に付、御代拝相勤候事
但玉串料弐拾銭御献備也
一　右終て自拝す、玉串料五銭備候事
一　用達所へ出勤す、本日は別に議なし

四月二日

同月二日　晴
一　故伊秩九郎兵衛〔旧長府藩士〕三十三年忌に付、宇部村伊秩方へ備物持参す
一　午前より用達所へ出勤す
一　豊永長吉出頭なり
一　午后より御子様方御待請として出勤す、十一時まで御着無之に付退出す

四月三日

同月三日　晴
一　午前出勤す
一　元智、邦樹両君今午前二時用達所へ御着、日原、岡本〔熊雄〕随従也、相伺候て直に日原へ着歓として至り面会す
一　本日は
神武天皇御例祭に付、午前退出す

四月四日

同月四日　晴
一　午前より用達所へ出勤す

四月五日

同月五日　陰　后雨
一　休日に付不参
一　午后三時より江下畔不残案内す、尤本日は戸主のみ
一　右に付、渡辺、安野〔勝次郎カ〕両人を取持ち相頼候事
一　右一統より祝儀到来す、尤大庭〔源四郎カ〕丈けなし
一　案内の廉は江下住居に付始ての訳也

四月六日

同月六日　陰
一　午前より用達所へ出勤す
一　三位公本日東京御出発の儀、電報来る
一　午后三時より江下中戸主の妻案内す
右は昨日と同旨意也

一　米熊より三月八日出発にて四月十五日頃神戸着のこと書状来る

四月七日

同月七日　晴

一　午前より出勤す

一　三位公御着御用意夫々談置候事

一　午后より龍崎、板垣の両人相招候に付、栢、小坂、岡本も一同案内す

一　栢両家晩餐案内す

四月八日

同月八日　晴

一　午前より用達処へ出勤す

一　明日御着の御用意、且御随従への仕向等迄、夫々渡辺へ御料理向談置候事

四月九日

同月九日　晴

一　用達所へ出勤す

一　午后六時過より馬関へ出張す

右は三位公御乗船無之、梶山鼎介〔明治二四年四月より朝鮮国駐箚弁理公使〕而已なり

一　本日高千穂丸にて左の件々承る

一　豊永長吉氏一同へ梶山氏より井上伯へ尋問の件々、又本月三日高輪様御邸にて御集会の件々、終に御銅像一件は、各公騎馬にして拾万円の集金をなし設建のことに答弁の由

一　御懇話の件々、井上伯と談話の末、梶山氏よりの答弁熟和し、其件々伯より演説の次第、各公始め御承諾の由也

一　元智君当分用達所より御通学のことに談決す前条梶山氏へ引合す

四月一〇日

同月十日　晴　夕陰

一　馬関より直に用達所へ出勤す

一　三位公本日午前四時御立の旨、河村家久より電報、午後到着に付、夫々引合致候事

四月一一日

同月十一日　雨

一　午前六時出勤す

一　三位公横浜丸にて午前七時過御着豊、中川、河村の両人随従也

一　午后御家憲豊永へ拝見被仰付、引続き河村、江良〔和祐〕、木村〔安八〕、内藤〔芳輔〕へも同断

一　右終て豊永始め一統へ御酒被下候事
一　御祭典来る十五日の御内決也
一　御祭日清末様、於鏻様、御子様方昼御打寄のことに上申す
一　清末様へは追て日限申上候上、御出に相成候様、豊永へ相頼置候事

四月一二日

同月十二日　晴
一　用達所へ出勤す、本日は豊永集会出勤定日の処、昨日出勤に付不参也、別に議なし

四月一三日

同月十三日　雨
一　午前より出勤す
一　来る十五日御例祭御用意等協議す
一　清末様始め夫々御例祭の通知致候事

四月一四日

同月十四日　晴
一　三吉周亮氏長男〔三吉義亮〕一周忌に付、礼拝として至る
一　午前用達所へ出勤す
一　神玉社を移し社殿御用意明日の引合、夫々致置退出す

四月一五日

同月十五日　雨
一　午前七時前用達所へ出勤す
一　本日は御神霊転座式御祭典被為行候に付、典礼被仰付神玉御移御手伝仕候事
一　御祭儀の件々、用達所に記事す、仍て略之
一　右に付役場へ依頼し、通知相成候事
一　午后東京荘原より電報、元周公従三位御贈位の旨申来候事
右は上申し、直に荘原へ承知の段返電す

四月一六日

同月十六日　晴
一　御贈位の儀を清末様始め於鏻様、御子様方幷に旧大夫、旧政府、金子〔四郎、忠至〕、熊野〔精一、清右衛門〕其他郡中士族へ村役場より通知の儀を、夫々相頼候事
右詳細は用達所に記事あり

四月一七日

同月十七日　晴
一　荘原より来書に付、御贈位恐悦十五日御祭事相済、五月七日御臨祭両君〔毛利元雄、元智〕御通学の件をも答書す

一　右の外用達処に記事ある

四月一八日

同月十八日　晴

四月一九日

同月十九日　晴

一　日曜休暇に付在宿す

四月二〇日

同月二十日　晴

一　午前より用達所へ出勤す

四月二一日

同月廿一日　晴

一　午前用達所へ出勤す

一　米熊より三月七日附を以て出発延引の儀を申越候事

一　南部老人来宿也

四月二二日

同月廿二日　晴

一　豊永集会出勤定日の処、本日は差閊に付断り也

一　荘原家扶より来書、右は同氏不快に付、昨日出発延引、尚又元昭公〔毛利元昭〕、重吉様〔毛利重吉〕山口より長府へ豊功神社御参拝として御出に相成候件々、申来候事

一　用達所へ出勤す

四月二三日

同月廿三日　陰

一　午前より出勤す

四月二四日

同月廿四日　雨

一　午前より用達所へ出勤す

四月二五日

同月廿五日　晴

一　午前より出勤す、議事無之

一　久保某女、於鱗様御女中に雇入の儀を相伺候処、思召なし

一　午后より教育補助会総集会に付出席す

一　荘原家扶へ思召を以て保養の上、出発のことを電報す

四月二六日

同月廿六日　雨

一　休日に付在宿す

一　三位公本日御出発御山行の事

四月二七日

同月廿七日　晴
一　午前より用達所へ出勤す
一　桂、浅野の両家へ、浅野一之の下婢始末の件々を談合として到る

四月二八日

同月廿八日　晴
一　午前より用達所へ出勤す

四月二九日

同月廿九日　陰
一　午前より出勤す
一　三位公本日午后六時半御帰着相成り、中川来宿にて御滞山中の次第承候事

四月三〇日

同月三十日
一　本日元昭公、重吉様御出の由に付、午前より用達所へ出勤、且宿番す、然に明日御着の次第、馬関より報知ある

五月一日

五月一日　晴
一　午前九時三十分元昭公、重吉殿、随従神代貞介、兼常也、中川涼介を馬関へ為御迎被差出候事
一　午后より直に清末様へ御出相成、夫より長府へ六時半御着也
一　右に付御仕向其他用達所に記事あり、依て略す

五月二日

同月二日　陰
一　幸子様七時過御着、荘原随従也
一　豊功神社へ元徳公より金千円御寄附相成る
右金員は、当家家職にて保護方の儀を神代、兼常より示談に付、其辺取計のことに答候事
一　右御参拝万事記載は用達所にあり
一　御参拝御帰り掛け豊浦学校へ御出也
一　午后四時三吉、諏訪〔好和〕、林〔洋三ヵ〕、桂、豊永、河村、荘原、三吉を元昭公より御招請御懇親会として、御酒被下候事

五月三日

同月三日　小雨　后晴
一　元昭公、重吉殿正午御出発に付、御供両人御相伴にて御宴会被遊候、右に付元忠公〔毛利元忠〕幷に御奥様〔毛利

暢子」、於鏻様御一同御参集也

一　外浦より御乗船、馬関大吉方迄御出、夫より大龍丸にて岩国まて御出なり

一　右に付、三位公、元忠公御送り、三吉儀は大吉方へ御先着し、御送申上候て両公の御供にて帰府す

一　栢貞香より米熊滞在の件を聞合報知ある

五月四日

同月四日　小雨　午后より大雨

一　午前より用達所へ出勤す

一　荘原より色々示談の件有之、別記す

一　来る七日御告祭の節、元周公御時代勤仕の招魂祭を被遊候旨御下命に付、荘原協議の上、其取計御用意いたし候事

五月五日

同月五日　晴

一　午前より出勤す

一　御祭事御用意、荘原一同申合す

五月六日

同月六日　晴

一　午前より用達所へ出勤す

一　明七日御告祭御用意取調の事

五月七日

同月七日　晴

一　午前六時用達処へ出勤す

一　御祭事掛り典礼相勤候事

右詳細の件々は、用達所御祭儀録に記載あり、略之

五月八日

同月八日　晴

一　用達所へ出勤す、本日は別に議なし

五月九日

同月九日　晴

五月一〇日

同月十日　晴

一　日曜休暇に付在宿す

五月一一日

同月十一日　晴　朝小雨

一　午前より用達所へ出勤す

一　肴　一折

右三位公より御持せ相成頂戴す
一　栢俊雄眼治療として東京へ本日出発也

五月一二日

同月十二日　晴
一　本日は元純公〔毛利元純、清末藩八代藩主〕御贈位御告祭に付、清末様へ参拝として出頭す、尤玉串料五銭を献す
一　本日午后より親類を帰豊后始て宴会招請す
一　荘原来宿、小笠原武英より電報持参、右は東京御邸宮内省御買入の件也
一　右に付、御承諾の電報可致ことに談決す

五月一三日

同月十三日　晴
一　午前より用達所出勤す
一　明十四日宇部村豊永田地引合、荘原出張に付、同処へ一同出張のことに談合す
一　午后三時より親類其他宴会招請す

五月一四日

同月十四日　晴
一　本日宇部村田地引合出張の処、豊永より福田を以て延引の儀申来る
一　午前より用達所へ出勤す
一　石碑建立場協議として外浦へ豊永、荘原一同出張す
一　午后より旧百姓中其他兼て懇意出入の人を招請す

五月一五日

同月十五日　雨
一　用達所へ出勤す、別に議事なし

五月一六日

同月十六日　大風
一　午前より出勤す
一　栢貞香より荘原へ、御本邸宮内省へ御買上一件の次第、詳細に来書、就ては荘原不取敢帰京の都合を談合す、尚明日豊永一同集会のことを談合す

五月一七日

同月十七日　晴
一　午前より用達処へ出勤す
一　本日豊永、荘原、河村一同集会す、其件々別記あり

五月一八日

同月十八日　晴
一　午前より出勤す

一　豊永、荘原一同会す、其件々別記す
一　荘原家扶急御用有之、東京表へ出発の事

五月一九日

同月十九日　陰
一　午前より用達所へ出勤す、別に議事無之

五月二〇日

同月二十日　晴
一　午前出勤す
一　豊永氏出勤、田上〔陳鴻〕引合は於鏻様御住居と坪数引合の処、御住居の方二十坪余り坪増の由、右に付、先千円の目途にて交換のこと取計可相成とのことに付、協議の上上申し、於鏻様へ公の思召を以て用達所一号へ御転居の御都合申上置候事
一　午后諏訪氏へ尋問す
一　小学校へ、思召を以て金五百円御寄附御内決を含み取計の都合を内談す
右は其都合諏訪氏尚示談有之筈に申合置候事

五月二一日

同月廿一日　晴
一　午前より用達所へ出勤す
一　梶山鼎介氏へ四月より五月廿日迄の実地順序を記載し、郵便状仕出置候事
一　井上伯昨夜馬関へ着に付、午后御使を兼大吉方へ出頭し、面会の上先般露国皇太子殿〔ニコライ・アレクサンドロヴィチ・ロマノフ（Николай Александрович Романов）〕負傷の次第、尚御始末の件々を承り、御家職向の儀も入々談合の上退散し、豊永宿網市方へ至り面会す、夫より日原氏へ事情を通知す
一　三位公、井上伯への御使其件を上申す

五月二二日

同月廿二日　晴
一　用達所へ出勤す
一　豊永氏出勤、井上伯よりの事情色々公へ上申也

五月二三日

同月廿三日　晴
一　昨日より明廿四日迄忌宮例祭、尤本日神幸ある
一　用達所へ出勤す

五月二四日

同月廿四日　晴　夜より雨
一　本日休暇に付在宿す

一　桂、藤野の両氏来宿に付、午餐出す

五月二五日

同月廿五日　雨

一　用達所へ出勤す

一　木村、諏訪の両氏へ、御直に元智様御頼のことを上申す

一　仏国リオン滞在の米熊への書状、東京栢へ送り仕出し置候事

五月二六日

同月廿六日　晴

一　用達所江出勤す

一　金弐百五拾円
右仏国リオン滞在の米熊へ送付金、為替にして早々仕方方〔ママ〕の儀を、取計方栢貞香氏へ依頼状本日仕出す、右引合金の儀報答を添へ頼置く、尚又状袋二枚を一封にして出す也

一　桂弥一氏へ那須農場書類三通持参す

一　元智君、木村へ御預け御直命の儀、同君へ上申す、岡本へ御道具類引合方の儀を談し置く、又木村氏へ三吉よりも依頼す

五月二七日

同月廿七日　晴

一　用達所へ出勤す

一　荘原より過る廿三日附の御用談書来る
右は上申す、且又豊永へ相廻し、其件協議す

一　野田神社へ御奉納の件、森脇より来書の次第を協議す
右は御奉納可然ことに談決し、尚上申す

一　諏訪、木村御請申上候件、豊永へ申入置候事

一　土蔵御借入にて取繕は用達所より致候ことに豊永へ申入候事

五月二八日

同月廿八日　晴

一　出勤す

一　荘原より電報を以て至急出京の儀申来る

五月二九日

同月廿九日　晴

一　用達所へ出勤す

一　本日出船の都合を馬関へ聞合候処、今夜隅川丸出船の由に付、直に出発のことに相決し三位公へ上申す、尚又着京の上御用向万事至急の件々は、其都度不相伺取計可仕段、伺の通御依頼被仰付候事

一　金五拾九円

右往復旅費受取候事

一　午后七時出発馬関へ出張、十一時隅川丸へ乗組む、桂弥一氏見送に来る、十二時出船なり

五月三〇日

同月三十日　晴　風少々

一　午后平波也

五月三一日

同月卅一日　晴

一　午前七時三十分神戸入港、直に後藤〔勝造〕へ揚陸す

一　正午発の汽車にて陸行す

一　午后六時名古屋へ着、青柳方へ止宿す

一　乃木少将宿所へ尋問す、不在に付申置候事

一　荘原氏へ出京を電報す

六月一日

六月一日　晴

一　名古屋午前五時四十五分発汽車へ乗、午后五時五分新橋着車、直に市兵衛町毛利御邸へ着す、右に付新橋へ栢貞香出迎なり

一　欽麗院様、御奥様へ拝謁、上々様方御機嫌克被為入恐悦申上候事

一　荘原家扶へ面会、当御邸宮内省へ引合の件々、尚又御転居御借家其他地所等詮議の次第入々示談あり、右御用談は別冊に記載す

六月二日

同月二日　晴

一　荘原、梶山の両家へ尋問す

一　忠正公御祭に付、高輪様へ荘原参拝に付、三位公より御書、於鱗様よりの御書とも同氏へ相頼呈上す

一　三位公より御奥様へ御直書、欽麗院様へ於鱗様よりの御書、御奥様へ於鱗様よりの御書とも夫々呈上す

一　御奥様へ御分娩御歓として交肴一折献上す

一　欽麗院様へ御菓子一折献上す

一　仲之町二丁目廿五番地
右今般御転居仮御住居所に借入、六月一日よりの約定取極めに付、荘原一同見分す、先暫時御弁理相調候事

一　三田壱丁目
右白峰某宅地荘原一同見分す、隣地南は山地、前は黒田、西は児玉也、五百坪程にて日用の弁理はよく、水の弁誠に宜し、樹木は廻りに在り、二階附長屋一棟は其儘相用住居相調候事

一　御住居所を新築なれは、向後の御用に立可然と荘原協議の上、右地所に決定す

六月三日

同月三日　陰

一　杉内蔵頭、小笠原の両官へ、今般毛利御邸御用御買入御決定に付、是迄色々尽力あり、依て積る挨拶として出頭す

一　小笠原氏の曰、近々御料局、内局両局より表面引合の為め出張可相成とのこと也

一　杉氏の曰、宮内大臣、同次官堤〔正誼〕へ、手札持参し挨拶あり候方可然との含也

六月四日

同月四日　雨

一　横浜正金銀行へ午前八時五分の汽車にて至る、左の件なり

一　金二百五十円（四法〇二換）千〇〇五法也
右仏国リオン三吉米熊へ為換にして送金、横浜正金銀行受取前払之、依て一書為替証控とも二枚受取候事

一　午后北白川宮へ出京に付、参殿す

一　御料局より当御邸御買上に付、検査として出張のこと、昨日同局より来書也、然る処本日雨天に付出張延引の儀来書なり

六月五日

同月五日　晴

一　御料局より両人地所境界見分として出邸也

一　豊永、河村両人宛にして、着後昨日迄の順序を一つ書にして報知す

一　御奥様本日御床上け也

一　麻生より久留栄氏七日まで差閊のこと申来る、荘原へ申入候事

一　木日御吸物取調荷物渡のこと

六月六日

同月六日　雨

一　在仏国米熊より四月十七日附の手紙、豊浦留守より送来る書中に、電報後詳細の件報知也、依てマルセールにて黒川勇熊氏〔海軍少技監、フランス留学中〕方へ同宿の段申来る、無事の由也

一　金弐百五拾円
右仏国リオン米熊へ、交際費の分為替にして本日仏船にて送り出す、此節は御用向ありて出京滞在、又栢も当分滞京、御本邸は御売却の儀申遣置候事
右は書留にす、二十銭也
　但本日落手の答書は出さす

六月七日

同月七日　晴

一　梨本宮家従〔竹原カ〕へ面会の上土蔵当分拝借の儀示談す、右は一応は六ツヶ敷候得共、宮御道具入組居候所へ都合可致とのことに談決す

一　御本邸六万円にて御買上相成候間、地所家屋夫々坪数代価付申出候様、御料局より書面を以て達有之候事

一　三田地方相応の場所無之に付、明朝材木町辺を探検のことに荘原より談ある

六月八日

同月八日　陰

一　麻布材木町高木某方宅地売却に付、荘原一同見分として午前至る、右は七百坪余あり建家土蔵等もある、依て代価等の引合を尋問する筈に談決す

一　午前十時より歌舞妓座へ欽麗院様御見物の処、御供御無人に付、慎蔵御供申上候事

六月九日

同月九日　晴

一　御邸御買上代価六万円を小切手にて引合相成度儀を聞合候て、尚其都合を荘原へ談置候事

一　久留栄氏今般御送茶器検査を相頼候に付、麻生家扶へ挨拶状本日仕出す

一　此節は日々御道具送方の事

六月一〇日

同月十日　陰

一　材木町宅地愈約定相整候由、夜中荘原より承る、右に付至急同地へ荘原転居の方都合宜きことに談合なり

一　石川〔守一カ〕、菅村、岡本の諸氏へ荘原より今般御邸御用に付、長屋引払の情を以て三位公より金三拾円被下、右三氏へ取計方の儀を申入、三氏より難有御請申上候事

六月一一日

同月十一日　陰　入梅

一　豊永、河村の両氏へ荷物送の都合御転居の次第、材木町御買入の件、本日迄の実地取計方、尚又宮内省より代金受取方の都合、夫々本日迄の実際を略し郵便状を出す、尚又三位公へ上申の儀を申出置、追啓に日原へ御下命再伺の儀を加筆す

六月一二日

同月十二日　陰

一　野村源七氏着京、右は先般豊功神社へ正二位元徳公より

金千円御寄附に付、高輪様へ御礼として出京、是は豊功神社崇敬人惣代人の訳也
一　吉香神社より二宮冨太郎惣代として今度出京、当御邸へ豊浦よりの出京人聞合として過日出邸なり
一　荘原家扶午前より宮内省へ参省にて夫々引合の上、金六万円約定前受取帰邸也
　　但建物代価は引渡の節受取筈の由
一　麻布材木町七十三番地外に七拾四番地右唐木嘉兵衛より御買入、本日登記済也、右三位公へ上申書、荘原より河村へ宛て郵便仕出也
一　三位公より野村源七を以て慎蔵へ、東京御邸の儀は、取計方其都度伺出るに不及、出先にて相決し始末可致旨御下命の由、野村氏より本日伝達あり、其旨荘原江も伝達の事
一　豊永、河村の両氏より野村使を以て書面来る、御建増の賛成の件、土蔵馬関の分安心、又豊浦の分本月中落成すとあり
一　本月十日頃石碑外浦へ相廻すとの件
一　日原へ御下命の件は、三吉より相伺候通りに付、別に再伺不致とのことを河村光三より申来る

六月一三日

同月十三日　陰　小雨

一　来る十五日正午材木町御買入宅地引渡相成由也
一　梶山氏へ転居に付、見舞として抵る

六月一四日

同月十四日　陰

一　第一、第二迄送り荷物関着受電報あり、引合済の由也
一　第三送荷本日津久井屋渡の事
　　右本日迄の荷物代価附、金壱万六千弐百九拾円となる、御道具類色々御送也

六月一五日

同月十五日　陰

一　梶山鼎介氏へ豊浦無形異情なし、又五月廿九日命にて出京し、今般宮内省御用当御邸御買上に付夫々引合、又当分借宅町名番地を書記し、尚又材木町御買入本月中引払荷物送方、且本月中三吉滞京迄のことを報知す、又梶山氏留守転居のことを加筆し、本日朝鮮国公使館へ向け仕出候事
一　石碑大石外浦へ十日着の由、河村より荘原まて報知あり
一　荘原家扶本日材木町御買入の御邸へ転居也

六月一六日

同月十六日　小雨

一　午前材木町御邸へ稲荷社建築地所見分に至る、御住居建増図面実地の凡地割等、江尻を呼、荘原一同協議し、尚又御門附替物置の場所地位等を略談合のこと

六月一七日

同月十七日　雨

六月一八日

同月十八日　晴

一　梨本宮へ参殿す

一　今般毛利家より相願候荷物、当分御預け方の儀御許容に相成候は丶、来る廿日為持度段、家扶飛田〔信敬、梨本宮家扶〕へ申入候処、長持凡拾個位は引受可致との約定に答有之候間、右依頼致置候事

一　野村源七於御奥晩餐御相伴被仰付候に付、慎蔵儀も被召罷出候事

一　材木町御邸随地の儀、都合相成候は丶、七十二番と南前森丈け御買入相成居候は丶、向後火防等の為め可然ことに荘原協議し、其向聞合のことに談決す

六月一九日

同月十九日　陰

一　野村源七本日出京に付、材木町御邸図面を長府用達所へ送り、尚又実地同人承知に付詳細弁解の儀を相頼、且来る廿五日仲ノ町へ仮御転居廿八日宮内省へ市兵衛町御邸を引渡の手順、本日迄の概略を河村、豊永へ伝達のこと、野村氏へ相頼候事

一　材木町御邸へ至る、地所買増の件は都合次第相止、家扶住所の儀は弁理の地を借宅のことに談決す、又正面森も都合次第買入相止め可然ことに談決す

一　交肴　一折

右荘原へ転居を祝し相贈候事

一　野村源七午前十一時四十分発乗車にて帰豊也

一　本日材木町御邸へ御残物御道具相送候事

六月二〇日

同月二十日　陰

一　菊池松次郎へ、材木町御邸御門番として同所へ早々転居のことを相達候事

一　河村光三より、教育補助会金三千円は、一般より加入金のことに申立有之由来書、尤幹事より幹事へ追て引合の都合也

六月二一日

同月廿一日　雨

一　御廃物品夫々配賦す

一　河村より過る二十日迄に来書の分、本日荘原へ夫々引合、承知に入置候事
一　豊永、河村の両氏へ左の件書面出す
一　来る廿五日仲之町廿五番地へ御転居御決定、廿八日宮内省へ御引渡右相済其他始末次第帰豊し、御新築荘原気附もあれは拝面万々談合のこと、且又爰許のこと都度照会をも不致、何も帰豊の上と申縮置、尚豊永速に転居相成候儀も加筆し、右郵便状午前仕出す

六月二二日

同月廿二日　晴
一　北白川宮家扶より本日晩餐御招請の旨申来る、依て御請申上候事
一　午後五時過宮へ参殿す、御二方様〔北白川宮能久親王、北白川宮能久親王妃富子〕御居間にて御相伴被仰付候事

六月二三日

同月廿三日　陰

六月二四日

同月廿四日　陰
一　御代々様御書思召を以て頂戴に付、右仕立金壱円五拾銭にて本月限調製のことに約定し、相渡す
一　北白川宮へ御招請御相伴被仰付候御礼として午后参殿す、麻生へ面会の事

六月二五日

同月廿五日　雨
一　午后二時半欽麗院様、御奥様御一同麻布仲ノ町廿五番地へ御転居被遊候事
一　右に付御荷物不残取分け、材木町及仮御住所の両所へ送方の事
一　市兵衛町御邸へは三吉居残り今晩より保守す、尤夜は鳶の者二名を夜番として交番に廻勤為致候事
一　夜荘原氏来邸、仲ノ町万事相調候由承る

六月二六日

同月廿六日　陰
一　仲ノ町御住居所へ御伺として参上す、別に御異状なく仮に御始末相調候事
一　荘原へ抵る、御建築手当御道具類等も仮りに始末相成候事
一　江尻、安田両人昨夜より長屋へ住居のこと
一　豊浦御送荷本日迄にて相済、津久井屋へ渡す、又御道具分配も本日限り、夫々引合済となる
一　宮内大臣より丑年以来の記載無残可差出旨御沙汰に付、

早々呈上のことを三位公へ宛て来書に付、荘原家扶へ右書面出し置候事

六月二七日

同月廿七日　朝晴

一　仏国マルセーユにて黒川勇熊氏方へ米熊こと同宿に付、右厚礼頼旁挨拶状を出す

六月二八日

同月廿八日　陰

一　午前より仲之町御住居へ出頭す、荘原少々所労に付不参なり

六月二九日

同月廿九日　晴

一　午后仲之町御住居へ伺として出頭す

六月三〇日

同月三十日　陰

一　午后一時宮内省より受取方として、主殿助小笠原内匠より木子其他属官、警部等出張にて夫々引合に付、荘原一同案内す、尚図面を以て実地引渡無滞三時過き相済、何も別段異儀無之とのことに付一同引取、荘原一同も引取、福田用弁の為め差置候得共、是又引合済に付退出す

一　仲之町御住居所へ出勤の上上申す

一　栢貞香進退の儀は、建築御用弁の為め九月頃まで滞京の都合に議す

一　荘原出豊の儀は、東京建築始末夫々引合の上まで可然、会計向の儀は廿五年一月を以て改正し、先当分旧に因りて出納明白に致置可然ことに談決す

一　豊浦御建築の儀は、豊永、三吉等申合取計可致ことに談合す

一　右終て晩餐を頂き退出す

一　香蘭女学校へ鶏卵一筥持参し、教師始め一同へ面会す

一　トモへ新調帯を相渡す

一　今晩より六本木井口寅吉方へ下宿す

七月一日

七月一日　晴

一　菅野氏〔覚兵衛〕へ、トモ挨拶旁鶏卵一箱持参す

一　仲ノ町御住居所へ出勤す

一　荘原氏へ、豊浦表にて色々取計方内情を議す、別記あり

一　材木町建築処を見分す

七月二日

同月二日　陰　后小雨

一　仲之町御住居所へ出勤す
一　杉、小笠原其他挨拶等の件々を荘原と協議す、細目は別冊に記す

七月三日

同月三日　朝小雨　夕風
一　今朝材木町御邸へ、御門、土蔵、内番所、家従休所実地の検査として、荘原一同協議す、右は略相定置候得共、現場見込を以て取計相成候様依頼す
一　仲之町御住居所へ出勤、別に議なし
一　金四円六拾七銭九厘
右栢貞香氏へ三月より本月本日まで諸勘定引合渡し済之事
一　仏国リオンに於て米熊へ金二百五拾円為替券一枚、是は六月六日仕出候控券一枚書面相添、明四日仏国郵便船にて仕出候分、本日書留にして出す、右封中に黒川勇熊氏への分も仕出候事

七月四日

同月四日　晴風　夕小雨
一　材木町御邸へ出頭す
一　仲之町御住居所へ出勤す
一　杉氏への御進物、小笠原氏への分とも現品を拝見す
一　豊永より左の電報来る
キカ。ヲクダリイツカワタシ。キウヨウコノチ。トウカニタチ、ヲンチヱユク
一　右に付、午后四時左の通返電す
ナヌカデサイキヨウマルニテカヱル

七月五日

同月五日　風雨
一　豊永より昨日電報のこと、又返電の次第を材木町にて荘原へ申入置候事
一　材木町御新築江尻へ決す、右は内匠課木子技師へ積書検査の上也
一　仲之町御住居所へ出勤す、別に議事無之、且荘原出勤なし

七月六日

同月六日　雨
一　荘原へ暇乞として至る
一　仲ノ町御住居所へ出勤す、荘原へ色々談合、其件は別紙にあり
一　午后酒肴御相伴にて被下に付出頭す
一　欽麗院様より浴衣地一反頂く

七月七日

同月七日　晴　后雨

一　手拭　一反　海苔　一箱
　右荘原より到来す

一　荘原来宿なり

一　午前八時前仲ノ町御住居所へ出頭す

一　同九時乗車す

一　栢両家、岡本、新橋迄送来る

一　西京丸正午横浜出港に付乗船す、雨少々先つ平波也

七月八日

同月八日　晴

一　海上平波にて午后四時神戸着す、異状なし

七月九日

同月九日　晴

一　午前後藤方へ揚陸す

一　栢貞香へ昨日安着のことを書状出す、且又荘原へも伝言
　のこと加筆す

七月一〇日

同月十日　陰　小雨

一　午前四時西京丸神戸出港、海上平波也

七月一一日

同月十一日　陰　小雨

一　午前六時馬関安着、直に帰豊、用達所へ出勤す

一　三位公御出山中にて御不在也

一　豊永氏へ使を出す、同氏出勤に付、色々東京表の事情入、
　豊地の御用談をなす

一　豊永氏本日発出京也

一　渡辺会計方は小野より引合、七千円公債券相渡す

一　栢より勘定書類同断

一　岡本より公債券入書類一包渡辺へ渡す

一　入記前書状類夫々引合のこと

一　午后帰宅す

七月一二日

同月十二日　大雨

一　本日は在宿す

一　佐竹惣代来宿也

一　元周公御臨祭に付寄附金談あり、金壱円を渡す

一　法華寺寄附一件の談あり

一　予防一件談ある、追て連印の筈也

七月一三日

同月十三日　雨

一　午前用達所へ出勤す、別に議事なし

七月一四日

同月十四日　陰　后雨

一　午前より出勤す

一　三位公へ拝謁の上東京御用向の件々上申す、尚亦荘原協議の件々、相伺置候事

右は別記す

七月一五日

同月十五日　雨

一　午前より用達所出勤す

七月一六日

同月十六日　雨

一　午前より出勤す

七月一七日

同月十七日　陰

七月一八日

同月十八日　陰

一　本日は在宿申出る

一　仏国リオン滞在米熊より五月四日付の手紙着す

元非職長野県属三吉米熊

満九年以上在官に付、明治廿三年六月勅令第九拾八号に依り、一時金百五拾七円五拾銭下賜

明治廿四年七月十一日　　長野県

右諸書用紙相添到着す

七月一九日

同月十九日　晴　又陰

一　休日に付在宿す

七月二〇日

同月二十日　風雨

一　午前用達処へ出勤す

一　長野県より米熊へ宛て親展書状一封落手し、洋行不在に付、出先への取計方可致段を、同県庁へ書面仕出し置候事

七月二一日

同月廿一日　雨

一　午前用達所へ出勤す

一　神戸午前八時五分西村より仕出電報左に記す

ブジチヤクキケンノギハアトヨリアヲズ

右米熊よりの報、午后二時半落手す

一　梶山氏へ本日迄東西の事情且叙勲歓状を出す

七月二二日

同月廿二日　雨

一　神戸西村方止宿、米熊へ左の通電信す

チヤクホウチアンシンハヤクキケンマツ

一　用達所へ出勤す、別に議事なし

一　栢貞香へ宛て米熊より電信の次第を報知す、俊雄及ひトモへも通達を加筆す

一　水川正亮氏へ、本年一月四日米熊非職給三月より十一月迄勘定仕詰、前金百〇〇円九拾銭九厘留守へ引渡に付、右の受書積る挨拶状を出す

七月二三日

同月廿三日　陰

一　用達所へ出勤す

一　杉内蔵頭参邸、午餐差出し三位公御相伴也

但一汁三菜酒相添

一　十月中頃東京御集会に付、其節御出京相成候様とのことを上申あり、尤六日頃御出発可然とのこと也

一　午前七時過杉内蔵頭来宿也

右の外別に相変儀なし

一　米熊より電信、廿四日午前四時乗船帰豊を申越す

七月二四日

同月廿四日　晴

一　午前用達所へ出勤す

但本日は午前より在宿の事

一　明日在宿の儀を上申す、且用達所へも相頼置候事

一　米熊明日着豊のことを各家へ通知す

一　荘原より廿一日附の御用談状来着す、右の次第を上申候事

七月二五日

同月廿五日　晴

一　米熊こと午前九時半無事帰宅す

一　右に付来客贈品等は別記す

一　本日は在宿申出置候也

七月二六日

同月廿六日　晴
一　午前出勤す

七月二七日

同月廿七日　晴
一　午前より用達処へ出勤す

七月二八日

同月廿八日　晴
一　午前より出勤す
一　明廿九日豊浦学校卒業証書授与式案内の処、差間に付断り不参の段を江良へ相頼置候事
一　東京矢来町三番地黒川勇熊氏へ米熊同行、尚又滞在中世話に相成、且金員取替の件等積る厚礼挨拶状等を本日仕出候事

七月二九日

同月廿九日　晴
一　午前より用達所へ出勤す

七月三〇日

同月三十日　晴
一　午前出勤す

七月三一日

同月卅一日　晴
一　午前より用達所へ出勤す

八月一日

八月一日　晴
一　午前五時出勤す
一　月並献供す

八月二日

同月二日　陰　后雨
一　休日に付在宿す

八月三日

同月三日　風雨
一　午前より用達所へ出勤す
一　豊永氏帰府に付出勤也
一　忌宮神社へ御寄附金の件、百円の見込也
一　松崎社より拝借地の儀は、荘原へ見込照会通り可然との談なり

一　両年利足〔ママ〕にて建築臨時手当とするの件

一　豊浦御建増は、荘原実地見分の上可然談なり

八月四日

同月四日　晴

一　午前より出勤す

一　市川亮明氏へ金引合に付、謝状を郵便にて午前仕出す

但麹町下六番町二番地なり

八月五日

同月五日　晴

一　午前より用達所へ出勤す、別に相変儀無之

八月六日

同月六日　晴

一　午前より出勤す

八月七日

同月七日　晴

一　午前より出勤す

一　馬関より御荷物豊永土蔵へ送附に付、夫々取締方河村、渡辺へ談置候事

一　小野、江良御道具引続に付、右検証を三吉へ御下命也、尤差閊の節は河村光三相心得候様被仰出候事

八月八日

同月八日　晴

一　午前より用達処へ出勤す

一　交代の儀は、来る十日より取調のことに談決す

八月九日

同月九日　晴

一　休日に付不参す

一　午前十時より於功山寺青年懇親会に付案内状来る、依て金壱円を寄附す

八月一〇日

同月十日　晴

一　午前より出勤す

一　栢両人へ悔状出す

一　金二百五拾円仏国米熊へ書留にして七月六日仕出しの分、市川氏より送返し相成候は丶、其金横浜正金銀行引合にて受取方の儀、尚又書状開封等の儀、取計を栢貞香へ照会致置候事

八月一一日

同月十一日　晴

一　午前より小野引続き江良へ交代に付、検証として八時より旧御用所土蔵へ出張す

一　右に付用達所へは出勤不致候事

一　杉子爵より出府挨拶状来る

一　市川亮明氏より金引合答書来る

八月一二日

同月十二日　陰

一　午前より納戸方引続検査、夫より用達所へ出勤す

八月一三日

同月十三日　晴

一　午前より納戸方引続検査として御蔵へ出張、夫より用達所へ退出掛け出観〔ママ〕して帰宿す

八月一四日

同月十四日　晴

一　土蔵へ検査として出張す

八月一五日

同月十五日　晴

一　本日も検査出張す

八月一六日

同月十六日　陰　夜雨

一　日曜休暇に付在宿す

八月一七日

同月十七日　小雨

一　検査として出張す

八月一八日

同月十八日　晴

一　納戸方引続検査す

八月一九日

同月十九日　晴

一　午前より用達処へ出勤す

一　納戸方勘定引合検査す

一　御道具用達所の分検査す

一　三位公より両度御直書を戴き候に付、中川迄御請申出候事

八月二〇日

同月二十日　陰　后小雨 夜大雨

一　午前より納戸方引続検査出勤す

八月二一日

同月廿一日　雨

一　午前より納戸方検査として出勤す

送金手形

送り三吉慎蔵殿

受取市川亮明殿

卯第弐弐弐号

一金五百円　印

右金額五百円也

正に受取候此手形持参の御方へ引換に可被渡候也

明治廿四年八月廿一日

赤間関

三井銀行　印

扱人

笠原尚備　印

東京駿河町

三井銀行

一　金七拾五銭

但東京送金五百円に対する手数料の受取也

右廿二日午前、書留にして市川亮明へ郵便状一封仕出候事

八月二二日

同月廿二日　雨

一　午前用達処へ出勤す

一　御蔵へ納戸方引続検査として出張す

一　桂弥一氏へ面会す

八月二三日

同月廿三日　陰　后雨少々

一　休日に付在宿す

八月二四日

同月廿四日　陰

一　午前より納戸方引続検査として御蔵へ出勤す

八月二五日

同月廿五日　晴

一　午前より検査として出張す

右は本日限り御蔵の分引続相済候事

一　午后より切通し用達所へ出勤す

一　市川亮明氏へ米熊宛ての書状、栢貞香へ相渡候様答書出

候事
一　栢貞香へは市川にて書状受取方の儀を依頼状仕出す、尚又書留状開封の上、銀行にて金二百五拾円受取の儀をも依頼し、且委任状相添候事

八月二六日

同月廿六日　晴
一　午前より用達所へ出勤す
一　荘原へ十九日迄の受書を出す

八月二七日

同月廿七日　晴
一　渡辺管吾郡長へ来宿の挨拶旁尋問す、不在に付申入置候事
一　午前より出勤す
一　市川亮明氏より、本月廿五日付を以て為替金五百円の辻受取候段を本日申来る、右は米熊仏国出立の際借用金を返候分也、依て後日の証として認め置候事

八月二八日

同月廿八日　晴
一　午前より用達所へ出勤す

八月二九日

同月廿九日　晴
一　午前より出勤す
一　三位公本日午后三時御帰邸也
一　長野県井出氏〔信重〕来宿滞在のこと

八月三〇日

同月三十日　晴
一　三位公昨日御帰邸に付、伺として出頭す

八月三一日

同月卅一日　晴
一　午前より出勤す
一　納戸方本日迄にて不残引続相済候事
一　古金類三位公御立会相成候事

九月一日

九月一日　雨
一　午前より用達所へ出勤す
一　過る廿八日東京上々様方御帰京の旨、荘原家扶より報知に付上申す
退隠幷相続届

拙者退隠跡長男米熊相続致候条此段及御届候也

長府村拾番地士族

明治廿四年九月一日　三吉慎蔵　印

長男　三吉米熊　印

長府村長吉田唯〔ママ〕〔惟〕一殿

右の通本日村役場へ差出候事

九月二日

同月二日　陰

一　午前より出勤す

一　主公へ、米熊へ相続為致候段上申の事

一　昼御酒御相伴被仰付候事

九月三日

同月三日　晴

一　午前より用達所へ出勤す、別に議事なし

九月四日

同月四日　晴

一　本日は在宿申出候事

九月五日

同月五日　晴

一　午前より出勤す、別に議なし

九月六日

同月六日　晴

一　休日に付不参す

一　米熊相続致候に付、親類中へ新市に於て酒肴を出す、依て家族中同所へ至る

九月七日

同月七日　陰

一　午前出勤す、別に議なし

一　是迄拝領の御紋服、米熊へ着用為致候段上申す

一　午后より於新市米熊相続に付、各家を招候事

九月八日

同月八日　雨

一　午前より用達所出勤す

一　午后より於新市旧百姓中町出入の者、米熊相続に付相招候事

九月九日

同月九日　晴

一　午前より出勤す

一　荘原へ本月六日出の来書に対する答書出す

九月一〇日

同月十日　陰

一　午前より出勤す、別に議なし

九月一一日

同月十一日　陰

一　本日は不参届出る

一　午前より旧百姓中の案内に付、家内中員光村へ至る

一　右に付、宮田清左衛門方へ品物持参す

九月一二日

同月十二日　晴

一　午前より出勤す

一　元周公御肖像写、藤島〔常興〕持参に付、公始め追て船越へも議す

一　豊永長吉出勤也

一　御観測御手伝人の儀を議す

九月一三日

同月十三日　陰　夜に入大風雨

一　午前より用達所へ出勤す

一　午后天気一件、用達所より来書也

一　梶山〔官兵衛〕、東〔瑞夫〕、林〔盛介〕の三氏を招く、尤林は断り也

九月一四日

同月十四日　大風雨　東より雨に変る

一　午前より出勤す

一　宇部其他大風に付見廻り為致候事

一　本日米熊出立の儀、延引す

九月一五日

同月十五日　晴

一　午前用達所へ出勤す

一　米熊出発に付、早下りす

一　同人儀、井出信重一同、午后四時出立馬関へ出る、右見送としてイヨ〔三吉イヨ〕、安野〔勝次郎カ〕、栢両家一同出関す、今夜十二時出船也

九月一六日

同月十六日　晴

一　用達所へ出勤す

一　小野御用済、本日出立也

一　右に付、荘原家扶へ御用談一つ書にして小野へ托す

一　御肖像一件、夫々小野へ引合、尚荘原へ御用状出す
一　於トモ学費金五拾円を小野へ頼み送る

九月一七日

同月十七日
一　午前より出勤す
一　荘原家扶より十月六日頃主公御出発可然ことに申来る
一　右に付上申し、御供人名相伺候処、江良、河村〔家久〕、臼杵〔ナミ、長府毛利家侍女〕と御下命相成る

九月一八日

同月十八日　陰
一　午前より用達所へ出勤す
一　荘原へ過る十四日附の答書を出す

九月一九日

同月十九日　陰
一　米熊こと十六日午后五時多度津安着、陸地阿州へ向出発の報、十七日附本日落手す
一　長野県上水内郡長野大門町塚田方止宿
三吉米熊
一　午前より出勤す、別に議事無之
一　栢貞香氏へ正金銀行為替引合済哉、岡本よりの来書あり、渡辺より金弐百五拾円を、昨十八日受取候段を郵便仕出す
一　右金員小納戸方金庫へ十八日預け置候事

九月二〇日

同月二十日　夕雨
一　休日に付在宿す

九月二一日

同月廿一日　陰
一　午前より用達処へ出勤す、別に議事なし

九月二二日

同月廿二日　晴
一　午前より出勤す
一　本日は集会定日、豊永氏出勤に付、河村一同御寺々へ保護方見分として出張す、笑山寺は後通り囲のことに決着す

九月二三日

同月廿三日　晴
一　午前用達所へ出勤す

九月二四日

同月廿四日　陰

一　用達所出勤す

一　過る十九日徳島着の段、井出より報知ある

一　荘原より来書あり

一　大庭方皆々流行病に付、米八升及薪炭を贈る

九月二五日

同月廿五日　雨

一　大庭紋平〔景明、三吉半次二男〕今晩死去の由也

一　午前鳥渡用達処へ出勤す、別に差向御用無之、依て退出す

一　午后主公より御使として渡辺来宿也

九月二六日

同月廿六日　雨

一　大庭紋平昨廿五日死去の処、右は伯父の続き依て定式の忌服を受候間、本日午前渡辺清介へ相頼不参の段届出、尚又右流行病旁殊更出勤等は用捨可仕段を添て同人へ申入置候事

一　今般御上京に付、東京表の諸引合、尚又御出立早めに付、其次第至急荘原へ報知、且清末様へ御通知等の件々、渡辺へ一書にして夫々相頼置候事

九月二七日

同月廿七日　陰

一　門口替并長屋建築積り書岩谷持参に付、書面通り相決し早々取掛りのことに決す

一　単物一枚　袷一枚　足袋
右大庭へ贈る

一　忌中御免の儀、用達処より申来候に付、明日出勤のことに河村光三へ相答置候事

九月二八日

同月廿八日　晴

一　午前より用達所へ出勤す

一　主公明日御出発に付、夫々東京表の引合等一つ書を以て江良へ申入置く

一　御留守中御用向も伺置候事

九月二九日

同月廿九日

一　午前六時半出勤す

一　主公午前七時用達所を御発にて、外浦より小蒸気船にて神戸丸へ御乗船也

一　井出氏より廿六日付神戸発の書状着す、右は廿六日大坂着直に神戸へ向け安着のことを報知あり
　但十九日より廿二日迄徳島へ滞在、米熊両人とも無事の由也

九月三〇日

同月三十日　陰　北風

一　午前用達所へ出勤す、別に議なし

一〇月一日

十月一日　晴

一　午前出勤す

一　御神霊へ月並神供を備ふ

一　午后中川来宿、電報所持也

一〇月二日

同月二日　晴

一　午前より出勤す

一　江良より御上陸の由来書あり

一　電報答あり

一〇月三日

同月三日　晴

一　午前用達所へ出勤す

一　本日は豊照神社御正祭の処、忌中に付神供、中川へ相頼候事

一〇月四日

同月四日　晴

一　本日休暇に付在宿す

一〇月五日

同月五日　晴

一　午前出勤す、異状なし

一　大庭家政一件に付、午后七時より山田七郎方へ至る見込の儀発言す、同意に付金員は追て相決することにして退去す

一〇月六日

同月六日　晴

一　本日は在宿す

一　神戸丸にて主公随従共異状無之段、尚又日原帰豊の節、詳細に書面来る

一〇月七日

同月七日　晴

一　午前用達所へ出勤す
一　於鏻様旧御住居処見分す
一　荘原へ答書出す、右の件は用達所へ廉書ある

一〇月八日

同月八日　陰　雨少々
一　午前出勤す
一　大庭死去難事に付、金拾円を遣すことに決す
　　但右に付、山田七郎より金三円を出すことに承る

一〇月九日

同月九日　小雨
一　午前用達所へ出勤す
一　主公本日東京御着の旨電報来る

一〇月一〇日

同月十日　陰　午後晴
一　午前出勤す
一　東京御安着を賀すと電報す
一　元周公御肖像津田〔精吉〕幸便を以て送ることに引合す
一　右に付金五百匹謝儀のことに河村、渡辺へ談置候事
一　納戸庫渡辺立会にて納戸、土蔵鍵を出す、元周公御肖像を出し、中川へ引合置候事

一〇月一一日

同月十一日　晴
一　誕辰に付参拝御初穂拾銭を備ふ
一　用達所へ出勤す
一　御肖像御送り、明十二日不参に付、夫々引合の儀を河村、渡辺、中川申合、取計方有之候様内藤へ相頼置候事
一　鍵封印にして渡辺へ引合方是亦内藤へ同断
一　途中にて渡辺へ面会す、右の次第談置候事
一　荘原より七日附の書状受取、答書仕出す
一　中川来宿に付、津田へ御肖像引合の儀、本日有之候様談決す

一〇月一二日

同月十二日　晴
一　本日は出勤断る
一　米熊こと過る八日着京の由井出氏より報あり

一〇月一三日

同月十三日　晴
一　午前より用達所へ出勤す
一　豊永氏出勤、井上伯より三吉、豊永上京の儀電報あり、依て三吉病気に付、豊永は上京することに返信す

一　荘原よりの電報に付、左に答ふ
　ヤマイマタヨカラヌノホラヌタノム
右の電信仕出す
一　来る十七日豊永集会のことに談す
一　於鏻様御住居所本日田上へ河村、渡辺一同立会にて引合
済也

一〇月一四日

同月十四日　晴
一　午后出勤す
一　荘原より井上伯よりの電報写しを相添、承知の為郵便状
を出す

一〇月一五日

同月十五日　晴
一　午前用達所へ出勤す
一　宇部村開作風損に付、本日下田〔為二〕を遣し、坂野申
合取調のことを托す

一〇月一六日

同月十六日　晴
一　午前より出勤す
一　豊永へ往復旅費、家令の定めを以て渡之

一〇月一七日

同月十七日　晴　夕小雨
一　豊永本日出立上京也
一　神嘗祭に付不参す

一〇月一八日

同月十八日　晴
一　日曜休暇に付不参す
一　荘原より十四日郵書到来す

一〇月一九日

同月十九日　晴
一　午前用達処出勤す

一〇月二〇日

同月二十日　晴
一　出勤す、別に議事無之、午前退出す

一〇月二一日

同月廿一日　晴
一　午前用達所へ出勤す
一　川棚村の内耕地取調として、下田為二出張の処、帰府実

地見分の次第を申出る也
一　田地　員光村　山田村　松小田村
一　屋敷地十一番地 旧板垣〔直貞〕 十二番地 旧梶山〔官兵衛〕　長府村
右米熊へ先般家督相譲り候に付、廿四年十月十六日登記
為済置候事
右地価総計二百四拾二円五銭五厘にて、此地租凡九円六
拾八銭二厘の見込也

一〇月二二日

同月廿二日　晴
一　午前出勤す、別に議なし

一〇月二三日

同月廿三日　晴
一　午前用達所へ出勤す
一　功山寺御墓所石垣見分、河村一同出張す

一〇月二四日

同月廿四日　陰
一　本日は在宿す

一〇月二五日

同月廿五日　晴
一　休日に付在宿す

一〇月二六日

同月廿六日　晴
一　午前より出勤す

一〇月二七日

同月廿七日　雨
一　午前用達所出勤す、別に議事なし
一　米熊へ屋敷地幷に田地共不残登記相済候段、本日書面仕
出す

一〇月二八日

同月廿八日　晴
一　午前出勤す、別に議事無之

一〇月二九日

同月廿九日　小雨
一　午前用達所へ出勤す
一　豊永長吉氏へ着歓、尚御用向荘原家扶協議万談決相成候
様書状出す

一〇月三〇日

同月三十日　晴
一　午前出勤す、別に議なし

一〇月三一日

同月卅一日　晴
一　午前用達所へ出勤す、別に議事なく退出す

一一月一日

十一月一日　晴
一　午前出勤す
一　月並神供献備相勤候事

一一月二日

同月二日　晴
一　本日は用達所へ不参す

一一月三日

同月三日　晴
一　天長節に付休暇也

一一月四日

同月四日　朝小雨　陰
一　午前より出勤す
一　田上宅地家屋とも午后河村、渡辺同行にて受取方相済候事

一一月五日

同月五日　晴　風少々
一　午前用達所へ出勤す

一一月六日

同月六日　晴　風
一　午前より出勤す
一　元周公御烏帽子　一具
右は先般荘原家扶より照会に付、御納戸方四号の内、渡辺立会の上出之、直に郵便を以て東京へ送候事
但手紙相添置候也

一一月七日

同月七日　晴
一　午前より用達所出勤す
一　本日は豊功神社御例祭に付、三位公御代拝相勤候事
但玉串料二十銭御備也
一　豊永長吉昨夜帰府の由、社務所にて面会す、東京の御様子尚又御集会の次第を承候事

一一月八日

同月八日　晴
一　小学校より第六紀念に付参会案内状参候処、差間に付、昨夜断状出置候事
一　右に付、金弐拾銭寄附河村光三へ頼送り置く
一　清末御奥様〔毛利暢子〕へ御機嫌伺として出頭す
一　南部謙庵より祭案内に付至る
一　阿内村江本氏へ尋問す
一　右両家へ来る十五日より忌宮神社祭礼に付、案内申入置候事
一　来る廿日修行院〔三吉喜久〕十七回忌に付、十九日正午案内、寺に於て午餐呈上のことに申入置候事
　但両家へ菓子一箱宛持参す
一　船越氏へも伝達の儀を南部氏へ頼置なり

一一月九日

同月九日　晴
一　午前用達所へ出勤す、別に議事なし

一一月一〇日

同月十日　雨
一　午前出勤す
一　荘原家扶より本月六日附来書、過る五日主公神田橋外にて清国公使〔李経方（Li Jingfang）〕の車御乗車へ当り為其御軽傷の旨申来る
一　右に付即刻電信を以て御機嫌伺候事
一　来る十五日より忌宮神社祭礼に付、左の各家へ案内状仕出す
　員光村百姓中　林政二郎
　小野村小坂祥三〔三吉慎蔵の妹の長男、別家小坂〕
　石川　嘉蔵是は貞吉へ相頼置く

一一月一一日

同月十一日　晴
一　本日は用達所不参す
一　宇部伊秩脩平方へ家内一同案内にて至る

一一月一二日

同月十二日　陰
一　午前出勤す
一　三位公より八日附の御直書を賜る、追々御快方、就ては廿日頃にも御出発の御予定、御湯治の儀は御帰府の上被遊旨、又御帰路御日割は御取削の段御加筆也
一　午后より伊倉石川満直氏〔房太郎〕へ祭事案内に付、家内とも一同至る、栢氏同行の事

一一月一三日

同月十三日　晴

一　午前用達所へ出勤す

一　昨日三位公より御直書を賜り候次第を伝達す

一　三上先生〔豊後平、自得流槍術師範〕死去、本日埋葬の由申来る、右は主公御師範に付御備物可有之処、御不在に付中川御使を以て挨拶に及置、追て御帰府の上と含置候事

一　清末様本日御帰の旨申来候事

一一月一四日

同月十四日　晴

一　本日在宿す

一　三位公より御直書拝受す、追々御快方の旨、尚又来る廿七日神戸丸其他の船にて御都合次第御帰府の段、御書面なり

一　荘原家扶より電信にて伊藤伯〔博文〕十日発其地へ行く、扱向頼む、公は廿七日御立の筈、委細郵便と申来る

一一月一五日

同月十五日　晴

一　午前出勤す

一一月一六日

同月十六日　陰

一　本日は用達所不参す

一　公より御直書被下、追々御快方の旨安心可致との御書なり、尚又近々御帰府の上、御保養可被遊との御事にて、右は本月十二日附也

一一月一七日

同月十七日　陰

一　午前出勤す、別に議事無之

一一月一八日

同月十八日　晴

一　川卯へ伊藤伯着関次第報知のことを申遣す

一　用達所へ出勤す

一一月一九日

同月十九日　晴

一　用達所へ出勤す

一　豊永より答書、川卯へ引合の次第承る

一　本日は養母修行院十七回忌、明廿日相当に付、法華寺に於て法会致候事

一　右に付寺にて午餐を出す
　　寺両人　南部　江本　浅野　桂　大庭　船越　貞吉
　　嘉蔵
右案内す
　但大庭、船越及ひ嘉蔵不参なり
一　菓子　一折宛
　　但代金二十銭宛
右山田　安尾　岩谷　栄吉へ贈る
一　金二十銭
　　但寺へ布施
一　同五銭
　　但小僧へ同断
一　同拾銭
　　但霊前備物料
一　同三銭
　　但墓経布施
一　同三銭宛
　　但経代慎蔵、イヨ、トモ
　右之通

一一月二〇日

同月二十日　晴
一　午前用達所へ出勤す

一　伊藤伯今朝着関に付、大吉方へ主公よりの御直書持参面会す、尚又長府へ御出の節は、前以て御知らせ被下候様申述置候事
一　豊永へ面会す、万都合打合置候事
一　午后帰府出勤し、河村、渡辺へ万事引受方用意のことを談合す

一一月二一日

同月廿一日　陰　后小雨
一　午前より用達所へ出勤す
一　納戸金庫を渡辺一同に開扉し、鍵、根帳五冊出置候事

一一月二二日

同月廿二日　晴
一　午前出勤す、別に議なし
一　偕楽運動会より案内に付、午前出頭す
一　本日は当畔祭りに付、長府村内懇親の各家、親類等を案内の事

一一月二三日

同月廿三日　晴
一　本日は不参す
一　豊永来宿、伊藤伯引受の件に付て也、右何時も御引受可

致ことに決す
一　多栄子様〔毛利多栄子、毛利元敏八女〕午后御着府の段、渡辺より申来る
一　荘原家扶着府、乳母侍女随従なり

一一月二四日

同月廿四日　晴
一　午前荘原宅へ尋問す、不在也
一　用達所へ出勤す
一　本日午后伊藤伯引受に付、台所向豊永へ依頼す、尤御家職より総て支払のことに致置候事
一　随従員秘書官警部其他数名也
　右夫々引合夜十一時過き退宿す

一一月二五日

同月廿五日　初雪
一　那須農場の件に付、午前より於用達所豊永、桂、荘原、三吉一同会す
　右は廿五年より改正山林のことに決す、尚桂氏書類再調の上気附申出の筈なり

一一月二六日

同月廿六日　雪少々
一　午前より用達所へ出勤す、夫より伊藤伯へ伺面会す
一　徳山、岩国、清末三家の御家憲写、荘原より受取候事
一　御懇親御交際の御約定書一枚、右同断
一　伊藤伯豊浦学校へ巡覧あり

一一月二七日

同月廿七日　陰寒強
一　午前より出勤す
一　三位公本日午前四時御発船の電報来る
一　米熊へ答書、尚又本月廿日頃迄の事情申遣す
一　馬関へ御迎として荘原、中川出張なり

一一月二八日

同月廿八日　晴
一　午前より用達所へ出勤す
一　三位公、御奥様御一同、昨夜十二時御着関、直に豊永組へ御上陸にて本日午前十時卅分御帰殿被遊候事
一　右に付、御昼一汁二菜御肴三種御上向御用意す
一　御次一統昼飯を出す、尤御供両人へは一汁一菜を出す
一　午后三位公、伊藤伯宿所へ御尋問、又伯も御殿へ其后参上あり
一　清末様御来邸あり
一　伊藤伯夕より出関也

一一月二九日

同月廿九日　陰
一　午前より出勤す
一　十二月七日御祭典被為行の旨御決定の事
右報告のことを中川へ談置、荘原へ直に申入置候事
一　午后より功山寺、笑山寺御墓所へ見分として豊永、荘原一同出張の上、夫々見込相立置候事

一一月三〇日

同月三十日　雨
一　午前より用達所へ出勤す
一　公昨日より御不例に付、来客御逢不被遊候事
一　午后上司氏〔淵蔵〕へ面会す
一　物置新築棟上に付、酒肴を一統へ出す

一二月一日

十二月一日　晴
一　来る七日御祭事に付、清末様、於鏻様、御子様方一般へ報告とも夫々中川へ引合置候事
一　来る三日清末御祭礼に付、御名代荘原家扶相勤むることに決す

一二月二日

同月二日　晴
一　午前より出勤す
一　伊藤伯午前馬関より出府に付、主公より御使、本日も御不快に付、功山寺御参席御断りの段申出候事
一　山口県知事〔原保太郎〕出府に付、公より御使相勤候事
一　午后一時より、伊藤伯功山寺に於て豊浦郡中士民呼出にて、御銅像建設の演説ある
一　右引続上司氏演説ある
一　終て夜に入酒肴出る、尤案内状有之人員のみ凡五百名の由也
一　参集人凡一千余名也
一　伊藤豊功神社へ参拝あり、夫より直出関也
一　清末様功山寺へ御出、御帰掛け用達所へ御出に付、晩餐差上候事
一　伊藤伯御会宴の思召相伺候処、追々御快方に付、伯の都合聞合候様御下命也
一　午前豊永、荘原一同左の件々を協議す
一　御永住地位山上下御決定如何相成候哉伺の上、検査早々可然事に議す
右公へ伺の処、検査の見込の通御決の事
一　御女子様御分配、尤多栄子様は御奥様御教育可被遊旨に

付、其他の御子様方を御分配にて可然ことに談す
右は別に御二方様思召不被為在候事
但両条とも四日朝公より御下命也

一二月三日

同月三日　雨
一　午前用達所へ出勤す
一　伊藤伯へ主公より御使として出関す
右は是迄御不例の処、追々御快方に付、緩々御会宴被遊度、右に付御閑日の御都合相伺候様被申付と申入候処、明日は清末公より御案内、又六日より船木へ出張、八日帰関に付、其上日限の儀可申上との答也
一　昨日は御苦労、尚又豊功神社へ御参拝有之候挨拶をも束ねて申出置退出す
但御帰関の上、又々御都合相窺ひ可申と添て申出置候事

一二月四日

同月四日　大風
一　午前より出勤す
一　豊永、荘原の両氏へ御永住地幷に御子供様御分配の件右伺済に付、取調のことを申入置候事

一二月五日

同月五日　陰　雪少々
一　午前より用達所へ出勤す
一　来る七日御祭事取調を談置候事
一　午后桂弥一氏へ至る

一二月六日

同月六日　陰
一　午前より出勤す、別に議なし
一　御祭典御用意の事

一二月七日

同月七日　晴
一　午前より出勤す
一　本日は秋季御例祭御延引の処、午前十時より御祭典被為行、御先例の通相済候事

一二月八日

同月八日　雨
一　午前より用達所へ出勤す、別に議事なし

一二月九日

同月九日　晴

一　午前出勤す

一　本日は、伊藤伯、本県知事、本部長、石川市長〔良平、赤間関市市長〕其他属官随行員を馬関春帆楼に於て御招請相成、午后四時より三位公御出張に付、豊永、荘原、三吉出関す、人名は日載に記す、公は九時前御帰府也

一　三吉は一泊す

一二月一〇日

同月十日　陰

一　知事出立に付、昨夜の挨拶暇乞旁尋問す

一　石川市長宅へ色々道具借入、尚又心配有之候挨拶として至る

一　伊藤伯宿所へ昨夜の挨拶として出頭し、田中へ申入置候事

一　豊永宿へ至る、昨夜の挨拶申入る

一　午前十一時帰府、用達所へ出勤す

一二月一一日

同月十一日　陰

一　午前より出勤す

一　伊藤伯滞在中諸勘定書類、豊永より相廻候に付、荘原へ廻し、夫より一袋にして渡辺会計方へ相渡す

一二月一二日

同月十二日　晴　午后雷雨

一　午前より用達所へ出勤す

一　葡萄酒　一交肴　一折
右荘原へ為持候事

一　栢貞香帰府に付、午后歓に至る

一二月一三日

同月十三日　晴

一　交肴
右江良へ為持候事

一　後藤勝三帰朝、梶山鼎介氏より添書持参にて参邸に付、面会す

一　桂周樹〔旧長府藩家老〕、生駒〔直一〕、熊谷〔俊一〕の三名へ御女子御三方御預け可被遊御決に付、其取計可致とのこと也、若し差問の節は、左の人へ引合可致御下命也
村上彦三　野村源七　土居
右本日御二方様御決定なり

一　午后三吉周亮氏来宿にて、退隠し実子〔三吉隆祐〕へ家続

為致候段申入に付、別に異存無之と答へ、尚其段は倅子へも申遣すことに重て答置く

一二月一四日

同月十四日　晴

一　午前より出勤す

一　桂弥一氏来一月下旬より那須農場へ出張の件を伺相成候様、荘原家扶より談ある、尚又那須改正は廿五年三月を期とす

一二月一五日

同月十五日　晴

一　午前より用達所へ出勤す

一　桂弥一、荘原家扶来る一月下旬那須農場改正可致出張旨御下命に付、両氏へ申入候事

一　桂氏より本日米熊へ書状出る

一二月一六日

同月十六日　陰

一　米熊より書状来る

一　午前より出勤す

一二月一七日

同月十七日　晴　午后小雨

一　午前より用達所へ出勤す

一二月一八日

同月十八日　晴

一　午前出勤す

一　飯田遊夢〔橘馬、飯田信臣実父〕昨日死去に付、信臣氏〔飯田信臣〕より上申の儀を申来る

一　右に付荘原へ談合し、三位公より御香典金二百匹御使を以て御贈り可然ことに談す

右相伺候処、其取計可仕御下命也

一　梶山鼎介氏より後藤勝三便りを以て敷物送りの答礼書仕出す

一二月一九日

同月十九日　晴

一　午前より用達処へ出勤す

一二月二〇日

同月二十日　雨

一　午前より出勤す

一二月二一日

同月廿一日　晴

一　午前より用達所出勤す

一　飯田信臣氏へ悔として抵る

一二月二二日

同月廿二日　晴

一　午前より出勤す

一　亮子様　　野村源七へ

一　幸子様　　熊谷俊一へ

一　新哥〔ママ〕子様〔毛利新歌子〕　生駒直一へ

右三位公より三名へ御直に御預け御依頼相成、各御請申上候事

一　会計方交代、栢貞香より渡辺清介引合済となる

右荘原家扶承知のこと

一　御盃御紋付　一個

一　金弐拾円

右荘原家扶へ特別の思召を以て昨夜被下候事

一　栢兄弟午前来る

右はトモ分家取組相決し候に付、桂弥一氏へ俊雄より報知状出る

一　東京滞在米熊へ左の通電報す

トリクミスンタトモツレカヱレヘンジマツ

右午后仕出す

一　諸伺書御調印七枚

右荘原家扶へ相渡す

一　同人午后二時御用済にて帰京相成候事

一二月二三日

同月廿三日　陰

一　午前用達所へ出勤す、夫より馬関大吉方へ滞在の伊藤伯へ御尋問の御使相勤候事

一　米熊よりトモ身上一件進退の電報、俊雄宛にて来る

一二月二四日

同月廿四日　晴

一　賀田氏へ至る、米熊よりの電報、又俊雄よりの封書を持参し、尚気附あれは依頼のことに申入置候事

一　午前より用達所へ出勤す

記

一　金参円也

右本村消防費元資之内へ寄附致候間可然御取計相頼候也

長府村拾番地

明治廿四年十二月廿四日　三吉米熊

長府村長吉田唯〔ママ〕一殿

記

一　金壱円也

右乍些少豊西東村豊西村滝部村等の火災救助費の内へ寄付致候間可然御取計被下度御依頼迄此御座候也

明治廿四年十二月廿四日　三吉慎蔵

郡役所にて

山田七郎殿

一二月二五日

同月廿五日　晴

一　本日は用達所へ不参す

一二月二六日

同月廿六日　陰

一　午前より出勤す

一　豊永土蔵御借入に付、右土蔵営繕費一式払方致し、外に出金は無之ことに河村一同決の事

一　山本玉樹、三田尻出生、明治十八年より引続村役場出仕、当時郡役所にて収税課長勤仕、右人物に付、先般来桂弥一、賀田貞一、栢俊雄の三氏尽力、福本氏〔勝一カ〕へ引合、三吉分家養子の約定致し、トモへ縁組のことに取極め、本日逢対として相招候事

一　右に付、鯛二尾を贈る、即日三吉方にて面会す、賀田、栢の両人、福本一同へ祝酒を出候事

一　米熊より俊雄氏へトモ縁組一件に付答ある

一二月二七日

同月廿七日　晴

一　トモ本日東京出発のことを米熊より電報ある

一　午前より用達所へ出勤す

一　荘原へ安着歓、乃木少将へ例年の通御謝儀品取計方のことを郵書出す

一　荘原より廿四日付に書面来る

右は職務規程の件に付照会状也、依て三位公へ草案を以て相伺候処、草案通り二十五年一月四日発布の旨御下命あり

一二月二八日

同月廿八日　晴

一　午前より出勤す

一　酒一斗宛　小松〔昌平、下関の商人〕　芳岡〔六左衛門、下関の商人〕　永積〔安兵衛、下関の商人〕

右三名へ、本年より毎年馬関にて追々御世話等御依頼の御積りに付、前書の通御決也

一　賀田へ電報のことを通す

一二月二九日

同月廿九日　晴

一　午前より用達所へ出勤す

一　職務章程今般御改正に相成、明治廿五年一月四日御発布に付、右写一冊荘原家扶へ送附し、其地に於ても取計相成候様本日郵書仕出す

一　歳末御祝詞欽麗院様へ家従連名にて一同より上申す

一　金弐拾五円

右東京御邸御用邸且御転居等の労に依て、特別の思召を以て公より御直に被下候事

一二月三〇日

同月三十日　午后雨

一　午后より出勤す

一　主公より御肴被下候事

右に付御礼申上候事

一　伊伯〔伊藤博文〕より伝達の旨、河村光三より承る

一　年末に付、夫々御挨拶等の儀、諸件協議の事

一　トモ本日午前帰宅す

右に付、米熊へ馬関より電報す

一二月三一日

同月卅一日　風雨

一　午后より用達所へ出勤す

一　賞与金の儀相伺候処、別紙の通御下命也

右に付、夫々御呼出にて被下候事

日記　十三　明治廿五年

明治二五年

一月一日

明治廿五年一月一日　晴
一　午前八時前毛利御用達所江出勤す
一　同八時先例の通り神供を備へ、主公へ上申す
一　御二方様〔毛利元敏、毛利保子〕、鏻子様〔毛利鏻子〕、御子供様方御参拝、次に家令より家丁まて参拝の事
一　午前九時於御奥家令始め家丁迄拝賀の事
一　使部下卑は御二方様、鏻子様へ御出に付、其御道筋にて拝謁の事
一　十時より十一時三十分迄、外来人へ御二方様用達所に於て御逢被遊候事
一　十一時より小学校内にて長府有志者参集し、新年弁に懇親し祝詞を述る
一　午后一時過き退出、夫より廻礼、正村〔信一〕、賀田〔貞一〕、桂〔弥一〕、小坂〔住也〕、品川〔勧吾〕、浅野、吉田〔惟一〕、日原〔素平〕、木村、栢両家〔栢貞香、栢俊雄〕、梶山〔鼎介〕、林等へ至り、終て帰宅す

一月二日

同月二日　晴
一　本日は在宿す
一　中川氏〔凉介〕来宿、細川〔頼彬、旧長府藩家老〕死去に付、香典金千五百匹御備、会葬御使のことに決置候事
一　明三日御二方様御出可被遊旨御伝達あり、且又三日迄は休に付、出勤に不及旨なり

一月三日

同月三日　晴
一　桂弥一氏帰府に付至る、賀田〔貞一〕、栢〔俊雄〕にも同家にて面会す、縁組一件三氏へ依頼す
一　午后三時御二方様御一同御下り相成、江良和祐氏及十三女御供なり
一　酒　一樽　五升入
右頂戴候事
一　酒肴晩餐を献す、八時過き御開き也

一月四日

同月四日　晴
一　午前より出勤す
一　職務規程一般心得、当直心得、御改正に付、本日御発布

相成候事
一　三吉周亮、三宅〔清次、細川家旧臣〕の両人来宿にて、細川家事一件の儀に付、内願あり
一　右に付、豊永〔長吉〕へ参り協議す、細川家は御続合の次第も有之ことに付、親族旧臣等申合、財産其他家具等早々取調の上申出相成候は丶、何分の保護方の儀、追て御詮議にも相成可然ことと一同談決す
一　前条の件々相伺候処、見込通り河村光三御使相勤候様御下命に付、同人即日思召の旨を通知す、右に付、思召の旨難有御請申出候事
一　桂弥一氏来宿あり、トモ〔三吉トモ〕事取極め、尚又来る七日山本〔玉樹〕入家のことを相決す
右当人へ引合其他万事桂、賀田、俊雄申合、夫々取結相成候事

一月五日

同月五日　陰
一　午前より用達処へ出勤す
一　荘原より歳末上申、且又廿四年中勤怠表幷に意見書とも到来す
一　午后五時新年御宴会被遊候に付参集す、其次第は日載に在り

一月六日

同月六日　陰
一　午前出勤す
一　三吉周亮、桂周樹、三宅の三名より、細川家事の件に付出願書財産書諸道具附連印にして相添差出候事
一　右相伺候処、重実財産金は預り置候て可然ことに御下命なり

一月七日

同月七日　雪　少々
一　本日は在宿を願候事
一　先般来桂、賀田、福本〔勝一カ〕、栢心配にて荒瀬新八二男〔山本玉樹〕を本日午后五時入家為致候事
一　即日トモ女と結婚し、尚又昨日荒瀬へ引合状を出し置、且米熊〔三吉米熊〕へも同断のこと
一　賀田夫婦へ盃を頼む
一　桂、福本、栢両家、右の諸氏を相頼、儀式無滞相済せ候事
一　桂弥一氏は山本玉樹と兄弟の約を結候事

一月八日

同月八日　雨雪

一　荒瀬氏並に米熊へ入家済報知状を仕出候事
一　午前より用達処へ出勤す、別に議無之退出す
一　反物地二反　肴一折　賀田夫婦へ
一　反物地一反　肴一折　桂　弥一へ
一　反物地一反　肴一折　栢　俊雄へ
一　肴一折　　　栢　貞香へ
右挨拶として玉樹同行持参す

一月九日

同月九日　雪少々
一　午前より出勤す
一　廿四年度賞与の儀、伺書を以て夫々御下命に付、書面認め方す
一　東京詰年賞御指令写、賞状二通に添書し、荘原家扶へ郵便仕出候事
一　玉樹入家に付、近親丈け案内し引合す

一月一〇日

同月十日　晴　雪少々
一　本日は休暇に付不参す
一　反物地一反　肴一折
右福本へ挨拶として玉樹同行持参す
一　桂老人〔桂タセ、桂弥一母〕其他来客あり

一月一一日

同月十一日　晴
一　午前より用達所へ出勤す
一　御二方様、清末様〔毛利元忠〕へ御出あり
一　荘原へ過る、六日付の答書を出す
一　午后桂、賀田、福本の三家へ、トモ挨拶として青銅二百匹宛持参す

一月一二日

同月十二日　風少々　雪
一　午前より出勤す
一　午后貞香氏より案内に付、家族中至る

一月一三日

同月十三日　陰
一　午前より用達所へ出勤す
一　丁銀豊永組より受取再検査調印す
一　金百二十円
右の内五拾円学費、手当二十円米熊へ、五拾円トモへ諸買物手当為換券にして夫々渡方を書記し、小野安民へ送附相預ることに認め、書留郵便本日午前仕出置候事
一　午后栢俊雄方より案内家族中到る

一月一四日

同月十四日　晴

一　午前より出勤す

一　豊永より小作人両人雇入に付、其次第書を以て河村より示談あり、右一つ書の件々、異存無之と河村へ答へ置候事

一　御住居地農事小作人両人雇入金、五円宛給料被下、賄は自弁のこと

右指南助右衛門月に三日宛巡回の事

一　下田為二右小作人取締に付、毎月壱円五拾銭宛手当金被下のこと、右は合六円となる

一　豊永長吉集会日検査のこと、前条の件々午后相伺候処、其取計可致ことに御下命なり

一　米熊へ送物礼、并に廿円年玉送り状出す

一月一五日

同月十五日　雨

一　午后より出勤す

一　御邸内農事小作人請締下田為二へ被仰付候に付、相達候事

但、右に付毎月別段御手当被下候旨申達置く

一　前条に付、豊永氏へ書面を以て方法万事差図相成候様、通知致置候事

一　午后賀田氏より招請に付、家族一同抵る

一月一六日

同月十六日　陰

一　午后より用達所出勤す、別に議事なし

一　同三時半より桂弥一氏の招請に付、家族中至る

一月一七日

同月十七日　夜大雪

一　日曜休暇に付、在宿す

一　肴一折宛　小坂　正村へ

右玉樹一同持参す

一　金五拾銭但肴料浅野〔一之〕へ

右同断

一　桂、岡本の両家へ答礼として一同至る

一月一八日

同月十八日　陰

一　午前より用達所出勤す

一月一九日

同月十九日　小雪　強寒

一　本日在宿す
一　主公よりトモ出立に付、天気の模様両度御直書を以て被仰下候事
一　午前六時半トモ出発す、神戸丸へ乗組、直吉、テツ随行す
右に付、栢貞香、イヨ〔三吉イヨ〕、栢老人、岡本女、栢ヒサ相送る、出船一時なり
一　玉樹こと本日午前より巡回す
一　米熊へ、トモ出発の電報を栢へ頼置候事

一月二〇日

同月二十日　陰
一　午前より出勤す
一　玉樹寄留届、本日佐竹〔為延〕へ出置候事

一月二一日

同月廿一日　陰風　小雪
一　午前より用達所へ出勤す
一　米熊へ是迄の順序、且又トモ乗船等のこと書面仕出す

一月二二日

同月廿二日　陰
一　午前より出勤す
一　賀田氏へ過日の挨拶として抵る
一　玉樹へ、答書西市木本作蔵へ宛仕出す

一月二三日

同月廿三日　晴
一　午前より用達所出勤す
一　米熊より、トモ入港の電報横浜仕出、今朝九時過来る
一　トモより廿日神戸仕出しにて一同無事入港の儀申来候事
一　梶山鼎介氏へ年始状仕出候事
一　玉樹へ、トモ安着の儀を書面西市へ向け仕出す

一月二四日

同月廿四日　晴
一　休日に付在宿す

一月二五日

同月廿五日　陰
一　午前より出勤す
一　米熊へ書状仕出す
一　トモへ安着歓状仕出す
一　有住へ挨拶状出す
一　阿曽沼氏〔次郎〕へ年始、積る挨拶を加筆し、且トモへ養子のことを知せ置候事

一月二六日

同月廿六日　陰

一　午前より用達所へ出勤す

一月二七日

同月廿七日　晴

一　午前清末様年始御祝詞として参殿し、御二方様〔毛利元忠、毛利暢子〕へ拝謁の事

一　南部〔謙庵〕方へ年礼として至る、席に養子の儀申入置く

一月二八日

同月廿八日　晴

一　午前より出勤す

一月二九日

同月廿九日　晴

一　午前より用達所へ出勤す

一月三〇日

同月三十日　晴

一　孝明天皇御祭日に付、休暇也

一　荘原好一より御用状三通来る

一月三一日

同月卅一日　晴

一　休日に付在宿す

二月一日

二月一日　晴

一　午前より出勤す

一　観測御開業式に付、一統御相伴にて酒肴被下候事

一　月並神供例の通献備す

二月二日

同月二日　天気不定

一　午前より用達処出勤す

一　山口野田神社へ御奉刀御使、徳山様〔毛利元功〕、岩国様〔吉川経健〕への御使兼、明日より中川涼介出発被仰付候事

一　右に付、野田神社へ玉串料二百匹、徳山様、岩国様へ御菓子一折宛被為贈、岩国様へは玉串料参拾銭を御贈り、尚又御両家様へ元運公〔毛利元運、長府藩一二代藩主〕御四十年祭御知せのことをも中川より上申のことに申談置候事

一　午后三時過より社務所へ集会す
右は元運公御四十年祭、本月廿七日豊功神社に於て御祭典のことに衆決、奉納の件、寄附金の件等協議す

二月三日

同月三日　晴
一　午前より出勤す
一　中川涼介本日出発也
一　元運公四十年御式年祭、二月廿七日御執行に付、鏻子様へ上申の儀、本日梶間艦次郎を以て上申のことに談置候事

二月四日

同月四日　雨
一　午前より用達処へ出勤す

二月五日

同月五日　陰
一　米熊へ一月三十日の答書、鈴木直吉へ積る挨拶状を出す
一　午前より出勤す

二月六日

同月六日　晴
一　午前より用達所出勤す

二月七日

同月七日　晴
一　休日に付在宿す
一　栢貞香氏来宿にて米熊妻一件の儀に付、小野より来書の件を談あり

二月八日

同月八日　風雨
一　午前より出勤す
一　初午御自祭被遊候事

二月九日

同月九日　風　雪少々
一　午前出勤す、尤本日は早下りのこと

二月一〇日

同月十日　陰
一　用達所へ午前より出勤す
一　米熊へ御銅像寄附三円出金のことを書面出す、尤拙者は別に三拾円出金することを添て申遣す

二月一一日

同月十一日　陰

一　紀元節に付、先例の通御祝宴、且御次中へも酒肴被下候に付参殿可仕処、風邪に付不参御断り状を出候事

二月一二日

同月十二日　雨

一　午前より出勤す

一　桂氏へ面会し、御用向荘原へ打合せ万事取計方を頼み置候事

一　米熊縁談一件、尚亦費用金等のこと迄万事同氏へ依頼す、且トモへ其件を申入の儀、相頼置候事

一　岡精一〔長府毛利家雇岡利介二男〕東京行の件々、桂氏より内話ある

一　品川大臣〔弥二郎、内務大臣〕へ伝言、桂氏へ相頼候事

二月一三日

同月十三日　陰

一　午前より用達所へ出勤す

一　岡精一より一ヶ年東京表にて観測修業仕度、就ては右の間御暇被下度、帰府の上は、是迄通り奉職可仕段申出に付、本日相伺候処、御許容可相成旨被仰聞候事

二月一四日

同月十四日　雨

一　日曜休暇に付在宿す

二月一五日

同月十五日　雪

一　午前より出勤す

一　来る十八日、細川〔宮遠、細川頼彬長男〕へ金壱円五拾銭香料御持せのことに中川へ談置候事

二月一六日

同月十六日　陰　雪少々

一　午前より用達処出勤す

一　荘原へ左の書面送る

拝呈、陳は元運公四十年祭御知せの儀、尊兄より高輪様〔毛利元徳〕へ御使のことを申上置候処、右小生認方行届不申様掛念仕候間、何卒右御知せの儀、重て相願申候間、可然御取計被下度、此段相願候也

二月十六日　三吉慎蔵

好一様

玉下

右御不在の節は、御詰合中御取調の上、前条の件相

願候也
右郵便仕出す、尤荘原、小野連名に上書す

二月一七日

同月十七日　雪風
一　午前より出勤す、別に議事なし

二月一八日

同月十八日　陰
一　午前より出勤す

二月一九日

同月十九日　晴
一　用達所へ午前より出勤す
一　午后豊永へ尋問す、同氏一昨夜帰府の由也
一　元昭様〔毛利元昭〕宮市御住居に御決の由承る

二月二〇日

同月二十日　陰
一　午前より出勤す
一　桂、細川の両氏同道にて御伺参殿の事

二月二一日

同月廿一日　晴
一　休日に付在宿す

二月二二日

同月廿二日　晴
一　午前より用達所出勤す

二月二三日

同月廿三日　小雨
一　本日は在宿申出る
一　玉樹こと養子願許可に相成候事

二月二四日

同月廿四日　雨 少々后又晴
一　午前より出勤す
一　荘原より来書、倉光三郎自火同家焼失の由申出に付、御救助の儀主公へ相伺候処、金百円を被下ことに御下命あり、右の旨直電報を以て通知す、尚又荘原へ郵便状返答仕出す
一　米熊へ、玉樹こと入籍願済の段、報知状出す
一　両栢へ入籍聞済の儀を申入置候事
一　賀田へ同断、桂留守、浅野、小坂又同断
一　東京桂氏且於トモへ入籍の件報知す

一　桂氏へは倉光火災の件、且又米熊引合の件を前条に加筆す
一　倉光氏へ主公よりの御見舞、且又三吉よりも見舞状を出す

二月二五日

同月廿五日　晴
一　午前より用達所へ出勤す
一　御祭事其他御引合御用意の件々を協議す
一　清水円三不快に付見舞状を出す

二月二六日

同月廿六日　晴
一　午前より出勤す
一　岩国公より御使名嶋〔尚三、岩国吉川家従〕出頭也
一　徳山公御着府に付、御伺として御宿所魚屋へ出頭す
一　井関家令〔美清〕より来書、副主管者田島信夫被申付候由上申の儀に付、直に上申候事
一　元功様午后三時御来邸あり、御供高崎亀なり
一　御同人様御邸へ御止宿の儀は、御都合にて魚屋へ御滞泊なり

二月二七日

同月廿七日　晴
一　午前八時より出勤す
一　元運公御四十年祭三位公〔毛利元敏〕御自祭被遊候事
一　右に付、玉串料五銭を献し、外に献灯す
　右豊功神社御合殿に付金拾銭、外に矢を寄附す

二月二八日

同月廿八日　晴
一　用達所出勤す
一　本日午后より元功様を天神坊へ御招にて、御奉納舞囃子被遊候事
一　右に付、一統へ御酒被下候事
一　荘原より那須へ廿四日出張の段申来る
一　米熊より玉樹へ来書の由也

二月二九日

同月廿九日　陰　后雨
一　午前より出勤す
一　本日午后より、三位公及元功様を新市にて、旧御因の有志十六名申合御酒宴御招請申上候事

三月一日

三月一日　晴

一　午前用達所へ出勤す

一　元功様本日正午御出発、於御邸午餐被召上、直に馬関川卯より御乗船に付、御送り御二方様御名代として、川卯まで御供申上御送仕候事

一　林政二郎、三吉周亮氏の両氏へ尋問す、且玉樹入籍の儀申入置候事

一　分教へ参拝す

三月二日

同月二日　陰　小雨

一　午前より出勤す

三月三日

同月三日　陰

一　午前より出勤す

一　岡出京に付、引合状荘原へ送る

一　多栄子様〔毛利多栄子〕御初節句に付、人形外に蛤一重、過る一日献上候事

一　御初節句御内祝に付、御次中へ御酒被下候事

三月四日

同月四日　陰　夜雨少々

一　用達所へ午前より出勤す

一　法華寺へ金三円寄附のことに決し、栢貞香へ申入頼み置候事

三月五日

同月五日　陰

一　午前より出勤す

一　井出氏〔信重〕より、米熊長野県へ廿七日着、其事情を明細し来書あり

一　米熊へ長野着県に付、尋問書並に玉樹写真を送る

一　萱野氏〔覚兵衛〕へ分娩歓状を出す

三月六日

同月六日　陰

一　休日に付在宿す

三月七日

同月七日　大風　陰

一　午后より用達所へ出勤す

三月八日

同月八日　陰

一　本日は在宿す

三月九日

同月九日　陰

一　午前出勤す、尤直に下宿候事

三月一〇日

同月十日　雨

一　午前より用達処出勤す

一　新歌子様〔毛利新歌子〕九日御出発、西京丸にて御帰府の儀、東京より電報あり

三月一一日

同月十一日　晴

一　午前出勤す、別に議事なく退出す

三月一二日

同月十二日　陰

一　本日は清末様御例祭に付、三位公御代拝被仰付参拝す且又自拝し、玉串料五銭を備ふ

三月一三日

同月十三日　風

一　午前より出勤す

一　十時過き荘原夫婦、ヱツ御供にて新歌子様御安着被遊候事

三月一四日

同月十四日　雪少々

一　午前より用達処出勤す

一　新歌子様明日生駒へ御出の引合、荘原へ談決す

一　欽麗院様よりイヨへ御紙包御送の分、取下候事

三月一五日

同月十五日　小雪

一　午前より出勤す

一　新歌子様本日より生駒方へ御転居也

三月一六日

同月十六日　晴

一　許田氏〔杏平カ〕来宿にて御祭事の件々示談ある、右は社務所にて取扱方色々出金の件に至ては事情もあり、就ては以来豊功神社御例祭の節に臨時祭執行候ことにて如何哉之示談に付、可然ことに答置候事

一　午前より出勤す

三月一七日

同月十七日　晴
一　午前より用達所へ出勤す

三月一八日

同月十八日　風　小雨
一　午前より出勤す
一　本日豊永、荘原、河村集会、左の件を協議す
一　元雄君〔毛利元雄〕、植村〔俊平〕御預り御請す
一　右に付、前御預りの費用、金額にて外に家賃御渡し相成、凡五拾円毎月出金の目途也

三月一九日

同月十九日　晴　風
一　午前より用達処出勤す
一　衛生局長長与専斎近々来関に付、同官を招き御建築場検査のことを上申し、石川市長〔良平〕へ相頼着報のこと、難波〔舟平〕を以て頼置ことに河村へ引合置候事

三月二〇日

同月二十日　陰　小雪
一　日曜休暇に付在宿す、異議なし

三月二一日

同月廿一日　陰
一　午前より出勤す

三月二二日

同月廿二日　小雨
一　午前より用達所へ出勤す
一　功山寺御墓所見分、荘原一同、河村同道す、別に議なし

三月二三日

同月廿三日　雨
一　午前より出勤す
一　豊永、荘原一同集会す
一　御二方様是迄の通り御在住御決定に付、第一惣社宮地所に取掛り、第二山崩方に着手、順々地均しのことに議す、右に付、豊永へ見込を相頼み、其手伝は下田可然ことに談候事

三月二四日

同月廿四日　陰　小雨
一　本日在宿申出候事

三月二五日

同月廿五日　半晴

一　午前より用達所出勤す、別に議無之

三月二六日

同月廿六日　陰
一　午前より西嶋氏来宿に付、午餐を呈す
一　午后より出勤す
一　本日寿仙院百五拾回忌に付、寺に於て法会執行す

三月二七日

同月廿七日　陰
一　休日に付在宿す

三月二八日

同月廿八日　陰
一　午前より出勤す
一　山樹木植替四月二日より取掛りのこと、豊永談決す

三月二九日

同月廿九日　陰
一　用達所へ午前より出勤す
一　御生花河村老人五十の日に出頭のことを相伺候事

三月三〇日

同月三十日　半晴
一　午前より出勤す
一　午后より田上氏〔陳鴻〕へ案内に付抵る、御家職附一統招請にて酒宴あり

三月三一日

同月卅一日　晴
一　午前より用達所へ出勤す
一　豊永出頭、荘原、河村、下田一同樹木植替場所等検査の上、手順夫々取極め申合相成候事
一　功山寺山午后三時過出火、尤四時頃に至鎮火す

四月一日

四月一日　風雨
一　本日は春季御例祭に付、午前七時三十分出勤、御神勤中相詰候、尤其次第は御祭儀録に記載あり略す

四月二日

同月二日　雪　少々又小雨
一　午前より出勤す

四月三日

同月三日　陰　風

一　日曜休暇に付在宿す

四月四日

同月四日　晴

一　午前より用達所へ出勤す

四月五日

同月五日　小雨　暁雪

一　午前より出勤す、別に議事なし

四月六日

同月六日　陰

一　午前より用達処出勤す

一　於鏻様御費用残金豊永預りの分、会計方へ引合可然ことに、荘原議決なり

四月七日

同月七日　晴

一　午前より出勤す

一　米熊より本月一日附来書、同人投選にて校長となる

一　所得届書玉樹へ相頼出す

四月八日

同月八日　晴

一　午前より用達所へ出勤す

一　米熊へ過る一日付の書面に対する答書、又江下地所云々、部屋云々の件に付照会し、早々答有之様加筆す、且於トモへ書状出す

四月九日

同月九日　晴

一　午前出勤す

四月一〇日

同月十日　晴　風

一　休日に付在宿す

四月一一日

同月十一日　晴

一　午前より用達処出勤す

一　清水円三死去の段、門之助〔清水門之助〕より来書也

一　桂弥一氏より来書

一　井出氏へ米熊報知として答書出す

一　荒瀬氏へ見舞尋問旁書状出す

一　阿曽沼へ送物答礼状出す

一　右に付、トモへ反物来ることを報知す

四月一二日

同月十二日　雨

一　清水円三氏過る七日死去報知に付、悔状仕出す

一　午前より出勤す

一　北白川宮殿下〔能久親王〕へ伺書奉呈、家扶麻生三郎へ書状を出す

四月一三日

同月十三日　晴

一　午前より用達所へ出勤す

四月一四日

同月十四日　晴

一　午前より出勤す

四月一五日

同月十五日　晴

一　午前より用達所へ出勤す

一　天神坊地住検査長与衛生局長御招請に付、荘原家扶馬関へ迎として至る、午前算定の上夫々調査の処、三位公思召の地位にて別に指問〔ママ〕無之段上申也

一　右相済午餐被差出候事

一　魚屋清兵衛方にて演説あり、同所へ至り宮ノ前にて相送候事

四月一六日

同月十六日　晴　后陰

一　三位公午前九時より長与宿所へ昨日の御挨拶として御出に付、御供致候処、不在に付、藤野へ依頼し御帰り被遊候事

一　尊師〔嶋村大教正〕十二時過御出あり、直に田部へ御出ィヨ随行す

一　夕栢両家を招き酒宴す

一　米熊こと過る七日出京の由書面到着す

四月一七日

同月十七日　陰

一　休日に付在宿す

四月一八日

同月十八日　小雨

一　午前より出勤す、別に議事なし

一　御表一同へ御酒被下候事

四月一九日

同月十九日　晴
一　本日は在宿申出候事

四月二〇日

同月二十日　陰
一　トモより来書に付、着受幷に帰府迎等の儀、桂氏帰府の上進退相決、尚送金等の儀も追て引合、尤至急の儀は小野へ示談のことに加筆す
一　午前より用達所出勤す

四月二一日

同月廿一日　雨
一　午前より出勤す
一　御庭前の桜花盛に付、御酒宴御陪席被仰付候事
一　故清水円三方へ備物の儀をトモへ申遣す

四月二二日

同月廿二日　晴
一　午前より出勤す
一　廿四年四月より十二月迄、渡辺会計方〔清介〕勘定帳を検査す
一　荘原主管者よりも同断の帳簿を照会あり、依て其ヶ条を聞合候事

四月二三日

同月廿三日　晴
一　午前より用達所へ出勤す

四月二四日

同月廿四日　陰
一　午前より出勤す
一　豊永、荘原、河村一同集会す
右は廿五年会計予算財産四種取分調査の件々協議決定し、近々清算の上相伺、元忠様〔毛利元忠〕始め家政協議人御集会可然ことに談決あり、来る廿七日と予定也
一　御台所取締り人撰し雇入の儀、談決あり
但月給は先五円の見込とす
一　奥畑山荘原家扶検査は、此度は延引し、後出府の節可然ことに河村へ申入置候事

四月二五日

同月廿五日　晴
一　本日は嶋村大教正来宿に付、在宿す

四月二六日

同月廿六日　陰

一　午前出勤す、別に議事無之

四月二七日

同月廿七日　雨

一　午前より用達処へ出勤す
一　元忠様来る廿九日御来邸の旨御答あり
一　右に付豊永へ通知済の由、主公御承知、荘原同断
一　金五拾銭
　右忌宮神社春季例祭に付出金のこと、荘原、河村一同決す、右は定格とす、就ては以来会計方根帳記載相成候様引合候事

四月二八日

同月廿八日　陰

一　午前より出勤す
一　廿四年四月より十二月迄会計勘定検査済の事
一　右に付、廿四年十二月附を以て予算の件に付、伺書を呈す御指令相成候事
　右件々の引合は、夫々別紙ある

四月二九日

同月廿九日　陰　后雨

一　午前より用達所へ出勤す
一　本日は財産現簿取分廿五年予算主管者荘原より提出に付、家政協議人参集、午前十時元忠殿、豊永、三吉、荘原一同、第二号に於て三位公御開会相成候事
　右夫々御調査の上、予算帳簿二冊に夫々承知印を御捺相成、協議人一同調印のこと
一　右の外に議事なし
一　午后豊永、荘原一同会す
　右は御建築手順等の件々を談合す、尤別に異議の件はなし、地開の上追々見込相立候筈也
一　三軒家仮建の儀は、当分の雨を凌く位仮建の方可然ことに談決也
一　豊浦学会財産監督云々出願の件は、詳細に次第書を相添候上にて、何分の御許可相成候方、后年差閊無之ことに申合、其次第を不日日原へ申入のことに談済也
一　桂弥一往復路費は、家扶の見合を以て相渡し、尚滞在は着日より出立迄を不残相渡し、外に謝儀右の見合相立候上、二十円又は三十円の目途に取計のことに、荘原と申合置候事

四月三〇日

同月三十日　雨

一　午前より出勤す
一　桂弥一氏着府にて出頭あり

一　右に付、米熊、トモの事情、尚又住所の件々も詳細承り、且又迎一件は愈出発のことに決す
一　午后四時より懇親会を新市に設く、豊永、難波、栢、日原、荘原、林、因藤〔和吉カ〕、江良、中川、梶間、渡辺、河村〔光三〕、河村〔家久〕、桂、三吉也
一　トモへ、桂氏帰府に付迎のことを決し、凡十日頃にはイヨを出京のことに書面出す、尚又長野行の件は先見合の方、可然ことに含置加筆す

五月一日

五月一日　雨
一　本日は月並神供献備に付、午前より出勤し、午后退出す、別に議なし
一　本日実父〔小坂土佐九郎〕十七回忌、幷に弟松三郎〔小坂松三郎〕五拾回忌法会、正午案内にて小坂へ至る

五月二日

同月二日　陰
一　午前より用達所へ出勤す
一　長野にて米熊へ住所一件再問す
一　小坂へ参拝、且徳応寺へ同断のこと

五月三日

同月三日　晴
一　午前より出勤す
一　本日は三位公御誕辰幷御惣容様御一同御祝宴に付、随従男女へ御祝被下、外来人も有之、尤御間席無之に付、男子の銘々は用達所に於て酒肴被下候事

五月四日

同月四日　晴
一　午后より用達処出勤す
一　養育所名簿等廃し、就ては岩間アサ、ツル〔江本ツル〕へ達し、御奥御用弁相心得候様申添置候事
一　午后五時より豊永方にて、桂、荘原一同会し、那須農場始末本月予算山林御払下の件々桂氏見込談あり、右は同氏見込通り夫々議決の事

五月五日

同月五日　陰
一　午前より出勤す

五月六日

同月六日　陰
一　午前より用達所出勤す
一　河村茂国門人廿一名剣術を御覧に相成る、其次第は日記

書留に付略之

一　午后七時イヨ事東京へトモ迎として出立す、尤明七日便船に乗組の筈也

一　右に付、諸費金百七拾円為替にして東京詰小野安民へ引合、書留にして本日午前仕出す、外に金三拾円を路費として相渡す、其他持参品は別記あり

五月七日

同月七日　晴

一　午后より出勤、別に議事無之

一　同六時より渡辺郡長〔管吾、豊浦郡長〕の招に依て新市へ至る、豊永、荘原、河村、粟屋書記〔景明〕、宴会也

五月八日

同月八日　晴

一　休日に付在宿す

五月九日

同月九日　陰

一　午前より出勤す、別に議なし

五月一〇日

同月十日　雨

一　午前より出勤す

一　トモより昨日安着の由電報に付、本日直に郵便を以て安心の段申遣す

五月一一日

一　本日より十二日迄忌宮神社例祭也

同月十一日　晴

一　午前より用達所へ出勤す

五月一二日

同月十二日　晴

一　午前より用達所へ出勤す、別に議事なし

五月一三日

同月十三日　陰

一　小野安民より為替金着の段、預り状来る

一　トヨ〔ママ〕〔トモ〕より九日出の書状来る

一　午前より出勤す

一　主公御貫属替御出願可然ことに三名議す、右に付ては財産主管者は長府詰にて、東京へ折々出張可然と協議す、尤追て伺可申筈也

一　会計検査役向后金庫現金出納の検査相成可然ことに談す

一　御台所取締人撰のことに議す

五月一四日

同月十四日　晴

一　午前より用達処出勤す

一　財産主管者月給御定置如何哉の段、豊永申合置、尤此件は高輪様御振合聞合協議可然と談合なり

一　小野安民より来書あり

一　金三拾円

但本年二期にして

右元周公御銅像建設に付、出金の儀相決し、荘原氏へ依頼致置候事

五月一五日

同月十五日　晴　風少々

一　休日に付在宿す

五月一六日

同月十六日　晴

一　午前より出勤す

五月一七日

同月十七日　陰

一　午前より用達処へ出勤す

一　井上伯〔馨〕着関に付、公より御尋問の御使を勤む、止宿所は小門末永方也、面会の上御家政の談色々あり、尤別に記事の件は無之

一　今般山口に於て御同族様方御懇会、先つ七月頃の由、其節は柏村〔信〕、井関両人の内出張の由、且又財産帳簿類不残高輪様より持出しの由、就ては各家も先同様の筈也、都合に依ては主管者も参席可然との談もあり

一　夏休暇は、御相続人は御幼少より御帰県に相成、御滞在中御家政向のことを御咄し相成度ことに、伯の気附あり

五月一八日

同月十八日　晴

一　午前より出勤す

一　荘原御用済にて午后五時頃出立、同氏家内同断

一　御用談の件々抜書、別紙相認置候事

一　荘原へ暇乞に至る

五月一九日

同月十九日　晴

一　午前より出勤す、本日は早め退出、別に議なし

五月二〇日

同月二十日　晴

一　午前より用達所へ出勤す
一　東京麴町下二番地廿二番地植田方止宿トモへ見舞状出す

五月二一日

同月廿一日　晴
一　午前より出勤す、別に議事なし

五月二二日

同月廿二日　晴
一　休日に付在宿す
一　高屋〔宗繁、医師〕、江本、小野の三氏よりイヨ病気の次第を報知あり
一　玉樹より着の書状来る

五月二三日

同月廿三日　晴
一　荘原より神戸着、又東京着の報知あり右に付着歓郵書を出す
一　トモ女へ答書す、又高屋、江本へ書面、別に書面不出候に付、挨拶の儀を加筆し、午前郵便出す
一　午前より用達所へ出勤す
一　桂弥一氏へ老人不快に付見舞す、都合異状なく食事六ッケ敷口中痛也

一　本日は御用議事無之

五月二四日

同月廿四日　小雨
一　午前より出勤す
一　午后金庫改出入検査簿を受取る

五月二五日

同月廿五日　小雨
一　米熊より東京廿一日附の郵書到着す、イヨ追々快方の由申来る
一　右に付、答書を午后仕出す
一　午前より用達処出勤す
一　交肴一折　人形相添
右藤野誕生に付、取束為持候事

五月二六日

同月廿六日　晴
一　桂老人へ尋問す、酒持参す
一　午前より出勤す

五月二七日

同月廿九日〔ママ〕　雨

一　午前より用達所へ出勤す
一　豊永氏出勤也、尤議事は無之
一　荘原家扶より左の電報あり、午后二時五十分着す
　　キノヲネガイスムソノケンヲノソキアトシラセスム

五月二八日

同月廿八日　陰　正午より晴
一　午前より出勤す

五月二九日

同月廿九日　晴
一　日曜休暇に付在宿す、別に相変儀なし

五月三〇日

同月三十日　晴
一　午前より出勤す
一　イヨ事不快に付、北白川宮より玉子一折御使を以て御尋に相成候旨米熊より申来、依て右の御礼麻生家扶まて郵便状本日仕出す
一　米熊より照会に付、廿二年九月五日東京農林学校長高橋具清より米熊へ宛通知書写、本日午后一時長野県同人宿所へ郵便状仕出す
　右現書は米熊御達類の内へ纏置候事

五月三一日

同月卅一日　晴
一　午前より用達処へ出勤す
一　荘原より来書、廿七日附御貫属替御許可に付、夫々御知せ相済、且宮内省御届其他の分も御調印、美濃紙有之候に付、大抵此分にて取計のことに申来る
一　右に付、請書夫々仕出置候事
　　但当村役場へ引合の件を加筆し、東京用達所へ引合のことにす

六月一日

六月一日　風雨
一　午前より出勤す

六月二日

同月二日　陰
一　午前より出勤す、別に議事なし

六月三日

同月三日　晴
一　午前八時用達所へ出勤す
一　田嶋信夫副主管者過日出頭献上物等有之旁に付、馬関大

吉方止宿所へ至る、不在に付申置候事

六月四日

同月四日　晴

一　午前より出勤す

六月五日

同月五日　陰

一　休日に付在宿す

六月六日

同月六日　小雨

一　午前より用達所出勤す

一　元周公更に油絵取計方の儀、荘原より申出に付、上申す

一　乃木希典氏へ長府御建築順序より会計方交代の内議等談しの由、同意也、尤荘原の引揚けは俄に実施は如何哉の談ある由也

一　右の外書面の件々上申し即日受書を出す

一　三位公御移転に付、御住所御届書宮内省へ進達の分荘原迄送る、且又当村役場へ届書出る

一　麻生家扶より於東京イヨ不快の処尋問し、且其様子を報知あり

六月七日

同月七日　陰

一　午前より出勤す

一　豊永氏出頭あり、井上伯へ御尋問の儀協議し相伺候処、来る九日正午より御出のことに御決也

一　右に付、御重詰外に上酒一斗御持参、此品は豊永引受可申由に付、依頼す

一　強震に付、トモへ見舞状出す

六月八日

同月八日　陰

一　午前より用達所へ出勤す

一　麻生三郎氏へ、過る三日附の来書に対する礼状を出、且強震の伺も加筆致置候事

六月九日

同月九日　陰

一　午前より出勤す、別に議事なし

一　主公、井上伯宿所へ御尋問あり

六月一〇日

同月十日　晴

一　午前より出勤す、議事無之
一　洋食午餐御陪食被仰付候事
一　金庫出納引合す

六月一一日

同月十一日　晴
一　午前より用達所へ出勤す
一　豊永氏出頭あり、尤別に議なし
一　米熊へ伊仏事情一冊の着受状出す

六月一二日

同月十二日　晴
一　休日に付在宿す

六月一三日

同月十三日　雨
一　本日不参の儀を上申のことを、用達所当直迄書面出す
一　在東京トモより十日附の書面来る、イヨ事追々快方の由、
　又菅野氏大病の段申来る

六月一四日

同月十四日　陰
一　午前より出勤す

六月一五日

同月十五日　陰　夜雷雨
一　清末様へ御使相勤候事
　但右に付、用達所へは不参す

六月一六日

同月十六日　晴
一　荘原より御銅像一件の見込申来る

六月一七日

同月十七日　陰
一　午前より用達処出勤す

六月一八日

同月十八日　小雨
一　本日は功篤公〔毛利匡芳、長府藩一〇代藩主〕百年御式年祭に付、午前七時より出勤す
右御祭儀の件々は、用達所に記載あり、依て略す
一　功篤公敬業館御開館被為在候に付、本日忌宮社内に於て文武の芸を奉納ある
一　栢貞香出頭にて本日の奉納雨天に付半途に相成り、就ては三位公御都合を以て御覧相成候はゝ満足可致段を内願

あり、依て相伺候処、廿一日より廿三日迄三日間日割にして御覧のことに御下命あり、其旨栢へ伝達す

一　右に付、昼割籠飯、午后酒肴被下候に付、会計方へ手当方のことを談し、尚御仕構等は江良へ相頼候事

六月一九日

同月十九日　晴

一　日曜休暇に付在宿す

一　林政二郎不快の由報知に付、午前玉子一折持参尋問す、至て太切なり

一　午后養生不叶死去の段、俊雄を以て通知あり

六月二〇日

同月二十日　陰

一　午前より用達所へ出勤す

六月二一日

同月廿一日　雨

一　午前より出勤す、昼御酒御相伴仰付らる

一　武芸御覧本日より廿三日迄日割の処、梅雨中に付、御中止相成候事

六月二二日

同月廿二日　雨

一　午前より用達所へ出勤す

六月二三日

同月廿三日　陰

一　午前より出勤す、別に議事なし

六月二四日

同月廿四日　陰　夕雨

一　午前より出勤す

一　偕楽運動会より来る廿六日案内有之候処、差閊に付、断り状本日仕出す

六月二五日

同月廿五日　雨

一　用達所へ出勤す

一　午餐洋食、河村、三吉御陪食仰付らる

六月二六日

同月廿六日　午后雷雨

一　休日に付在宿す

一　梶山氏を晩餐に招く

六月二七日

同月廿七日　陰

一　午前より出勤す

六月二八日

同月廿八日　陰

一　午前より用達所出勤す

一　金三円也
右故元周公御銅像建設に付、一書の金員米熊寄附の分、惣代佐竹為延へ差出置候、尤受書証書は追て相廻り候由なり

六月二九日

同月廿九日　晴

一　午前より出勤す、別に議事なし

六月三〇日

同月三十日　晴

一　午前より出勤す

七月一日

七月一日　陰　午后雷雨

一　午前より用達処へ出勤す

一　月並御神供献備相勤候事

一　金庫出納調査有之候事

一　午后より出関、林方へ悔として至る

七月二日

同月二日　陰　午前より雨

一　午前より出勤す

七月三日

同月三日　陰

一　休日に付在宿す

七月四日

同月四日　陰

一　午前より用達所へ出勤す

七月五日

同月五日　陰

一　午前より出勤す

一　笑山寺御墓所始末方の儀に付、河村光三、下田一同見分す、右に付早々仕方積り取調のことに、下田へ授置候事

七月六日

同月六日　晴

一　本日は不参届書を差出候て在宿す

七月七日

同月七日　晴

一　午前より用達所出勤す

一　磯谷市介来宿、当地へ電信支局設立に付、毛利家へ御寄附金内願申立あり

七月八日

同月八日　晴

一　神戸発トモより電信、昨日午后九時横浜丸へ乗船の由申来る

一　午前より出勤す

七月九日

同月九日　晴

一　午前八時前イヨ、トモ両人とも安着す

一　午前より出勤す

一　元雄君暑中御休暇御帰府の件、荘原より照会に付相伺候処、東京表都合次第帰府可然旨御沙汰也

七月一〇日

同月十日　晴

一　日曜休暇に付在宿す

七月一一日

同月十一日　晴

一　午前より用達所へ出勤す

一　高屋宗繁へ積る礼状を出す

七月一二日

同月十二日　晴

一　午前より出勤す

七月一三日

同月十三日　晴

一　用達所へ午前より出勤す

七月一四日

同月十四日　晴

一　清末様へ故元純様〔毛利元純〕御内室四十年御式年祭に付、御代拝被仰付、依て九時前出頭す

一　午前用達所出勤す

七月一五日

同月十五日　晴

一　午前より出勤す

七月一六日

同月十六日　晴

一　午前より用達所へ出勤す

七月一七日

同月十七日　晴

一　ハルトン〔ウィリアム・キニンモンド・バートン（William Kinnimmond Burton）、英国人、内務省衛生局御雇技師〕明十八日御邸地所検査として出頭のことに報知あり、依て出勤す

七月一八日

同月十八日　晴

一　午前より出勤す

一　午后三時ハルトン氏今般御新築地所検査御頼に付来邸あり、依て同行福岡県技師工学士工藤謙、門司築港会社技師相良常雄、通弁坂部銀三赤坂檜町九番地住、右案内難波氏付添也、尤門司迄迎として至る

一　右に付、河村光三、下田又主公御代理三吉一同実地引合す

一　大畠上山より南北山土出しの場其他井戸、夫々実見相済、山御茶屋に於て洋食、主公御一同御会し被遊候事

一　右検査に依、概略実地不都合無之と決す、尚詳細の件々は追て申出有之筈也、尤旧豊永住所家屋は取除けのこと談ある也

右相済、難波氏馬関まて相送り、大吉方にて晩餐を出す、是は今日の挨拶也

七月一九日

同月十九日　晴

一　午前より用達所へ出勤す

七月二〇日

同月二十日　晴

一　午前出勤す

一　明日より当分暑さの際は申合、半日交番にして相詰候様御下命也

七月二一日

同月廿一日　晴　午后北風

一　用達所へ出勤す

一　笑山寺御墓所、御子様の分丈け御改葬の次第を相伺候処、

是まて取計の例の通りにて思召不被為在旨、本日伺済なり

七月二二日

同月廿二日　晴　北風

一　午前出勤す

七月二三日

同月廿三日　陰

一　午前出勤す、別に議事等無之退出す

七月二四日

同月廿四日　午后小雨　夜又雨

一　日曜休暇に付在宿す

七月二五日

同月廿五日　陰

一　午前用達所出勤す

一　金庫出納検査引合す

七月二六日

同月廿六日　陰　小雨

一　午前出勤す、別に議事なく退出す

七月二七日

同月廿七日　陰

一　午前用達所へ出勤す

一　欽麗院様へ暑中御伺、且御随従一統へ加筆し、郵便状本日仕出す

一　北白川宮殿下へ暑中伺麻生へ郵書出す、右に付別当始め一統へ加筆す

七月二八日

同月廿八日　雨

一　金参円

右法華寺へ寄附金、佐竹、立野〔列介〕の両氏へ相渡す

一　午前用達所へ出勤す

七月二九日

同月廿九日　雨

一　午前出勤す

七月三〇日

同月三十日

一　用達所へ出勤す

七月三一日

同月卅一日　小雨

一　休日に付在宿す、別に引合の件なし

八月一日

八月一日　陰

一　午前用達処へ出勤す

一　月並神供を備ふ

一　金庫出納引合改あり

八月二日

同月二日　晴

一　午前出勤す

一　元雄君、式子様〔毛利式子〕午前九時御安着、随従小野安民、荘原ツユ、外に細川篤長殿〔細川頼彬と鏻子の三男〕随行也

八月三日

同月三日　陰

一　用達所へ午前出勤す

八月四日

同月四日　晴

一　午前出勤す

一　主公よりの御意、欽麗院様より御奥様へ御直書を以て三位公へ御直話の御用有之、御出京の儀を被仰越候旨に付、本月廿九日頃御出発御上京被遊度とのこと御下命あり、右は御老母様よりの御面会の儀を私より更に申上る儀無之、乍去御用向は御直話の件に御座候はゝ、定て重要の御事と奉存候、右思召次第と申上置候事

八月五日

同月五日　晴

一　交肴　一折

右小野氏へ積る挨拶として持参す

一　午前用達所へ出勤す

八月六日

同月六日　雨

一　午前出勤す、別に議事なし

八月七日

同月七日　小雨

一　休日に付不参

一　青年懇親会於覚苑寺開会案内有之候処、差支に付、左の

一　金員を寄附す
一　金壱円
　右安尾清治へ向け出金す

八月八日

同月八日　陰　小雨
一　午前用達所へ出勤す
一　渡辺会計方来宿、公より御直書持参也
　右は御上京御予定の件なり

八月九日

同月九日　晴
一　午前出勤す
一　三田尻毛利御別邸井関、田島の両氏より、山口に於て御申合の御懇親会一件の御ヶ条、尚又向后の諸御動向諸費等の御規則の件々を申来る
　右書面上申す

八月一〇日

同月十日　晴
一　午前用達所へ出勤す
一　御奥様御着帯に付、菅〔道種、医師〕及ひ渡辺リウ〔産婆〕参殿す、御祝酒赤飯被下之
一　右に付、一統へ赤飯御祝酒頂戴被仰付候事

八月一一日

同月十一日　晴
一　午前出勤す、別に議事なし
一　明十二日より十三日迄在宿御願申上置候事

八月一二日

同月十二日　晴

八月一三日

同月十三日　晴

八月一四日

同月十四日　晴
一　休日に付在宿す

八月一五日

同月十五日　晴
一　午前用達所へ出勤す
一　主公来る廿三日御出発御上京旨御発表也

八月一六日

同月十六日　晴
一　午前より出勤す

八月一七日

同月十七日　晴
一　午前出勤す、別に議事無之

八月一八日

同月十八日　晴
一　午前用達所へ出勤す

八月一九日

同月十九日　晴　朝小雨
一　午前出勤す

八月二〇日

同月二十日　晴
一　用達所へ午前出勤す、別に議事なし
一　本日は金庫出納検査あり、依て引合す

八月二一日

同月廿一日　晴
一　日曜休暇に付在宿す

八月二二日

同月廿二日　晴　后雨
一　午前出勤す
一　金二十円
　右今般荘原ツュ臨時御雇式子様随従に付、思召を以て被下候事

八月二三日

同月廿三日　晴
一　午前七時過用達処出勤す
一　主公、元雄君、式子様、午前八時御出邸、外浦よりイロハ丸へ御乗船にて神戸丸へ御乗組、御出京の事
　但随行は江良、小野ツュ、細川なり
一　右に付外浦迄御見送申上候事
一　公より御留守中の儀総て万事御依頼被仰付、何も取計仕候様御直命なり

八月二四日

同月廿四日　晴　夜二時前雷鳴
一　午前出勤す、別に議談更に無之
一　御奥様へ御機嫌相伺退出す

八月二五日

同月廿五日　小雨　雷少々

一　午前用達所出勤す
一　桂老人へ尋問す、都合同様也
一　主公始め御一同御安着の御報知ある

八月二六日

同月廿六日

一　午前出勤す

八月二七日

同月廿七日　陰

一　用達所へ午前出勤す
一　主公、御子供様御一行御着京の恐悦、且御随行一統ツユ方の加筆し、上申書を荘原へ宛て本日書状を出す

八月二八日

同月廿八日　晴

一　休日に付在宿す

八月二九日

同月廿九日　晴

一　午前出勤す、別に議事なし
一　荘原より主公御一行御着の報知郵書到来す
一　御奥様より素麺一包御贈り頂戴す

八月三〇日

同月三十日　晴

一　午前出勤す、別に議事なく退出す

八月三一日

同月卅一日　陰

一　午前用達所出勤す、別に議なし、依て退出す

九月一日

九月一日　晴

九月二日

同月二日　晴

一　午前出勤す

九月三日

同月三日　晴

一　用達所へ午前出勤す

九月四日

同月四日　晴

一　休日に付不参のこと

一　覚苑寺、法華寺、浅野、山田、小坂、正村等へ焼香に到る

九月五日

同月五日　晴

一　井関家令より来書、本日午前八時参殿の儀申来、直に用達処へ出勤上申のことに答書し、右の趣上申す

一　井関美清家令八時過参邸、御奥様御逢の上、正二位公〔毛利元徳〕よりの御内話の由上申あり、終て酒肴出る、右に付御取合致候事

一　十月五日御会合の節は、必す慎蔵参席致候様同人より説愈あり、右に付、出頭の儀答置候事

一　御内用向は六郎様〔毛利六郎、毛利元徳六男〕大村家へ云々の件也、内話あり

九月六日

同月六日　陰

一　午前用達所へ出勤す

一　主公より本月二日附の御直書を賜候事

一　右に付、荘原家扶迄御受書を出す、依て井関美清家令参邸の儀を加筆す

九月七日

同月七日　陰

一　午前出勤す、別に記事なし

九月八日

同月八日　晴

一　午前用達所出勤す

九月九日

同月九日　雨

一　午前出勤す、記事なし

一　午前諏訪〔好和〕、日原の両氏来宿にて、教育補助会々長を清末侯へ相願候由承る

九月一〇日

同月十日　陰

一　用達所へ午前出勤す

九月一一日

同月十一日　小雨

一　休日に付在宿す

九月一二日

同月十二日　陰

一　午前出勤す

一　豊永氏午前出勤なり

一　先般土方の者三名土出しの為め軽傷に付、御奥様より思召を以て右三人へ金三円宛被下の儀を、豊永と協議の上之を上申し、其取計致し候、右出金は納戸金より支出のことに決す

九月一三日

同月十三日　小雨　北風少々

一　午前用達所へ出勤す

一　県会議員撰挙人名簿調製に付、他村へ所有地の分届出の儀申来る、右は昨十月届出後別に異動無之、依て別段証明書を以て届出は不致候得共、昨年の分と異動無之ことを申出候事

九月一四日

同月十四日　晴

一　午前用達所出勤す

一　清末侯教育補助会々長御承諾相成候由、日原より通知あり

一　本日別に記事なし

九月一五日

同月十五日　小雨

一　午前出勤す

九月一六日

同月十六日　小雨

一　午前より出勤す

一　本日より午后三時迄相詰候ことに、用達所へ談候こと

九月一七日

同月十七日　晴

一　午前より用達処出勤す

一　主公西京丸にて御安着、午前九時前御帰邸被遊候、江良、岡精一の両氏御供なり

一　清末侯教育補助会々長御依托御聞済に付、尚三位公よりも御頼の件、又追々清末旧臣の内より当撰の件、御示談の儀を諏訪、日原の両氏より内願に付、本日主公へ上申す

一　正宗酒　三本

右公御取締の由にて被下候事

九月一八日

同月十八日　小雨
一　日曜休暇に付在宿す
一　午后二時桂弥一氏より案内に付、賀田氏宅へ至る、晩餐酒宴ある、依て橙と正宗一本を持参す

九月一九日

同月十九日　陰
一　午前より出勤す

九月二〇日

同月二十日　小雨
一　桂弥一氏へ過日の答礼として至る、且又品川子長府村へ案内一件の儀、色々協議す、河村氏も一席也
一　桂氏明廿一日より肥前行、廿三日帰府の筈にて、品川子の様子は電報ある筈なり
一　午前より出勤す

九月二一日

同月廿一日　小雨
一　午前より用達所へ出勤す
一　清末様より御使熊谷氏〔信夫〕参邸にて三田尻御集会の節、主管者出頭の方当然のことと心得、就ては三位公思召如何哉との談に付、荘原出頭のことに御下命ありと答、又三吉儀も出頭の筈也と申候処、清末様にも御同様のことに答有之候事

九月二二日

同月廿二日　小雨
一　玉樹一同馬関林へ至る、夫より三吉、伊秩両家、藤野、安尾、金子へ同断
　但林へ五拾銭肴持参す
一　毛利御邸へ一同出頭、御二方様拝謁のこと
一　交肴一折献上す
　但御次にて酒肴被下候事
一　本日は秋季皇霊祭に付、国旗を掲く
一　夜栢貞香を招き酒宴す

九月二三日

同月廿三日　陰
一　午前より出勤す
一　桂氏より品川子の様子略申来る
一　賀田氏へ尋問す、不在なり
一　午后松本〔廉平〕、賀田の両氏出邸にて桂氏へ協議の件々を談合す

九月二四日

同月廿四日　晴

一　桂氏昨夜帰府の由に付尋問す、不在也

一　午前より用達所へ出勤す

一　桂氏出邸に付、品川子の様子を承り、右に付色々気附を議す、右集会議決の上取計可申ことに談置候事

一　豊永氏二時頃帰府の由、然るに品川子廿八日延引廿九日入関の電報有之由、桂氏へ伝言あり

九月二五日

同月廿五日　晴

一　休日に付在宿す

一　午后栢俊雄来宿にて、品川子待請の順序略本日衆決の由、右は是迄気附談合の通可然ことに伝達あり

九月二六日

同月廿六日　陰

一　午前より出勤す

一　品川子への御仕向御料理は、主公思召を以て日本仕立にて、万御注意の旨被仰聞候事

九月二七日

同月廿七日　雨

一　午前より用達所へ出勤す

一　品川子爵引受に付、日原、桂、賀田、栢、河村の各氏、午后用達所へ会す、協議の件書類は栢持参也

九月二八日

同月廿八日

一　記事なし

九月二九日

同月廿九日　雨

一　午前より出勤す

一　本日は品川子爵を、発起人有志者一同より豊浦へ招請し、山御別荘へ一泊相成候に付、主公より総て御仕向相成、且又有志者へ立食御仕向相成候事

一　右に付、山御別荘子爵滞在所へ慎蔵一泊す

一　公より子爵へ別段三種の御手前料理を被為進、其節公の御詠を御添に付、御膳へ相添慎蔵差出候事

九月三〇日

同月三十日　小雨　夕晴

一　午前九時功山寺へ品川子爵を招き演説あり

一　右に付、第一松本引合演説あり、第二和田某国民協会の

趣意演説、第三品川子爵也
一 右に付、功山寺休所へ由緒の書類軸物陳列あり
一 三吉所持品三条公〔実美、公家、政治家、明治二四年没〕、西郷〔隆盛〕、木戸〔孝允、旧萩藩士、明治一〇年没〕、吉田松陰先生〔旧萩藩士、安政六年没〕、坂本〔龍馬〕、石川〔中岡慎太郎〕、田中〔光顕、旧土佐勤王党員、政治家〕、故福原大佐〔和勝〕、高杉〔晋作、旧萩藩士、慶応三年没〕諸君の染筆軸物等を出す
一 功山寺演説終て、十一時賀田にて品川子爵始め一行鳥渡休息、夫より松崎社前にて懇親会を開く、右相済直に三軒家より小蒸汽船にて小野田へ渡海に付、一同送る
一 豊浦学校生徒ホート出し相送る也

一〇月一日

十月一日　晴
一 本日は秋季御例祭に付、午前七時用達所へ出勤す
一 十時三十分御神勤御祭儀、例年の通也、此件記事は略す
一 参拝に付、玉串料五銭献備す
一 荘原好一氏午前八時過着府出邸也
一 右に付、品川子滞府の次第、御邸引受の件々を申入る
一 バルトン氏より実地検査の件に付、長与氏、荘原へ引合の記事、尚又長与氏の添書とも荘原氏より承る、右に付、御新築地何も懸念無之ことに決し、尚公へも右の段上申す
一 井関氏より三田尻へ出頭の儀申来る

一〇月二日

同月二日　晴
一 午前より出勤す
一 豊永、荘原一同別会す

一〇月三日

同月三日　陰
一 用達所へ午前より出勤す
一 本日は豊照神社御祭日、例年の通御自祭被遊候事
一 右御式の儀は御祭儀録の通に付略す
　但玉串料五銭を献す
一 明四日正午御出発にて関より御乗船、三田尻へ御出に付、江良和祐御供、且荘原、三吉随行のこと御下命也

一〇月四日

同月四日　晴
一 今般三田尻御茶屋に於て第一の御親族会を御開に付、本日正午御出発、馬関豊永組にて御小休、夫より第一徳山丸へ御乗組、午后三時出船也
一 三田尻御茶屋へ御乗船の電報出す

一　海上平波、午后八時三田尻へ御安着の処、通船へ神代貞介〔毛利宗家出仕〕御迎として出る、直に御乗込、波戸場へ上下とも人力車御手当に付乗車、夫より御茶屋へ御出の処、各家御揃夫々御邸内へ、上下とも御宿所を御設相成候事
一　主公、花月楼、元功様、御物見、元忠様、経健様、重吉様〔吉川重吉〕、御本殿御二階也
一　井関始め各家の随行員に面会す
一　主公随従は、三吉、荘原、江良、尤江良の儀は、主公全御用弁の為にて、両人は御会議に列席す
一　元功様、河合家扶〔蕃江〕、浅見家従也
一　元忠様、熊谷家扶、飯田家従也
一　経健様、今田家扶〔寛〕、名嶋家従〔尚三〕にて、重吉様随従は右兼務也
一　御夜飯御用意あり、御膳の上にて御酒出る、一汁二菜也
一　朝御飯丈けは御宿所へ廻る、昼晩は御本殿にて上下共宗家一同なり
一　各御奥様御揃、当御方は御奥様御不参也
一　宗家元昭様、同御奥様〔毛利富子〕なり
一　花月楼、御物見両所の御用弁掛り甲田直介、女中両人、小使一人御附け相成る
一　元昭公、御二方様へ御土産品、飴一筥被為進候代金壱円也

一〇月五日

同月五日　晴
一　長府へ御安着の報知状仕出す
一　午前元昭様始め各家御休所へ御伺として廻勤す
一　午后より御親族会御開に付、各家令扶又主管者集会を午前御殿に於て開き、御申合の件々に付各意見を議す、其他共救金規則書親族積立金の件々を議す、尤此二件は本日の御会議には申合半途也
一　午后一時より御開会に付、御末席へ三吉、荘原、川井〔ママ〕〔河合〕、熊谷、今田の五名御会同す、然に宗家は正二位公御代理元昭公御参会のことに付、一応井関帰京上申可致、其上にて御談決のことを申上る、依て本日御参集の御方々の御決しに止まる也、尚又御規則書により各申合取調の筈にて一応散会あり、引続き御奥様方御参集相成、御酒宴御開きに付、前員陪従の男女一同御相伴す
一　御宴会の御献立は、別に控あり略す
　　　　随従女中五人
右　徳山御奥様〔毛利鈺子〕　清末御奥様　吉川両御奥様〔吉川直子（吉川経健妻）、吉川寿賀子（吉川重吉妻）〕　若御奥様
　　　　井関始め家従陪席
御席

左　主公　元功様　元忠様　経健様　重吉様　元昭様
三吉、荘原、川井〔ママ〕、熊谷、今田
家従順々

一朝飯は、休所にて一汁一菜猪口付香物也、昼は一汁二菜外に腕盛添

一御協議の件々、井関帰京にて上申し、御調印各家へ御送付可致との談也

一元忠公より御口演左に記す
木戸、北小路両家是迄の御因みもあること故、出京の節は懇会致度との御談なり

一重吉様より来春御会は吉川家へ願度云々の御談あり

一〇月六日

同月六日　晴

一午前より御殿にて井関始め五名一同会議す、其件々は原案の書類に依り協議す、尤半途にて散会す

一本日は各公御一同正午洋食随行員一同立食也
但御二ノ間也

一各公多田羅御地所拝見御遊行也、御供は家従のみ、五名は申合ありて御殿へ残り居候事

一夜に入御規則の件々を協議す

一此節は老松神社例祭に付、市中色々見物あり、依て夕刻より各公方御見物に御参集あり

一和歌神社へ御寄附品の件、徳山様、清末様、御当家へ申入に付、川井〔ママ〕、熊谷、荘原一同談合す、右は相断り可申ことに決し、熊谷より荘原へ右答書のことを談あり

一井関へ此度御仕向の次第を尋問す、右答へに、此度は御移転初ての御内祝相合し特別のことと演説に付、右は却て向後の差支りに付、夫々御勘定可然と一同より申入置候事

一慈恵院年継御寄附金の件を談す、右は先可成差控可申ことに談決す

一国光家族列伝材料の件申入あり、此件も先つ家記等半途の都合を以て応せさることに決す

一〇月七日

同月七日　陰

一河村光三より御伺状来る、御留守御異状無之由、依て上申す

一田嶋副主管者昨夜着の由、御殿に於て面会挨拶す

一山口にて私立女学校設立永続の件々に付、日野、高崎両名出頭、各家随従員一同面会の上御寄附金申入あり、高輪御奥様会頭の由、年々五拾円宛御寄附の由也
但田島氏の曰、年々等の件々相止、此節は夫々取調行掛りの分は不得止、一時一時〔ママ〕出金にすとの説あり
右御出金の件は、各家金員未決なれとも、其家の分によ

り出金は決すと衆決す
一 吉川御両家は六拾円御決の由、三田尻にて現金出るとのことを十一日荘原より承る
一 金三拾円
右女学校へ御当家より出金のことに荘原より談決也
一 午后より田島参邸に付集会あり
一 今般是迄御会合の書類により各見込を協議す、色々尋問あり、此件は書類により引合に付略す
一 今般御滞在中御挨拶目録等の件々協議す、右は当度より差止相成候様田島の説に衆決す
一 御奥向是迄の行掛りの件々も協議す
右は東京に於て宗家御親族会の節、高輪御奥様よりの御問題に相成、其節相止、先夫迄は御奥向に限り先従前の通り致置ことに議決なり
一 財産帳簿并に予算帳簿とも、夫々各家同様の仕立にて、夫々取纏のことに田島より談あり
一 御会席の御都合を田嶋より談あり、御女中たりとも同様にし、御随従の女中も御通ひを致し、可成無益のこと無之様申合候儀、御会第一の論田島より申出有之候に付、三吉右は誠に尤千万也、其辺の事情は先般概ね井伯〔井上馨〕にも愚存申出置、実に御懇親のことは何卒永久実行肝要のことと陳述す
一 本日の集会も内議半途にて退散す
一 午后三時三田尻開作字勝間新田と云所へ、御一同御遊歩の随行員不残参集す、右は網打漁、珍らしき事也
但不残人力車、凡三拾五梃位あり
一 御見物中降雨に付、御弁当半にして御帰邸也
一 御帰殿の上、御上向御一同漁魚にて御酒宴あり、依て御相伴す
一 御親族会は一日にて、其前後は御随意御遊歩、先つ三日間と御定の由を井関より伝達あり
一 生田純貞なる人、玉樹兄〔荒瀬俊太郎〕を同道尋問あり、依て面会す、父〔荒瀬新八〕久々病気に付、代理として来る也

一〇月八日

同月八日　雨
一 午前より田嶋始め各家会同す、其件は追て御決定の上各家相廻し候筈也
一 午后より御上会議御開きに付一同参席す、其件は気附書により各公の御決を以て田島上京御再決の上、弥各家へ御廻しのことにて御散会也
一 明年は春御集会長府御順番の処、御都合に依り吉川家へ御譲りのことに御直談あり
一 秋東京御集会の御都合に田嶋より上申のことに示談あり
一 御集会御引受は前回にて決し、追て御案内状出ることに

一　御示談あり
一　午后より富市須磨屋にて御宴会、右は吉川家より先般御新婚に付、当度始て御面会、就ては於同所御祝宴を開き候に付、添て御案内するとのことを今田より申入ある、依て随行員陪席す
一　本日限り御親族会は順序相済候に付、明日よりは御随意にて可然とのことを申入あり、右に付、各公明九日御出発と御決也、右は井関より申入に依て如此
一　色々御内規取調の件々に付、半途不少、依て申合、居残り可然ことに気附を答置候事
一　御当家の儀は、三吉御用向あり、荘原を残し候様御下命に付、三吉、江良明日出立に決す
一　右の次第、田嶋始め井関へも申入置候事
一　御奥御女中、是迄の行掛りを以て、金壱円五拾銭を被下候事

一〇月九日

同月九日　雨
一　午前八時主公御出発、三吉、江良両人随行す
一　山口に於て豊栄神社、野田神社、忠正公御墓所へ御参拝、三吉随従す、但玉串料五拾銭宛也、右相済湯田松田屋にて御昼飯、直に陸道御帰府、尤舟木御一泊御予定の処、山中辺流行病に付御直行、夜九時過長府御邸へ御安着被遊候、依て十時帰宅す

一〇月一〇日

同月十日　陰
一　本日は思召を以て休息の御下命あり、依て在宿す

一〇月一一日

同月十一日　小雨
一　午前より用達所へ出勤す
一　荘原午前十時三田尻より帰府、各家申合内規協議の記載書を受取、尚追て精書は東京より来る筈也

一〇月一二日

同月十二日　陰
一　午前より出勤す

一〇月一三日

同月十三日　陰
一　在宿す

一〇月一四日

同月十四日　晴
一　用達所へ午前より出勤す

一〇月一五日

同月十五日　晴

一　午前より出勤す

一　中村徳寅死去に付、荘原一同示談し、金五円御香奠御贈り可然ことに談して上申す

一　第二基本財産現簿、五月より八月迄精算取調済に付、検査の上調印し、財産主管者へ相廻し候事

一〇月一六日

同月十六日　晴

一　日曜休暇に付在宿す

一〇月一七日

同月十七日　夕雨

一　神嘗祭に付不参す

一　本日は豊浦学校運動会に付案内あり出席す、右に付金五拾銭を寄附す

一〇月一八日

同月十八日　陰

一　用達所出勤す

一　午前より豊永へ荘原一同御用談あり、二時過迄会す

一　荒瀬俊太郎へ挨拶状幷に見舞招請の都合を照会す

一　米熊へ家事向の件々を細書出す

一〇月一九日

同月十九日　晴

一　午前より出勤す

一　昨日豊永に於て荘原一同内議の件々を内伺致候処、気附の通思召不被為在旨に付、其次第を荘原へ答置候事

一〇月二〇日

同月二十日　陰

一　午前より用達処出勤す

一　本日は廿六年予算表を荘原と協議す

一　俸給旅費とも財産主管者の金額を議す

一　家政協議人以下謝儀及ひ賞典取扱内規を議す

一〇月二一日

同月廿一日　晴

一　午前より出勤す

一　豊永出頭、新築地所を荘原一同に検査す、山堀下〔ママ〕けは壇なし、山形りにし、是迄堀切り定めの場所より上をぬき取る也

一　山下、旧豊永両所の座敷を山上に建築することに決し、

一　山上の場所を三人検査す
一　山田伯〔顕義〕明朝馬関着に付、御使を主公より被差立、尚又長府着の節扱方の儀を豊永へ示談し、明日豊永より廿三日の都合を報知ある筈に談置候事
一　豊永氏は明晩出発、東行也
一　来る十一月一日山口に於て御銅像御起工に付、主公を山田伯より御招請の来書あり、右は御差閊に付、御断りの内含を豊永へ御直に御頼あり、尚伯へ御直に御咄し有之筈也

一○月二二日

同月廿二日　陰
一　午前用達所出勤す、夫より山田伯着関に付、主公より御尋問として御使相勤む、来る廿四日午前御邸へ御伺の由に付、休息相成候様御下命の旨を申入置、右相済帰邸の上、廿四日午前御待受の次第を上申候事

一○月二三日

同月廿三日　晴
一　休日に付在宿す
一　午后山田伯引合の件に付、七時出勤の上夫々引合す

一○月二四日

同月廿四日　晴
一　午前七時より出勤す
一　山田伯伺として午前九時参邸あり、依て立食の取計也
一　本年九月までの勘定検査済調印の上、荘原主管者へ差出候事

一○月二五日

同月廿五日　晴
一　用達所へ午前出勤す
一　荘原氏本日出立神戸丸へ乗組帰京也
一　明廿六日より川棚、伊佐〔清康〕へ御用向あり、出張のことを上申す
一　正午洋食御陪食被仰付、河村、渡辺、内藤、三吉也
一　土屋挙直様御死去に付、欽麗院様へ御機嫌伺を連名にて仕出候事

一○月二六日

同月廿六日　晴
一　午前七時三十分出立、川棚村へ御用向に付出張す
一　正午過き伊佐清康宅へ至る、御乳母の件々示談し、同人へ御依頼の旨を申入、色々引合談合す、右尽力致し何分取調の上早々御報可申との答也
一　同家にて昼飯を仕舞、夫より御田地同行し巡覧す、同氏

宿へ参り五時過迄御田地其他教育学校土地の人気等の
件々を、聞合懇話致候事

一〇月二七日

同月廿七日　晴
一　午前七時四十分川棚村を発し、正午過き帰府、用達所へ出勤す、主公御不在に付、御奥様へ御使の次第上申す、且又女中ナミへも入々引合置候事

一〇月二八日

同月廿八日　陰　后小雨
一　午前より出勤す
一　川棚出張の次第を主公へ上申す
一　昼思召にて御相伴被仰付候事
一　本日は当畔旧八日例祭に付、各家へ案内す

一〇月二九日

同月廿九日　晴
一　酒五升　肴相添
右桂氏へ歓として為持候事
一　午前より用達所出勤す
一　部屋棟上す

一〇月三〇日

同月三十日　晴
一　日曜休暇に付在宿す

一〇月三一日

同月卅一日　晴　風少々
一　午前より出勤す
一　来る十一月一日山口御銅像起工式に付、山田伯より御案内の処、御差閊に付、右御断りの為め江良和祐を昨日御仕出し相成る
一　過日伊佐清康へ今度御分娩の上御子様御預け一件依頼致置候処、川棚村にて相調候段、昨三十日附を以て回答書留にして来書、午后二時三十分受取る
一　右に付、即刻伊佐へ受書を出す

一一月一日

十一月一日　晴
一　午前より用達所出勤す
一　天長節御祝宴の儀に付、色々御下問有之、思召の旨可然ことに付、夫々申合取計可致と上申す
一　御系譜御神霊御安置等の原本取調方可相成、精々尽力ことに中川へ談置候事

一　主公御手元金の内、五拾円を本日向来の観測予備として、思召を以て積立金として、河村光三へ五歩利子取立のこと引合示談済也

一　御神霊内外鍵庶務課受に預け置候事

一一月二日

同月二日　晴

一　午前より出勤す

一　午后覚苑寺御墓所営繕のことに付、河村、下田一同検査す

一一月三日

同月三日　晴

一　天長節に付、午前十一時用達所へ出頭す、同時第二号に於て拝礼、続て主公詞上奏あり、終て一統へ御祝酒被下候事

一一月四日

同月四日　晴

一　午前より出勤す

一　東京市公債証書応募の儀異議なし、可然取計方相成度と議決す

一　教育補助会積立金御家職へ取扱方依頼に付、本日日原素平、熊谷俊一の両人より会計方渡辺清介へ引渡あり、河村、三吉立会す

一一月五日

同月五日　小雨

一　午前より出勤す、別に議事無之

一一月六日

同月六日　晴

一　休日に付在宿す

一一月七日

同月七日　晴

一　桂老人、昨午后八時養生不叶死去の為知あり

一　右に付、悔として至る、又玉樹へも書面出し、尚今明日手伝参候様伝達す

一　午前より用達所へ出勤す

一一月八日

同月八日　晴

一　本日少々風邪に付、不参届を当直宛にして書状を出し候事

一一月九日

同月九日　陰　風

一　本日も不参

一一月一〇日

同月十日　小雨

一　午后より出勤す

一　桜山招魂社御寄附金の儀を、荘原主管者へ照会致し置候処、十一月五日附を以て豊永長吉出京に付、談合の末金百円御寄附可然ことに申来、依て本日主公へ伺の上、金百円御寄附のことを河村光三へ相頼、発起者へ答のことに申入置候事

一一月一一日

同月十一日　陰

一　午前より用達所出勤す

一　桂氏へ尋問す、尤今日より明日初七日に当り焼香す

老人法号

自鏡院真月円明大姉

廿五年十一月六日

一一月一二日

同月十二日　晴

一　午前より出勤す、別に議事なし

一一月一三日

同月十三日　晴

一　休日に付在宿す

一一月一四日

同月十四日　陰

一　午前より用達所出勤す

一　山田伯へ仕向取計方の儀を、命に依り、荘原へ電報す

一一月一五日

同月十五日　小雨　夕晴

一　午前より出勤す

一　荘原ユキ御雇御挨拶の件に付、岡本より渡辺へ聞合の件に付、伺により右は先例の通り、日別拾銭宛の割を以て品代り現金被下ことに決す

一　山田伯へ御仕向の件に付、荘原より照会あり、爰許にても見込の都合半途に付、東京に於て他の振合を取調の上、取計方依頼のことに荘原へ答書す

一一月一六日

同月十六日　晴
一　午前より用達処へ出勤す
一　東京発米熊より十日附の書状に付、本日上田へ向け答書す

一一月一七日

同月十七日　晴
一　午前より出勤す、御用向は日載に記す

一一月一八日

同月十八日　小雨
一　用達所へ午前より出勤す
一　桂氏へ焼香に至る

一一月一九日

同月十九日　晴
一　午前より出勤す、御用向日載別記あり

一一月二〇日

同月二十日　晴
一　休日に付在宿す
一　小坂〔住也〕より案内に付、午后五時より出頭す、家族は差間に付不参也

一一月二一日

同月廿一日　晴
一　午前より出勤す
一　馬関石川良平宅、及豊永出張所近火に付、御使として両家へ至る、右序に伊藤常六〔ママ〕〔弥六、朋吉、伊藤九三養子、旧本陣伊藤家当主〕常六、針清、蓮門分教へ到る、尤同所へ酒三升相備候事
一　午餐御陪食被仰付候事
一　玉樹今朝宅帰す

一一月二二日

同月廿二日　陰
一　午前より用達所出勤す
一　栢貞香来宿にて米熊縁女の件、工学生内務技師河合浩蔵妹タキ〔河合タキ〕、廿二年の由、夫々取調書を添へ小野より申来り候、書面とも夫々一覧し、イヨへも申入異議無之ことを答への上、又桂弥一氏へは貞香より申入のことに談し置候事

一一月二三日

同月廿三日　小雨
一　新嘗祭休日に付在宿す

一一月二四日

同月廿四日　風雨
一　午前より出勤す
一　山田伯死去の段、親族より報知に付、悔状を出す
一　東京小野へ、米熊縁女の件に付色々配慮あり、依て一応の挨拶状を本日仕出候事

一一月二五日

同月廿五日　陰
一　午前より用達処へ出勤す
一　桂氏三七日に付焼香に抵る

一一月二六日

同月廿六日　初雪
一　午前より出勤す
一　主公より今朝の寒さに付、御酒御側にて給はり候事
一　右に付、難有依て左に愚呈す
初雪や君の恵みに寿命保つ
右上申候処、左の御添削あり
初雪や君の恵みの保命酒
慎蔵上
右相認呈上す

一一月二七日

同月廿七日　小雪
一　休日に付不参す
一　本承院二百回忌法会寺に於て執行、尤備物等は別に記載あり

一一月二八日

同月廿八日　陰
一　午前より用達所へ出勤す
一　十月分第二例並勘定検査済に付、本日調印す

一一月二九日

同月廿九日　陰
一　午前より出勤す
一　伊藤伯重傷に付、公より電報にて御尋問の事

一一月三〇日

同月三十日　晴　風
一　午前より用達所へ出勤す
一　伊藤伯重傷に付、見舞郵書を以て右家令迄申入る
一　御洋食午餐御相伴被仰付候事
一　米熊へ凡家政向の大略を申遣す

一　金壱円　但簿典として
右福田扇馬氏〔旧集童場教授、元大阪府立中学教師、模範幼稚園監事〕死去に付贈る

十二月一日

十二月一日　陰
一　午前より出勤す
一　例月の通御神前献備を御代理す

十二月二日

同月二日　陰
一　用達所へ午前より出勤す
一　桂氏へ明日四七日に付、参拝として至る

十二月三日

同月三日　陰
一　午前より出勤す

十二月四日

同月四日　晴
一　休日に付在宿す、別に相変儀なし
一　栢貞香来宿、荘原よりの書面引合なり
右は米熊縁女の件、来る十七日結婚のことに栢氏へ申来る也

十二月五日

同月五日　陰
一　午前より用達所へ出勤す
一　米熊縁女の儀に付荘原へ謝状、尚又費用引合等のことを依頼す、且滝大吉、小野氏へ可然伝声のことを加筆す

十二月六日

同月六日　陰
一　午前より出勤す
一　主公少々御風気御囲被遊候事
一　桂故老人初命日に付、参拝として至る
一　米熊縁女取極めの儀、東京荘原より栢へ報知に付、家族中へ書面の趣布達す
一　右に付、本日桂、賀田、浅野の各家へ申入置候事
一　梶山鼎介氏本日馬関着、引合は御家職に記事す

十二月七日

同月七日　晴
一　午前より用達処出勤す
一　本日も主公御囲ひ也、別に御異状なし
一　小坂へ至る、右は米熊縁女取極のこと申入置候事

一二月八日

同月八日　雨

一　午前より出勤す

一　主公本日も御囲ひ相成、右に付菅恒男〔医師、菅道種長男〕御伺申上、別に御異状は不被為在とのこと也

一二月九日

同月九日　陰

一　午前より出勤す、別に議事無之

一　主公本日も御囲也

一二月一〇日

同月十日　陰　風

一　用達所へ午前より出勤す

一　桂老人五七日正当に付参拝す

一　東電関新聞に北白川宮陸軍中将に被任、第六師団長と有之、依て不取敢本日麻生三郎家扶迄恐悦書状を出す

一二月一一日

同月十一日　陰　風

一　休日に付在宿す

一　諏訪氏より案内の処、正村〔信一〕へ先約に付断る

一二月一二日

同月十二日　雪風

一　午前より出勤す

一　過る七日附、八日附両度の御用状落手す

右ケ条に付、夫々答書本日仕出し、尚又上申す、但答書面は別に記載す

一二月一三日

同月十三日　雪

一　午前より用達所出勤す

一　廿六年度予算調査引合済に付、会計方より荘原主管者へ答相成候様、河村、渡辺の両氏へ申入置候事

一二月一四日

同月十四日　陰　雪少々

一　午前より出勤す

一　荘原より篤長殿進退一件

一　宇原辞令一件

一　岡本〔熊雄〕長府詰云々の件

右密書にて申来る、依て御内々公へ上申す

一　渡辺会計方辞表を出す、預り置候事

一二月一五日

同月十五日　晴

一　午前より用達所へ出勤す

一　御奥様午后七時過御分娩御女子〔毛利幣子、毛利元敏九女〕御誕生、御母子様御機嫌宜との御報八時に有之、直に出頭恐悦申上る

一　幣子《スサ》様と御命名あり

一　右に付、東京へ電信其他夫々御知せ等のことを中川へ申談置候て、退出す

一二月一六日

同月十六日　陰

一　午前より出勤す

一　御奥様、御誕生様御機嫌能被為入候事

一　本月十三日附荘原よりの来書

一　第二篤長殿一件、追々乃木、梶山、堅田協議相成候由のこと

一　米熊引合の件加筆あり

一　廿六年度予算案答書す

一　先般御照会相成候廿六年度予算会計方検査役、夫々引合取調候処、別冊の通にて気附も無御座候間、則御送り申上候、就ては先例の見合を以て精書の上、御協議の手順相立可申候、豊永協議人は御帰京中に付、控を以て御尋問被下度為其得御意候云々

右荘原へ本日答書す

一二月一七日

同月十七日　雪

一　午前より用達所へ出勤す

一　桂老人六七日に付参拝に至る

一二月一八日

同月十八日　陰

一　休日に付在宿す

一二月一九日

同月十九日　小雪

一　午前出勤す

一　清末南部へ仏事に付案内あり、午前より到る、尤夫々備物持参す

一　御誕生様、来る廿五日御出発にて伊佐方へ御預けの引合状、本日御決定に付、書面仕出候事

一　梶山鼎介氏へ、帰朝初ての歓状を本日芝公園第八号三番地へ宛て仕出す

一二月二一日

同月廿一日　晴
一　用達処へ午前より出勤す
一　本日は御七夜御命名御祝あり
　幣《スサ》子様と称す

一二月二二日

同月廿二日　晴
一　午前より出勤す、別に議事なし

一二月二三日

同月廿三日　晴
一　午前より用達所へ出勤す
一　金二銭
　右来る廿六年一月一日、有志者新年会を小学校に於て賀する為め出金、惣代佐竹へ渡す、右は同日午前十時より十二時迄の事
一　来一月三日江下岬集会に付、肴一種酒代三銭持参のことに佐竹より談あり
一　廿六年惣代並に毎月の予防費、惣代引受のことに決す
一　明廿四日桂氏にて自鏡院四十九日相当に付、本日案内有之参拝に至る、玉樹、トモの両人よりは経代を備ふ
一　来る廿六日より幣子様川棚へ御出に付、御子様方御逢の儀相伺候処、右は明年にて可然との御命に付、思召の旨をナミへ談置候事
一　金三百匹
　右川棚へ御出に付、伊佐へ
一　金五拾銭
　右同所乳母へ御肴料被下のことに伺済也

一二月二四日

同月廿四日　晴
一　荘原より御用状来着す
一　白縮緬　一疋
一　御肴料　金二千疋
　右御家政協議人の御挨拶として宗家より被進候由、且又十月一日御例祭幣代一封、御宗族より被備候由、右は豊永帰府の節相送るとの事
一　篤長殿未た判然致さすとのこと也
一　午前より出勤す
一　桂自鏡院本日四十九日に付、参拝に至る

一二月二五日

同月廿五日
一　休日に付在宿す

一　夜十二時廿五分荘原より電報あり
　シンコンアイスム
一　右に付荘原へ左の通返電す
　シンコン、コハイ、シヤス

一二月二六日

同月廿六日　雨
一　午前より用達処へ出勤す
一　本日午前九時より幣子様川棚伊佐方へ御出の上、赤川ヱイ方へ御預けに付、其引合として随行す、渡辺リウ御供也、田部橋向魚清方にて伊佐へ万事を引合、同所より伊佐及ひ赤川ヱイ御供にて川棚村へ御出相成候事
一　右の次第出邸の上、引合のことを上申す
一　荘原へ本日より御転居のことを報知す

一二月二七日

同月廿七日　晴
一　午后より出勤す
一　浅野へ過る廿五日米熊結婚済の段、申入置候事

一二月二八日

同月廿八日　風雨
一　午前より用達所へ出勤す
一　本日は御写真を小学校へ御下賜に付、郡長〔渡辺管吾〕よりの御頼に依て、主公、清末公御一同御出あり
一　午后一時より主公、元忠公、三吉御協議御開き、右は廿六年度各財産予算の件なり
一　栢両家へ、米熊結婚済のことを申入置候事

一二月二九日

同月廿九日　陰
一　午前より出勤す
一　豊永氏昨夜帰府の由に付、午后より尋問す
一　於東京乃木、梶山、荘原懇会の件々、豊永よりの談左に記す
一　細川篤長殿認置の荘原へ当る書面、又宮遠殿〔細川宮遠〕へ同断の分とも、豊永より預り置候事
一　部屋建築職工へ酒を出す
一　荘原氏より米熊結婚の次第を申来る

一二月三〇日

同月三十日　晴
一　午前より用達所へ出勤す
一　交肴　一折
　右御安産恐悦として進献す

一　鶏　二羽
右歳末に付献上す
一　年末に付、各家へ御挨拶物品金とも根控を以て夫々引合す

一二月三一日

同月卅一日　雨　夕晴
一　午前より出勤す
一　歳末賞典の儀、勤怠表を以て相伺候処、夫々御下命に付、其取計致候別記伺書ある、但長府の分也
一　東京荘原より申出の分も御下命に付、本日写書を以て右荘原氏達書を出す
一　荘原、小野の両氏へ、米熊新婚の挨拶状を仕出す
一　津久井屋へ謝状出す
一　金庫仕詰引合検査済の事
一　小金庫仕詰検査、各財産の分とも、河村検査役より覚書二通受取候事
一　協議人其他年末御挨拶、本日不残引合相済む
一　於鏻様御附女中の儀は、当用達所より辞令無之に付、向後御別居費の内を以て取計方可然ことに本日伺済也

日記　十四　明治廿六年

明治二六年

一月一日

明治廿六年一月一日　雪　風少々
一　午前八時切通御邸用達所へ出勤す
一　同九時神殿恒例の通神饌献備の上主公〔毛利元敏〕へ上申す、直に御参拝、終て令扶以下拝礼の事
一　新年拝賀例年の通相揃、於御奥御逢被仰付候事
一　小学校に於て有志者一同新年祝賀会に付、午前十時参集す
一　三位公〔毛利元敏〕小学校へ御出にて両陛下〔明治天皇、昭憲皇太后〕御写真へ御拝礼、夫より長府村参集者へ同所に於て御逢被遊候事
一　御邸へ参賀の人へは御都合を以て御逢の人もあり
一　午前退出す、尤神前万事を当直へ相頼置候事
一　小坂へ新年参賀し、夫より帰宅す

一月二日

同月二日　風雪
一　本日は在宿す

一月三日

同月三日　小雪
一　午前用達所へ御伺として出頭す
一　主公午后二時過新年御来車、中川涼介御供也
一　右に付、御祝酒御膳を呈上す、御料理向は例年の通也
　但御通ひ女中於イマ、於トシの両人を雇ふ

一月四日

同月四日　雪　風あり
一　午前より出勤す
一　米熊夫婦〔三吉米熊、三吉タキ〕御別邸へ参殿の由、荘原〔好一〕より来書也
一　荘原へ進物の礼状、又新婚費用は追て詳細に申来るとの事也
一　河合浩蔵、滝大吉の両氏へ、米熊縁女の挨拶状を本日仕出候事
一　米熊新婚諸費引合状、十二月卅一日付を以て荘原より来書着す
一　荘原へ米熊引合を謝し、尚又諸費金不日為替にして送ることを加筆す
一　御奥様〔毛利保子〕本日御床揚被遊候事
一　右に付、御祝御膳、又御次中へも赤飯被下候事

一月五日

同月五日　半晴
一　午前より用達処出勤す
一　本日は新年御宴会正午御開き被遊候、尤記載は用達所にあり
一　右御宴会に付、豊永氏〔長吉〕参殿あり、御家政の大要は相調候得共、内訳は未決に付、年中の規則を定むことを談決す、同意也
一　米熊夫婦へ新年賀状、結婚済右に付各家へ挨拶等如何哉の書状、別紙にして出す
一　左の各家へ新年を賀す
　正村〔信二〕　熊谷〔俊二〕　桂〔弥一〕　品川〔勧吾〕　生駒〔直二〕　桂〔周樹カ〕　難波〔舟平〕　金子〔蔀カ〕　浅野　日原〔素平〕　高田　木村〔安八〕　賀田〔貞一〕　野村〔源七〕　熊野〔精一カ〕　豊永

一月六日

同月六日　晴
一　午前より用達所へ出勤す
一　各財産廿六年度帳簿写一冊
一　第二基本財産歳出予算写一冊
一　右検査役へ相廻し、夫より会計方へ渡す
　但荘原よりの原案は河村光三へ預置候事

一月七日

同月七日　陰
一　難波舟平氏へ相頼百五拾七円五拾五銭五厘の辻、米熊新婚諸入費、荘原勘定書の前為替金、同氏より送達のことを依頼す
一　右の引合状を本日荘原へ仕出置く、尤来る九日仕出のことに認め、積る礼を加筆す、尚又河合、滝の両氏へ懇親状年始とも仕出置候に付、若し御逢の節は宜依頼のことも加筆す、且小野〔安民〕へ御伝声願上候、又米熊より便り無之処、御投書にて東京出立のこと相分り安心等のことも加筆す

一月八日

同月八日　晴
一　午前より出勤す、別に議事伺の件なし
一　休日に付在宿す
一　在長野県米熊より年始状、幷に於タキより両親へ宛て年始状と親情の書面来る、且トモ〔三吉トモ〕へも来書あり

一月九日

同月九日　陰

一　午前より用達所へ出勤す
一　正午御洋食御相伴被仰付候事
一　渡辺郡長〔管吾〕より明十日招請の処、差間に付断り状を出す、且又旧年来無沙汰に付、交肴一折為持候事
　　但代金四拾五銭也

一月一〇日

同月十日　雨
一　午前より出勤す、別に伺議事なし

一月一一日

同月十一日　晴　后陰
一　午前より出勤す
一　御用間老母〔小坂かつ子〕へ面会として実家へ抵る

一月一二日

同月十二日　陰
一　難波氏より為替金引合勘定書、幷残金相添書面到来す、書留証とも右受取候事
一　用達所へ午前より出勤す
一　三嶋〔盛二〕一件引合、又右に付帰県の都合を荘原より申来る

一月一三日

同月十三日　雨
一　午前より出勤す
一　豊永氏より三嶋盛二出府に付、直に談判の儀を申来候、依て小島〔益二〕方へ至り、三嶋氏へ直に公の思召を以て示談の件、左に記す
一　目今県庁へ御奉職中、主公より御相談の儀は誠に申上兼候得共、御旧縁を以て向後毛利家の為め御相談申上候、実は憚り発言致兼候云々申述候所、盛二氏の云に是迄家事向、殊更に会計向は不慣、尚又差当り御用弁御不都合に付、御受申上兼候云々の答に付、右重て御相談申上候は憚入候得共、目今御進歩の御身上を押て毛利家へ相願候儀、万々憚候得共、最初より慣ると申ことはなく、尚又毛利御親族向来の御家憲御定に相成、其規則は申に不及、尚主管者検査令扶協議し其実行をなすに付、追々御預を以て御誠心を被下候は丶、必す会計のみに無之と色々示談の末、盛二氏毛利家へ奉職のことを承諾あり、依て是迄の御都合も可有之、其辺は県庁の御不都合無之様御転し相成と申添置候事
一　又盛二氏より云、辞職の都合、帰県の上追而書面を可出との答也
一　右に付期限等の儀は、必す何日を期するとのことは申間

敷と申置候、右相済、直に豊永氏へ前条の次第を申入候
事

一月一四日

同月十四日　雪　少々陰

一　午前より用達所へ出勤す

一　昨日三嶋氏へ引合の件々、其末承諾の儀を主公へ上申す

一　本年より毎月第二土曜日思召を以て御執談会御設に付、
本日於御表御開会被遊候事
　但右に付、本日は各一種を持参す

一月一五日

同月十五日　雪

一　休日に付在宿す

一月一六日

同月十六日　雪　少々

一　午前より出勤す

一　欽麗院様〔毛利欽子〕より御内輪に付、公の御名代として
二月頃三吉出京の御内命あり

一月一七日

同月十七日　雪　少々

一　午前より出勤す

一　大内家古文書杉氏〔孫七郎〕の引合有之候得共、右は其
順序を荘原へ手紙仕出置候に付、別に答に不及候事

一　馬関藤野〔春帆楼〕へ北白川宮〔能久親王、陸軍中将、第六師
団長〕御来関の都合聞合状を出す

一　大内家古文書引合、豊永氏出京に付写相添、尚又荘原へ
御引合の上、長府へ御残置等の都合御取調の上、引去置
松子〔ママ〕〔杉孫七郎〕へ御照会有之候、相頼置候事

一月一八日

同月十八日　雪

一　午前より用達所出勤す

一月一九日

同月十九日　陰

一　午前出勤す

一　北白川宮御着関に付、午前より馬関藤野へ出頭、殿下
へ拝謁、昼御酒被下之夕刻迄相詰候事

一　当度は第六師団長の御職務にて御巡視に付、別に御歩行
等は不被為在候事

一　参謀長坂元〔ママ〕〔阪元純凞、陸軍歩兵大佐、第六師団参謀長〕、参
謀小幡〔ママ〕〔小畑蒼、陸軍歩兵少佐、第六師団参謀〕、副官三上
〔徳治、陸軍歩兵中尉〕、書記井上〔光蔵、陸軍歩兵曹長〕、御

一　附添従者高屋〔宗繁〕なり
一　薄葉　一箱代壱円拾五銭
右三位公よりの御進物取計候事
一　巻煙草　一箱代一円
右慎蔵より進呈す
一　龍印　一箱代五拾銭
右高屋へ進物す
一　巻煙草　五箱自用の分　四拾銭
右有光米蔵方にて求候事
一　午后五時退散す

一月二〇日

同月二十日　陰夜雨
一　用達所へ午前出勤す
一　北白川宮より本日午后五時御招請に付、午前より馬関御旅館へ出頭す
但漬物及九年母を　殿下へ進呈す
一　午后五時文武官御招き、席札の通り御陪席す、御酒宴あり、十二時退散、尤今晩は御旅館へ止宿す

一月二一日

同月廿一日　晴
一　殿下正午御出発に付、御送り申上候て、午後一時退去す、夫より用達所へ出勤、別に議事御用向なし

一月二二日

同月廿二日　晴
一　午前より出勤す
一　昼御膳の節、御酒御相伴仰付らる
一　北白川宮御滞関中御招請の件、且又取束麻生へ挨拶の書面、本日熊本にて同官御附麻生三郎宛郵便状仕出す

一月二四日

同月廿四日　陰
一　午前より出勤す

一月二五日

同月廿五日　雪
一　用達所へ午前出勤す

一月二六日

同月廿六日　陰
一　午前より出勤す

一月二七日

同月廿七日

一　午前より出勤す
一　過る廿三日附米熊より来書、婚礼一式明細書又謝状加筆送籍の件申来る
一　豊永氏より廿四日附の来書、篤長殿〔細川篤長〕一件未相分、就ては於鏻様〔毛利鏻子〕への都合、荘原と申合候こと迄にて半途の書面也

一月二八日

同月廿八日　陰
一　午前より出勤す

一月二九日

同月廿九日　陰
一　日曜休暇也

一月三〇日

同月三十日　晴
一　本日は
孝明天皇御例祭に付休日、依て在宿す

一月三一日

同月卅一日　晴
一　午前より用達所へ出勤す

二月一日

二月一日　晴
一　午前より出勤す
一　午后四時より、主公気象掲示場一周年記念式観測場に於て御行ひ、終て立食を一統へ下さる
右詳細は日載に記事に付略す
一　出京期限来る十五日前後の内出発可然ことに伺置候事

二月二日

同月二日　陰
一　用達所へ午前より出勤す、別に記事なし
一　正午御酒御相伴被仰付候事

二月三日

同月三日　晴
一　午前用達処へ出勤す、本日は少々風邪に付、正午退出候事

二月四日

同月四日　晴
一　香川景俊、村井浩一の両人来宿にて、福嶋少佐〔安正、陸軍歩兵少佐〕本月下旬帰朝馬関通船の節歓迎の儀、有志

者申合の件に付示談あり、右賛成と決答す
一　午前出勤す、本日も少々風邪に付、昼退出す

二月五日

同月五日　雨
一　休日に付在宿す

二月六日

同月六日　晴
一　午前より出勤す、別に議なし

二月七日

同月七日　陰
一　午后用達所へ出勤す
一　故正村喜三郎〔三吉慎蔵の妻イヨの実父〕同姉〔正村喜三郎長女〕年回に付至る
一　右に付経代は家族中より備之
一　宅備物左の通
　菓子一折　イヨ〔三吉イヨ〕より
　麩　十本　慎蔵より
　香奠五銭　米熊より

二月八日

同月八日　晴
一　午前より用達所へ出勤す
一　荘原氏へ此度御用向有之出京の儀御下命に付、来る十五日以後出発の儀を通知す
一　梶山鼎介氏より来書、別に大要はなし

二月九日

同月九日　晴
一　午前より出勤す、別に議事なし
一　入籍届左の通
　妻入籍届
　東京府東京市神田区三崎町一丁目　番地
　士族河合浩蔵妹
　父通広〔河合通広〕長女
　タキ
　明治四年正月二日生
右拙者妻に貰受候条、入籍被下度、此段及御届候也
　長府村第拾番地居住士族
明治廿六年二月九日　三吉米熊
　米熊他行に付代理
　同村第拾七番地
　栢　貞香　印
外親類不在

一　賀田氏へ尋問す、異状なし

二月一〇日

同月十日　晴

一　午前より出勤す

一　堅田氏より篤長殿行衛不被相分段、主公へ上申の由拝見す

二月一一日

同月十一日　晴

一　紀元節に付御宴会あり、出頭す

一　午后四時より栢両家、梶山夫婦、岡本マサを案内し、新年の宴会す

二月一二日

同月十二日　雪　大寒

一　休日に付在宿す

二月一三日

同月十三日　雪　大寒

一　午前より用達所出勤す

一　三嶋盛二氏より来書、春期中には御暇致すとの報あり

一　正午御洋食御陪食被仰付候事

一　井関家令〔美清〕より令扶申合心得ヶ条落し有之、更に追加相成り、本日廻送ある

二月一四日

同月十四日　雪　大寒

一　午前より出勤す

一　昼御酒御相伴被仰付候事

二月一五日

同月十五日　雪

一　午前より出勤す

一　令扶申合心得書　一冊

一　親族交誼全旨書　一冊

右中川へ預け置候事

二月一六日

同月十六日　陰

一　用達所へ午前より出勤す

一　大内家古文書控六枚、思召を以て杉孫七郎へ御譲り、御根帳へ除き、調印す

一　重複の分あり消印す

二月一七日

同月十七日　朝大雪
一　午前より出勤す

二月一八日

同月十八日　陰
一　用達所へ出勤す
一　午時洋食御陪食仰付らる

二月一九日

同月十九日　晴
一　休日に付不参す
一　清末様〔毛利元忠〕へ御伺に出頭す、然に今般出京に付、欽麗院様へ御伺の儀御伝達あり

二月二〇日

同月二十日　晴
一　午前用達所出勤す
一　金庫鍵出納簿相添御手許へ呈上す、夫より河村光三へ御預けに相成候事

二月二一日

同月廿一日　晴
一　御用に付本日東京へ出発、依て三位公より馬関まで御送として江良〔和祐〕出張あり
一　栢両家船迄見送あり
一　午前九時半東京丸へ乗組、十一時十五分出船す、海上平波なり
一　遠藤明同行す、又村岡同断

二月二二日

同月廿二日　晴　夕雪少々
一　午前七時三十分神戸着す、直に留守へ報知、栢へ手紙仕出、且遠藤へも通知のことを加筆す
但揚陸致さす滞船のこと

二月二三日

同月廿三日　晴
一　正午神戸出船す、夜半過より北風強し

二月二四日

同月廿四日　晴　朝北風
一　海上風少々あり、午后四時三十分横浜着、七時五分発の汽車にて東京御別邸へ着す、横浜迄河村家久出迎也
一　欽麗院様へ御伺申上、尚又荘原始一統へ面会す

二月二五日

同月廿五日　晴

一　午后欽麗院様へ御伺申上候て公よりの思召を上申す、尚又進退一件は先御下命の件御請難申上、依て折々従豊浦御伺申上候ことに上申す

一　豊永氏出頭面会す

一　豊浦へ着電報す

一　煙草　一袋　飴　一箱

右荘原へ持参す

一　夜梶山、乃木〔希典〕、豊永、荘原集会、左の件々内議す

一　今般献金の件に付、高輪様〔毛利元徳〕へ明日荘原引合として出頭の上、三吉出京を待ち遅々致候処、万事の都合を引合のことに決す

一　献金額は五千円と内決す、之を六ヶ年に上納す

但一ヶ年八百三拾円余となる

右の次第に付、御建築は一先中止可然と乃木、梶山の説あり、又豊永の曰、中止して利金を積置は一助なりとの説あり

一　荘原進退、三嶋の専務は、三島会計財産のことを専務とし、先つ豊浦にて尽力し、折々荘原と引合出京のことに衆議決定す、尤三吉追々老年に付、荘原帰府し万管理し、三吉は休息可然と梶山の談あり

一　三嶋月給は家給心得にて金二十円可然と衆決す

一　岡本〔熊雄、明治二六年九月退職〕辞表出る、右は荘原より当人へ克く聞合の上進退有之方可然と決す

一　追々向後に雇入は、時勢に因り手当金詮議不致ては人を得ること難しとの論もあり

一　碑文鳥山氏〔重信〕の申出を談す、右は同氏へ篤と引合案を立可然ことに談あり

一　栢両家留守へ安着の書面仕出す

一　米熊へ出京、十日頃迄滞京のことを報知す

一　鶏一羽梶山氏より到来す

二月二七日

同月廿七日　晴　午后大雪

一　河村光三へ書面通取計方相成候様、午前答書出す

一　煙草　二　飴　一筥

右梶山氏へ持参す

二月二八日

同月廿八日　雪

一　元雄君〔毛利元雄〕、清水精六方へ御転居の件、荘原より主公へ上申書、河村光三迄仕出相成ことに談決あり

三月一日

三月一日　晴

一　午前より豊永、梶山、荘原一同集会す、乃木氏は間に付、早朝荘原氏相談として同宅へ至るなり

右集会の件々は別記す

三月二日

同月二日　晴

一　午前七時より井上伯〔馨〕宅へ出頭す、右は主公御用御相談献金の件を以て面会の上、入々申入候処、万事都合よろし、其件は別記す

一　梶山氏へ至る、井伯尋問の次第を申入置候事

一　荘原へ同断

三月三日

同月三日　晴

一　午前乃木氏へ至る、過る一日の議事夫々申入置く

一　昨朝井上伯へ面談の件々、尚又御建築中止件の事情を主公へ上申云々の次第を談す、同意也

一　老人〔乃木寿子〕へ煙草持参す

一　過る一日附米熊及於タキより来書、米熊旅行に付、出京六ツケ敷と申来る

一　御献金の件に付、昨二日公へ上申を河村光三へ引合仕出置候事

一　米熊こと出京無之に付、答書仕出す

三月四日

同月四日　雨

一　午前より柏村〔信〕、高輪様、井関へ尋問す、柏村は不在也、井関へ面会し、御献金又千島行福島等へ御出金のことを議す、可然御集会の協議相成度ことに談置候事

一　小笠原〔武英〕へ至る、御献金の件是迄の手続を申入置候事

但煙草を持参す

一　午前北白川宮へ出頭す

一　杉子へ古書持参す、不在に付預置候事

一　夜中荘原より案内に付至る

一　河合尋問の由、荘原より承る

一　元雄君、清水へ尋問す

三月五日

同月五日　陰　雪少々

一　午前出勤す、本日休暇に付、別に議事なし

一　杉大夫尋問あり、古文書の挨拶也

一　午后高屋、上田へ尋問す

一　栢両家より来書、玉樹〔三吉玉樹〕不快の次第申来る

三月六日

同月六日　晴

一　玉樹不快に付俊雄〔栢俊雄〕へ礼状、又玉樹へ見舞、イヨへも十四日出立のことを手紙出す

一　午后より河合、滝の両家へ肴一折宛持参す

一　吉川重吉様へ伺として出頭す、其節御献金の次第御咄し申上候所、打合の儀御頼あり、又重吉様よりも右御書面御仕出のことに御咄あり

一　午后梶山氏より案内にて豊永、荘原一同抵る

三月七日

同月七日　晴

一　河村光三より来書、右は献金一件思召無之とのこと也

三月八日

同月八日　晴　風

一　清水老人尋問あり、海苔持参也

三月九日

同月九日　晴

一　本日は欽麗院様御供にて市村座芝居陪覧す

三月一〇日

同月十日　晴　后風

一　井上伯へ暇乞として至る

一　豊永氏へ尋問す

一　有住氏へ同断

一　玉樹より来書、快方の由なり

一　麻生氏より招請の処、差問に付断書出す

一　土屋様〔挙直〕より海苔、御直書添にて頂き候事

三月一一日

同月十一日　陰　夕晴

一　豊永来邸也、別に談なし

一　午后より伊藤〔博文〕、山県〔有朋〕の両伯、品川子〔弥二郎〕へ尋問す

三月一二日

同月十二日　晴

一　午后梶山氏へ暇乞に到る

三月一三日

同月十三日　晴

一　乃木、荘原へ暇乞尋問す

一　乃木氏来邸也
一　晩餐御陪食被仰付候事
一　梶山氏来邸、色々向後の要件を談す

三月一四日

同月十四日　晴
一　欽麗院様へ午前七時御暇乞申上、次に各氏へ同断
一　午前九時新橋発の汽車にて横浜へ至る
一　同十一時西京丸へ乗組、十二時十五分出船す、海上平波也、御送り御代理として河村家久船まて来る
一　新橋へ梶山、小野、荘原、於マツ、春吉等送ある
一　長府用達所へ乗船、電報を横浜より出す

三月一五日

同月十五日　暁より小雨　南風
一　海上先つ平波、異儀なし
一　午后四時神戸へ着船、尤船に宿す

三月一六日

同月十六日　晴　西風
一　午前上陸す
一　於コゥ女へ面会す
一　清水門之助大病に付、山下県立病院へ尋問す

三月一七日

同月十七日　晴　風少々
一　午前五時神戸出船す

三月一八日

同月十八日　晴
一　午前六時半馬関着船、直に川卯方へ上陸す
一　主公より迎御使として梶間充三出関也、又俊雄、嘉蔵、玉樹、トモ、右出迎あり
一　用達所へ直に出頭す
一　公へ御献金一件、夫々上申す
一　荘原と両人より献上金出願書を呈上す
一　御建築の儀は、思召を以て先御中止可然ことに候得共、名称より差閊にも有之、依て徐々に被仰出度ことを上申す
一　小嶋〔益二、測量技師〕御雇実地測量のことを上申す
一　各家へ御献金引合の都合を、徳山、岩国へ内輪仕出候件を上申す
一　御直書類其他御時計等を呈上す
一　欽麗院様、御子様方御機嫌能被為入候段を御二方様〔毛利元敏、毛利保子〕へ上申す
一　右終て十一時帰宅す

三月一九日

同月十九日　小雨

一　午后用達所へ出勤す

三月二〇日

同月二十日　雨

一　春季皇霊祭に付、在宿す

三月二一日

同月廿一日　晴

一　午前より出勤す

一　吉川家々憲御改正に付、森脇家令〔退蔵〕より上申の儀申来り、呈上す

一　右に付、御覧の上思召不被為在、依て其写を留置き、前預りの分を返し、答書とも森脇家令へ仕出候事

三月二二日

同月廿二日　陰

一　午前より出勤す、別に伺議事無之

三月二三日

同月廿三日　陰

一　前に同

三月二四日

同月廿四日　晴　風少々

一　午前より用達所へ出勤す

一　主公御登山等の節、御場所により御案内の者有之度こと、尚又御外出の節も上下の区別得と相立、猥りに簡便に流し候事柄は万御注意被遊候様上申し、一統へも談置候事

三月二五日

同月廿五日　陰　風あり

一　午前より出勤す

一　豊永氏過る廿三日夜着関の由に付、尋問面会し、御建築一件御発令には不被相成候得共、徐々のことに御内々上申す、右は近々御下命のことに内議す、外に議事なし

一　桂弥一氏へ尋問す

三月二六日

同月廿六日　陰　風あり

一　休日に付在宿す

一　米熊印鑑を一枚惣代へ出す

三月二七日

同月廿七日　晴
一　用達処へ午前出勤す
一　荘原より廿七、八日頃出立、且又測量器械買入の件申来る也

三月二八日

同月廿八日　雨
一　午前より出勤す
一　馬関有志者より先般御二方様を御招請仕度段申出候に付、其辺は得と取調の上御出可然ことに上申す

三月二九日

同月廿九日　陰
一　午前より出勤す
一　午餐洋食御相伴被仰付候事
一　金参拾銭
右福島中佐帰朝に付、歓迎の為め香川、村井の両氏発起に付、寄附として村井氏へ為持候事

三月三〇日

同月三十日　晴
一　午前用達所へ出勤す

三月三一日

同月卅一日　晴
一　午前より出勤す
一　荘原主管者着府、豊永氏一同、河村光三、下田〔為二〕とも御建築御門前其他の場所検査す

四月一日

四月一日　陰　午后より雨
一　本日は春季御例祭に付、午前七時用達所へ出勤す、右委細は用達所に記載あり、依て略す
一　金五銭玉串料として献備す
一　各家より一三つ毛利家の御紋旗を門に出すの例也

四月二日

同月二日　雨　風
一　休日に付出勤せす
一　元義公〔毛利元義、長府藩一一代藩主〕五十年祭豊功神社にて士民より御祭ある

四月三日

同月三日　晴
一　神武天皇御例祭に付在宿す

四月四日

同月四日　雨

一　午前より出勤す、別に議事なし

四月五日

同月五日　小雨

一　元義公五十御式祭に付、午前七時用達処出勤す

一　御祭儀記事は用達所にあり

一　右に付玉串料五銭を備ふ

一　大玉串　一対

右御家職令扶〆令扶二十三名より献納す

所得金高届

一　金四百弐拾円　俸給

右三吉慎蔵分

一　金百四拾四円　俸給

右家族三吉玉樹分

所得高計五百六拾四円

右の通候也

山口県豊浦郡長府村在住

明治廿六年四月四日　三吉慎蔵　印

豊浦郡長渡辺管吾殿

四月六日

同月六日　晴

一　午前より用達所へ出勤す

四月七日

同月七日　晴

一　午前より出勤す

一　主公御下命左の通

先般詔勅の旨を以て御献金の儀御出願の処、今般の御沙汰にて御願書却下相成候得共、御建築の儀は深き思召を以て可成徐々取計候様、本日改て御下命あり

外に

一　荘原一同御当家へ献金の儀、先般出願致候処、右願書本日御下け相成候事

四月八日

同月八日　晴

一　午前より用達所へ出勤す、別に議なし

四月九日

同月九日　後雨　夜東風

一　休日に付在宿す

四月一〇日

同月十日　陰

一　午前出勤す

四月一一日

同月十一日　晴

一　午前より出勤す、別に議事無之

四月一二日

同月十二日　雨

一　用達所出勤す

一　豊永、荘原一同例日集会す

四月一三日

同月十三日　晴

四月一四日

同月十四日　晴

四月一五日

同月十五日　陰

一　午前より出勤す

一　明十六日御子様方例年の通春季御運動会に付、半紙壱人に付二帖宛被下ことに談置候事

但見込は二十人前也

一　乃木少将正四位に昇叙あり

一　右に付、御歓御使のことを荘原と談す

一　梶山氏昨日着関の由也、尤小嶋氏方へ着、少々見合なり、右に付、福田清吉方滞在に付歓状仕出す

四月一六日

同月十六日　陰　夕晴

一　休日に付不参す

一　元忠公〔毛利元忠〕より向後御運動会賛成に付、熊谷家扶〔信夫〕申合、永く同会のことを御噂あり

但本日宇部村へ御子様方春季御運動会也

四月一七日

同月十七日　晴

一　午前より出勤す

四月一八日

同月十八日　晴　風少々

一　用達処へ午前より出勤す

四月一九日

同月十九日　陰

一　午前より出勤す

一　昨廿五年十一月より十二月迄、第二基本財産現金出納原簿検査済に付、調印す

右は主管者へ差出す、依て廿五年度決算勘定引合相済候事

一　廿五年度決算主管者より上申し、主公御調印済也

四月二〇日

同月二十日　陰　后雨少々

一　午前出勤す

一　本日は主公、御奥様、御一同岩国吉川家に於て御親族会の為御出発に付、主管者荘原家従、江良、御女中十三従行なり

一　御留守諸締向御座所三ノ間宿番等の儀、夫々談置候事

四月二一日

同月廿一日　雨

一　午前より用達所へ出勤す、別に談議無之退出す

四月二二日

同月廿二日　晴

一　午前より出勤、正午限り退出す

四月二三日

同月廿三日　晴　夜風雨

一　休日に付在宿す

四月二四日

同月廿四日　晴　夜大風

一　午后より出勤す

一　過る廿二日出江良より来書、岩国へ御安着の報也

一　梶山氏廿二日帰府の由、右に付、襟二掛、臥座一枚、手紙添にて到来す

四月二五日

同月廿五日　風

一　午前より用達所へ出勤す、別に議なし

四月二六日

同月廿六日　晴

一　梶山氏へ帰府歓到来物の挨拶取束、尋問す

一　午前より出勤、別に議なし

四月二七日

同月廿七日　晴

一　林盛介埋葬昨日有之会葬す、且又本日寺宅とも焼香に至る

一　午前より用達所へ出勤す

四月二八日

同月廿八日　陰

一　午前六時より出勤す

一　主公御奥様御一同午前七時前御安着被遊候事

但御随行員同断

四月二九日

同月廿九日　晴

一　午前より出勤す

一　主公少々御風気に付、御出勤無之

一　交肴　一折

右梶山氏へ歓着として為持候事

一　同　一折

右荘原氏へ為持候事

四月三〇日

同月三十日

五月一日

五月一日　陰

一　午前より用達所へ出勤す

一　月並神供を備ふ

五月二日

同月二日　雨

一　桂弥一氏へ尋問す

一　午前より出勤す

五月三日

同月三日　雨　風少々 午前より晴

一　午前より出勤す

一　午后金子蔀へ、主公より此度元義公五拾年祭の節御書類緒方より取集陳列尽力に付、深く其辺思召、金拾円を右費用御補助として御送に付、慎蔵御使す

一　家令座用箱鍵二つ出宿に付、河村光三へ預け置候事

但用箱内に金庫鍵納置く

五月四日

同月四日　晴

一　午前用達所へ出勤、夫より吉川様へ御代拝として出発候事

一　午后一時馬関川卯へ至る、夫より武庫川丸へ乗組、四時出港す

一　金七円手当として受取る

五月五日

同月五日　晴

一　午前二時新港へ着船、直に問屋福岡へ上陸す

一　同十一時吉川御邸へ至る、今田寛〔吉川家令〕へ御親族中よりの御代拝の為め参邸の儀申入、玉串料は吉川様より御取計被下度段をも申入る

一　吉川御二方様〔吉川経健、吉川直子〕、重吉様御一同御逢、直に御代拝相勤む

一　昼飯御酒出る、且又金二百匹御目録被下候事

一　吉香神社自拝す

右相済、直に新港福岡方へ二時過帰宿す

一　午后四時の便船安寧丸へ乗組む

五月六日

同月六日　晴

一　午前四時馬関着船、直に上陸用達所へ、五時四十分出頭し、御代拝相勤候段上申す

一　主公より今田〔寛〕、進藤両人への御伝言相伝候段を上申し、八時半退出す

五月七日

同月七日　晴

一　木村安八不快の段、諏訪より報知に付、同家へ尋問す

一　元智君〔毛利元智〕不取敢御帰邸のことに伺済の由に付、江良へ直に申談御供致候様談決す

一　荘原宅へ尋問す、不在に付直に用達処へ出勤す、又菅へ抵る、又用達所にて荘原申合の上、日原へ元智様当分御預け可然ことに申合候て上申す、右は早々其取計可致との事に付、日原へ至る、不在に付所々相尋候得共、面会を得す

一　桂弥一氏、荘原一同、藤田帰府迄の人、泉屋栄吉に取極めなり

五月八日

同月八日　晴

一　日原来宿、元智君当分なれは御引受可致とのこと也

一　午前より出勤す、別に議事なし

一　正午御洋食御相伴被仰付候事

五月九日

同月九日　小雨
一　午前より用達処へ出勤す

五月一〇日

同月十日　晴
一　午前より出勤す
一　本日は豊永、荘原一同午后より集会す
一　木村安八大病の処、元智君是迄一ヶ年十一ヶ月余に付金百円と議し、伺の上思召を以て本日金五拾円御持参被遊候、又五拾円は死後御仕向のことに相成候事
一　戦地へ出候仕官へ、死後の御仕向、又政府郡代以上死後の御仕向得と取調の上、相伺ことに議す
一　御新築地位検査一同談合す、河村光三同道也

五月一一日

同月十一日　晴
一　午前より用達所へ出勤す
一　木村方へ日々御尋御使有之候様、江良、中川へ達す

五月一二日

同月十二日　晴
一　午前より出勤す
一　死者へ云々の件は、再度協議可然ことに荘原申合あり

五月一三日

同月十三日　晴
一　用達処へ午前より出勤す
一　午后一時荘原出立、万協議の通り夫々相伺取計可申ことに打合置候事
一　文武官引合云々は、先再応協議し然る後と議す、右豊永へ談す

五月一四日

同月十四日　晴
一　休日に付在宿す
一　桂弥一細君〔米子〕来宿也
一　同家より酒一徳鯛二枚到来す

五月一五日

同月十五日　陰
一　午前より出勤す
一　木村氏へ尋問す、都合同様也
一　御家憲
右納戸方御宝物の内へ御纏めの儀被仰付候に付、江良へ相渡置候事

五月一六日

同月十六日　雨
一　午前より用達所へ出勤す、本日は伺議事等も無之に付退出す

五月一七日

同月十七日　晴
一　午前より出勤す
一　午后福本〔勝一カ〕へ誕生歓として至る、尤過日肴為持置候事

五月一八日

同月十八日　晴
一　木村安八こと養生不叶、午前十一時半死去報知に付、御使として同家へ至る
一　明十九日午后四時、於大乗寺埋葬式致候段上申す
一　右に付、明午前御使を以て金五拾円香典御持せ相成り候事
一　会葬御二方様御名代三吉相勤ることに御下命也

五月一九日

同月十九日　晴
一　午前より用達所へ出勤す
一　金参円
右梶山、諏訪、日原、桂、内藤〔芳輔〕、三吉の六名にて木村故安八へ手向のことに決す、尤内藤は名称のみ
一　香奠は拾五銭宛の申合也
一　午后木村氏埋葬式於大乗寺有之、依て主公御奥様会葬御名代被仰付候に付、三時過より木村宅へ参り、夫より大乗寺に詣り御代拝相勤候事

五月二〇日

同月二十日　雨
一　本日は在宿相願候事
一　午后養子玉樹披露として、各家四時より来宿、酒宴を開候事

五月二一日

同月廿一日　晴
一　休日に付在宿す
一　本日も昨日同様案内、各家来宿也

五月二二日

同月廿二日　陰
一　午前より出勤す、尤昼限り退出す

一　本日も案内の各家町向のみ来宿す

五月二三日

同月廿三日　晴

一　過日来少々病気に付、本日より松岡〔茂章、医師〕診察を再度受け、散薬六帖を服用す

一　米熊へ過る十四日附の来書に付答書す

一　石川良平より来る廿五日案内、使を以て申入有之候得共、不快に付断置候事

五月二四日

同月廿四日　晴

一　本日不快に付不参す

五月二五日

同月廿五日　雨

一　本日も同断

一　主公、奥様より病中御尋問として御使中川来宿也

五月二六日

同月廿六日　雨　夕風

一　本日も不快に付不参す、散薬六帖

五月二七日

同月廿七日　晴

一　本日も同断

五月二八日

同月廿八日　晴　風

一　玉子　一重廿五個

右御二方様より病中御尋として御使江良を以て被下候事

五月二九日

同月廿九日　陰　后雨

一　午前用達所へ出勤す

一　過日度々御使の御礼申上候事

一　未た全快に無之段申出退去す、尚都度不参不申出段を添て申出置候事

五月三〇日

同月三十日　晴

一　本日も保養中に付、不参す

五月三一日

同月卅一日　晴

一　午前用達処へ出勤す

六月一日

六月一日　晴

一　松岡へ診察の為め至る、服薬は先休薬にて保養可致との
　　こと也

一　本日は用達所不参す

六月二日

同月二日　雨

一　午前出勤し、昼限り退出す

六月三日

同月三日　陰

一　右同断

六月四日

同月四日　晴　后雨

一　休日に付在宿す

一　玉樹同行にて左の各家へ至る
　　南部　伊秩　安野　宮田　高田　梶山　田上　諏訪
　　中村　船越

一　栢俊雄より鶏二羽到来す

六月五日

同月五日　雨

一　午前より出勤す

一　梶山氏出邸、第二号にて色々御家職の件を協議す

一　賀田、高田より案内に付孰れも至る、是は祭なり

六月六日

同月六日　陰

一　午前用達所へ出勤す

一　米熊へ反物着受見舞答書とも本日郵便仕出す

六月七日

同月七日　晴

一　本日は用達所不参す

一　肴　一折
　　右山田〔義祐〕へ過日案内に付其為め持せ候事

一　各家へイヨ、トモ同道にて廻礼す

六月八日

同月八日　晴　夕小雨

一　午前梶山氏へ至る、御家職向要用の件を協議す、其件は
　　別記あり

一　午前より出勤す、別に議事なし

六月九日

同月九日　暁より風雨

一　午前より用達所へ出勤す、別に議事なく退出す

六月一〇日

同月十日　晴

一　午前より出勤す

一　村井清一死去に付悔に至る

一　米熊へ夏帰府の都合如何哉照会状仕出す

六月一一日

同月十一日　陰

一　林四十九日に付、焼香寺詣す

一　板垣禎三、近木の両家へ玉樹同道謝礼に至る

一　大庭友槌来宿、家事一件の相談あり、気附は答置、乍去
　独立目途は同意す

六月一二日

同月十二日　風雨

一　午前より出勤す

一　今田寛より来書

六月一三日

同月十三日　晴　西風

一　午前より用達所へ出勤す

一　本年四月分会計検査済に付、本日調印の上渡辺会計方へ
　相渡候事

六月一四日

同月十四日　陰

一　午前より出勤す、別に議事なし

一　栢より案内に付鯛二尾、外に人形
　右は初端午に為持候事

一　午后栢貞香より案内に付抵る

六月一五日

同月十五日　晴

一　用達所へ午前より出勤す

六月一六日

同月十六日　小雨　陰

一　午前出勤す、別に議事なく退出す

一　伊秩修平より案内に付、肴料弐拾銭持参す
　但午后三時より至る

六月一七日

同月十七日　陰

一　午前より出勤す、別に議事なし

六月一八日

同月十八日　晴

一　休日に付不参す

一　大庭友槌へ玉樹初て同行す、右に付肴料持参す

一　梶山氏へ尋問す
　右は、内務大臣〔井上馨〕より知事〔原保太郎〕へ勤王届落手の件に付達令あり新聞見当り候に付、長府の処如何哉示談す、右は豊永氏出山の際知事へ聞合のことに梶山氏引受あり

六月一九日

同月十九日　晴

一　午前より出勤す

一　主公少々御風気に付御囲也

一　豊永より野村子爵〔靖〕来関の段申来る

一　右に付、公へ相伺直に出関、宿所網平方へ至り面会の上御口上の旨少々御風気旁御尋問の為め御使被差立候段申入、尚又滞関の都合聞合候処、両三日は差間御伺不申上とのことに付、主公にも御風気故御出は是より又々御報可致ことに申述置候事

一　右の段、帰府の上公へ上申す

一　梶山氏へ野村子来関の報知す

六月二〇日

同月二十日　雨

一　午前より出勤す、別に議事なく退出す

一　主公本日も御囲也

六月二一日

同月廿一日　雨

一　午前より出勤す、別に議事なし

六月二二日

同月廿二日　雨

一　午前より用達所へ出勤す

六月二三日

同月廿三日　雨

一　午前より出勤す

一　昼御相伴被仰付候事

六月二四日

同月廿四日　雨

一　午前より出勤す、別に議事無之

六月二五日

同月廿五日　晴

一　休日に付不参す

六月二六日

同月廿六日　晴

一　用達所へ午前より出勤す

一　玉樹より桂へ談有之候由、且又俊雄へも打合、目途、外勤云々の談あり、右は都合別に異存無之、尤得と方向のことは桂氏へ相頼置候事

六月二七日

同月廿七日　晴

一　午前より出勤す

一　昼御洋食御陪食被仰付候事

六月二八日

同月廿八日　陰

一　午前より出勤す

一　梶山氏参邸、野村子爵引受の申合をなす

六月二九日

同月廿九日　晴

一　午前用達所出勤す

六月三〇日

同月三十日　晴

一　午前より出勤す

一　野村子爵夫婦〔野村靖、野村花子〕御招に付来邸あり、山御別邸にて御酒宴、豊永幷に高杉婦人〔高杉雅、高杉晋作妻〕御相伴也

一　同夕野村子より御礼状来る、則上申す

七月一日

七月一日　晴

一　午前より用達所へ出勤す

一　御神霊へ例月の通献供相勤候事

七月二日

同月二日　晴

一　休日に付在宿す

一　大庭へ歓として左の通
　　肴料　三拾銭
　　浴衣地　一反
　右者イヨ持参す

七月三日

同月三日　晴

一　午前より用達所へ出勤す

七月四日

同月四日　晴

一　午前より出勤す

一　功山寺墓地六坪丈け三吉家所有に下田立会にて相決す、尤是迄龍王の分は返上し、追て増坪の分丈け金納の筈なり

七月五日

同月五日　晴

一　午前より出勤す、別に議事伺の件無之

七月六日

同月六日　陰

一　午前より出勤す、別に議なし

七月七日

同月七日　晴

一　午前より用達所へ出勤す

一　正午御洋食御相伴被仰付候事

一　豊永氏出勤あり

七月八日

同月八日　晴

一　午前より出勤す

一　主公午前十一時過御出発、馬関より関西丸へ御乗組御出山に付、御見送として出関し、二時半復た出勤す

七月九日

同月九日　午后晴

一　今暁三時過より雷雨、尤六時過より小雨となる

一　休日に付在宿す

七月一〇日

同月十日　小雨　夕晴

一　午前より出勤す

七月一一日

同月十一日　晴
一　午前より用達所出勤す

七月一二日

同月十二日　晴
一　午前より出勤す

七月一三日

同月十三日　晴
一　午前六時過より出勤す
一　同七時半主公山口より御帰邸也、何も御異状不被為在候事

七月一四日

同月十四日　晴
一　午前より用達所出勤す

七月一五日

同月十五日　晴

七月一六日

同月十六日　晴
一　午前出勤す
一　荘原より過る十日附の来書、国事勤労詮議一件申来候件に付、梶山へ書面持参す、豊永へは引合済也

七月一七日

同月十七日　晴
一　午前より出勤す

七月一八日

同月十八日　晴　正午より雷雨
一　午前より用達所へ出勤す

七月一九日

同月十九日　陰
一　午前より出勤す

七月二〇日

同月二十日　晴
一　同断

七月二一日

同月廿一日　晴
一　同断
一　藩政以来の書類は、布施方へ写預り置候由市岡〔義介、

長府毛利家従〕より引合に付、右受取方可致ことに談置候事

一　賞典分与根帳、夫々会計方へ有之候に付、其段荘原へ報知書仕出置候事
　右関係の書類一纏にして会計方受に有之候事

七月二二日

同月廿二日　晴

一　午前出勤す、尤本日は昼限り退出す

七月二三日

同月廿三日　晴

一　日曜休暇に付在宿す

七月二四日

同月廿四日　晴

一　午前より用達所出勤す、別に議事なく退出す

七月二五日

同月廿五日　晴

一　午前より出勤す

七月二六日

同月廿六日　晴　午后北風

一　用達所へ午前より出勤す、別に議事其他談無之に付退出す

七月二七日

同月廿七日　晴

一　梶山氏来宿、色々談話す

一　午前出勤す

七月二八日

同月廿八日　陰

一　用達所へ午前出勤す

一　主公少々御不例に付御囲也

七月二九日

同月廿九日　晴

一　午前出勤す

一　主公本日も御囲なり

一　明治廿五年度収支勘定

一　同廿六年度臨時費追加予算
　右御調印、主公、元忠公幷に協議人三吉迄相済候事

一　午后墓参す

七月三〇日

同月三十日　晴

一　イヨ事林頼母子初会に付出関す

七月三一日

同月卅一日　晴

一　午前用達所へ出勤す

一　昨日渡辺郡長より国事勤労者取調方の儀を御当家へ依頼の談あり、高輪様始め各家へも御同様とのこと、右は八月中下調致度との含也

一　金庫出納簿本月廿五日迄検査引合相済候事

一　北白川宮家扶麻生三郎へ暑中尋問書仕出す

八月一日

八月一日　晴

一　午前出勤す、夫より伊藤伯来関に付、主公より御尋問として三吉御使相勤、面会の上御口上申入候事

一　伊藤男二殿へ御見舞御使相勤候事

一　山口県知事〔原保太郎〕滞関に付尋問す

八月二日

同月二日　晴

一　清末様〔毛利元忠〕へ暑中御見舞の御使相勤候事

右上申す

一　荘原より過る三十日附来書あり、国司直記履歴取調、追て答の筈也

一　山県伯奥方〔山県友子、石川良平娘〕大病に付、御勤向の儀申来る、依て上申す

八月三日

同月三日　晴　十一時小雨

一　午前出勤す、別に議事なく退出す

八月四日

同月四日　陰

一　午前用達所へ出勤す

八月五日

同月五日　陰

一　午前より出勤す

八月六日

同月六日　晴

一　休日に付在宿す

一　岡本高介帰府の由にて来宿す

八月七日

同月七日　晴
一　遠藤来宿也
一　午前用達処出勤す

八月八日

同月八日　晴
一　午前出勤す
一　雩の為め千把焚あり

八月九日

同月九日　陰　夜雨少々
一　本日は在宿申出る

八月一〇日

同月十日　晴
一　午前より出勤す
一　福本勝一母死去の由、玉樹より申来、依て悔に至る

八月一一日

同月十一日　晴
一　午前用達所へ出勤す
一　栗山引合伺の上御使を出す、右は日載に記事あり
一　藤野聿造小児死去に付悔に至る
　但麩五本、線香三把持参す
一　福本へ備物、麩七本、線香一箱、トモへ為持候事

八月一二日

同月十二日　晴
一　午后出勤す、夫より正村にて集会に付至る
一　雨乞吉見村より出府に付、御邸内へ参集の儀、河村光三を以て出願に付相伺候処、御許可に相成る

八月一三日

同月十三日　晴
一　休日に付在宿す
一　正村信一来宿、右は同家云々の件和解に相成、其挨拶也

八月一四日

同月十四日　晴
一　午前用達所へ出勤す

八月一五日

同月十五日　晴
一　午前出勤す

一　柏村信より十一日附書面来る、依て主公へ上申す、右は
　国事勤労者申出の件也

八月一六日

同月十六日　晴
一　江本今日出発、暇乞として来る
一　午前出勤す、別に議事なし

八月一七日

同月十七日　晴　夕風
一　前日に同し

八月一八日

同月十八日　晴　暁小雨
一　午前用達所へ出勤す
一　明十九日七時吉見村より雨乞として出府、右に付御邸内
　へ休所を相設候、就ては御門外等の締り向巡査相頼、尚
　又御邸内の諸締り等を申入置候事
一　酒肴料金拾円被下のことに会計へ達す
　　但水茶等を用意す

八月一九日

同月十九日　陰　午后小雨
一　午前七時過出勤す
一　本日吉見村より雨乞として踊り出る、右に付御邸内へ休
　所を拝借申出、依て夫々用意す、且又酒肴料金拾円を被
　下候事
一　午后一時前より雨乞古式を行ひ二時半終て退散す
　古式中小雨降り陰天なり
一　御二方様始め御子様方踊御覧相成候事

八月二〇日

同月二十日　夜雨
一　休日に付在宿す

八月二一日

同月廿一日　朝より雨　后大雨一坪七斗三升の雨量也
一　午前用達所へ出勤す
一　野村子爵より国事勤労取調の件に付内報状来る、依て上
　申す
一　昼御洋食御相伴被仰付候事

八月二二日

同月廿二日　陰　夜雨
一　午前出勤す

八月二三日

同月廿三日　雨

一　午前より出勤す

一　元智君八時半御着邸、荘原、木村随行也、江良御迎に出て随従の事

八月二四日

同月廿四日　雨

一　荘原氏へ尋問す

一　午前より用達処へ出勤す

八月二五日

同月廿五日　小雨　陰

一　同断

一　盆に付、法華寺、浅野、小坂、正村、覚苑寺、栢両家其他初盆等の所へ線香に到る

八月二六日

同月廿六日　晴

一　午前用達所へ出勤す

一　柏村信氏へ、今般取調一件に付申来候請書を、本日仕出す

八月二七日

同月廿七日　小雨

一　休日に付在宿す

一　吉見九郎〔旧長府藩士〕出府に付宿所へ尋問す、不在也

八月二八日

同月廿八日　晴

一　午前より出勤す

一　金七千円公債券

右豊永拝借、返納は延期の儀可然ことに梶山、荘原協議す、右引合に小月村田地云々の件は、一同不同意也

八月二九日

同月廿九日　晴

一　磯谷春三死去に付、香料拾銭を持参し、悔として今朝同宅へ至る

一　午前より用達所へ出勤す

一　慎蔵儀辞職出願可致、就ては御家扶座へ書面を以て可申出筈に候得共、兼て御下命の次第も有之候間、豊永氏を以て口上にて老衰に付不行届段を内願可致、此段を御含迄に申入と荘原氏へ申出候事

八月三〇日

同月三十日　暁小雨　后晴
一　午前より出勤す

八月三一日

同月卅一日　朝雨　風少々
一　同断
一　野村子爵より実母〔入江満智〕死去の段報知あり、依て本日悔状を令扶へ宛て仕出す
一　昼御洋食御相伴被仰付候事

九月一日

九月一日　陰
一　午前より用達所へ出勤す
一　月並神供献備相勤候事
一　御親族中御家憲写一纏めにして納戸方へ引合、根帳附に致置候事
一　右の写は令扶座へも備置候事
一　元運公〔毛利元運〕御写真一枚本日主公より拝受致候事

九月二日

同月二日　陰　后小雨　南風強
一　午前より出勤す

九月三日

同月三日　陰　昨夜半より東風強くなる
一　休日に付在宿す

九月四日

同月四日　晴　西風
一　午前より用達所へ出勤す、夫より御用談あり、荘原一同豊永宅へ至る
一　慎蔵こと老衰に付辞職の内願を豊永へ依頼す、右は上申の由なり
一　諏訪氏より金談ありしことを示談に付、右は得と荘原へ談合可致と答置候事

九月五日

同月五日　晴
一　午前より出勤す
一　鶏一羽
右荘原へ進物持せ候事

九月六日

同月六日　陰

一 下婢宿元へ参り養生の処、今暁より行衛不相知由に付、車夫を吉田屋方へ遣す、然に磯村其方門前に居色々当人スヱを取調候得共、先狂気の様にて三吉方を尋候由に付、同家主人連参り其次第を聞くに、衣服を脱き海に入り裸の儘色々尋問するも不分り、依て連越候次第に付、直に吉田屋へ報知し車にて送り、尚又其次第を糺すに全く熱病の為め也、右に付松岡医師へ相頼診察を乞、又磯村方へ単物一反、砂糖一箱相添持参の上謝礼す、又松岡へ参り様子聞、尚是迄見掛りの安尾〔清治カ〕方へは、松岡より不都合無之様取計方を相頼置候事

一 午后より豊永宅に於て梶山、豊永、荘原、三吉集会す、左の件々

一 本日午前主公より荘原、三吉御召にて第一第二の件々思召の旨御下命、尚又協議の上気附申出候様御旨意の次第を荘原より演説あり

第一の御ヶ条は、第一豊浦同郡へ施し可然、尚又先病院の仕法相立如何哉の気附梶山発言あり、就ては右差閊無之ことを取調可然の談あり、色々協議の末、東京乃木氏へも思召の旨を談し候上、荘原十一月頃出府の際、総会の上篤と協議可然ことに談相決す

一 元智君御教育一件思召の旨、一同御尤に心得異議なし、尤可成田舎の方可然、此件も乃木へ荘原より談合可然との談也、右は諏訪、日原へも談合の筈也

一 第十五銀行割賦金一件に付ては、荘原帰京の上得と聞調向の見込相立て可然談あり、右承諾也

九月七日

同月七日　晴

一 午前より用達所出勤す

一 御二方様へ昨日迄の次第内評を御含迄に呈置候事

一 高山昇来宿にて、故河崎董勤労一件の儀に付、中立の都合を聞合あり、然に右は総而取調の次第、伺の手続きに相成り、未決に付何分の儀、私より御答可致筋に参不申段を答置候事

九月八日

同月八日　晴

一 午前より出勤す

一 御用達所建増の儀は、諸締り向万御規則御改めの為め御設け相成可申次第を、三吉より上申することに荘原へ談決す

一 元智君御教育の件、今般思召の旨を諏訪、日原の両氏へ荘原より伝達の処、右は思召の通異議なし、然に御預け先等の儀を示談相成候得共、是は即席の気附も無之に付、追々申合可然との由也、又乃木少将へも示談あり、東西の気附を打合有之筈までにて、示談済のことを本日荘原

より承る
一　過日来梶山氏より内話の金談一件は、向後名義無之取計は出来不申次第を、入々荘原より梶山氏へ示談相成候処、尤の由にて、其辺は篤と勘考の筈に談止り居候由、荘原より承る
一　荘原家扶御用済にて本日午后より出発帰京也

九月九日

同月九日　晴
一　本日は鳥山方へ主公よりの御使に至る、右は国事勤労者取調一件に付、御相談被遊度、其節は御参邸のことを前以て御頼相成候旨を申入、右承諾也
　但御用序に私の勤〔ママ〕〔勧〕め煙草一箱を進物す
一　水川方へ尋問す、煙草同断

九月一〇日

同月十日　晴
一　休日に付在宿す

九月一一日

同月十一日　晴
一　諏訪氏へ鳥山同様の御意に付、御使相勤候処、承諾也
一　午前より用達所へ出勤す、前断両人御受の段を上申す

九月一二日

同月十二日　陰
一　午前より出勤す

九月一三日

同月十三日　晴　北風凌克
一　午前より出勤す、別に伺の件議事も無之退出す

九月一四日

同月十四日　晴
一　梶山氏来宿にて、金借一件は荘原十一月出府の上協決のことを、諏訪へ申入置筈に本日談決致置候事
　右答延期す
一　午前より用達所へ出勤す
一　外浦海岸願一件に付、梶山氏より示談あり、右は村会に於て承諾の上御出願相成候処、波戸図面調製中に付、本日河村光三へ申談、早々調製差出候様談決す

九月一五日

同月十五日　小雨　終日雨となる
一　午前より出勤す
一　山県伯へ婦人死去に付悔状を出す

一　墓地代金左の通
　一　金弐円八拾五銭
　　但功山寺墓地代三円六拾銭の内七拾五銭龍王墓地
　　　代納済に付差引右の辻
　　右正に領収候也
　　明治廿六年九月十五日　長府村役場　印
　　　　三吉慎蔵殿

九月一六日

同月十六日　陰
一　午前より用達所へ出勤す
一　午后二時過北白川宮馬関へ御着相成、高屋御使として来
　宿の由申来り、直に帰宅す
一　朝鮮飴　二箱
　　葛素麵　一箱
　右当春献上物の御挨拶として御使を以て下賜候事
　右高屋より到来す、右に付酒肴を出す

九月一七日

同月十七日　雨
一　日曜に付在宿す、尤北白川宮より先般の御挨拶として朝
　鮮飴三箱御送に付、毛利家への分持参す

九月一八日

同月十八日　陰
一　午前より出関す
一　北白川宮殿下藤野方へ御滞在に付、賜物御使被下候、御
　請として出頭拝謁被仰付候事
一　高屋氏へ面会の上、挨拶申出退散す
一　本日は大岡氏〔育造、衆議院議員〕午后三時より演説、六
　時より懇親会の儀申来候に付、右事務所新市方へ参り、
　会費廿五銭を栢へ相渡置、尤出席差閊に付相断り、尚又
　大岡氏への挨拶は、豊永和吉へ依頼致置候事
一　十二時過より用達所へ出勤す

九月一九日

同月十九日　陰
一　午前より出勤す

九月二〇日

同月二十日　雨
一　大庭方へ年回に付香花持参す
一　午前より用達所へ出勤す
一　主公本日も御囲、尤順々御快方也

九月二一日

同月廿一日　陰　后雨

一　玉樹こと昨夜より不快に付、松岡を招き診察を受る

一　午前より出勤す

九月二二日

同月廿二日　雨

一　同断

一　主公追々御快方に付、明廿三日より御表御出勤の旨御下命の由也

九月二三日

同月廿三日　雨

一　秋季皇霊祭休暇に付、在宿す

九月二四日

同月廿四日　雨

一　日曜休暇に付在宿す

一　忌宮神社例祭旧十五日に当る、尤来客なし

九月二五日

同月廿五日　陰　后晴

一　午前より用達所へ出勤す

一　主公御快方、本日より御出勤あり

九月二六日

同月廿六日　陰

一　織山老人今晩死去の為知、総代佐竹より廻状に付、悔として至る

一　午前より出勤す

九月二七日

同月廿七日　晴

一　午前より出勤す

九月二八日

同月廿八日　雨

一　午前より出勤す、夫より主公御下命に付、熊谷俊一氏方へ御使として至る、左の通

一　元智君を御預け旧日瓜宅にて御教育の御頼也、右に付、御賄は御台所より仕出し、小使を付可申こと入々申入候処、承諾あり、依て御二方様へ上申す

九月二九日

同月廿九日　陰　小雨

一　午前より用達所へ出勤す

九月三〇日

同月三十日　晴

一　同断

一　三島盛二より来書、来月三日、四日頃凡引続のことを申来る、依て之を上申す

一〇月一日

十月一日　晴　夜半雨

一　本日は秋季御例祭に付、午前七時出勤す

一　御祭儀御先例の通也、日載に有、依て略す

但午后八時退出す

一〇月二日

同月二日　陰

一　午前より用達処へ出勤す

一　明三日御小祭例日に付、神供幷に御上向御次神酒被下の件々協決の事

一　近々兵隊都合により一泊相成、就ては村内宿等用意のことに付集会、栢貞香方にて協議す

一〇月三日

同月三日　陰　小雨

一　午前八時前出勤す

一　本日は豊照神社秀元公〔毛利秀元〕御小祭例日に付、御祭儀先例の通、詳細は日載に有之略す

一　右に付弊料三銭を備ふ

一　秀元公御小祭に付、御次中へ御酒御肴二種にて被下候事

一〇月四日

同月四日　雨

一　荘原より過る一日附来書、内務大臣官舎、日本建物不残焼失の由、就ては御見舞御使荘原相勤候段を報知に付上申し、尚又主公より井上伯へ御見舞御状、御代筆にて本日直に仕出の事

一　午前より用達所へ出勤す

一〇月五日

同月五日　陰

一　同断

一〇月六日

同月六日　晴

一　右同断

一　梶山鼎介氏来邸、河村光三と両人梶山よりの談を聞く、

右は報国隊中の内より御賞典御分与に付、入隊中の御沙
汰の件也

一〇月七日

同月七日　晴
一　午前より出勤す

一〇月八日

同月八日　晴
一　御用向有之午后より出勤す
一　元智君本日午后より旧日瓜方へ御転居、熊谷俊一へ主公
思召の旨を申入、右は師父の心得を以て万御依頼のこと
被仰聞候事
一　元智君へも、右の次第に付、御心得方の儀を公の御代理
にて上申す

一〇月九日

同月九日　陰　（夜雨）
一　午前より用達所へ出勤す

一〇月一〇日

同月十日　晴
一　右同断

一〇月一一日

同月十一日　雨
一　右同断

一〇月一二日

同月十二日　雨
一　右同断

一〇月一三日

同月十三日　雨
一　右同断
一　午后三時諸兵通行、長府村ニ泊也

一〇月一四日

同月十四日　（前一時より）大風雨　（北）
一　大風に付歩行相成兼、午后出勤の上、相伺候て退出す、
昼夜大風なり

一〇月一五日

同月十五日　風雨
一　諸兵午前八時より出発也
　但着日より国旗を掲け、茶弁馬用水を門前へ出候事

一　休日の処臨時出勤す

一〇月一六日

同月十六日　小雨　風少々あり

一　午前用達所へ出勤す

一　三島盛二御雇入御沙汰有之

一〇月一七日

同月十七日　陰

一　午前八時出勤す

一　本日主公、御奥様御出京として十時御出発、外浦よりホートに御乗組、西京丸にて神戸迄御出に相成る、右は今般東京高輪様御邸にて御親族会御開に付て也

一　右に付西京丸にて御見送申上候て、午后帰宿す

一〇月一八日

同月十八日　晴

一　午前より用達所出勤す

一〇月一九日

同月十九日　陰　風少々

一　右同断

一〇月二〇日

同月二十日　晴

一　右同断

一〇月二一日

同月廿一日　晴

一　右同断

一〇月二二日

同月廿二日　晴

一　休日に付不参す

一〇月二三日

同月廿三日　陰

一　午前より出勤す

一　御二方様過る二十日午后三時東京御邸へ御安着の旨、荘原より報知あり

一〇月二四日

同月廿四日　晴

一　午前より用達処へ出勤す

一　江良より御旅中二十日迄の御順序を報知あり、御異状な

し

一〇月二五日

同月廿五日　晴

一　午前より出勤す

一　明廿六日在宿御暇申出置候事

一　員光村七五郎より検見申出候に付、安野勝次郎を代理に出し候事

一〇月二六日

同月廿六日　雨　后晴

一〇月二七日

同月廿七日　晴

一　午前より用達所へ出勤す

一〇月二八日

同月廿八日　晴

一　右同断

一〇月二九日

同月廿九日　晴

一　休日に付不参す

一〇月三〇日

同月三十日　陰

一　午前より用達所出勤す

一〇月三一日

同月三十一日　陰　后晴

一　午前より出勤す、別に議事なく退出す

一一月一日

十一月一日　陰

一　午前より出勤す

一　例月の通神前へ献備相勤む、別に記事なし

一一月二日

同月二日　雨

一　午前より用達所へ出勤す

一一月三日

同月三日　小雨

一　天長節に付在宿す

一一月四日

同月四日　晴
一　午前より出勤す

一一月五日

同月五日　小雨
一　午后より取調あり、出勤す

一一月六日

同月六日　晴
一　桂故老人〔桂タセ〕一周年本日相当に付、昨日備物為持、本日焼香に至る
一　午后より用達所へ出勤す

一一月七日

同月七日　陰
一　本日は不参、断り申出候事

一一月八日

同月八日　小雨 夫よりあれとなる
一　午前より用達処出勤す

一一月九日

同月九日　晴
一　同断

一一月一〇日

同月十日　陰 后雨
一　午前より出勤す、別に議事なし、依て退出す

一一月一一日

同月十一日　大風 西
一　小野田火事の様子に付、豊永へ尋問す
一　午前より出勤す
一　主公始め上々様御機嫌伺書を荘原へ依頼し、郵便状を本日仕出す

一一月一二日

同月十二日　陰 風
一　休日に付在宿す

一一月一三日

同月十三日　陰
一　午前より出勤す、別に議事なく退出す

一一月一四日

同月十四日　晴

一　午前より用達所へ出勤す

一　川棚伊佐氏〔清康〕出邸あり、幣子様〔毛利幣子〕日増御成長の旨承候事

一一月一五日

同月十五日　晴

一　午前より出勤す

一一月一六日

同月十六日　風　小雨

一　右同断、別に議事なく退出す

一一月一七日

同月十七日　雨

一　右同断

一一月一八日

同月十八日　晴

一　右同断

一一月一九日

同月十九日　小雨

一　休日に付在宿す

一一月二〇日

同月二十日　晴

一　午前より出勤す、別に議事なし、依て退出す

一一月二一日

同月廿一日　晴

一　用達所へ午前より出勤す

一一月二二日

同月廿二日　晴

一　栢俊雄来宿にて分与云々の相談に付、右は当人篤と決着の上示談次第の上は其意に仕せ可申、私より下命のことは家事向の都合も有之、即今分家の取分と申場合には未た成兼候間、下命のことは相断ることに談置候事

一　午前より出勤す、別に議事なし

一一月二三日

同月廿三日　陰

一　新嘗祭に付休暇也

一一月二四日

同月廿四日　小雨

一　在宿申出る

一一月二五日

同月廿五日　雪少々又風雨

一　午前より用達所へ出勤す

一　梶山氏より明日案内に付受書出す

一　米熊へ家事の要件とも云々、外宿の件々を本日書面を以て申遣す

一一月二六日

同月廿六日　陰

一　休日に付不参す

一　午后四時より梶山氏の招に付新市方へ参席す

一一月二七日

同月廿七日　晴

一　午前より出勤す、別に議事なし

一　公務記取調書抜中川へ頼置候事

一一月二八日

同月廿八日　小雨

一　午前より用達所へ出勤す

一　主公、御二方様昨日東京御出発の電報来る

一一月二九日

同月廿九日　晴

一　午前より出勤す

一　本日新築の用達所へ移転す、別に議事なし

一　午后より小坂案内に付、河村一同抵る、三嶋氏を招候事

一一月三〇日

同月三十日　暁雨 又晴

一　午前より用達所へ出勤す

一　御帰着御用意御迎等の件々談置く、別に議事なし

一二月一日

十二月一日　晴　夜風雨少々

一　午前より出勤す

一　月次神供献備相勤候事

一　午后四時諏訪氏より案内に付到る、尤鴨一羽為持置候、梶山其他参集也、八時退席、夫より再出勤す

一二月二日

同月二日　晴

一　昨夜より用達所へ相詰居候事

一　主公、御奥様午前四時御安着、随行一同無事也

一　午後退出す

一二月三日

同月三日　晴

一　休日に付在宿す

一二月四日

同月四日　晴

一　午前より出勤す

一二月五日

同月五日　晴

一　同断、別に議事なし

一二月六日

同月六日　雨　又晴

一　右同断

一二月七日

同月七日　晴

一　午前より用達所へ出勤す

一二月八日

同月八日　晴

一　右同断、尤別に議事なし

一二月九日

同月九日　晴

一　午前より出勤す

一二月一〇日

同月十日　晴

一　日曜休暇に付在宿す

一　玉樹、トモ別居す

一二月一一日

同月十一日　陰　后晴

一　午前より用達所へ出勤す

一　東京詰小野進退一件は、早々辞表可然ことに決し、代り中川某〔好治〕可然ことに協議あり

一二月一二日

同月十二日　雨

一　午前より出勤す

一二月一三日

同月十三日　陰

一　右同断

一　林ティ来る、栢一同仕組法談決す

一二月一四日

同月十四日　小雨

一　午前より用達所へ出勤す

一二月一五日

同月十五日　暁雷小雨　后強風

一　右同断

一二月一六日

同月十六日　小雨　風少々

一　右同断

一二月一七日

同月十七日　小雨

一　休日なれとも、旧記取調の為め、午前より用達所へ出勤す

一二月一八日

同月十八日　晴

一　午前より出勤す

一二月一九日

同月十九日　晴

一　午前より用達所へ出勤す

一二月二〇日

同月二十日　雨

一　右同断

一二月二一日

同月廿一日　陰

一　右同断

一二月二二日

同月廿二日　陰　后雨

一　右同断

一二月二三日

同月廿三日　晴
一　右同断
一　午后廿七年度予算を主管者荘原より差出し候に付、主公并に御協議人、元忠公、三吉参集す、尤豊永は差間に付欠席也

一　右御協議の上御調印相済候事
一　副主管者は外御用向有之、欠席なり

一二月二四日

同月廿四日　陰風あり
一　午前より用達所へ出勤す

一二月二五日

同月廿五日　晴
一　右同断

依願本職差免候
明治廿六年十二月廿五日
三吉慎蔵

一　荘原好一家扶被差免候
一　同人財産主管者家令兼務被仰付、月給三拾五円、長府詰の御沙汰あり、又東京別邸出張の御沙汰もある也

一　三嶋盛二家扶副財産主管者会計方如故
右夫々御直達ある
一　主公より御直に御口達、左に記す
来る三月には荘原帰府に付、夫迄の処三島も新任に付、万行形心得不申旁是迄の通申合可致との御命なり、又其后は月に六度にても時々出勤致し、万心を付候様被仰付候事
一　御奥様へ御免の段御吹聴上申す
一　御次詰男女一統へ吹聴す
一　家令座荘原へ引合の件は、令扶同様のこと故、其段を同氏へ打合引合す、且又三嶌へ令扶同様の事故、何も是迄預りの物は引続可申ことに段置候事
一　家令の印章一個
右本日荘原後任へ引合相渡す
一　高輪様始め、徳山様〔毛利元功〕、清末様〔毛利元忠〕、岩国様へ免職御吹聴状を仕出候事
一　右各家様、於鏻様、御子様方へは、用達処より御通知相成候事
一　梶山、諏訪、鳥山へ任免の件を用達所より通知あり

一二月二六日

同月廿六日　陰
一　午前より御命により出勤す

一二月二七日

同月廿七日　小雨

一　午前より用達所へ出勤す

一　金庫鍵始末の儀、主公へ相伺候処、家扶三嶋盛二へ可相渡御命に付、本日午后同氏へ相渡候事

一　是迄家令受の書類、不残三嶋家扶へ引合相渡候に付、御用箱鍵二つ、本日一同三島へ相渡候事

一　右に付、書類是迄の申継を口達す

一　来一月一日御式の時刻等を申継候事

一　年末御挨拶定例等の書面を以て夫々申継置候事

一二月二八日

同月廿八日　陰

一　午前より用達所へ出勤す

一二月二九日

同月廿九日　陰

一　右同断

一二月三〇日

同月三十日　陰

一　右同断

一二月三一日

同月卅一日　晴

一　小坂へ歳末の祝詞として出頭す

一　午前より用達処へ出勤す

一　例年の通神前へ献備五台、午後御定式の処、三嶋初めてに付、本年は昼三嶋へ引合す、尚亦向後の次第を引合置候事

一　御二方様へ歳末の御祝詞を上申し、退出す

日記　十五　明治廿七年

明治二七年

一月一日

明治廿七年一月一日　晴

一　午前七時半用達所へ出勤す

一　同八時三嶋〔盛二、山口県内務部第三課属学務掛〕一同神殿へ例式の通献供し上申す、夫より御二方様〔毛利元敏、毛利保子〕御参拝、次に家令始め順々参拝す

一　午前九時於御奥祝賀申上る、定例の通也

一　同十時より於御表御二方様参賀の面々へ御逢相成、於御庭祝酒被下候事

　但御逢は午后三時迄也、一日より三日迄同断

右之通本年より御定相成候事

一　午后より新年廻礼す

一月二日

同月二日　晴

一　在宿す

一月三日

同月三日　晴

一　御用向有之用達処へ出勤す、右は三島家扶へ談決す

一月四日

同月四日　晴

一　午前より出勤す

一月五日

同月五日　晴

一　本日は在宿す、別に私事記載なし

一　新年御宴会に付、酒饌料被下候、尤不参に付、渡辺〔清介〕持参なり

一月六日

同月六日　晴

一　午前より用達所へ出勤す

一　小野安民辞職出願に付、後任等の件思召の旨を三嶋へ御取次致し、夫々辞令の引合を為す

一月七日

同月七日　陰　小雨

一　休日に付在宿す、相変儀無之

一月八日

同月八日　小雨
一　午前より出勤す
一　昼御酒御相伴被仰付候事

一月九日

同月九日　陰
一　午前より用達所へ出勤す

一月一〇日

同月十日　晴
一　同断

一月一一日

同月十一日　陰
一　午前より出勤す
一　御二方様、清末様〔毛利元忠〕へ御出あらせらる
一　正午豊永氏〔長吉〕へ、御家事向の件々、色々内議す

一月一二日

同月十二日　小雨　后晴
一　本日は用達所不参す

一月一三日

同月十三日　晴
一　荘原〔好一〕より過日通知致し候十二月廿五日伺済の写を以て答書出し候受書来る
一　午前より用達所へ出勤す
一　過る十一日、旧報国隊〔元治二年二月に結成された長府藩士を中心とする壮士隊〕より四名出邸に付、其引合又答弁書の草案を三嶋、河村〔光三〕より承候事

一月一四日

同月十四日　晴
一　午前より出勤す
一　本日は梶山〔鼎介〕、諏訪〔好和〕、鳥山〔重信〕、豊永、桂〔弥一〕を新年御宴会として正午御案内に付、三吉、三嶋御陪席す
　但諏訪、豊永の両氏は断り、又鳥山氏不参也
一　栢貞香より案内に付、夜至る

一月一五日

同月十五日　陰　后晴
一　用達所へ出勤す
一　午后四時、日原素平氏より案内に付至る、林洋三、河村

光三同席也

一月一六日

同月十六日　晴

一　午前より出勤す

　譲奉賀新禧候御序之節
　御執奏之程願上候敬白
　　従六位三吉慎蔵

右封筒に入れ上書

　北白川宮
　　家令御中
　　　山口県長府村
　　　　三吉慎蔵

一　殿下〔北白川宮能久親王〕へ左記の所へ御出張
　大阪市北区新川崎町泉布観にて
　　家従安藤精五郎宛

右仕出候事

一月一七日

同月十七日　小雨　陰

一　栢俊雄氏来宿、家事向の件々談あり

一　午前より用達処へ出勤す

一　来る二十日午前十時より旧報国隊御賞典一件に付、梶山、諏訪、鳥山、豊永一同集会のことを三嶋一同談決し、夫々書面仕出候事

一月一八日

同月十八日　晴

一　梶山氏へ至る、右は廿日集会云々の件、及ひ御旧臣功労者云々の件を談す

一　栢貞香より案内に付抵る、是は誕生祝に付肴一折を遣す

一月一九日

同月十九日　雪少々

一　午前より用達所へ出勤す

一月二〇日

同月二十日　小雪

一　右同断

一　正午より梶山、諏訪、鳥山、豊永、河村、三嶋一同御賞典一件に付会す

一　過る十一日申出の件に付、答書の儀を協議す、書面通り引合のことに議決なり

一　右に付、金二千円迄を目途とし差向き二、三百円丈けを相伺候て、至急梶山、諏訪、鳥山の三名より明日より談判を開くことに伺の上議決あり、尤三百円以上の金は追

而取計の都合也、右に関する万引合、三名へ公よりも御頼相成候事

但三島伺の上各氏伝達あり

一 協議済の書面は、本日富田〔幾太郎〕へ宛仕出相成候事

一 旧大夫御扱方の儀、梶山より談あり、一同異議なし

一 前条の件々、明日豊永出京に付、荘原、乃木〔希典〕の両氏へ引合のことに依頼す

一 午后四時より、豊永方にて小伝一件に付集会あり、依て右志者を左に記す

日原〔素平〕 林 豊永 河村 田坂〔壮介〕 諏訪 梶山 桂 碓井〔太郎〕 三嶋 三吉なり

一 林案内、主任書記碓井を頼む、右に付会計を田坂、幹事を梶山、日原とす

一 毎月十五日を定日とし、午后一時より豊永組に会す

一 出金は先一名より金拾五銭と決す、但毎月也

一 毛利家より一円を毎月御出金を願ふ

但三位公〔毛利元敏〕へ伺済は一ヶ年五拾円のことを御決あり

右終て晩餐出る

一月二一日

同月廿一日 晴

一 休日に付在宿す

一月二二日

同月廿二日 晴

一月二三日

同月廿三日 晴

一 午前より用達所へ出勤す

一月二四日

同月廿四日 雨

一 右同断

一 昼御酒相伴被仰付候事

一月二五日

同月廿五日 雨

一 午前より出勤す、別に議事なく退出す

一月二六日

同月廿六日 晴

一 午前より出勤す

一 公共事件に付愚見を相認め上書す、控は別に記載し残し置候事

一月二七日

同月廿七日　陰

一　午前より用達所へ出勤す

一月二八日

同月廿八日　陰

一　休日に付在宿す

一月二九日

同月廿九日　暁より雨

一　午前より出勤す

一　宝金箱鍵廿六年十二月廿七日引渡候に付、三嶋よりの領収書受取候事

一月三〇日

同月三十日　陰

一　孝明天皇御例祭休暇に付在宿す

一月三一日

同月卅一日　大雪

一　午前より用達所へ出勤す

二月一日

二月一日　小雪

一　右同断、尤別に議事なし

一　本日は御観測三回周御当日に付、右紀念御祝宴あり、御次中へ洋食を被下候事

二月二日

同月二日　小雪

一　午前より出勤す

一　昼御酒御相伴被仰付候事

一　午后旧報国隊富田、重山〔良三〕の両名出邸す、右は旧藩報国隊兵員へ賞典分与の始末取調の儀に付、先達てより度々御手数を煩せし廉を以て御一礼に出たる旨を述ふ、三嶋家扶、河村光三両名相対す、右は総員一統に於て取調の次第了解せしやと三嶋より相尋ねし処、追々御取調の御書類を示し一統了解したるに依り、此度右一件に付、一統の内より設け置たる委員の儀も既に事済に付之を解き、其運動を廃止したる旨答申す

一　右富田、重山の両氏へは午飯を出し且御酒を下さる前条の次第、三嶋家扶より承候事

二月三日

同月三日　晴

一　午前より用達処へ出勤す

一　昨日富田、重山御一礼に出邸するに依り、本日午后三嶋家扶を以て主公より鳥山、諏訪、梶山の三氏へ是迄時々引合尽力に付、御挨拶の御使被仰付候事

二月四日

同月四日　陰

一　休日に付在宿す

二月五日

同月五日　陰

一　午前より出勤す

一　主公より御内話に御奥様今般思召を以て、欽麗院様〔毛利欽子〕、鏻子様〔毛利鏻子〕へ毎月金五拾銭宛被為進候とのことに付、公思召に御同額にては不都合と存す、如何哉との御内話に付、其辺は御順序を論するは甲乙可然と御答申上る、依て六拾銭、五拾銭御区別の思召也

二月六日

同月六日　晴

一　午前より用達所へ出勤す

二月七日

同月七日　雨

一　右同断

一　御奥様より思召を以て欽麗院様、鏻子様へ被為進の件々を相伺候に付、右は誠に御孝道の思召深く恐入候、御不自由は被遊候共、向後御奥様の御余徳を仰き候は、此事に御座候と上申す

二月八日

同月八日　小雨

一　午前より用達所へ出勤す

二月九日

同月九日　晴

一　右同断

二月一〇日

同月十日　陰

一　午前より出勤す

二月一一日

同月十一日　小雨
一　本日は紀元節及日曜に付在宿す

二月一二日

同月十二日　雨
一　午前より用達処へ出勤す

二月一三日

同月十三日　晴
一　右同断、尤別に議事なく退出す

二月一四日

同月十四日　晴
一　右同断

二月一五日

同月十五日　陰
一　午前より用達所へ出勤す

二月一六日

同月十六日　陰
一　右同断、尤別に議事なし
一　本日は午后より一同掃除す

二月一七日

同月十七日　陰
一　午前より出勤す
一　金弐千円以内旧報国隊へ御引除の儀に付、場合に依り御出金差閊無之ことに議決也
一　小野御暇の節、特別賞与は無之ことに議決す

二月一八日

同月十八日　晴
一　休日に付在宿す

二月一九日

同月十九日　晴
一　午前より用達処へ出勤す

二月二〇日

同月二十日　風（雨少々又雷少々）
一　本日は少々不快に付不参す

二月二一日

同月廿一日　雪少々
一　午前より用達所へ出勤す

一　江良〔和祐〕廿七日出立の由に付、休息の件伺の上家扶へ談し置候事

二月二二日

同月廿二日　晴

一　午前より出勤す、別に議事なく退出す

二月二三日

同月廿三日　晴　夜雨

一　本日は在宿す

二月二四日

同月廿四日　晴

一　午前より用達所出勤す

二月二五日

同月廿五日　陰　雨少々

一　休日に付在宿す

二月二六日

同月廿六日　晴

一　江良より昨日看到来に付、煙草二包持参、暇乞申入る

一　午前より出勤す

一　三嶋家扶出京に付、暇乞として至る

謹奉賀

天皇〔明治天皇〕

皇后〔昭憲皇太后〕両陛下御結婚

満二十五年御祝儀

明治廿七年三月九日　従六位三吉慎蔵

右美濃紙四ッ折にして認之

但三嶋盛二明廿七日出立上京に付、式部職へ進達取計方の儀を依頼致置候事

二月二七日

同月廿七日　晴　少々曇

一　両陛下御銀婚式に付、御召に依て三位公本日午前八時長府御出発御上京に付、三島家扶随行且又東京詰江良出立也

一　右に付、馬関川卯迄御見送申上、十二時過帰府、御奥様へ御乗船の次第を上申す

二月二八日

同月廿八日　晴

一　午前より出勤す

三月一日

三月一日　晴
一　午前より用達処へ出勤す
一　例月の通神供、家扶不在に付献備相勤候事

三月二日

同月二日　雨
一　午前より用達所へ出勤す

三月三日

同月三日　雨
一　右同断

三月四日

同月四日　陰　夜十一時半地震あり
一　休日に付在宿す

三月五日

同月五日　晴
一　午前より出勤す、別に談議無之退出す

三月六日

同月六日　陰
一　午前より用達処へ出勤す

三月七日

同月七日　雨
一　梶山鼎介氏正四位に昇位あり、依て右歓に出頭す
一　午前より出勤す

三月八日

同月八日　雨
一　佐竹小十郎〔旧長府藩士〕総代より、九日御祭典の儀同意なれは壱銭魚清方へ差出可申、又祝宴同意なれは二十銭出金のこと昨日談あり
一　右に付御祭典費一銭は同意に付、魚清方へ持参す
一　午前より用達所へ出勤す、別に議事なし

三月九日

同月九日　晴
一　本日は
　両陛下御結婚廿五年の御大礼式被為行、右に付、小学校に於て御写真へ拝謁す
一　今朝電信を以て宮内省へ長府村人民中より祝賀を奉呈す
一　右に付、忌宮神社に於て有志者より御祭典執行に付、金壱銭を出金す
一　本日は用達所休暇也

三月一〇日

同月十日　陰
一　午前より出勤す

三月一一日

同月十一日　小雨
一　休日に付在宿す

三月一二日

同月十二日　陰
一　三嶋氏より、過る九日御祝典賀表其筋へ進達の儀は、カキを以て申来る
一　午前より出勤す、別に談議無之退出す

三月一三日

同月十三日　晴
一　午前より用達処へ出勤す

三月一四日

同月十四日　陰
一　右同断
一　左の通申来る

本月九日
聖上
皇后両陛下御結婚満二十五年の御祝典被為行候に付ては、酒饌料下賜相成候条、明十五日午前九時当役場へ御出頭相成度候也
明治廿七年三月十四日　長府村役場　印
三吉慎蔵殿

三月一五日

同月十五日　雨
一　昨日の書面に依り、午前九時出頭す
金五拾銭酒饌料を賜候、右の御請如何心得候哉と坂野村長〔照人、長府村長〕へ相尋候処、名下に調印可然とのことに付、請印致し候て退出す
一　午前出勤す、別に御用向も無之、午前退出す

三月一六日

同月十六日　晴
一　午前より用達所へ出勤す

三月一七日

同月十七日　陰

三月一八日

同月十八日　晴

三月一九日

同月十九日　晴

一　午前より用達所へ出勤す

一　昨日諏訪氏より旧報国隊引合、兼て伺の通り運動費引合相成候由に付、午前十一時同家へ至る、左の通

一　金参百円也

右先般衆議伺の上御決定の通り一ッ書の金員を諏訪氏へ相渡す、然るに右受取等の儀は、梶山氏協議の上、引合方相成候様示談致し置候、先夫迄の所は兼て御内決の儀に付、仮に慎蔵より会計方へ引合致し置くことに申入置候事

一　昨日諏訪よりの談は、旧報国隊の名を汚し候ては遺憾に付、申立の儀は相止め候ことに決し、尚又向後に於ても必す彼是のこと無之様誓て可致、其辺得と相弁可申ことに談決し、右の書面追て相認可申ことに取計置候とのことを承候事

一　右金員は主公限り思召の事故、名称は無之に付、追て公よりの御受取証を会計方へ御渡し可然と心得候に付、左の通認め出納掛市岡〔義介〕へ相渡す

一　金参百円也

右は主公御手元御用金の分、御出京中に付取計方御代理請之候間、追て御帰邸の上、御引合可有之候得共、夫迄の処、仮受取証差出置候也

廿七年三月十九日　　三吉慎蔵　印

出納掛

市岡義介殿

右の次第、来る廿四日午后上申済、追而御引合の事也

三月二〇日

同月二十日　晴

一　春季皇霊祭休暇に付在宿す

三月二一日

同月廿一日　晴

一　午前より用達処へ出勤す

三月二二日

同月廿二日　晴

一　本日は在宿す、異状なし

三月二三日

同月廿三日　晴

一　午前より出勤す

三月二四日

同月廿四日　東風　雨少々

一　午前七時出勤す

一　同九時前主公御帰邸也、昨夜西京丸にて十二時馬関御着川卯へ御上陸の由、御異状無之御安着の事

三月二五日

同月廿五日　風

一　休日に付在宿す

三月二六日

同月廿六日　晴

一　午前より用達処へ出勤す

三月二七日

同月廿七日　陰

一　右同断

三月二八日

同月廿八日　雨

一　本日は不参す

一　豊永家内来宿あり

三月二九日

同月廿九日　晴　風あり

一　午前より用達所出勤す

三月三〇日

同月三十日　陰

一　午前より出勤す

三月三一日

同月卅一日　風晴

一　右同断

四月一日

四月一日　晴

一　本日は春季御例祭に付、午前七時より用達所へ出勤す尤日曜日也

一　午前十時神前へ主公始め御揃、御祭儀式の通に付略之、総て用達所へ記載ある也

一　小野昨日帰府に付、荘原よりの書面落手す、其件々三嶋家扶へ申入置候事

四月二日

同月二日　晴

一　午前より用達所へ出勤す

四月三日

同月三日　晴

一　神武天皇御例祭休日に付在宿す

四月四日

同月四日　晴

一　午前より出勤す、別に議事なし

四月五日

同月五日　雨

一　右同断、尤別に議事なく退出す

四月六日

同月六日　小雨

一　午前より用達処出勤す

四月七日

同月七日　陰　后雨

一　右同断

四月八日

同月八日　陰

一　日曜休暇に付在宿す、異儀なし

四月九日

同月九日　雨

一　午前より用達所へ出勤す

四月一〇日

同月十日　晴

一　右同断

四月一一日

同月十一日　小雨

一　右同断

四月一二日

同月十二日　風雨

一　右同断

四月一三日

同月十三日　晴

一　右同断、尤本日は別に議事なし、依て退出す

四月一四日

同月十四日　晴

一　午前より出勤す

一　梶山、諏訪の両氏出邸にて元報国隊中より梶山、諏訪、鳥山の三名へ当る書面を毛利家へ預け方に付、主公、三吉、三嶋一同是迄の尽力を謝し、其書面は家扶座へ預り相成、尤右書面の儀は三名よりの照会証無之ては他見無用の事に談決す

四月一五日

同月十五日　晴

一　休日に付在宿す

一　竹之子
右主公より被下の由にて御持せ相成候事

四月一六日

同月十六日　晴

一　午前より用達所へ出勤す

四月一七日

同月十七日　晴

一　三吉周亮来宿にて同家政の件々色々示談あり、右は重大の件に付、是と申す即答致兼、尚愚考も有之候は丶、河村光三氏にも申合可致と申答置候、尤口羽氏〔良輔、旧長府藩士〕勘定書の表にては少々如何哉と勘考の件もあり、又分散に付ては戸主の教育等の次第も得と見込不相立ては如何哉と愚考も有之と添て申置候事

四月一八日

一　午前より用達所へ出勤す

同月十八日　晴

一　右同断

一　廿六年度収支勘定

一　同年歳出臨時費追加予算

一　第四基本財産廿六年度歳出追加予算
右三通元忠様へ持参し、思召無之に付、御調印相成候事

一　右に付、十九日午前荘原主管者へ相渡置候事

一　午后南部〔謙庵〕より案内に付、品代り金二十銭を持参す、右は同家祖先二百年忌也

四月一九日

同月十九日　晴
一　午前より用達所へ出勤す
一　慎蔵儀残務取扱被仰付候処、別に荘原家令へ引合の件も無之、書類は夫々先般御免の際三嶋家扶へ申継置候に付、今般家令引合済のことに被仰付度段を上申仕候処、右は本月中是迄通り相心得居候様との御下命有之候事

四月二〇日

同月二十日　陰　小雨
一　午前より用達所へ出勤す

四月二一日

同月廿一日　陰
一　右同断

四月二二日

同月廿二日　陰
一　休日に付在宿す

四月二三日

同月廿三日　雨
一　午后より出勤す
一　熊野三助氏来る、廿九日出立上京の由にて暇乞として今朝来宿也

四月二四日

同月廿四日　晴
一　午前より出勤す、別に議事なく退出す

四月二五日

同月廿五日　晴　夜雨
一　右同断

四月二六日

同月廿六日　大雨
一　午前より出勤す
一　野村子爵〔靖〕より来書に付、書面の趣直に上申す

四月二七日

同月廿七日　陰
一　午前より用達所へ出勤す
一　家令現職中の書類を後役荘原へ夫々引継致候、家扶三嶋も立会也、右引継き書目録を添相渡す
一　会計金庫鍵の儀は、先般主公御下命に付、三嶋家扶へ相渡候に付、別段の引合不致候事
一　御宝金箱鍵の儀は、令扶両名の宛にて相渡す

一　国事功労者引合一件の書面一通、柏村家令〔信〕よりの来書、乃木少将より梶山へ参り候書状写一通、両通とも三嶋家扶へ引合置候事
一　納戸方受御宝物鍵　壱包
一　金庫鍵　　壱袋
右は書目録の通り更に引合済也
一　荘原家令よりの受書引継の通受取候事
　　但別冊三吉家に保存す

四月二八日

同月廿八日　晴
一　午前より用達処へ出勤す
一　本日は、昨日来の引継き残務を夫々荘原家令へ始末引合相済候事
一　右に付、主公へ上申す

四月二九日

同月廿九日　晴　風少々
一　日曜に付在宿す

四月三〇日

同月三十日　晴　風少々
一　午前より用達所へ出勤す

元家令
　　三吉慎蔵
就職以来三年五ヶ月間勤仕候に付、恩給規則第八条に拠り金百五円を給す
　　明治廿七年四月三十日
右御書面を以て御直達あり
又
主公御口達にて、気分宜き節は時々出勤致し、気附申出候様との御下命にて、車代等は午当可致との旨御直命なり
前条御沙汰の旨御請申上候事
一　右に付、御奥様へ上申す
一　用達所へ吹聴す
一　金百五円也
右御達の通現金午后御渡相成、正に拝受仕候事
一　熊野三助近々出京に付、暇乞として尋問す

五月一日

五月一日　陰
一　家令残務引継済に付、本日より日勤致さす在宿す、別に記事なし

五月二日

同月二日　晴
一　栢老人来宿、昨夜十時頃トモ〔三吉トモ〕事分娩女子〔三吉梅子〕出生、母子とも無事の由報知あり
一　荒瀬〔新八〕、桂弥一の両氏へ分娩為知をす

五月三日

同月三日　陰
一　米熊〔三吉米熊〕へトモ分娩報知、家事分離の件々申遣す
一　午前より用達所へ出頭す
一　本日は主公御誕辰に付、御祝宴御案内午后四時也
一　午后一時より国事功労者取調協議の処、人名簿を認め其上気附談合のことに決す

五月四日

同月四日　風晴
一　午前より用達処へ出勤す

五月五日

同月五日　晴
一　員光村宮田清左衛門より、旧四月六日夜より同村祭に付、案内として来る、其他記事なし

五月六日

同月六日　晴

五月七日

同月七日　雨
一　本日は七夜命名に付、梅子と名付、玉樹〔三吉玉樹〕方へ持参す
一　右に付、金四円服料として同女へ持参す、外に祝儀五円を遣す、且又本月分定額金も遣す
一　午前より用達処へ出勤す

五月八日

同月八日　陰
一　金子蔀、井上亀三、野村源七の三名より廿七年四月附を以て左の通
是迄光広公〔毛利光広、長府藩二代藩主〕以后御神霊三位公御帰京に付、秀元公〔毛利秀元〕県社へ御同座を願ひ、臣下参拝の処、三位公此地へ御永住に付、旧の如く毛利家へ返上致し候て、同御邸へ参拝し、旧情親厚を来たすの感あり、因て右廻状を以て協議あり、右に付、異存無之段を回答す
一　本日用達所へ出勤す
一　公より御額面御書を被下候事
一　宮田清左衛門へ被下候分、御預り申候事

一　御奥様より昨夜御使御女中ナミ〔臼杵ナミ〕を以てトモ方へ御遣し、反物一反、松魚被下候由、玉樹より申来候に付、御礼申上、且又ナミへ挨拶申入候事

一　午后栢両氏来宿にて、イヨ〔三吉イヨ〕療養一件当人へ気附申入候処、両人へ任せる趣に付、拙者へ相談可致と申置候由、右昨日の次第を以て相談有之に付、其件は実重大なり、乍去療養のことなれは、米熊とも打合すること なれとも、是も遠路、其上出府等のことも如何哉と存候、就ては一先勘考の上、何分の返答可致、又無人になれは其人撰等も不致ては差閊可申、実は私の今日は随分毛利君の御下命もあり、此情実は他にも関係する訳御推察可被下と申答、先其辺イヨへ御申置可然と申入置候事

五月九日

同月九日　晴

一　午前用達所へ出勤す

一　午后栢両家を招き、イヨ出京の次第に付、夫々廉書を以てイヨ目前に於て答置候て異儀なく散す、尤其答書は別に相分り候様認置、財産分離法と一袋に入始末す

一　第一に留守雇入人間合の儀は、俊雄氏へ頼置候事
　右分り出発日限を定ることに談あり

五月一〇日

同月十日　晴

一　午前用達所へ出勤す、夫より吉田屋方にて口羽良介〔ママ〕〔輔〕氏へ河村光三一同面会す、右は三吉周亮氏家事一件也、前仕法の次第目途急務期限差迫り、依て夫々分散の外無之こと今日実行の談に付、右は其次第御尤なり、且又周亮氏今日の有様に於ても御不都合の件々有之、依て慎蔵愚意を不憚申上候、御約定通り抵当御引揚の上、御分散は当然なれとも、是を無事にするは外に実なし、則金なり、然に金の手段無之、又他に御借財有のときは、其銀主如何申候哉難計、実に後日の又一問題と成り、終に裁判起る時は、必す三吉の滅亡重なるは当然の事と心得候、就ては、他に引合の各氏へ分散前に引合置肝要と愚考す、乍去此愚存此席のみに決することは、是又向後の不理に付、幸ひ河村より豊永へ是迄の厚意も有之こと故、意見を聞合致度と申候処、右に気附尤なりとのことに相成り、河村より至急引合の筈に決する也、依て河村一同散す、夫より復た用達所へ出勤す、別に議事なし

五月一一日

同月十一日　晴

一　午前より員光村例祭に付、宮田〔清左衛門〕方案内に依て至る、七五郎、浅吉来る、貞香氏一席す

一　右に付、酒肴料金壱円、飴一打半入一箱を持参す

一　栢俊雄氏来る、長尾婦人、イヨ留守中雇入の儀示談相調、一両日の内より来ることに決す

一　三吉家旧臣工藤順臣来宿、右は同家事目今差迫り、依て頼挨拶旁也

五月一二日

同月十二日　小雨

一　午前より用達所へ出勤す

一　三吉周亮家事の件豊永と協議す、右は過日河村一同吉田屋にて口羽氏へ愚存申入の件豊永同意に付、明日午前九時より相答候ことに申合す

五月一三日

同月十三日　陰

一　午前十時より吉田屋に於て豊永、河村、三吉周亮、口羽、三吉揃にて慎蔵発言す、続て豊永より気附あり、終に周亮氏の決答、是迄の次第実に申訳無之、就ては諸氏の気附通り致し、何も向後は差図次第との答あり、口羽氏の曰く、決心と申ても其実行無之ては仕法も出来不申との論あり、何れも同意、然に豊永の曰、差向件は無残借財を打出し、其上方法を付、周亮氏は田舎に、其他は親類に引受等の道可相立との論に止り、就ては口羽氏其辺取計、不日出府するとの議にて何れも散す、旧臣工藤〔順臣〕も一同也

一　荒瀬新八出府、玉樹方へ止宿に付夜具等為持、俊雄氏へ代理を頼置候事

五月一四日

同月十四日　晴

一　午前荒瀬氏来宿、肴料菓子一箱持参也、明日午後晩餐案内致置候事

一　イヨ預り金不残渡し済也

一　本日は在宿す

一　明日よりイヨ出発に付、栢老人同兄弟相招、玉樹、正村チカ子、岡本晩餐を餐す

一　賀田より家族中来宿也

五月一五日

同月十五日　晴

一　午前八時イヨ出発に付、栢貞香へ万依頼し同行を頼む、右に付金百二十円往復旅費当分滞京手当として相渡す、尤貞香氏費用は実費支出のことにす

一　右の外今般出京の次第書又米熊へ伝達の件々、夫々覚書にして貞香氏へ引合す

一　馬関迄送として玉樹出張す
　　但西京丸乗組也

一　荒瀬老人午后五時より招請す
　右に付、桂弥一、栢俊雄一同招く、玉樹夫婦来る
一　荒瀬老人止宿、同随従車夫同断の事
　但右に付、トモ止宿す
一　米熊より電信を以てトモ分娩の歓申来る

五月一六日

同月十六日　晴
一　午前より用達処へ出勤す
一　荒瀬氏止宿に付、玉樹来る

五月一七日

同月十七日　晴　夜雨
一　午前より用達処へ出勤す
一　荒瀬老人明十八日出発に付、夜暇乞として玉樹方へ至る、尤左の品を持参す
一　葡萄酒二本　淡雪一箱　夏橙相添持参す
一　右同人夜暇乞として来る

五月一八日

同月十八日　晴　前小雨
一　午后より用達所へ出勤す

五月一九日

同月十九日　晴
一　在宿す

五月二〇日

同月二十日　晴
一　休日に付在宿す
一　伊藤弥六来宿、練羊羹持参也

五月二一日

同月廿一日　陰　后雨
一　午前より用達処へ出勤す

五月二二日

同月廿二日　陰
一　在宿す

五月二三日

同月廿三日　晴　夕風
一　午前より用達処へ出勤す

五月二四日

同月廿四日　晴
一　在宿す

五月二五日

同月廿五日　晴
一　南部老人来宿、菓子一箱持参也
一　午前より用達所へ出勤す

五月二六日

同月廿六日　晴
一　在宿す、異儀なし

五月二七日

同月廿七日　晴
一　本日も在宿、尤玉樹方へ抵る

五月二八日

同月廿八日　晴
一　午前より用達所へ出勤す
一　会計方渡辺より三島へ引合済に付、受取替しの書類一見す、右に付、荘原調印相済、主公御承知のことに相成る

五月二九日

同月廿九日　夕雨少々
一　在宿す

五月三〇日

同月三十日　晴
一　午前より用達所へ出勤す

五月三一日

同月卅一日　晴
一　在宿す
一　栢貞香氏今朝帰府、来宿あり
一　東京ィョ引合の件々詳細に承候事
一　ィョ宿所東京
一　諸費は一ヶ月賄一式金四円にて石川氏〔守一カ〕の受と決候由、外に四円ィョ一ヶ月小遣と決候由
一　貞香氏上田にて米熊方へ尋問、今般の次第協議有之由
一　米熊よりィョへ毎月小遣少々宛手当可致とのことの由
一　六月分手当金八円ィョ相渡し、金四拾円の辻荘原へ預け方の由、右は来る十一月迄五ヶ月分の手当也
一　白七子　一反
　右米熊より貞香便に送来る
一　直蔵、於ハル両人へ反物一反宛米熊より心附相送候に付、夫々当人へ相渡す

六月一日

六月一日　晴

一　本日在宿す、記事なし

六月二日

同月二日　陰　后雨

一　午前より用達所へ出勤す、別に議事なし

一　昼御酒御相伴す

一　酒沢亀　壱斗

右栢貞香へ出京挨拶として為持候事

六月三日

同月三日　陰　小雨

一　在宿す

六月四日

同月四日　陰

一　午前より用達所へ出勤す、別に儀談無之退出す

六月五日

同月五日　晴

一　在宿す、記事なし

六月六日

同月六日　晴

一　午前より用達処へ出勤す

六月七日

同月七日　陰

一　在宿す

六月八日

同月八日　暁小雨　后晴

一　午前より用達所へ出勤す

一　来る十日御二方様御差問御延引、同十二日御出のことに御決定也

一　午前村役場へ出頭し、村長坂野氏へ一昨日来書の所得税云々の件に付、未満の次第、夫々現書を持参す、答弁の上書面不差出ことに談決す、若し又右に付御尋問あれは、何時も実際三百円未満の次第を重て答弁可致段申出置退出す

一　長野県米熊より左の電報来る

ダンシ〔三吉敬蔵、三吉米熊長男〕シユツサンボシトモブジ

右本日前十一時十五分出にて受は午后十二時五分也

一　右に付、即刻歓状郵便を以て仕出し、尚又河合老人〔河合通広〕、タキ〔三吉タキ〕へも宜くと申添置候事

一　名称は先般敬蔵と認め差送候に付、異存なくは其心得と加筆す

六月九日

同月九日　晴

一　午后用達処へ出勤す

六月一〇日

同月十日　雨

一　在宿す

六月一一日

同月十一日　雨

一　午前用達所へ出勤す

一　明日御招請の儀、三島へ御案内上申のことを依頼致し置候事

六月一二日

同月十二日　晴

一　午后四時御二方様御出相成、随従三島家扶、岡精一、御女中カネ也、酒肴晩餐を呈上す

一　御肴一折　御酒五升

外に御奥様より御包被下候事

一　午后九時御退散なり

一　米熊より八日附の書面を以て、分娩母子とも誠に無事の次第を詳細に申来る

六月一三日

同月十三日　晴　夜雨

一　午后切通し御邸へ昨日御出の御礼として参上す

六月一四日

同月十四日　陰

一　午前より用達所へ出勤す

一　昼御酒御相伴被仰付候事

六月一五日

同月十五日　陰

一　在宿す

六月一六日

同月十六日　前六時過より雨　終日

一　在宿す

六月一七日

同月十七日　晴　后大雨

一　在宿す

六月一八日

同月十八日　晴

一　午前より用達所へ出勤す

一　敬蔵出生届本日出す

出生届

長府村第拾番地屋敷士族

当時長野県小県郡上田町字鎌原ロ第千百壱番

屋敷寄留

父　三吉米熊

母　妻　タキ

長男　敬蔵

右長男敬蔵寄留地に於て六月七日出生候条、此段及御

届候也

明治廿七年六月十九日　三吉米熊　印

長府村長坂野照人殿

六月一九日

同月十九日　晴　又陰

一　在宿す

六月二〇日

同月二十日　小雨　又大雨

一　午后より用達所へ出勤す

六月二一日

同月廿一日　晴

一　在宿す、別に記事なし

六月二二日

同月廿二日　晴

一　在宿す

六月二三日

同月廿三日　晴

一　午前より用達所へ出勤す

六月二四日

同月廿四日　晴　后雷雨

一　在宿す、記事なし

六月二五日

同月廿五日　陰
一　午前より用達処へ出勤す

六月二六日

同月廿六日　陰
一　在宿す、記事無之

六月二七日

同月廿七日　晴
一　在宿す

六月二八日

同月廿八日　晴
一　午前より用達所へ出勤す

六月二九日

同月廿九日　晴
一　在宿す

六月三〇日

同月三十日　陰
一　午前用達所へ出勤す
一　大庭友槌方過る十三日女子出生に付、歓として肴料二十銭持参す

七月一日

七月一日　晴
一　在宿す、記事なし

七月二日

同月二日　雨　后晴
一　午前より用達所へ出勤す

七月三日

同月三日　雨　后晴
一　米熊より去月廿九日附を以て左の件々郵書来る
一　寄留届柳津平次郎戸主連印にて送来る
一　毛利家御奥様より敬蔵祝としてすきや御肴料三百匹被下之、又荘原よりも衣服送附に付、右御礼の儀申来る

七月四日

同月四日　晴
一　午前より用達所へ出勤す

七月五日

同月五日　小雨　后晴

一　在宿す

七月六日

同月六日　陰

一　用達所へ出勤す

七月七日

同月七日　晴

一　右同断

七月八日

同月八日　晴

一　休日に付、在宿す

七月九日

同月九日　晴

一　午前より用達所へ出勤す

一　草鞋献納下案諏訪氏へ示談す、又梶山氏へは三嶋へ依頼致置候事

七月一〇日

同月十日　晴

一　午前より用達所へ出勤す

一　同所にて献納一件取調し、且各畔へも引合す

一　宮田清左衛門こと本日乗船出京に付、染物を三包にして相頼、イヨへ送候事

七月一一日

同月十一日　晴

一　右同人案内今朝挨拶として来る

一　午前より出勤す

一　午餐御洋食御相伴被仰付候事

一　用達所にて献納願書三通相認め、桂周樹、金子蔀、三吉慎蔵連印の上、願書坂野村長を以て本県知事〔原保太郎〕宛にして差出す、右件々別記し、中川好治〔長府毛利家従〕へ預け置候事

一　草鞋拾足　米熊より

一　同先つ五拾足の見込にして慎蔵より献納のことに談し置候事

　但追て百足を献納することに決し、八月一日記事す

七月一二日

同月十二日　陰

一　用達所へ出勤す

一　開戦の様子にては、馬関の都合等梶山氏へ談合可致筈に申合置候事

一　草鞋献納賛成者へ謝状の儀は、出願許可の上取計可申事
　に内議す
一　草鞋調製は、許可を期し、速に取掛りのことに決す

七月一三日

同月十三日　晴
一　在宿す
一　安野へ半期謝儀、半紙二束、素麺五百目を為持、又田地
　買入の儀は、断り書状を出候事

七月一四日

同月十四日　晴
一　用達所へ出勤す

七月一五日

同月十五日　晴
一　在宿す、記事なし

七月一六日

同月十六日　晴
一　用達処へ出勤す

七月一七日

同月十七日　晴
一　在宿す

七月一八日

同月十八日　晴　后陰
一　用達所へ出勤す

七月一九日

同月十九日　陰
一　在宿す
一　宮田清左衛門過る十三日着京送り物等相届、且又十四日
　より入院の報知す

七月二〇日

同月二十日　晴
一　用達所へ出勤す
一　暑中土用より用達所出勤の儀は御用間無之様申合、正午
　迄にて退出のことに例年の通被仰出候也
一　北白川宮殿下へ暑中伺書、家扶麻生三郎迄上申のことを
　書面仕出し、且同人へも尋問加筆す

七月二一日

同月廿一日　陰

一　在宿す
一　村長坂野氏より草鞋一件出願の儀に付、内報来書あり

七月二二日

同月廿二日　晴
一　在宿す

七月二三日

同月廿三日　暁小雨　后晴
一　午前より用達所へ出勤す

七月二四日

同月廿四日　雨
一　用達処へ出勤す

七月二五日

同月廿五日　晴
一　在宿す
一　午前より後備兵招集に付呼出し、鐘寺院にて四つ重を打つ也、又国旗を出候様惣代より伝達あり

七月二六日

同月廿六日　陰
一　用達所へ出勤す、別に記事なし
一　後備兵今朝出発なり

七月二七日

同月廿七日　晴
一　本日は豊浦学校卒業証書授与式に付、校長〔松本廉平〕より案内あり参席す、校長演説夫より両毛利公、山口高等学校長〔岡田良平〕及本郡長〔渡辺管吾〕の祝文あり、終て休所にて茶菓出て午前退出す

七月二八日

同月廿八日　陰
一　用達所へ出勤す
一　午后九時より梶山岩太〔江下住人〕方にて当畔集会し、惣代より左の件談あり
一　廿六年度残金百円有之分、今般朝鮮出兵に付寄送致し如何哉の段、村長より各惣代へ示談有之とのことに付、右は未た開戦にも無之、依て先基金は備置、追て何分協議致度、目今の所は草鞋も寄送のこと故、向後の場合得と勘合の上可然ことに衆決す
一　都合により長府へ出兵滞在の際、差向賄仕出等届兼候節は、其宿所にて賄取計方の儀、村長より示談有之如何哉の談あり

右は不充分乍らも、其家の分度有限り尽力可致は当然のことと愚考す、乍去各戸今日分度丈けのことより外致方無之訳に付、其辺得と村長へ前以て申入置度、尚又末に至りては各差閊可有之、就ては其仕出を村長へ入々申出のことを一同決す、依て惣代へ相頼置候事

一　沖合にて清国軍艦見受候節は、早々役場へ可申出との事なり

一　西方には壮士の者色々の儀申語とのことあり、是は各決て右に応することを断然相断り可申ことに決す

七月二九日

同月廿九日　陰

一　在宿す

一　中川好治氏来宿、草鞋の件示談、明日取調の上出願手続のことを談置候事

七月三〇日

同月三十日　晴

一　用達所へ出勤す

一　今般日清開戦ならんとするに付、於忌宮神社、武運長久、敵国降伏のことを本月廿八日より八月三日迄祈願す、右に付、同心協力者は満日午后四時必す参拝あらんことを是祈る、尚百味の供物を献すること等、右は藤島常興、山田水雄外一名と記し、惣代より廻文来る

七月三一日

同月卅一日　晴

一　用達処へ出勤す

一　於忌宮御祈願一七日中各戸国旗を掲候事

八月一日

八月一日　晴

一　用達所へ出勤す

一　主公御事開戦の際は

一　天機伺として御出京の御内決に付、荘原へ三嶋より其引合都合を照会状出候也

一　我清国公使〔大鳥圭介〕帰朝の旨新聞に出る、又総理大臣〔伊藤博文〕開戦中と答弁有之由も新聞に出る也

一　右に付ては目今開戦と心得候事

一　陸軍恤兵部へ左の書面出す

寄贈品申出書

一　草鞋　参千足

右は、今般軍隊用品として三回に寄贈仕度、御採用相成度候也

山口県豊浦郡長府村大字豊浦村／豊浦町有志者惣代

山口県豊浦郡長府村第拾番地屋敷居住士族

三吉慎蔵　印
同県同郡同村第六百五拾弐番屋敷居住士族
金子　蔀　印
同県同郡同村第九百廿六番屋敷居住士族
桂　周樹　印
陸軍恤兵部監陸軍騎兵中佐大蔵平三殿
右の通三枚相認午前村役場へ出願し、村長助役小野安民へ速に進達のことを申出置候事

八月二日

同月二日　晴
一　在宿す
一　福原佳哉〔福原和勝の子〕士官学校卒業致し、当日帰隊見習士官拝命の由来書あり

八月三日

同月三日　晴
一　用達所へ出勤す
一　金五銭　但弊料
右忌宮祈願満日の処、参拝差閊に付、右献備を中川へ相頼置候事
一　小笠原武英より来書、佳哉卒業済の報知也

八月四日

同月四日　晴
一　在宿す、記事なし

八月五日

同月五日　晴
一　金五拾銭
右本日青年会功山寺に於て集会に付出金す、尤差閊に付不参す
一　用達処へ目今事情新聞等の様子尋として出頭す、昨日号外にて開戦の勅命出る、新聞にあり

八月六日

同月六日　晴
一　午前八時より於法華寺小集す、右は目今日清開戦に付国民たるの義務各申合度由、昨夕坂野村長より示談に付て参集也、其人員は左の通
坂野　小野　松田　松本〔廉平〕　日原〔昌造〕　三吉
桂　国貞　今藤　金崎〔幸篤〕　田坂〔壮介〕　佐竹　中川　坂井〔寿吉〕　山田〔七郎〕　松尾〔信太郎〕　井上
河村　松尾儀介　桶谷〔嘉助〕　梶山なり
一　第一決　明七日各畔惣代始集会の上、目今開戦に付ては

国民の義務を尽すの今日に在り、依て来る九日惣代幷各畔代表者十戸に凡一名宛の目途にして、午前七時揃功山寺へ集会し申合のことを議す

一　第二　九日発言は梶山氏へ依頼す、夫より三吉第二答弁第三委員の答弁又は名称等に及ふの順序を議す、余は参集の上協議の筈也

一　午后用達所へ出勤す

一　日清事件に付、豊功神社に於て二夜三日御祈願有之に付各戸国旗を出す廻文あり

八月七日

同月七日　晴

一　在宿す

一　午后八時より梶山岩太方にて申合の通り当畔惣代始め参集す

一　第一惣代今日

勅書の写各畔へ相渡候段演説あり、依て東瑞夫氏之を読上け一統謹て拝聴す

一　第二慎蔵より昨日法華寺に於て申合の件一同へ示談す、惣代承諾、尚当畔より二名の撰挙は、東、柏貞香の両人へ代表を一同依頼す、承諾あり、右に付、来る九日午前第七時功山寺へ必相揃候事に再応申入置候事

一　功山寺集会の件は略相分り候哉と尋問に付、其件は当日参集の上一同協議あること故、分り不申と答置く、右の外議事なし

一　当畔より八田〔汎功〕、山田〔儀祐〕の両家は出兵に付、右留守中心添一同申合可致ことを両名へ演説致置、十時半一同退散す

八月八日

同月八日　晴

一　用達所へ出勤す

一　豊功神社二夜三日祈願満日に付、幣料五銭相備参拝す

八月九日

同月九日　晴

一　日清開戦の件に付、午前七時長府村各畔惣代幷に撰出の代表者各畔十戸凡一名宛功山寺へ参集す、右に付、先般法華寺へ参集の人員出席す、右は国民たるの義務を尽す協議なり

一　村役場助役小野安民毛利御邸へ出頭、本日功山寺に於て本村住民相会し、今般清国に対する事件に付、大日本国民応分の義務を尽すの方法を議するに依り、此旨を上申す

一　右に付、主公に於ては本村御居住の故を以て該会場に御臨み相成、衆議御傍聴あらせらる

一　午前九時過本堂正面会場にては、梶山鼎介氏長府村民一

同国家に尽すへき義務云々公衆に代て述ふ、且公衆問答の紹介をなす、終て三位公には衆に向はせられ、本日諸氏か国家に尽すの義務方法を議せらるゝは、深く感する所云々の御一言を述へさせられ終て、御退散あり

一　衆に先達て慎蔵、梶山氏に向ひ、寸時も傍観難致、今日何を行ふにも金本たるへし、常に皆人の唱ふる勤倹富国強兵実施の今日、第一着に金員募集を急務と愚考す如何哉と発言す、一同賛成あり

一　第二委員を二十名撰出し、方法依託の件、林洋三発言あり、終に衆決す、夫より小野安民の発言もあり、撰出は一畔々々にて撰ふことに決し、其投票を集め、点数を調査し、二十人の姓名を張出す、衆人承知の上退散なり

人名左に記す

中浜	倉重平七	松原	日原昌造		
川端	桂　弥一	江下	三吉慎蔵		
侍町	田坂壮介	野久留米	河村光三		
中浜	松尾善〔ママ〕〔儀〕介	印内	桶谷嘉助		
辻通	金崎幸篤	印内	林　洋三		
八幡	碓井太郎	姥ヶ懐	坂井寿吉		
金屋	桑野安兵衛	印内	熊谷丈右衛門		
宮ノ内	佐竹小十郎	高畑	能美定之助		
田中	松尾信太郎	江下	栢　貞香		
横枕	松本廉平	江下	栢　俊雄		

右委員居残り会議を開く

一　委員長三吉慎蔵へ依頼あり

一　事務会計兼松尾信太郎、倉重平七、栢俊雄の三名に決す、夫より第一要件の課三ヶ条細則を議し、其草案を認め協決し、其記事別冊あり略す

一　当分の内、委員長及事務員は、午前八時より事務所へ参集のことに決す

一　惣委員は、先来る十七日用の有無に係らす、午前七時より参集することに決す、但後会は其当日に定むる筈也

一　各畔へ趣意規約書を精書し、速に送付可致議決也

一　募集々会は旧盆后と決す

右終て六時過一同散会す

八月一〇日

同月十日　晴

一　午前八時より村役場事務所へ三吉、栢、倉重参集す、松尾は不得止事故あり不参也、坂野、小野出席あり

一　昨日坂野村長へ依頼致置候今般会名を以て取計候に付ては、其筋へ届方如何哉の引合村長より届出るに不及旨を答あり、右は郡長へも紹介の由也

一　趣意書の調製其他目今要用紙類用意方等の儀申合、凡廻達の都合申合、本日は不揃に付、午前退出す

一　十二時前より用達所へ出勤す

一　主公より梶山、三嶋、三吉の三名御召にて、朝鮮事変に付深き思召被為在、素より
王室へ御尽の儀は無論なれとも、又旧君臣の御厚情をも御恤被遊度御内意有之、就ては其辺早々申合、尚荘原主管者家令へ引合、出金の取調可致旨被仰聞候に付、別に異議も無御座候間申合可仕段、御答申上置候事

一　右の旨三嶋より荘原へ書面を以て照会あり

一　天機御伺書御直筆にて宮内大臣〔土方久元〕へ宛て御仕出也

八月一一日

同月十一日　晴

一　午前より事務所へ参集す、本日四人とも相揃趣意書調製す、規約書同断に付、夫々取纏めのこと右協議し、来る十五日事務所にて篤と打合、惣代幷に代表者一名宛各畔より午前八時より十一時迄の間出頭の上引合可致ことに談決す、依て各畔惣代へ宛て書面を出す、右取計の儀は、来る十七日惣会の際、報告可致ことに談決す

一　明十二日休暇、十三日三吉、松尾九時参集、十四日栢、倉重参集とす

一　十二時より用達処へ出勤す、別に記事なく退出す

八月一二日

同月十二日　晴

一　在宿す

八月一三日

同月十三日　晴

一　午前事務所へ出頭す、記事なし

一　用達所へ出勤す、別に記事なく退出す

一　陸軍恤兵部より左の通申来る

今般寄贈品申出相成候処連名にては取扱兼候間何れか一人に取極至急被申出度候也

廿七年八月十日　　陸軍恤兵部

三吉慎蔵殿

外有志中

八月一四日

同月十四日　晴

一　用達所へ出勤す

一　恤兵部より照会に付、電信左の通仕出す

寄贈品書面三吉一名に訂正頼む

八月一五日

同月十五日　晴

一　午前八時より事務所へ委員三名一同相揃、各畔惣代、各

畔代表者一名宛同道にて八時より十一時迄の間出頭す、右に付、趣意書規約書相添相渡す、尚又口達にて出金は各畔々にて取纏のこと、功山寺参集各畔代表継続のこと、集金人名可成廿五日迄事務所へ送附のことを示談す

一　高山昇の尋に、恤兵部へ直に出金の儀申入の人は、如何取計可致哉の尋に付、其人は報国会にては一名の取計方相成兼候に付、其人より其向へ出金可然ことに決答す

一　渡辺郡長より左の談あり

一　各村一郡に合し集金の件也、右は長府村の処は先達て有志者あり、就ては其会より郡へ出金のことは相成間敷哉の示談に付、其辺は一人の御答致し難く、委員集会の節協議可致、実は私の勘考、先六ヶ敷と仮に答置候事

但本日事務員三名へは申入置、尚十七日協決のことに談置候事

右終て退散す

一　午前より用達所へ出勤す

八月一六日

同月十六日　晴

一　在宿す、記事なし

八月一七日

同月十七日　晴

一　報国会委員総会を午前七時より開く、其件々同会に記事す、尤略左に記す

一　渡辺郡長より示談の件、各村出金豊浦郡一纏可然ことに知事よりの注意もあり、長府村の儀は、先達て有志者協議有之由の処、都合如何哉、報国会より拾五円加入相成候はゝ、一郡の名義宜くとの談に付、其辺の有無は総会の節協議不致ては御答相成兼候、私の愚考にては目今着手中に付纏り兼候儀と心得候、追て何分御答可致と申入置候次第各員へ演説致候処、同意に付、村長坂野氏へ談し、郡長へ前条の次第申入を頼置候事

一　壱名を以て軍資出金の儀、当会にては取計兼候に付、直に献納致度向は随意にて可然ことに答置候儀を、惣員へ申入置候事

一　大要のヶ条外の件は、素より委員惣会にて協議可致は無論のことなれとも、ヶ条中の件を詳細に引合候儀は、追て報告致度儀を演説致候処、各同意なり

一　九日より是迄の日記を出候事

一　各戸より出金記名張出のことは、后会協議のことに決す

一　委員再撰出金相決し、各畔へ一枚宛相廻候事

一　慎蔵ことは再撰出金は不致候、米熊戸主に付、両人出金故断り候、依て拾円に決置候事

一　委員出金二十名にて左の通

惣額金三百四拾三円となる

一　第二総会来る廿六日七時より集会のことを一同決す
　　但以後は七時迄に欠席報知は素より、八時に至れは開
　　会することに談置候事
一　簿記台帳外に普通の副帳を置ことに談決す
一　正午より用達所へ出勤す

八月一八日

同月十八日　晴
一　午前より用達所へ出勤す

八月一九日

同月十九日　陰
一　在宿す
一　午前三嶋家扶来宿あり
　右は、昨夕郡長へ面会し、思召の御内議の件取計方の儀を示談の処、精々尽力可致由、尤詳細取調の上実施方の儀は答ある筈也

八月二〇日

同月二十日　晴
一　役場事務所へ出頭す、栢出頭予備後備家族取調のことを打合置候事
一　坂野村長より隣村へ出兵に付、当村より尋問致し如何哉の咄に付、右は此際親切のこと故、可然と答置候事
一　午前より用達所へ出勤す
一　米熊へ左の件々書面出す
一　草鞋献納の事
一　報国会を設候次第、右に付出金戸主米熊拾五円、慎蔵委員にて拾円のことに決候次第を、詳細に申遣候事

八月二一日

同月廿一日　陰
一　在宿す、記事なし

八月二二日

同月廿二日　晴
一　午前事務所へ出頭す、栢出頭也、少々不快に付頼置候事
一　用達処へ出勤す

八月二三日

同月廿三日　晴
一　在宿す
　　　　　第三〇二七号
　　　　　　承認状
　一　草鞋　参千足
　右報国恤兵の主意を以て寄贈の趣承認候、現品は下

ノ関貨物廠へ送附可有之候也
明治廿七年八月廿日
陸軍恤兵監陸軍騎兵中佐正六位勲六等大蔵平三　印
惣代
三吉慎蔵殿
右の通本日来書に付、控置く

八月二四日

同月廿四日　晴
一　用達所へ出勤す

八月二五日

同月廿五日　陰
一　午前八時より事務所へ出頭す
一　本日は報国会へ出金申入の期日に付、十二時迄詰る、其記事は同会に有之略す
一　午后用達所へ出勤す

八月二六日

同月廿六日　雨　夕晴
一　本日は報国会委員総会に付、七時より事務所へ出頭す

八月二七日

同月廿七日　朝小雨
一　用達処へ出勤す
一　郡長より本日正午功山寺へ参集のことを米熊へ惣代より通知に付、代理栢へ頼む、右は軍事公債募集の件也
但豊永長吉へ知事よりの助力依頼に付、同寺へ出席演説有之由なり

八月二八日

一　本日は事務所へ不参す
同月廿八日　晴
一　在宿す

八月二九日

同月廿九日　晴
一　午前事務所へ出頭す、記事なし
一　用達所へ出勤す

八月三〇日

同月三十日　陰　夜小雨
一　在宿す、記事なし
一　金七円五拾銭
右報国会へ米熊出金半額、総代佐竹へ渡之
一　忌宮祭典料三銭五厘同断

一　吉見村雨乞出金二銭同断

八月三一日

同月卅一日　陰

一　事務所へ出頭す、松尾、栢の両人出頭金引合あり

一　用達所へ出勤す

一　本日は吉見村より雨乞として出府し、切通し御邸内にて休息す、別に用意不致湯茶限り、又御覧も無之

九月一日

九月一日　雨

一　用達所へ出勤す

九月二日

同月二日　晴

一　右同断

九月三日

同月三日　晴

一　右同断

一　報国会事務所へ出頭す

九月四日

同月四日　晴

一　用達所へ出勤す

九月五日

同月五日　夕小雨

一　午前七時より委員総会の処、至急毛利家御用向に付、欠席の段申入候事

一　八時過石津〔幾助〕、江尻一同来宿、協決の通り其取計致し候所、無異儀不残取計相済候上渡物の儀も引合致候て、昼飯出し、十二時前退散の事

九月六日

同月六日　晴

一　午前八時江尻来宿、昨日来の引合押て談決す、残品本日預り候事

一　用達所へ出勤す

九月七日

同月七日　暁雨陰

一　用達所へ出勤す

一　草鞋上納済に付、各畔有志者へ決算表相添謝状を仕出す、尤残金の儀は、報国会へ寄贈の儀申添、尚又異存有之候はゝ、来る廿日限り報知可有之ことを記載す

一　役場事務所へ出頭す、栢出頭あり

九月八日

同月八日　暁三時頃雷雨　后晴

一　午前用達所へ出勤す

九月九日

同月九日　晴

一　在宿す、記事なし

九月一〇日

同月十日　陰　小雨

一　用達所へ出勤す

九月一一日

同月十一日　暁二時過より北大風雨　后止

一　午前用達処へ出勤す

一　梶山氏本日出立延引、明日に決す

一　午后豊永へ梶山、林、三嶋、三吉集会す、聞書類取調の上、梶山氏へ林より送る

一　路費百円仕向なり
　右の外御用向引合、三嶋より相済む

九月一二日

同月十二日　晴

一　午前用達所へ出勤す

九月一三日

同月十三日　晴

一　早朝より出勤す

一　来る十五日午後八時
　聖上広島へ御着輦の旨荘原より電報ある、依て主公奉迎の思召、然に当日は却て御不都合か御差控にて、十五日御出立、十六日に
　天機御伺として御参上のことに御決し、直に清末様へ御照会として、中川涼介を被遣候事

一　各家へ御照会有之筈なり

一　清末様御出立の件御同意の旨に付、中川より上申す

一　報国会事務所へ出頭す、梶山、栢出席、集金も凡纏る、別に記事なし

九月一四日

同月十四日　晴

一　用達所へ出勤す

一　正午洋食御陪食河村一同被仰付候事

九月一五日

同月十五日　晴

一　午前より出勤す

一　主公十一時御出発広島表へ
　天機御伺として御出に付、三嶋家扶御供なり

九月一六日

同月十六日　晴

一　報国会委員総集会七時より参席す

一　用達所へ出勤す、別に記事なく退出す

九月一七日

同月十七日　雨

一　用達所へ出勤す

九月一八日

同月十八日　雨　后止

一　右同断

九月一九日

同月十九日　晴

一　在宿す

九月二〇日

同月二十日　晴

一　用達所へ出勤す

一　過る十六日平壌我軍大勝利、依て各戸国旗を掲くること三日間也

九月二一日

同月廿一日　晴

一　本日は報国会委員総集会に付参席す

一　丸山、村岡両家の救助、明日より実施のことに決す

一　用達所へ出勤す

九月二二日

同月廿二日　晴

一　右同断

一　報国会より救助金、村岡、丸山の両人へ本日より実施呼出引合す、三吉、河村、倉重会す

九月二三日

同月廿三日　陰

一　本日秋季皇霊祭に期し、秋季運動会兼海陸軍戦勝を祝する為め相催候とのことにて正午案内あり、依て同刻参席

す

一　井伯〔井上馨〕の談に、取調の件は任せとの由に梶山氏へ咄有之、就ては其意に可致との様子を荘原より三嶋へ報ありし由、梶山、桂の両氏も近々出立の様子也

九月二四日

同月廿四日　陰

一　用達所へ出勤す

九月二五日

同月廿五日　陰　后雨

一　在宿す、記事なし

九月二六日

同月廿六日　雨　后晴

一　用達所へ出勤す

九月二七日

同月廿七日　晴

一　右同断

一　報国会午前八時より委員総会に付出席す

一　規約に拠り、金員割付の予算を立、臨時死傷者への仕向金員を定め可然ことに気附申置候て退出す

九月二八日

同月廿八日　陰

一　用達所へ出勤す

一　小笠原氏より、福原佳哉陸軍歩兵少尉第一聯隊第六中隊付を以て、廿四日広島へ向け出発の段申来る

九月二九日

同月廿九日　雨

一　用達所へ出勤す

九月三〇日

同月三十日　雨

一　午前八時より報国会委員総会に付出席す

一〇月一日

十月一日　晴

一　本日は毛利家秋季御例祭に付、午前八時出勤す

一　午前十一時三位公御自祭例の通被為行候事

一〇月二日

同月二日　陰

一　在宿す

一　小笠原氏へ再度の答書、福原氏への加筆をし、歓相頼候て郵書を出す

一〇月三日

同月三日　晴

一　在宿す

一〇月四日

同月四日　陰　后晴

一　用達所へ出勤す

一　報国会事務所へ出頭す、別に記事なし

一〇月五日

同月五日　陰　后晴

一　用達所へ出勤す

一〇月六日

同月六日　晴

一　右同断

一〇月七日

同月七日　晴

一　午前八時より報国会集会す

一　草鞋残金、報国会へ書面添現金本日松尾へ相渡す、受取有之也

一　来る十一日総会を午后三時と決す

一〇月八日

同月八日　晴

一　在宿す

一〇月九日

同月九日　晴

一　用達所へ出勤す

一　報国会事務所へ出頭す、別に用向なし

一〇月一〇日

同月十日　晴　風少々

一　用達処へ出勤す、別に記事無之

一〇月一一日

同月十一日　晴

一　午后出勤す、別に記事なし

一　同三時より報国会委員総会に付参集す

一〇月一二日

同月十二日　晴

一　在宿す

一〇月一三日

同月十三日　晴

一　右同断

一〇月一四日

同月十四日　晴

一〇月一五日

同月十五日　晴

一　午前用達所へ出勤す

一〇月一六日

同月十六日　陰　后晴

一　午前六時より出関す、右は井上伯上陸に付止宿所大吉方へ御使、上等煙草百匁一箱持参す、面会の上不取敢御尋の儀を申入候事

一　用達所へ出勤す

一〇月一七日

同月十七日　陰

一　午前八時より報国会委員総集会に付出席す

一　用達処へ出勤す

一〇月一八日

同月十八日　晴

一　右同断

一〇月一九日

同月十九日　陰

一　右同断

一〇月二〇日

同月二十日　晴

一　御用向有之出関す

一　原知事へ御使、ビール二打、雲丹弐瓶御送の事

一　元昭公〔毛利元昭〕へ御伺す、神代〔貞介〕へ面会の上御帰路御泊の御都合引合、一両日御滞府、夫より三田尻へ御同行、廿八日御集会の御日取に相成、同地より天長節御参賀等の御順序を協議の上、上申す

一　井伯出発相分り次第神代より長府、清末両侯へ御報知の

ことを依頼す

一　用達所へ出勤の上右の件々を上申し、且三嶋へ御用意のことを申合置候事

一〇月二一日

同月廿一日　陰

一　風邪に付在宿す

一〇月二二日

同月廿二日　陰

一　右同断

一〇月二三日

同月廿三日　陰

一　本日も在宿す

一〇月二四日

同月廿四日　晴

一　本日も同断

一　午后二時不出来に付、松岡〔茂章〕、菅〔恒男カ〕の両人診察あり、五時に至り三十九度一歩の温度也、右に付、玉樹、トモ泊り、栢両家見舞に来る、夜中追々折合候事

一〇月二五日

同月廿五日　晴

一　不快在宿す

一　元昭公より御使神代貞介来宿、玉子幷に素麺一箱御持せ相成候事

一　松岡より水薬を出す

一　松岡、菅両人とも来診あり

一　荘原、三嶋両人尋問あり、尤本日は別に御用談せす

一　桂弥一氏見舞として来宿あり

一〇月二六日

同月廿六日　晴

一　本日も不快也

一　豊浦学校長運動会廿八日案内の処、不快に付断り状仕出候事

一　梶山氏見舞として菊花持参也

一　山田七郎見舞として小肴持参也

一　栢貞香より見舞として来宿也

一　松岡午后診察あり

一〇月二七日

同月廿七日　暁小雨　后晴

一　本日も不快
一　小坂兄〔住也〕見舞来宿あり
一　玉子五十入一重
　　右主公より病中御尋として御書面を以て御送相成候事
一　玉子参拾
　　右荘原より見舞として送来る
一　松岡来診あり、本日は異状なし
一　桂タカ、浅野姉見舞あり

一〇月二八日

同月廿八日　晴
一　本日も不快なり
一　山田七郎菓子持参也
一　牛乳五勺宛桂より受け服用す
一　三嶋氏尋問あり、別に御用談なし
一　栢貞香来る運動会の次第を聞く

一〇月二九日

同月廿九日　晴
一　本日も不快也
一　市岡義介見舞として来宿也
一　松岡来診、追々快方なり

一〇月三〇日

同月三十日　晴
一　本日も不快也
一　桂弥一、安野勝次郎見舞来宿あり

一〇月三一日

同月卅一日　晴
一　本日も不快也
一　品川未亡人、木村弥七郎、テツ見舞として来る
一　魚屋清兵衛見舞、肴二尾持参也
一　岡本家内見舞、キスゴ拾五持参なり
一　石津幾助見舞、鯵二十八持参也
一　テツより鮨一重到来す
一　三嶋より玉子三拾同断
一　松岡来診にて異状なし
一　栢俊雄玉子五つ持参也

一一月一日

十一月一日　晴
一　本日も不快也
一　河村光三見舞として菓子一筥持参也

一一月二日

同月二日　晴

一　本日も在宿す

一　梶山、石津の両氏見舞来宿あり

一　松岡来診、全快に付薬用本日限り休薬可致とのこと也

一　清国九連城落城に付、本日より三日間国旗を掲くへしとの申継、惣代より書廻しあり

一一月三日

同月三日　晴　夜小雨

一　本日も在宿す

一　小嶋益二見舞として玉子一筥持参也

一　洋人見舞として菓子持参也

一一月四日

同月四日　陰

一　本日も在宿す

一　豊永和吉見舞として来宿あり

一　桂弥一氏より見舞として牛乳練り葛一鉢到来す

一一月五日

同月五日　暁雨少々

一　本日も在宿す

一一月六日

同月六日　晴

一　本日午后より用達所へ出頭の上、病中御尋の御礼上申す

一一月七日

同月七日　晴　后陰

一　在宿す

一　豊功神社御定祭に付、毛利家一三ツ御紋旗を掲、且又本日は不参す

一一月八日

同月八日　晴

一　用達所へ出勤す

一　豊永より見舞玉子廿五個到来す

一　荘原より御奥様御着帯に付ての御手当引合談あり

一一月九日

同月九日　晴

一　用達所へ出勤す

一　萱、松岡の両家へ謝儀持参し、病中の挨拶申入候事

但金員は勘定帳に記す

一一月一〇日

同月十日　晴

一　在宿す

一　栢両家へ返礼相済候事

一一月一一日

同月十一日　晴

一　本日も在宿す

一一月一二日

同月十二日　晴

一　用達所へ出勤す

一一月一三日

同月十三日　晴

一一月一四日

同月十四日　晴

一　用達所へ出勤す

一一月一五日

同月十五日　晴

一　在宿す、記事なし

一一月一六日

同月十六日　晴

一　用達所へ出勤す

一　御奥様御妊娠、本日午前十一時御着帯被遊候、右に付一同恐悦申上候事

一　昼御祝酒飯一統へ被下候事

一一月一七日

同月十七日　晴

一　本日は報国会委員総会に付九時より出席す、後会は来る廿五日九時より集会のことに衆決也

一　用達所へは不参す

一　玉樹夫婦助力の為め、本日より印内引払帰宅す

一一月一八日

同月十八日　晴　夜大雨

一　休日在宿す

一一月一九日

同月十九日　晴

一　用達所へ出勤す

一一月二〇日

同月二十日　雨

一　在宿す

一一月二一日

同月廿一日　晴

一　用達処へ出勤す

一　諏訪氏小児死去に付、悔として至る

一一月二二日

同月廿二日　陰

一　用達所へ出勤す

一　三吉周亮氏来宿、仕組一件也

一一月二三日

同月廿三日　晴　雨少々

一　新嘗祭に付休暇の処、臨時出勤す

一　豊永、荘原、三嶋一同協議あり、其件略す

一一月二四日

同月廿四日　晴

一　在宿す

一一月二五日

同月廿五日　陰

一　報国会委員総集会に付参席す

一　決算出入金調印す、其他の件々同会に記事あり

一　来る廿八日九時より参集のことに決す

一　用達処へ出勤す

一　過日集会議の件々荘原より主公へ伺の処、夫々議案の通り御決定の由、本日荘原家令より談あり

一一月二六日

同月廿六日　晴

一　用達所へ出勤す

一　本日は、廿七年度の内予算繰替廿八年度予算協議に付、主公、元忠様、三吉、豊永協議人、荘原財産主管者、三嶋会計相揃、無異議調印済なり

一一月二七日

同月廿七日　夜雷雨

一　用達所へ出勤す

一　雲深処　御邸内山御別荘

一　回休園　三軒家御別荘

右の通御名称被仰出候事

一一月二八日

同月廿八日　雨少々風
一　用達所へ出勤す
一　報国会委員集会出席す
一　旅順口大勝利に付、本日より国旗を掲る

一一月二九日

同月廿九日　晴
一　右同断
一　用達所へ出勤す

一一月三〇日

同月三十日　晴
一　右同断

一二月一日

十二月一日　晴
一　右同断
一　月並神供献備勤之
一　旅順口大勝利に付、本日より来る三日迄、忌宮神社に於て長府村中より出金し祭典を行ふ、依て各戸国旗を掲く、右に付、金二十銭を寄附し、惣代へ為持候事

一二月二日

同月二日　雨　后晴
一　日曜休暇也

一二月三日

同月三日　晴
一　報国会集会痛所に付、不参す

一二月四日

同月四日　晴
一　用達所へ出勤す
一　人力車所持の分、豊東前村磯崎岩槌へ売却願書村役場調印済の上、同人へ相廻候事

一二月五日

同月五日　晴
一　用達所へ出勤す

一二月六日

同月六日　晴
一　右同断、尤別に記事なし

一二月七日

同月七日　晴

一　用達所へ出勤す

一二月八日

同月八日　陰　小雨

一　在宿す

一二月九日

同月九日　雨

一　用達所へ出勤す

一　報国会集会参席す

一　来る廿日、御巡回長府御着に付、御迎送りとも可致ことに協議す

一　後会は来る十六日九時よりと決す

一二月一〇日

同月十日　小雨　陰

一　在宿す

一二月一一日

同月十一日　晴

一　用達処へ出勤す

一二月一二日

同月十二日　陰　小雨

一　右同断

一　金子翁〔蓈〕大病の由に付、御尋として菓子持参御使のことを談決す

一　三嶋家扶より来書に付、書面の件々河村光三談置候事

一　来る十九日正午迄船木御滞在所へ家従一名出張のことを申来、依て中川好治へ達置候事

一二月一三日

同月十三日　晴

一　用達所へ出勤す

一二月一四日

同月十四日　雨

一　午前九時より出関す、右は山県大将〔有朋〕着船の都合に付待受の為也、然に本日未決の由に付、後日の都合を豊永氏へ引合、報知有之筈に頼置候て帰府す

一　用達所へ出勤す、別に記事なし

一二月一五日

同月十五日　朝初雪
一　午前より出勤す
一　御奥様より寒に付思召を以て昼御肴添御酒被下候事
一　本日は別に記事なし

一二月一六日

同月十六日　晴
一　報国会集会に付出席す
一　来る二十日御迎有志者照会の件々談決す、御迎の儀は河村、三吉断りの事
一　后会は来る廿一日午後とす
一　中川凉介来宿、主公御不例の段電報来る、尤委細郵便の由なり
一　同氏夜又来る、一人御迎の儀電報あり、依て中川好治明早朝仕出のことに決候事

一二月一七日

同月十七日　夕寒強　雪
一　用達所へ出勤す
一　山県大将十五日夜着船、桂弥一面会にて取合置とのことなり
一　中川好治八時出立、又御見舞御迎仕出のことを電報す
一　右の次第御奥様へ上申す

一二月一八日

同月十八日　雪少々
一　用達処へ出勤す
一　各公御引受山御別荘実地見分、河村、栢一同申合候事
一　御出先三嶋より来書、松岡氏へ相頼午后より御迎旁出張のことを依頼す、即刻出立、右西市へ止宿也
一　本日大津御出発、西市へ御着の都合電報あり
一　右に付、御奥様へ上申し、明早朝より西市へ向け三吉出発のことに決す
一　荘原へ郵書を出す、尤主公の御様子は加筆不致候事

一二月一九日

同月十九日　雪
一　午前七時出立、西市へ十時三十分着す、西市前にて公へ御伺、直様御供致し御帰邸、尤少々は御折合被遊候事

一二月二〇日

同月二十日　陰
一　午前出勤す
一　主公先御折合被遊候事

一　元昭公、元功公〔毛利元功〕、元忠公、経健公〔吉川経健〕午后三時半山御別荘へ御安着也、右に付、過日来御用意の通り夫々御仕向相成、右御一行不残御別荘御滞泊の事
一　夜中御酒席に出御相伴致し、午后十一時帰宿す、前条御引合の件々用達所へ記事に付略す

一二月二一日

同月廿一日　晴
一　用達所へ出勤す
一　主公先御異状無之、尤本日功山寺へ御出席の儀は、松岡より申出に付、御不参也
一　右に付各公へ上申す、清末公御演説あり
一　郡役所にて分捕品縦覧、午前八時より午后五時迄有之、凡三万余人の拝見有之由也
一　功山寺出席人凡四百余名なり
一　豊浦学校にて有志者より三ツ盛冷酒を献す
　　但有志者五拾名なり
一　右に付、御挨拶として金拾五円被下候由也
一　前条御用間に付、両所とも不参す
一　御出立後夫々御跡仕舞致し、午后四時過帰宿す
一　馬関御着の上、長府、清末両公より御酒肴出る、尤御不例に付、豊永、三嶋申合置御使中川好治出る也

一二月二二日

同月廿二日　晴
一　用達所へ出勤す
一　主公先御折合の事
一　金子蔀過る廿日死去、本日午后一時葬送に付、金五拾銭弊代備之
一　藩政旧友申合左の通
一　金壱円　弊代
右村上彦三、野村源七、三吉慎蔵、豊永長吉、日原素平、生駒直一、林洋三、桂周樹、河村光三、能勢孤鉤、田坂壮介、佐竹小十郎、田上陳鴻也、此割方一人前九銭を出す
一　金子翁の藩政尽力の次第を書記し、村上彦三氏棺前にて読之終て各拝礼す
一　明日御巡回の各公、馬関御出立にて御帰邸の由に付、河村光三を御使被仰付候ことに伺候て、同人へ達す

一二月二三日

同月廿三日　晴　又陰
一　在宿す、記事なし

一二月二四日

同月廿四日　雨

一　用達所へ出勤す

一　主公先御同様なり

一　昨夕三島帰府に付、宅へ積る挨拶、尚又金庫鍵持参し、直に相渡す

一二月二五日

同月廿五日　晴

一　用達処へ出勤す

一　主公本日も御同様也、別に記事なし

一二月二六日

同月廿六日　晴

一　用達所へ出勤す

一二月二七日

同月廿七日　雨

一　右同断

一　主公御診察、松岡、菅の両人十時過申上候処、御病源も相分り候に付、院長御招等の儀取消と申出あり、今日の御様子なれは順々御快方の見込と申出有之候事

一　鶏　二羽

右例年の通歳末献上す、代金七拾五銭也

一二月二八日

同月廿八日　雪

一　出勤す

一　主公追々御順快に被為向候事

一　御奥様より御内使を以て鴨一羽被下候事

一二月二九日

同月廿九日　陰

一　用達所へ出勤す

一二月三〇日

同月三十日　晴

一　右同断

一　三嶋家扶へ御賞与金の儀は、御不例に付御代理致し相渡す、其他被下の分は、家扶御代理夫々相渡候也

一　来る廿八年新年式宮内省御達にて被差止候事

一　右に付、家扶より東京の振合電信にて聞合有之

一　当郡の儀は、村役場より通知の次第も有之、式立候儀は各用捨し、松飾り相止め内輪限にて質素にするは勿論なれとも、人民の祝意を上へ表する誠心に付、質素を旨と

し松飾することに決候事

一二月三一日

同月卅一日　陰
一　用達所へ出勤す
一　主公御不例に付、歳末の御祝儀は家扶より一統取束ね候て上申す
一　明年宮中御式無之に付、御勧酒被差止候事
一　御内輪限り御略祝の事
一　御門飾等質素に相成候事
一　御神霊献備は、定例の通被為行候事、別に議事無之
一　荘原へ歳末御祝詞の郵状出置候事
一　鏻子様御住居へ御伺出仕す
一　家事向異状なし
一　老母〔小坂かつ子〕へ歳末祝詞す

日記　十六　明治廿八年

明治二八年

一月一日

明治廿八年一月一日　晴

一　午前十一時毛利御邸用達所へ出勤す

一　主公〔毛利元敏〕御不例に付、御逢無之

一　宮中新年式不被為行、依て総て御質素御略に相成、参賀有之とも酒肴等も御差止め、真の御身祝限に相成候事

一　右の次第に付、御逢御本式無之、尤御神霊へ参拝す、幣料例年の通相備候事

一　宮中御式不被為行、就ては年礼差控、且又質素を旨として酒肴等も身祝限にし、来宿人へは相止候、尤奉祝の心意を以て国旗を掲け、略の松飾のみ致置候事

一　実家老母〔小坂かつ子〕へ新年を賀し、尚又霊拝香典を備ふ

一月二日

同月二日　晴

一　主公御不例に付、午前御伺出頭す

一　松岡〔茂章〕、菅〔恒男カ〕の両人御診察尋問す、昨夜より今朝御順快の御様子に依て退出す

一月三日

同月三日　陰　寒強

一　主公御伺として出頭す、昨日来追々御順快也

一　本日午后当畔集会の処、名代玉樹〔三吉玉樹〕を出す、定例の通り肴一種酒料為持、且本月出金をも出し置候事

一　仏参香典を備ふ

一　植村氏〔俊平〕へ尋問す

一　諸葛小弥太氏来宿也

一月四日

同月四日　雪

一　用達所へ出勤す

一　主公順々御快方の事、別に記事なし

一月五日

同月五日　陰雪　寒強

一　出勤す

一　主公追々御快方、松岡御診察の次第敬承す

一　荘原好一氏の母、養生不叶今朝死去の段、江良〔和祐〕より電報来る

一月六日

同月六日　陰

一　用達所へ出勤す

一　主公御順快御異状無之

一　東京荘原へ悔状、玉樹連名にして郵便仕出候事

一　本日九時より報国会委員総集会す

一　后会は来る十三日九時よりのことに決す

一月七日

同月七日　晴

一　用達所へ出勤す

一　主公御順快被遊候事

一月八日

同月八日　晴

一　用達所へ出勤す

一　主公御順快、別に記事なし

一月九日

同月九日　晴　后陰雨

一　用達所へ出勤す

一　主公御快方、別に記事なし

一月一〇日

同月十日　陰　小雨

一　在宿す

一月一一日

同月十一日　陰

一　用達所へ出勤す

一　長尾荒太死去す、右は組合に付即刻悔に至る、尚用向有之候はゝ無用捨申入あり度、尤少々痛所有之に付、直に帰宅す

一月一二日

同月十二日　小雨

一　在宿す

一　午后三時長尾埋葬立場案内有之、定例香典拾銭、外に別段の訳を以て蠟燭百目備之、会葬は玉樹代理す

一月一三日

同月十三日　雪　少々

一　在宿す

一　本日報国会集会の処、痛所に付不参す、尤栢貞香氏へ相頼候事

一月一四日

同月十四日　雪 少々

一　用達所へ出勤す

一月一五日

同月十五日　陰

一　在宿す

一　叢話会集会の処不参申入、尤会費定額田坂〔壮介〕へ宛て出す

一月一六日

同月十六日　晴

一　用達所へ出勤す

一　主公御順快の由也

一月一七日

同月十七日　雨

一　在宿す

一月一八日

同月十八日　小雪

一　用達所へ出勤す

一　三吉周亮并に旧臣惣代御呼出に付、庭田村工藤順臣、東長野村山名勝則、高山村横田当計、吉見村山名好之助、長府村、楠乃村、勝谷村河村邦満出頭す

右は主公、三吉家必至困難、旧領地引越等の情状御承知に相成、同家祖先并に周亮ことも藩政尽力の儀、深く御勘合にて、御地所宇部村内御所有の古家を御貸渡し、番人を御頼み、御心附壱円五拾銭被下候ことを家扶三嶋〔盛二〕より思召の旨伝達あり、尚又御旧臣も多数のこと故、御救助と申ことは難被為行次第も家扶より入々伝達有之、右御厚意の旨一同謝し奉り御請申出、尚慎蔵よりも御礼申上置候事

一　周亮氏、旧臣一同へ慎蔵より深き御趣意の旨向後子々孫々迄相心得候様御教育相成度、又今日の御場合御助力充分可致筈なれとも、各分度あり、出金等のことは六ッヶ敷候得共、誠心義理は金銭に関係無之筈に付、御旧臣方も篤と御協誠可然、慎蔵ことは今日何程と申す御約定は致兼候得共、朝夕凌方の内を積立致度心得と、入々周亮、旧臣中へ申入置候事

一月一九日

同月十九日　小雪

一　在宿す

一　周亮氏当主一同来宿、昨日の答礼の為なり

一　昨日慎蔵より気附発言の件々、旧臣中満足の由、就ては旧臣中も協議し尽力の由也
一　旧臣の内、昨日の挨拶として工藤、横田の両人来宿也

一月二〇日

同月二十日　小雪　夜大雪
一　用達所へ出勤す
一　報国会集会出席す、別に議なし、依て退出す

一月二一日

同月廿一日　雪　五寸余積る
一　用達所へ出勤す

一月二二日

同月廿二日　寒強
一　右同断
一　主公御快方にて御運動被遊候事

一月二三日

同月廿三日　小雨
一　在宿す
一　本日は伏見難事当日廿九年紀念宴会、栢両人〔貞香、俊雄〕相招き家族中一同晩餐の事

一月二四日

同月廿四日　小雨　后雪
一　用達所へ出勤す、別に記事なし

一月二五日

同月廿五日　晴
一　右同断
一　御二方様〔毛利元敏、毛利保子〕へ御伺す、御異状なし
一　北白川宮殿下〔能久親王〕始め麻生〔三郎〕一統へ年始状郵便仕出候事

一月二六日

同月廿六日　晴
一　在宿す

一月二七日

同月廿七日　雨　后風強
一　報国会集会出席す、向後は日曜日を以て集会定日とす
一　午前より出勤し、御二方様へ御伺致し候、別に御異状不被為在候事

一月二八日

同月廿八日　晴　夕風

一　用達所へ出勤す、別に記事無之

一月二九日

同月廿九日　雨　夜雪少々

一　在宿す

一月三〇日

同月三十日　陰

一　孝明天皇御祭日休暇に付、在宿す

一月三一日

同月卅一日　晴　夕陰

一　出勤す

一　御二方様へ御伺す、御異状なし

一　有栖川宮別当〔山尾庸三〕へ左の通郵便状出す

熾仁親王〔有栖川宮熾仁親王〕殿下御違例の処、御療養不被為叶、終に薨去被遊候旨拝承候に付、御悔奉申上候恐惶頓首

明治廿八年一月三十一日

山口県豊浦郡長府村第拾番地

従六位三吉慎蔵

有栖川宮別当子爵山尾庸三殿

二月一日

二月一日　大風

一　午前より出勤す

一　正午洋食御相伴、三島、河村〔光三〕、三吉、岡〔精一〕也、別に記事無之

一　南部鉄瓶　壱個

右倉光三郎氏より送来る、書面添也

二月二日

同月二日　風　小雪

一　在宿す

二月三日

同月三日　晴

一　報国会集会定日出席す、別に議事なし

一　夜田原氏〔純蔵カ〕、トモ〔三吉トモ〕診察に来る

二月四日

同月四日　晴

一　用達所へ出勤す、別に記事なし

一　威海衛陥落すとの電報

右は一月三十一日の由、本日来る也

一　午后田原氏来診療治す

二月五日

同月五日　晴

一　用達所へ出勤す、別に記事なし

二月六日

同月六日　晴

一　右同断

一　金子故蔀氏五十日祭正午の案内に付拝礼す、幣料十銭持参す

二月七日

同月七日　晴

一　在宿す

二月八日

同月八日　晴

一　右同断

二月九日

同月九日　陰

一　右同断

二月一〇日

同月十日　陰

一　右同断

一　本日報国会不参の儀、俊雄氏へ相頼、且又午后運動会集会の儀も不参に付、同氏へ相頼む、尤気附丈は伝言致し置候事

二月一一日

同月十一日　晴

一　紀元節に付休暇也、在宿す

二月一二日

同月十二日　晴

一　用達所へ出勤す

二月一三日

同月十三日　陰

一　在宿す

一　御奥様〔毛利保子〕より友へ病中御尋としてカステーラ一箱御持せ被下候、且又序にナミコ〔臼杵ナミ〕より見舞伝言あり

二月一四日

同月十四日　晴
一　用達所へ出勤す
一　欽麗院様〔毛利欽子〕より海苔御贈相成拝受す

二月一五日

同月十五日　雨　夜風強
一　用達所へ出勤す、別に議事なく退出す

二月一六日

同月十六日　晴　風あり
一　用達処へ出勤す
一　荘原老人〔荘原好一母〕埋葬に付会葬す

二月一七日

同月十七日　晴
一　用達所出勤す、公御不在に付直に退出す
一　報国会集会に付出席す、別に議なし

二月一八日

同月十八日　雨
一　出勤す
一　主公へ、荘原家令療養方の儀、御下命一件を上申す
一　新市妻スエ埋葬に付名代を出す、且備物持参のこと

二月一九日

同月十九日　風
一　用達処へ出勤す、別に議事なし
一　三嶋氏風邪不参に付尋問す

二月二〇日

同月二十日　雪　寒強
一　用達所へ出勤す

二月二一日

同月廿一日　雪
一　右同断、別に議事なし
一　報国会委員臨時総会す
　右は助金一件也、尤助金の儀は不致ことに議決す、但幣代を拾円備ることにす、外に議事なく散会す

二月二二日

同月廿二日　晴
一　用達所へ出勤す、別に議事無之、依て退出す

二月二三日

同月廿三日　陰
一　用達所へ出勤す
一　岩間老人〔アサ〕、荘原にて午前死去也

二月二四日

同月廿四日　晴　風少々
一　用達所へ出勤す
一　報国会委員総会に付出席す、別に議事なし
一　両中川〔涼介、好治〕へ、夫々順序又至急御用弁の件々申入置候事
一　豊永家内不快見舞に到る
一　荘原へ見舞に至る
一　岩間へ悔尋問す

二月二五日

同月廿五日　陰　寒
一　用達所へ出勤す、別に議事無之
一　岩間へ備物、香典拾銭為持候事

二月二六日

同月廿六日　晴　風
一　用達処出勤す、本日は少々取込に付、直に退出す

二月二七日

同月廿七日　晴
一　用達所江出勤す

二月二八日

同月廿八日　雨
一　右同断
一　御奥様昨夜七時分娩に付、恐悦申上候事
一　午后より、荘原宅へ三島同行し御家政要用の件々数ヶ条協議す、内決の件は記載し、三嶋手元に控ある也

三月一日

三月一日　陰　夜雨
一　在宿す

三月二日

同月二日　雨　雪少々又風あり
一　用達所へ出勤す

三月三日

同月三日　昨夜より大雪

一　右同断
一　報国会集会定日に付出席す、別に議事なし

三月四日

同月四日　雨
一　用達所へ出勤す、別に議事無之

三月五日

同月五日　陰
一　出勤す
一　本日は御奥様御七夜御祝日に付、青銅五千疋進上す、昼御祝酒一統へ被下候事

三月六日

同月六日　晴　夕陰

三月七日

同月七日　陰
一　用達所へ出勤す

三月八日

同月八日　陰　后雨
一　午后出勤す

三月九日

同月九日　陰　后晴
一　用達所へ出勤す

三月一〇日

同月十日　晴
一　在宿す、記事なし

三月一一日

同月十一日　晴
一　用達所へ出勤す、別に記事なし

三月一二日

同月十二日　陰　小雨
一　在宿す、別に記事なし

三月一三日

同月十三日　雨
一　用達所へ出勤す、別に記事なし

三月一四日

同月十四日　雷雨

一　在宿す

三月一五日

同月十五日　雨

一　用達所へ出勤す

三月一六日

同月十六日　陰　雨

一　在宿す

三月一七日

同月十七日　陰　風あり寒強

一　本日は報国会集会に付出席す

一　前田村へ工兵滞在に付、会よりの出金を村長〔坂野照人〕へ決答す

三月一八日

同月十八日　晴　風

一　用達所へ出勤す

三月一九日

同月十九日　晴

一　在宿す

一　中野半次郎帰府に付来宿也

一　講和使〔李鴻章（清国欽差頭等全権大臣）、李経方（清国欽差全権大臣）〕来関に付、伊藤総理大臣〔博文〕出張、陸奥外務大臣〔宗光〕は同断昨日也、右に付、主公御尋問として御出関の由、荘原より伝承す

三月二〇日

同月二十日　晴

一　午前より出勤す

一　正午洋食御相伴被仰付候事

三月二一日

同月廿一日　晴　夕陰

一　春季恒例祭休日なれとも出勤す

一　廿七年度毛利家歳入出決算上申に付、主管者協議申出、主公、清末公〔毛利元忠〕、三吉調印す、本日豊永は不参也

三月二二日

同月廿二日　晴

一　在宿す、記事なし

三月二三日

同月廿三日　晴
一　荘原氏来宿、昨日伊伯〔伊藤博文〕出府の次第を承る
一　同氏より梅〔三吉梅子〕へ人形持参ある
一　午后豊永長吉、荘原、三吉、三嶋集会す、其件々引合は三嶋へ記事有之候様談置候事

三月二四日

同月廿四日　晴
一　報国会集会定日に付出席す
一　清国より帰朝せし大岡力〔ジャーナリスト、評論家、衆議院議員大岡育造実弟〕来関に付、明日徳応寺に於て談話のことを協議し、夫々手配り栢引受のことに一同決す

三月二五日

同月廿五日　雨
一　用達所へ出勤す
一　昨午后於馬関清使李鴻章〔清国欽差頭等全権大臣〕銃難に付、懇親会見合することに決す、夫より村役場へ出候処、大岡至急差閊に付、談話のことも延引となる

三月二六日

同月廿六日　雨
一　用達所へ出勤す

三月二七日

同月廿七日　雨
一　右同断
一　昨日議事の件々、荘原より伺定相成候事

三月二八日

同月廿八日　風雨　雪少々
一　用達所へ出勤す
一　本県知事〔原保太郎〕免職に付、公より三嶋家扶を被差立候事
一　梅子初節句に付、各家より人形色々到来す、依て謝儀として餅五つ宛、廿六家へ為持候事
一　小坂兄〔住也〕、栢老人、浅野姉晩餐を出す、宮田老人、長尾、直蔵の三人も同断

三月二九日

同月廿九日　陰
一　在宿す、記事なし

三月三〇日

同月三十日　晴　風
一　用達所へ出勤す

三月三一日

同月卅一日　晴

一　在宿す、記事なし

一　報国会集会定日の処不参す

四月一日

四月一日　晴

一　毛利家春季御例祭の処、少々腹痛に付不参す、依て玉串料定額の通為持候事

四月二日

同月二日　小雨

一　在宿す、別に記事なし

四月三日

同月三日　小雨

四月四日

同月四日　陰

一　用達所出勤す、別に記事無之

四月五日

同月五日　陰

一　在宿す、記事なし

四月六日

同月六日　晴

一　用達所へ出勤す

一　本日は、伊秩初代采女正〔元処、戦国時代の武将〕二百五十年忌に付、正午の案内にて出頭す

四月七日

同月七日　陰

一　報国会集会定日出席す

一　伊藤、陸奥の両大臣へ、長府村より尋問の件協議に付、同意す

四月八日

同月八日　雨

一　用達所へ出勤す

四月九日

同月九日　晴

一　在宿す、別に記事なし

四月一〇日

同月十日　晴
一　用達所へ出勤す
一　トモ事本日より休薬す、全快也

四月一一日

同月十一日　晴
一　在宿す、記事なし

四月一二日

同月十二日　晴
一　用達所へ出勤す

四月一三日

同月十三日　雨
一　在宿す、別に記事なし

四月一四日

同月十四日　晴
一　報国会集会定日出席す

四月一五日

同月十五日　晴　夜雨
一　用達処へ出勤す
一　本日は午后五時より在府旧大夫中を御旧縁の訳を以て御招に付、豊永、三吉、荘原家令、三嶋家扶御相伴す
一　思召を以て旧大夫中へ祖先祭祀料被下候事

四月一六日

同月十六日　小雨
一　用達所へ出勤す

四月一七日

同月十七日　晴　風
一　在宿す
一　夜に入村長坂野氏来宿、両大臣へ同村より送品明朝持参の由に付、可成梶山〔鼎介、衆議院議員〕其他御打合の上、可然取計方依頼の答致置候事

四月一八日

同月十八日　晴
一　両大臣今午前七時出立に付、其刻主公御送相成候事
一　坂野出関の様子聞合役場へ出頭す、然に引合出来不申様子なり

四月一九日

同月十九日　晴

一　用達所へ出勤す

一　金六円五拾銭

　右田原へ薬価持参す

四月二〇日

同月二十日　晴

一　用達所へ出勤す

一　本日は報国会始末の件に付、午前後両度参集す

一　長府全村より申合紀念等の談合も有之候得共、此件は解散后更に各見込可然ことに決す、右に付、小野安民、山田〔七郎〕より申入の答は、報国会に於て答弁は不致ことに決置候事

　右の通本日午后衆決相成散す

四月二一日

同月廿一日　晴

一　報国会集会定日の処、休会に付在宿す

四月二二日

同月廿二日　陰

一　用達所へ出勤す

四月二三日

同月廿三日　小雨

一　右同断

四月二四日

同月廿四日　小雨

一　右同断、別に記事無之

四月二五日

同月廿五日　晴

一　出勤す

一　荘原へ御離盃に付御相伴す

四月二六日

同月廿六日　晴

一　用達所へ出勤す

四月二七日

同月廿七日　陰

一　在宿す

四月二八日

同月廿八日　晴
一　報国会集会定日に付参集す

四月二九日

同月廿九日　晴
一　善勝寺へ伯父三十三年忌案内に付、兄同道にて午前より
参堂す

四月三〇日

同月三十日　雨
一　用達所へ出勤す、別に記事なし
一　小倉病院へ送品物代を、坂野へ依頼のことを田坂氏へ申
入置候事

五月一日

五月一日　風雨
一　在宿す
一　梅子誕辰初而に付、赤飯配り左に記す
小坂　浅野　栢両家
一　晩餐を栢老人、富田老人、マサ子、テイ一同へ出す、但
於ハル不参也

五月二日

同月二日　陰　雨
一　用達所へ出勤す、別に記事なし
一　日原〔素平〕より案内に付、午后五時より至る、年賀の
様子に付、綿を進物す

五月三日

同月三日　陰
一　用達所へ出勤す、別に記事なし
一　本日は主公御誕辰に付、御祝酒を用達所にて被下、右に
付、御二方様御臨席の上、一同へ御盃有之候事

五月四日

同月四日　晴
一　用達所へ出勤す
一　昨日の御礼上申す
一　日原氏へ礼として至る

五月五日

同月五日　晴
一　報国会集会定日に付参集す、不揃也、別に記事なし

五月六日

同月六日　小雨

一　用達所へ出勤す

一　品川故少将〔氏章〕法会参拝に付、香料二十銭を備ふ、又墓参をも致候事

五月七日

同月七日　晴

一　在宿す

一　樟苗
右桂弥一氏より戦勝紀念の為め到来す

五月八日

同月八日　晴　后陰

一　用達所へ出勤す

五月九日

同月九日　晴

一　在宿す

一　本日は、旧四月十五日忌宮神社例祭の中の日なり、神幸あり

五月一〇日

同月十日　陰　后雨

一　出勤す、別に記事なし

一　小坂へ抵る、午餐出る

五月一一日

同月十一日　陰　后晴

一　在宿す

五月一二日

同月十二日　晴

一　報国会集会定日に付参集す、夫より用達処へ出勤す

五月一三日

同月十三日　晴

一　用達所へ出勤す

一　日清講和条約批準〔ママ〕公布の
詔勅仰出されたる趣、其筋より公達有之旨に付、村長坂野来書あり

五月一四日

同月十四日　晴

一　昨夜坂野より来書に付、明十五日報国会委員臨時総会九時より相開候ことを田坂へ談し、夫々通達のことを依頼す
一　本日午后三時より三位公〔毛利元敏〕御二方様御招請申上候に付、酒五升入一樽御持せ頂き候事
　外に葡萄酒　二本
　　切れ地襟一包
右御持参にて被下候事
一　右に付、三嶋家扶、中川好治、御女中ナミ、又宇原〔義佐〕も来る

五月一五日

同月十五日　晴
一　用達所へ出勤す
一　報国会臨時集会に付出席す、其件々記事相成候事

五月一六日

同月十六日　晴
一　在宿す、記事なし

五月一七日

同月十七日　小雨
一　用達所へ出勤す
一　御旧臣より御祖先御神霊豊功神社御合殿の処、右御一同県社に付、御取分差閊の由也、右は追て許田〔杏平〕より協議可然ことに内話致置候事、右は三嶋へ談置

五月一八日

同月十八日　晴　風
一　故清水大尉会葬功山寺へ至る
一　村役場へ出て前田村引合す

五月一九日

同月十九日　晴　風少々
一　報国会定日参集す、協議の件事務所に記事あり

五月二〇日

同月二十日　陰
一　用達所へ出勤す
一　総督小松宮〔彰仁親王、征清大総督〕御帰朝御通船に付、国旗を揚候事
右に付、長府村惣代村長坂野氏出関也

五月二一日

同月廿一日　晴
一　出勤す
一　来る廿五日報国会解散当日主公御出立に付、廿四日午后

一 同会へ御臨席の儀御下命あり
一 報国会仕詰に付出席す
一 玉樹出京一件桂氏より談あり、其書面を渡置、尚速に用意のことを申聞置候事

五月二二日

同月廿二日 晴
一 用達所へ出勤す

五月二三日

同月廿三日 晴
一 右同断、別に記事なし
一 昨日迄にて報国会勘定決算引合済、依て田坂、碓井〔太郎〕へ挨拶致置候事

五月二四日

同月廿四日 晴
一 用達所へ出勤す
一 報国会委員臨時総会す、其件は明日解散に付、勘定帳調印其他書類配達等の取調也
一 主公三時過御臨席、是迄尽力の処、今日平和談判済賀すへき、然に報国会々は散会なるも、報国至誠は益々肝要のことを御注意あり、右は明日御臨席の思召に有之候得とも、天機御伺として御出発に付、本日を以て御臨席にて右の御旨意を諸氏へ必す伝達することを添て被仰置候事
一 右に付、御礼河村光三惣代として参邸す
一 玉樹進退のこと豊永より電報来る、其書面役所へ為持候事
一 右返電、郡長〔渡辺管吾〕より二七日の猶予のことありし由也

五月二五日

同月廿五日 陰風
一 午前出勤す
一 主公本日午前天機御伺の為め御出立、御供家扶三嶋、家丁梶間〔充三〕、御女中ナミ女也
一 右に付、御邸限御送申上、御留守諸締り向等夫々談し、尚河村へ注意のことを頼置候事
一 市岡〔義介〕へ御無人に付、折々宿番のことを談置候事
一 報国会本日解散に付、午前八時委員総集し、各畔惣代を呼出し、報告書一枚宛金員引合証書を相渡し、其受取証を取置引合す、尚一統へ昨日主公御臨席の件、松本〔廉平〕より演説あり
一 右勘定諸帳簿、日記等夫々取纏め、村役場へ預け置候事
一 前条午前引合済、此刻を以て会散〔ママ〕となる、現書有之に付、

一　別に私記不致候事
一　報国会へ出金の額、散会に付支払残金左の割方惣代より引合に付、受取候事
一　金拾五円申出
　　内　半額七円五拾銭出金す
　　右残金四円八拾銭割返し受取
一　金拾円申出金額を出金す
　　内　五円半額平均に付受取
　　　五円出金高となる
　　右残金三円弐拾銭割返し受取
一　豊永氏へ電報の謝儀、不都合無之様少々の猶予を依頼することを書面にして、本日三嶋へ托す

五月二六日

同月廿六日　陰　風
一　用達所へ出勤す

五月二七日

同月廿七日　陰
一　右同断

五月二八日

同月廿八日　晴
一　右同断、尤別に記事なく退出す
一　豊永翁より廿五日附郵便状来る
　右に付、八時過より玉樹へ豊永宅にて談合し、至急出立のことを議す、此件に付、有川氏出関あり

五月二九日

同月廿九日　晴
一　玉樹本日正午出立東京へ行く、右夫々引合済也、貞香氏来る
　右は万不都合無之、夫々引合の上同刻出関す、尚在京の諸氏へ伝言す
一　午后より出勤す、別に記事なく退出す

五月三〇日

同月三十日　晴
一　聖上〔明治天皇〕還幸に付、国旗を掲く
一　用達処へ出勤す、別に議事なし
一　本日京都御出発の電報あり、又午后三嶋家扶より郵書来る、右は廿七日御着京の順次尚天機伺聞合等の件、三十日京都御出立の御予定までを申来る
一　小坂、浅野、豊永へ玉樹至急出立東京行のことを吹聴す
一　栢貞香方へ昨日の謝礼として至る、又岡本〔熊雄カ〕へ

出京伝言す

五月三一日

同月卅一日　朝小雨

一　用達所へ出勤す、記事なし

六月一日

六月一日　晴

一　出勤す

一　月並神供御名代相勤候事

一　忌宮神社に於て、凱旋祝賀祭本日より三日間執行有之、依て国旗掲く、此外記事なし

六月二日

同月二日　陰

一　休日に付在宿す

一　玉樹より昨夜東京安着の電信、午前七時四十分に来る

六月三日

同月三日　大雨

一　用達所へ出勤す

一　豊功神社に於て凱旋祝賀祭有之、依て御代拝のことを談す

六月四日

同月四日　晴

一　出勤す

一　鳥山氏〔重信〕御用達所へ出頭面会す、外に記事なし

六月五日

同月五日　晴

一　用達所へ出勤す、別に記事無之

六月六日

同月六日　晴

一　右同断

一　タキ子〔三吉タキ〕より敬蔵〔三吉敬蔵〕写真送来る

六月七日

同月七日　晴（夜より雨）

一　風邪に付在宿す

六月八日

同月八日　小雨

一　本日も同断

一　三嶋家扶より東京御安着までの御次第、且又十日同人出

立の都合申来る
一　松岡茂章氏を招き、診察の上、服薬す
一　玉樹より四日附を以て拝命報知郵書到来す

六月九日

同月九日　陰
一　本日も風邪に付在宿す

六月一〇日

同月十日　陰
一　右同断
一　松岡氏来診あり
一　河村光三氏見舞来宿也

六月一一日

同月十一日　陰　雨少々
一　在宿す、記事なし

六月一二日

同月十二日　陰　夕より雨
一　本日も在宿す
一　松岡氏来診あり

六月一三日

同月十三日　小雨　后晴
一　在宿す
一　諏訪氏〔好和、陸軍少将〕凱旋帰府来宿也
一　栢両氏、宇原見舞来宿、又梶山、石津〔幾助〕の両氏同断

六月一四日

同月十四日　雨
一　本日も在宿す

六月一五日

同月十五日　晴
一　右同断
一　中川好治来宿也、右は井上伯〔馨〕着関の由示談に付、右宿所へ見舞出関可然、尤御留守中に付、御送物無之て可然ことに答置候事
一　松岡氏来診あり

六月一六日

同月十六日　晴
一　在宿す

一　三嶋氏帰府来宿あり
　右に付、金庫鍵相渡候事

六月一七日

同月十七日　晴
一　本日も在宿す

六月一八日

同月十八日　正午より雨
一　右同断、記事なし

六月一九日

同月十九日　雨
一　用達所へ出勤す、別に記事なし

六月二〇日

同月二十日　陰　小雨
一　在宿す、記事なし

六月二一日

同月廿一日　陰
一　本日も在宿す
一　三嶋家扶来宿、御家政御用談数々協議あり

六月二二日

同月廿二日　晴
一　用達所へ出勤す、別に記事なし

六月二三日

同月廿三日　陰
一　在宿す、記事なし

六月二四日

同月廿四日　小雨
一　用達所へ出勤す

六月二五日

同月廿五日　陰　雨
一　右同断、別に記事無之
一　浅野故教〔浅野教、旧長府藩士〕十七回忌案内に付、香花
　料幷蠟燭備之

六月二六日

同月廿六日　昨夜より大雨
一　在宿す

六月二七日

同月廿七日　陰
一　午前六時より出勤す
一　御二方様午前七時半御安着に付、恐悦申上候事
　　但御共一同安着也
一　御二方様より御土産品を頂き候事

六月二八日

同月廿八日　晴
一　在宿す
一　イヨ〔三吉イヨ〕より書状并送物色々、梅へも単物其他あり

六月二九日

同月廿九日　陰
一　出勤す
一　午餐洋食御相伴す

六月三〇日

同月三十日　雨
一　岡本へ着歓肴料持参す、別に記事なし

七月一日

七月一日　雨
一　用達所へ出勤す

七月二日

同月二日　陰
一　在宿す、別に記事なし

七月三日

同月三日　雨
一　用達処へ出勤す

七月四日

同月四日　陰
一　在宿す
一　桂弥一氏来宿あり

七月五日

同月五日　陰
一　用達所へ出勤す

七月六日

同月六日　晴
一　在宿す、記事なし

七月七日

同月七日　陰
一　用達所へ出勤す、尤日曜に付、別に記事なし

七月八日

同月八日　陰　后晴
一　在宿す、記事なし

七月九日

同月九日　晴
一　用達所へ出勤す

七月一〇日

同月十日　陰　后晴
一　在宿す、別に記事無之

七月一一日

同月十一日　陰
一　用達所へ出勤す
一　乃木中将〔希典、陸軍中将〕へ梶山、豊永、荘原、桂、三吉の五名より、煙草送り仕出済のことを荘原より申来候由承る
　但代価一人前壱円九拾銭也
一　養生風呂　壱個
　右豊永より到来す

七月一二日

同月十二日　晴
一　在宿す、記事なし

七月一三日

同月十三日　晴
一　用達所へ出勤す

七月一四日

同月十四日　晴
一　日曜休暇に付在宿す

七月一五日

同月十五日　小雨　夜風雨
一　用達所へ出勤す

七月一六日

同月十六日　雨
一　在宿す、記事なし

七月一七日

同月十七日　雨

一　出勤す、別に議談無之

一　小笠原武英氏来宿、海苔二箱到来す、不在中也

一　児玉愛次郎〔愛二郎〕より服紗地手紙添小笠原氏持参也

七月一八日

同月十八日　陰

一　清末百間内藤方へ小笠原氏止宿の由に付、午前飴一箱持参す、不在にて不得面会、依て児玉氏への送物伝言等を内藤家内へ相頼置、直に退去す

七月一九日

同月十九日　雨

一　用達所へ出勤す

一　田坂壮介氏昨夜死去に付御仕向の儀、三嶋より示談有之、依て旧藩の振又当時の廉両条に区別し、可然ことに気附答置候事

七月二〇日

同月二十日　陰　后雨

一　在宿す

一　玉樹より友へ来書、右は荒瀬母〔カメ、三吉玉樹実母〕大病の趣に付、明朝より見舞の為、直蔵を遣す、依てカステーラ一箱、東京海苔一個相添、友よりの書状を為持、余は口上申聞仕出す

七月二一日

同月廿一日　陰　后晴

一　在宿す、記事なし

七月二二日

同月廿二日　半晴

一　用達所へ出勤す

七月二三日

同月廿三日　陰

一　右同断

七月二四日

同月廿四日　大東風　雨少々后強風雨夜半過一時にして止

一　本日は不参す

七月二五日

同月廿五日　晴

一　用達所へ出勤す

一　荒瀬新八氏より、同人妻養生不叶廿三日午后三時死去の段、郵便状を以て報知ある

七月二六日

同月廿六日　雨　夜風雨強

一　在宿す

七月二七日

同月廿七日　雨

一　用達所へ出勤す

一　荒瀬へ悔電信を出す、又東京玉樹へも同断

一　香花料五拾銭　トモ

一　同二十銭　慎蔵

右郵便為替にして書状相添仕出す

七月二八日

同月廿八日　晴

一　在宿す、記事なし

七月二九日

同月廿九日　陰　風あり

一　出勤す、別に記事無之

七月三〇日

同月三十日　雨陰

一　在宿す

七月三一日

同月卅一日　晴

一　用達所へ出勤す

八月一日

八月一日　晴

一　在宿す、記事なし

八月二日

同月二日　晴　后風

一　用達処へ出勤す、別に記事なく退出す

八月三日

同月三日　晴

一　在宿す、記事なし

八月四日

同月四日　晴　正午八十八度

一　在宿す
一　主公へ鱸一尾、ヲコセ一尾右献上す

八月五日

同月五日　晴
一　用達所へ出勤す
一　荘原本日出立の由也

八月六日

同月六日　陰風
一　在宿す、記事なし

八月七日

同月七日　陰
一　用達処へ出勤す

八月八日

同月八日　陰
一　出勤す
一　御奥様御不例に付御伺申上候、先御同様別に御異状なし、依て退出す

八月九日

同月九日　雷雨　夜風雨
一　用達所へ出勤す
一　荘原家令昨昼着府に付、本日九時より令扶一同集会あり

八月一〇日

同月十日　雷雨
一　用達所へ出勤す

八月一一日

同月十一日　晴
一　右同断、尤本日は日曜也

八月一二日

同月十二日　晴
一　用達所へ出勤す

八月一三日

同月十三日　晴
一　在宿す、記事なし

八月一四日

同月十四日　晴　九十度
一　用達所へ出勤す、別に議事なく退出す

八月一五日

同月十五日　晴　八十九度

一　在宿す、記事なし

八月一六日

同月十六日　晴　八十九度

一　用達所へ出勤す

八月一七日

同月十七日　晴　九十度

一　在宿す

八月一八日

同月十八日　晴

一　在宿す、記事なし

八月一九日

同月十九日　晴

一　用達所へ出勤す

八月二〇日

同月二十日　晴　八十七度

一　右同断

八月二一日

同月廿一日　晴　風少々 八十五度

一　在宿す

八月二二日

同月廿二日　陰　小雨 八十三度

一　用達所へ出勤す

八月二三日

同月廿三日　陰　風

一　在宿す、記事なし

八月二四日

同月廿四日　陰　風

一　用達処へ出勤す

八月二五日

同月廿五日　大風雨

一　日曜休暇在宿す、記事無之

八月二六日

同月廿六日　晴　風少々
一　用達所へ出勤す

八月二七日

同月廿七日　晴
一　在宿す

八月二八日

同月廿八日　晴
一　出勤す、別に議事なく退出す

八月二九日

同月廿九日　晴　風
一　在宿す
一　米熊〔三吉米熊〕より敬蔵の写真を送る

八月三〇日

同月三十日　晴　風少々
一　用達処へ出勤す

八月三一日

同月卅一日　晴
一　先般恤兵部へ寄贈の草鞋明細書差出候様申来候事

九月一日

同月一日　陰
一　日曜在宿す
一　二百十日無事也
一　本年盆交際は、流行病有之総て用捨のことに申合あり

九月二日

同月二日　陰　后晴
一　用達所へ出勤す、別に議事なく退出す

九月三日

同月三日　陰
一　在宿す、記事なし

九月四日

同月四日　晴
一　用達所へ出勤す、別に議事無之

九月五日

同月五日　晴　后小雨風あり
一　在宿す、記事なし

九月六日

同月六日　雨　東風強

一　用達所へ出勤す

九月七日

同月七日　陰　東風強小雨

一　在宿す

一　　地租額証明願

金五円参拾八銭七厘

但豊浦郡豊東前村に於ける所有の地租額

右御証明被下度此段相願候也

豊浦郡長府村第拾番屋敷

明治廿八年九月七日　　三吉米熊　印

豊東前村金山祥一殿

右

九月八日

同月八日　西風雨　后晴風強

一　在宿す

九月九日

同月九日　晴

一　用達所へ出勤す

九月一〇日

同月十日　晴

一　在宿す、記事なし

九月一一日

同月十一日　晴　后陰

一　用達所へ出勤す

九月一二日

同月十二日　陰　后晴

一　在宿す、記事なし

九月一三日

同月十三日　晴　午后風少々

一　出勤す

一　天皇陛下昨廿七年東京御発輦御当日に付御祝賀、御洋食御相伴被仰付候事

一　豊浦郡長氏家禎介新任に付、宿へ尋問す

九月一四日

同月十四日　晴

一　在宿す

九月一五日

同月十五日　晴

一　用達処へ出勤す、尤日曜也

九月一六日

同月十六日　陰　風雨少々

一　用達所へ出勤す

一　鳥山氏へ書冊為持候事

九月一七日

同月十七日　晴　夜小雨

一　在宿す、記事なし

九月一八日

同月十八日　陰

一　右同断

九月一九日

同月十九日　陰

一　用達所へ出勤す

一　去月廿六日附陸軍恤兵部より草鞋明細申出の儀照会に付、

右金額人員夫々本日郵便にして仕出候事

九月二〇日

同月二十日　晴

一　在宿す、記事無之

九月二一日

同月廿一日　晴

一　用達処へ出勤す

九月二二日

同月廿二日　晴

一　日曜在宿す

一　小肴

右主公へ献上為持候事

九月二三日

同月廿三日　雨

一　秋季皇霊祭休暇なり

九月二四日

同月廿四日　陰　小雨

一　在宿す

九月二五日

同月廿五日　雨

一　右同断

九月二六日

同月廿六日　晴

一　早朝より出勤す

一　功労者取調協議として梶山、鳥山、三吉、林〔洋三カ〕、三嶋一同集会、夜帰宅す

九月二七日

同月廿七日　小雨　陰

一　出勤す、前日と同断也

九月二八日

同月廿八日　陰

一　右同断

九月二九日

同月廿九日　陰　小雨

一　右同断、豊永氏も出席あり、尤本日は日曜なり

一　主公へ豊永、三嶋一同福原故大佐〔和勝〕の末文の件御内意を伺、原案の通可然旨被仰聞、尚名将たりとも過ちなきに非すとの思召を添て被仰聞候也

一　右に付、一同難有其旨を認む

一　功労者取調各意見取調相纏り、依て其書類を三嶋より御手許へ出し、追て思召相伺ふことにて会散〔ママ〕、午后十時帰宅す

九月三〇日

同月三十日　雨

一　在宿す

一〇月一日

十月一日　雨

一　本日は秋季御例祭に付、早朝より出勤、例年の通神前へ奉仕候事

一　米熊より本日附電報、男子〔三吉秋雄、三吉米熊二男〕生る、母子とも無事と申来る

一〇月二日

同月二日　晴

一　在宿す

一　本日より四日迄忌宮神社秋季例祭也

一〇月三日

同月三日　晴

一　午前より出勤す

一　本日は豊功神社御小祭に付、神前奉仕例年の通也、右に付、玉串料参銭を備、昼御神酒一同御相伴被仰付候事

一〇月四日

同月四日　晴

一　在宿す

一　清左衛門家内、林テル来宿也

一〇月五日

同月五日　晴

一　在宿す、記事なし

一〇月六日

同月六日　晴　風少々

一　用達所へ出勤す

一　豊永、梶山、林、三嶋一同再調集会にて再決す

一〇月七日

同月七日　晴

一　在宿す、記事なし

一〇月八日

同月八日　晴

一　午前より員光村宮田清左衛門方へ往く、左の品々を遣すなり

一　太刀作り刀

右旧領百姓の縁を以て譲之、又家内へ襟と足袋を遣す

此日同方へ一泊す

一〇月九日

同月九日　晴

一　午后四時帰宅す

一　米熊より過る五日附来書、誕生の児療治の件申来る

一〇月一〇日

同月十日　晴　后小雨

一　用達所へ出勤す

一　米熊へ「リヤウジデキタカ」と電報を午后発す、又同人より来書あり

一〇月一一日

同月十一日　晴

一　出勤す
一　本日は梶山、鳥山、三吉、三嶋集会、功労者取調御下問
一同上申す、本日にて御決定相成る、右終て主公御一同
午餐被下候事
但豊永氏不参也
出生届
豊浦郡長府村十番屋敷士族
三吉米熊二男
明治廿八年十月一日長野県　秋　雄
小県郡上田町千百壱番地
寄留地に於て出生
父　米熊
母　タキ
右及御届候也
明治廿八年十月六日　右三吉米熊　印
豊浦郡長府村長坂野照人殿
右本日出置候事

一〇月一二日

同月十二日　晴
一　在宿す、記事なし

一〇月一三日

同月十三日　晴陰
一　日曜在宿す

一〇月一四日

同月十四日　陰　后雨
一　用達処へ出勤す

一〇月一五日

同月十五日　晴　后雨
一　在宿す、記事なし

一〇月一六日

同月十六日　晴
一　出勤す、記事なし

一〇月一七日

同月十七日　晴
一　在宿す、尤神嘗祭休日也

一〇月一八日

同月十八日　陰　后晴
一　用達所へ出勤す、別に記事なし
一　米熊へ秋雄こと様子尋問の書状を出す

一〇月一九日
同月十九日　晴
一　在宿す
一　秋雄こと病死電報午后一時来る、依て直に悔郵書を出す

一〇月二〇日
同月二十日　晴
一　日曜休暇に付在宿す

一〇月二一日
同月廿一日　陰
一　用達所へ出勤す

一〇月二二日
同月廿二日　小雨
一　在宿す、記事なし

一〇月二三日
同月廿三日　陰　后晴
一　用達所へ出勤す
一　金三円
　右幼稚園へ寄付のことに佐竹〔為延〕へ申入置候事

死亡届
　山口県豊浦郡長府村十番地
　士族三吉米熊二男
　秋　雄
明治廿八年十月十九日
長野県小県郡上田町千百
壱番地寄留地に於て死亡　明治廿八年十月一日生
右及御届候也
明治廿八年十月十九日　右三吉米熊　印
　豊浦郡長府村長坂野照人殿
一　別紙医師国友診断書添にて出す

一〇月二四日
同月廿四日　陰　小雨風
一　在宿す、記事なし

一〇月二五日
同月廿五日　雨又晴
一　用達所へ出勤す

一〇月二六日
同月廿六日　陰
一　在宿す、記事なし

一〇月二七日

同月廿七日　晴
一　在宿す、尤日曜也
一　荒瀬俊太郎久々病気の処昨廿六日死去の報知あり

一〇月二八日

同月廿八日　晴
一　用達処江出勤す

一〇月二九日

同月廿九日　晴
一　玉樹兄俊太郎こと過る廿六日病死に付、本日同人へ悔状を出す
一　荒瀬へ備物悔状出す
金参拾銭　友より香花料
金弐拾銭　慎蔵より香奠
右郵便為替にて郵送す

一〇月三〇日

同月三十日　雨
一　用達所へ出勤す

一〇月三一日

同月卅一日　晴
一　在宿す、記事なし

一一月一日

十一月一日　晴　后陰
一　用達所へ出勤す

一一月二日

同月二日　陰
一　在宿す、記事なし

一一月三日

同月三日　雨
一　天長節休暇に付在宿す

一一月四日

同月四日　晴
一　出勤す、御用談数件あり答決す

一一月五日

同月五日　晴

一　在宿す
一　北白川宮殿下御不例の趣に付、御伺書郵便を以て家扶麻生三郎迄申出候事

一一月六日

同月六日　晴
一　用達所へ出勤す、別に記事無之
一　左の通電報す
デンカゴヨウタイゴキゲンウカガイタテマツル
東京麹町北白川宮御邸内　長府村
麻生三郎　三吉慎蔵
一　玉樹より本月四日附郵便状来る、右は米熊出京面会の由、且又北白川宮へ御伺米熊代理の由、加筆あり

一一月七日

同月七日　晴
一　用達所へ出勤す
一　北白川宮殿下薨去に付、左の通電信を呈上す
デンカコウキヨニツキツ、シミテヲクヤミモウシアク
右別当高崎五六〔北白川宮別当〕宛

一一月八日

同月八日　晴
一　在宿す、記事なし
一　家扶麻生三郎へ殿下薨去に付見舞状仕出候事

一一月九日

同月九日　晴
一　日曜在宿す、記事なし

一一月一〇日

同月十日　晴
一　在宿す
一　本日は北白川宮殿下御埋葬、尤御国葬の事

一一月一一日

同月十一日　晴
一　在宿す

一一月一二日

同月十二日　晴
一　在宿す

一一月一三日

同月十三日　晴　風
一　用達処へ出勤す、記事無之

一一月一四日

同月十四日　晴　寒

一　在宿す、記事なし

一一月一五日

同月十五日　晴　寒

一　用達所へ出勤す、別に議事無之

一　午餐洋食御相伴す

一一月一六日

同月十六日　晴

一　在宿す

一一月一七日

同月十七日　陰

一　日曜在宿す、記事なし

一一月一八日

同月十八日　晴

一　出勤す、別に記事なし

一一月一九日

同月十九日　晴

一　在宿す、記事なし

一一月二〇日

同月二十日　晴

一　出勤す、議事なし

一　正午御山に於て御陪食被仰付候事

一　北白川宮家扶麻生より答書来る

一一月二一日

同月廿一日　陰

一　在宿す

一　本日は旅順口占領の日をとし〔ママ〕、下ノ関要塞砲兵隊新練兵場に於て、戦勝紀念臨時招魂祭執行に付、案内を受候処、不参に付、中川涼介へ相頼左の通

一　金百匹

右幣代として備之

一　祭典委員長勝田四方蔵〔陸軍少将、下関要塞司令官〕氏也

右案内状は、郡役所兵事係りより送附也

一一月二二日

同月廿二日　陰

一　在宿す

一一月二三日

同月廿三日　晴

一　在宿す

　本日は新嘗祭也

一　馬場氏来宿、土産二品持参あり

一一月二四日

同月廿四日　晴

一　在宿す、記事なし

一一月二五日

同月廿五日　晴

一　用達所へ出勤す

一一月二六日

同月廿六日　晴

一　在宿す、記事なし

一一月二七日

同月廿七日　雨　后晴風あり

一　在宿す

一一月二八日

同月廿八日　陰

一　用達所へ出勤す、記事なし

一　諏訪氏より新市に於て晩餐案内に付参席す

一一月二九日

同月廿九日　陰　風

一　在宿す

一一月三〇日

同月三十日　晴

一　用達処へ出勤す

一二月一日

十二月一日　晴

一　在宿す、尤日曜休暇也

一二月二日

同月二日　陰

一　用達所へ出勤す、議事なし

一　交肴　一折

　右諏訪氏へ為持候事

一二月三日

同月三日　雨

一　在宿す

一二月四日

同月四日　小雨

一　用達所へ出勤す

一二月五日

同月五日　晴

一　在宿す

一二月六日

同月六日　陰　小雨

一　用達所へ出勤す

一二月七日

同月七日　陰

一　在宿す

一二月八日

同月八日　陰　小雨

一　日曜に付在宿す

一二月九日

同月九日　風　夜雪少々

一　用達所へ出勤す

一二月一〇日

同月十日　風　雪模様あり

一　在宿す

一　主公より梅子病気御尋として御使中川凉介来宿也

一二月一一日

同月十一日　昨夜より雪風強

一　在宿す

一二月一二日

同月十二日　小雪　風あり

一　在宿す

一　御奥様より梅子へ御見舞被下候事

一二月一三日

同月十三日　雪　風あり

一　用達所へ出勤す

一　松岡来診あり

一二月一四日

同月十四日　小雪 風あり

一　在宿す

一二月一五日

同月十五日　陰

一　在宿す、記事なし

一二月一六日

同月十六日　陰 夜雨

一　用達所へ出勤す

一　柏村氏〔信〕過る十日死去報知に付、悔状を出す
右に付、玉串料七拾五銭備候ことを取計方三嶋へ依頼す

一　田上〔陳鴻カ〕より案内の処、差閊に付断り、挨拶の為め宅へ至る

一二月一七日

同月十七日　小雨

一　用達処へ出勤す

一二月一八日

同月十八日　陰

一　主公より歳末に付きて葡萄酒二本被下候事

一二月一九日

同月十九日　陰

一　在宿す

一二月二〇日

同月二十日　小雨

一　在宿す

一二月二一日

同月廿一日　陰

一　用達所へ出勤す

一二月二二日

同月廿二日　陰

一　日曜在宿す、記事なし

一二月二三日

同月廿三日　晴 后陰

一　用達所へ出勤す

一二月二四日

同月廿四日　陰

一　在宿す、記事無之

一二月二五日

同月廿五日　雨

一　出勤す

一　年末賞与の件を内議す

一二月二六日

同月廿六日　陰　后晴

一　在宿す

一二月二七日

同月廿七日　雨　風あり

一　用達所へ出勤す

一二月二八日

同月廿八日　晴　風あり

一　右同断

一二月二九日

同月廿九日　陰

一　日曜在宿す

一二月三〇日

同月三十日　晴

一　在宿す、記事なし

一二月三一日

同月卅一日　陰

一　用達所へ出勤す

一　御二方様へ歳末の御祝儀申上、別に伺の件無之

一　三嶋家扶より本年中出入勘定取調見込の件々を承り候事

一　荘原家扶より投書に付色々引合の件々を承り、尚又右に付、豊永へ協議のことは、来一月五日談合可然ことに決置候事

一　小坂へ歳末祝詞として至る

一　浅野へ同断

日記　十七　明治廿九年

明治二九年

一月一日

明治廿九年一月一日　晴　后雨

一　朝祝前拝礼後食事す、夫より切通しへ参邸御神霊拝礼
　　但定例幣紙献備

一　御二方様〔毛利元敏、毛利保子〕へ奉賀、次に御用達所一同へ祝賀
　　但定例青銅二百匹献上す

一　鏻子様〔毛利鏻子〕へ祝賀

一　学校へは不参す

一　法華寺へ参拝す
　　但定例青銅香典持参す

一　実家小坂へ祝賀、実母〔小坂かつ子〕盃をす
　　但仏前へ香典を備ふ

一　浅野〔一之〕、伊秩〔脩平カ〕、石川〔良平カ〕、豊永〔長吉〕、桂弥一、山田〔七郎〕、栢〔貞香、俊雄〕両家、佐竹〔為延〕惣代へ祝賀、夫より帰宅す

一　郡長〔氏家禎介〕家へも至る

一月二日

同月二日　雨

一　在宿す、記事なし

一月三日

同月三日　陰

一　右同断

一月四日

同月四日　陰

一　本日は御用始に付、午前出勤す

一　諸伺の件々、御家扶より上申し、御決定なる

一　石津〔幾助〕、野村〔源七〕、諏訪〔好和〕、土居、生駒〔直一〕、伊秩、藤野、三嶋〔盛二〕、小嶋、吉田〔惟一〕、松岡〔茂章〕へ廻礼す

一　氏家郡長より明五日招請状来る、右は差閊に付、使へ断り置候事

一月五日

同月五日　晴

一　主公新年御宴会に付、御招に依り出頭す、例年の通也

一　佐竹〔小十郎〕、品川〔勧吾〕、桂〔周樹カ〕へ廻礼す

一月六日

同月六日　晴

一　御邸用達所へ出勤す

一月七日

同月七日　晴

一　主公、御二方様新年御来車に付、午后四時より酒肴飯を呈上す、献立左の通

吸物 味噌　藻魚 カントウ

刺身　イナダ　メンソウ クジラノリ

焼物　鰆　百合

口取　鮎 小鳥　青豆

浸シ

鶏 ネギ　ヘラ焼

汁　玉子 豆腐

飯

以上

一　御供中川好治と女中ツル〔山県ツル〕也

一　手伝渡辺清介、岩谷作右衛門

一　酒　壱樽 五升　若菜添

一　御奥様より友〔三吉トモ〕、梅〔三吉梅子〕の両人へ御包の内

右の通被下候事

一月八日

同月八日　朝小雨 陰 風少々あり

一　用達処へ昨日の御礼として出頭す

一月九日

同月九日　晴

一　在宿す、記事なし

一月一〇日

同月十日　風雨 后晴

一　出勤す

一　中沼先生〔清蔵〕、元智君〔毛利元智〕御一同出邸に付、御酒御相伴す

一月一一日

同月十一日　雪

一　在宿す、記事なし

一月一二日

同月十二日　晴

一　出勤す

一　本日は廿九年度予算御会議に付協議人御集会、午后より主公、元忠様〔毛利元忠〕、三吉也、三嶋より予算表夫々上申し、異議なく調印あり、尤協議人豊永は不参也、右終て御酒御相伴被仰付候事

一月一三日

同月十三日　陰

一　在宿す、記事なし

一月一四日

同月十四日　陰

一　右同断

一月一五日

同月十五日　晴

一　用達所へ出勤す

一　午前十一時より旧大夫新年御招請に付、御相伴被仰付候、右は細川〔宮遠〕、三吉〔周亮〕、桂〔周樹〕、伊秩〔紀邦〕、三沢〔精七〕、西〔多喜之助〕なり

一月一六日

同月十六日　陰

一　昨日の御礼として参殿す

一　整理公債弐千円を年七歩引合預け、豊永父子〔長吉、和吉〕へ依頼す

波号　千円　第参五八

同　　千円　第参五九

右豊永より証書あり

一　田原〔純蔵カ〕、難波〔舟平〕、日原〔素平〕へ年始申入る

一月一七日

同月十七日　陰

一　在宿す、記事なし

一月一八日

同月十八日　陰

一　用達処へ出勤す

一月一九日

同月十九日　風雪

一　日曜在宿す

一　三嶋家扶来宿、御用談の件々決す

一月二〇日

同月二十日　風　雪少々

一　出勤す

一　家扶より御用談の件々答置候事

一月二一日

同月廿一日　雪　風少々

一　在宿す

一月二二日

同月廿二日　陰

一　用達所へ出勤す、記事なし

一月二三日

同月廿三日　晴

一　在宿す

一　本日は、伏見寺田屋にて坂本先生〔龍馬〕一同難事満三十年に付紀念、又坂本先生死去年より三十年十二月十五日を本日取越祭典を行ふ

一　右に付、左の諸氏を午前十一時より招請す

村上彦三　林　洋三　日原素平　諏訪好和　桂　弥

一　松本廉平　河村光三　三嶋盛二　豊永長吉代

和吉

外に手伝　小坂住也　栢　貞香

一　三位公〔毛利元敏〕より御詠を御送に付、即時御案内申上、随従中川凉介也

右御揃に付、今枝流剣術七個を慎蔵行ふ、住也受太刀なり

終て初実剣一本にて治むる、夫より直に二階へ御案内し、着席年順也

茶麦茶なり

鳥油揚牛蒡　里芋新菊味噌煮

苔ヌタ　鰡

ウマ煮トウヘイ人参　慈姑芋山椒独活

浸シ　ホウレン草

握リ飯胡麻塩

漬ケ物

右堤重に入、皿類は不残木皿にす

一　盃は毛利家へ御預りの義士也

一　後刻茶と唐芋を出す

一　中床に神霊写真を安置し献供は塩洗米、神酒、竹ノ子、小鳥

一　陳列は、槍刀、釼、ピストール其他坂本先生始め西郷〔隆盛〕、木戸〔孝允〕、福原〔和勝〕其他の手跡を出置なり

一　主公の御詠、日原氏、中川氏の備あり、又諸氏より献供幣代等の備ある也

一月二四日

同月廿四日　晴

一　在宿す

一　岩本来る、別に記事なし

一月二五日

同月廿五日　陰

一　出勤す、別に記事なし

一　洋食御相伴被仰付候事

一月二六日

同月廿六日　晴　后陰

一　清末様〔毛利元忠〕へ新年参殿す、夫より南部〔謙庵〕、伊秩、安野〔勝次郎カ〕へ祝賀す

一　三吉周亮末女死去の段、過る廿四日報知に付、本日香典持参悔申入る

一　鴨　壱羽

右主公御猟の品頂き候事

一月二七日

同月廿七日　大風　小雨

一　用達所へ出勤す

一月二八日

同月廿八日　風　雪少々

一　在宿す

一　松田弥太郎来宿にて、来る三十日忌宮に於て軍人慰労会及ひ戦死者招魂祭典執行に付、当日総代として軍人へ挨拶のことを依頼あり、承諾す

一月二九日

同月廿九日　雪風

一　用達所へ出勤す、別に事件なし

一月三〇日

同月三十日　雪　少々

一　午前九時忌宮へ参集す

一　十二時開式、其順序に依て会員総代にて軍人へ挨拶す、祭典会員総代として拝礼す、終て立食の節又総代挨拶す

一　寄附金幣代持参す

一月三一日

同月卅一日

一　在宿す

二月一日

二月一日　陰　小雨

一　用達処へ出勤す

二月二日

同月二日　陰
一　日曜在宿す、記事なし

二月三日

同月三日　晴
一　用達所へ出勤す

二月四日

同月四日　雨　又雪
一　在宿す、記事なし

二月五日

同月五日　陰
一　右同断

二月六日

同月六日　陰
一　出勤す、記事なし
一　洋食御相伴被仰付候事

二月七日

同月七日　陰
一　在宿す

二月八日

同月八日　陰　風強し
一　用達所へ出勤す
一　故柏村信五十日祭、自詠の服紗一枚送来る、右挨拶を出す

二月九日

同月九日　雨
一　日曜在宿す、記事なし

二月一〇日

同月十日　風雪
一　在宿す、記事なし

二月一一日

同月十一日　夕晴
一　紀元節休暇也、在宿す、記事なし

二月一二日

同月十二日　陰

一　風邪に付在宿す

二月一三日

同月十三日　雪　少々

一　右同断

右に付、用達所へ不参申出る

二月一四日

同月十四日　雪　少々

一　風邪に付、本日も在宿す

二月一五日

同月十五日　雪

一　右同断、記事なし

二月一六日

同月十六日　晴

一　本日より快方也

二月一七日

同月十七日　陰　后晴風少々

一　在宿す

一　北白川宮故能久親王百日御祭典御蒸物代金壱円御送附の儀、江良和祐氏より目録添にて申来る、依て同氏へ受書出す

一　麻生三郎へ年始状仕出す

二月一八日

同月十八日　陰

一　用達所へ出勤す

一　河合浩蔵へ誕生歓品代金壱円、為替にして郵便状を仕出す

二月一九日

同月十九日　陰　小雨

一　在宿す、記事なし

二月二〇日

同月二十日　雨　雪少々

一　在宿す

二月二一日

同月廿一日　陰

一　用達処へ出勤す、記事なし

二月二二日

同月廿二日　晴
一　出勤す
一　主公、御奥様、多栄子様〔毛利多栄子〕、御一同梅花御覧として、午后より御出被遊候事

二月二三日

同月廿三日　陰　小雨
一　在宿す

二月二四日

同月廿四日　雨風
一　用達所へ出勤す、記事無之

二月二五日

同月廿五日　陰
一　在宿す

二月二六日

同月廿六日　陰
一　出勤す
一　荘原家令〔好一〕今朝帰府、右に付三嶋一同御用談、午后より数件ヶ条書の事
一　佐竹惣代昨夜養生不叶死去、右に付悔申入候事

二月二七日

同月廿七日　晴
一　佐竹代り惣代を梶山岩太へ衆議決候事
一　白米　壱升
　右佐竹へ戸主死去に限り畔申合に付為持候事
一　花瓶　壱対
　右畔中より惣代へ対し相備候事

二月二八日

同月廿八日　小雨
一　用達処へ出勤す、記事なし
一　佐竹氏埋葬に付、午后三時会葬す

二月二九日

同月廿九日　陰
一　用達所へ出勤す
一　佐竹仏参す
一　イヨ〔三吉イヨ〕年回報知す

三月一日

三月一日　晴　風あり
一　日曜在宿す

三月二日

同月二日　晴　后陰
一　用達所へ出勤す、記事なし

三月三日

同月三日　雪
一　出勤す
一　午餐御相伴す、但節句の御内祝也

三月四日

同月四日　陰
一　用達処へ出勤す、記事なし
一　午后寺に於て二百年、三十三年法会一同執行候事

三月五日

同月五日　小雪
一　在宿す、記事なし

三月六日

同月六日　陰
一　用達所へ出勤す

三月七日

同月七日　小雪
一　在宿す

三月八日

同月八日　晴　風あり
一　日曜在宿す

三月九日

同月九日　陰
一　用達所へ出勤す

三月一〇日

同月十日　陰
一　在宿す、記事なし

三月一一日

同月十一日　陰　小雨
一　用達所へ出勤す

三月一二日

同月十二日　小雨

一　在宿す

一　米熊〔三吉米熊〕、玉樹〔三吉玉樹〕両人調印、家事の決答あり、右は梶山鼎介氏より慎蔵の大旨を伝達、細目遺言書として別冊に記事す

三月一三日

同月十三日　晴　風あり

一　用達所へ出勤す

三月一四日

同月十四日　晴

一　在宿す、記事なし

三月一五日

同月十五日　陰

一　在宿す、記事なし

三月一六日

同月十六日　陰

一　用達所へ出勤す

三月一七日

同月十七日　小雨

一　在宿す、記事なし

三月一八日

同月十八日　陰　后晴

一　用達所へ出勤す

三月一九日

同月十九日　雨

一　在宿す、記事なし

三月二〇日

同月二十日　雨　夜雪

一　春季皇霊祭休暇に付在宿す

三月二一日

同月廿一日　小雪

一　用達所へ出勤す

一　主公明廿二日御帰邸の電報あり

三月二二日

同月廿二日　陰
一　出勤す、但日曜なり

三月二三日

同月廿三日　陰
一　在宿す

三月二四日

同月廿四日　陰　后晴
一　用達所へ出勤す

三月二五日

同月廿五日　晴
一　右同断

三月二六日

同月廿六日　陰　小雨
一　右同断

三月二七日

同月廿七日　雨
一　右同断

三月二八日

同月廿八日　陰
一　右同断
一　荘原家令御用済本日出発の処、別に協議無之
一　昼荘原一同洋食御相伴被仰付候事

三月二九日

同月廿九日　晴
一　日曜在宿す

三月三〇日

同月三十日　晴　風あり
一　用達所へ出勤す

三月三一日

同月卅一日　小雨
一　在宿す

四月一日

四月一日　小雨
一　本日御例祭に付、午前八時より出頭、終日相詰、神前御
神勤中例年の通相勤候事

四月二日

同月二日　陰 午前より晴

一　在宿す

四月三日

同月三日　晴

一　神武天皇御祭日也

四月四日

同月四日　晴

一　用達処へ出勤す

一　正午御洋食御相伴す

四月五日

同月五日　陰

一　日曜在宿す、記事なし

四月六日

同月六日　小雨 后風雨

一　用達所へ出勤す、記事無之

四月七日

同月七日　雨

一　在宿す、記事なし

四月八日

同月八日　陰

一　在宿す

四月九日

同月九日　晴

一　用達処へ出勤す

四月一〇日

同月十日　陰

一　在宿す

四月一一日

同月十一日　晴

一　出勤す

四月一二日

同月十二日　晴

一　日曜なれとも出勤す

一　主公、御奥様御上京として本日午前十一時御出発也

四月一三日

同月十三日　東風晴后陰夜雨

一　在宿す

四月一四日

同月十四日　雨

一　用達所へ出勤す

四月一五日

同月十五日　陰

一　在宿す、記事なし

四月一六日

同月十六日　陰風強し

一　用達所へ出勤す、記事無之

四月一七日

同月十七日　陰東風

一　在宿す

一　帝国大学山田安栄氏〔歴史学者〕へ附添、山田七郎一同来宿、杉子〔孫七郎〕よりの伝言、且又明日午前八時毛利家へ出邸の談あり

四月一八日

同月十八日　小雨后晴東風

一　出勤す

一　山田安栄氏出邸に付、三嶋一同面会し、書類引合候事

四月一九日

同月十九日　雨

一　日曜在宿す

一　山田安栄氏より挨拶状来る

四月二〇日

同月二十日　陰風

一　用達所へ出勤す

一　乃木中将〔希典〕着京に付祝電、左の通

カイセンヲシユクス

四月二一日

同月廿一日　陰風あり

一　在宿す

四月二二日

同月廿二日　雨

一　用達所へ出勤す

四月二三日

同月廿三日　陰

一　在宿す、記事なし

四月二四日

同月廿四日　陰　雨少々

一　用達所へ出勤す

四月二五日

同月廿五日　雨　陰

一　在宿す

四月二六日

同月廿六日　晴

一　日曜在宿す、記事なし

四月二七日

同月廿七日　晴

一　用達所へ出勤す

四月二八日

同月廿八日　陰

一　在宿す

四月二九日

同月廿九日　雨

一　記事なし

四月三〇日

同月三十日　大雨

一　在宿す、記事なし

五月一日

五月一日　陰

一　社参す、別に記事なし

五月二日

同月二日　晴

一　用達所へ出勤す

一　鯛　二尾

右梶山氏へ歓答礼旁進物す

五月三日

同月三日　大雨

一　日曜在宿す、記事なし

五月四日

同月四日　陰　后晴

一　用達所へ出勤す、記事無之

五月五日

同月五日　晴

一　在宿す

五月六日

同月六日　陰雨

五月七日

同月七日　陰　后晴

一　出勤す

一　東京より来書の件、鏻子様へ上申の件を承る

五月八日

同月八日　晴

五月九日

同月九日　晴

一　在宿す

五月一〇日

同月十日　晴

一　日曜在宿す

五月一一日

同月十一日　雨

一　用達所へ出勤す、記事なし

五月一二日

同月十二日　晴

一　在宿す、記事なし

五月一三日

同月十三日　陰

一　用達処へ出勤す

五月一四日

同月十四日　陰

一　在宿す、記事なし

五月一五日

同月十五日　雨

一　右同断

五月一六日

同月十六日　雨

一　用達処へ出勤す

五月一七日

同月十七日　晴

一　日曜在宿す、記事なし

五月一八日

同月十八日　晴

一　用達所へ出勤す、議事無之

五月一九日

同月十九日　陰

一　在宿す

五月二〇日

同月二十日　雨　北大風となる

一　在宿す

五月二一日

同月廿一日　雨　東風

一　用達所へ出勤す、記事なし

五月二二日

同月廿二日　雨

一　在宿す、記事なし

五月二三日

同月廿三日　陰

一　右同断

五月二四日

同月廿四日　陰

一　日曜在宿す

一　荒瀬氏〔新八〕来宿、九十歳年賀餅持参、且梅子へ帯扇子土産也

五月二五日

同月廿五日　雨

一　用達所へ出勤す、記事なし

五月二六日

同月廿六日　晴　西風

一　本日より忌宮神社旧四月十四日例祭也

一　在宿す、記事なし

五月二七日

同月廿七日　晴　夜雨

一　祭日に付在宿す

五月二八日

同月廿八日　雨

一　右同断

五月二九日

同月廿九日　陰　小雨

一　用達所へ出勤す、記事なし

一　荒瀬老人今朝出立也

五月三〇日

同月三十日　晴

一　在宿す、記事なし

五月三一日

同月卅一日　晴　后雨

一　日曜在宿す

六月一日

六月一日　雨

一　用達所へ出勤す

記

一　白羽二重　一疋

右

故能久親王殿下御遺物として被為贈候也

明治廿九年五月廿八日北白川宮家扶

三吉慎蔵殿

右別段麻生三郎より書面添

六月二日

同月二日　陰

一　用達所へ出勤す

一　井上伯〔馨〕馬関着に付、御尋として止宿、大吉方へ出頭面会し、御家政向色々談あり

御請書

一　白羽二重　一疋

右
故能久親王殿下御遺物として下賜はり謹て奉拝受候
也
明治廿九年六月二日　　三吉慎蔵　印
北白川宮御家扶
御中
右の外、麻生三郎家扶へ厚礼状相添、高崎正風監督〔枢密顧問官〕への加筆し、一同仕出す

六月三日

同月三日　陰　后雨

六月四日

同月四日　陰
一　用達所へ出勤す

六月五日

同月五日　晴
一　右同断

六月六日

同月六日　晴
一　本日御二方様御着に付、午前四時より出勤す、八時過き
御機嫌能御帰邸、御異状無之

六月七日

同月七日　雨
一　在宿す、記事なし、但日曜也

六月八日

同月八日　雨
一　用達所へ出勤す

六月九日

同月九日　雨
一　在宿す
一　賀田、杉原の両家へ精子縁談歓状仕出候事

六月一〇日

同月十日　雨
一　用達所へ出勤す
一　本日入梅なり

六月一一日

同月十一日　雨
一　在宿す

一　交肴　一折
　右主公御帰着御歓として呈上す

六月一二日

同月十二日　雨

一　用達所出勤す

六月一三日

同月十三日　雨

一　右同断、尤記事なし

六月一四日

同月十四日　雨

一　在宿す

一　石川良平来宿、明日午后二時より招請案内也

六月一五日

同月十五日　晴

一　出勤す

一　荘原家令不快の由書面来る

一　梶山氏宅にて小嶋、三島一同借宅月別弐円五拾銭家賃協決す、屋根大廻り囲は、地主より仕向のことに決す、畳、建具、家内は借主より弁の筈也

一　御二方様、本日石川良平より御招請申上、右に付御相伴として出頭す

六月一六日

同月十六日　陰

一　午后用達所へ出勤す

六月一七日

同月十七日　陰　又晴

一　出勤す

一　転居に付御蔵拝借、御屋敷内にて御賄等のことを三島へ内願上申の処、御許可被仰付候事

六月一八日

同月十八日　陰

一　在宿す

六月一九日

同月十九日　陰　雨少々

一　用達所へ出勤す

六月二〇日

同月二十日　陰

一　右同断

六月二一日

同月廿一日　陰

一　日曜在宿す

一　戸塚来宿、七月九日転居し相渡すことに決す、浜田氏は十二日家族引移の筈也

六月二二日

同月廿二日　陰　小雨

一　用達所へ出勤す

六月二三日

同月廿三日　雨

一　在宿す

六月二四日

同月廿四日　陰

一　用達処へ出勤す、記事なし

一　豊永にて門前の貸家を十四、五日間借受に相談決す

六月二五日

同月廿五日　陰

一　豊永氏所有の蔵、毛利家御借入、蔵の二階へ三吉諸道具、夜具幷に衣服類とも本日預け、右の品々入記は別冊に控置候事

六月二六日

同月廿六日　雨

一　在宿す、記事なし

六月二七日

同月廿七日　陰

一　用達所へ出勤す、記事なし

一　鈴木氏へ尋問の為品川へ至り、申入置候事

六月二八日

同月廿八日　陰　小雨

一　日曜在宿す

一　梶山、鈴木の両氏来宿也

六月二九日

同月廿九日　雨

一　用達所へ出勤す

六月三〇日

同月三十日　雨
一　在宿す

七月一日

七月一日　陰　雨少々
一　在宿す
一　三嶋氏来宿御用談あり
一　紫檀机　一脚
　　三位公へ
一　紫檀茶棚　一個
　　御奥様へ
右兼て用意致し置遺物呈上の為備置候得共、今般生前の内品附、且又三島家扶へ添書を以て差出候事

七月二日

同月二日　雨
一　出勤す、御用談引合済む

七月三日

同月三日　雨
一　在宿す

七月四日

同月四日　晴
一　用達所へ出勤す
一　金五拾銭
右岩手、宮城、青森の三県下へ救助の為め、寄附金河村〔光三〕へ相頼候事

七月五日

同月五日　陰
一　日曜在宿す、記事なし

七月六日

同月六日　雨
一　出勤す
一　三嶋家扶より御用談議案あり

七月七日

同月七日　陰
一　本日は豊永貸家へ諸道具引越し一泊す、豊永翁度々尋問あり
一　三嶋氏尋問に付、九日必す引越のことを桂氏へ申入、戸塚へ報知の儀を依頼致し置候事

七月八日

同月八日　小雨

一　三嶋氏尋問にて、浜田への引合、桂氏より報知の由、伝達あり

一　正午各転居す、戸塚へ明日引渡のことを使を以て申入れ置候事

一　栢両家、惣代梶山、林へ転居のことを申入置候事

七月九日

同月九日　陰　雨

一　用達所へ出勤す

一　桂より鮨一重到来す

一　浅野へ転居に付、為知に行く

一　俊雄、貞香の両氏来宿あり

一　本日引渡、戸塚不快に付、浜田より車夫来る、依て直蔵へ相頼外部の引合致候事

一　村役場横畠へ、転居届一件少々延引のことを談置候事

七月一〇日

同月十日　小雨

一　戸塚来宿にて夫々引渡の件々を談合致置候事

一　豊永氏来宿、別に議なし

一　午后浜田家族一同転居引受致し、夫々引渡す、又雇人仲事は不明のことを直蔵へ引合す

一　栢老人肴持参なり

七月一一日

同月十一日　晴

一　用達所へ出勤す、記事なし

一　小坂、小野、桂、浅野、日原、浜田、石津来宿也

一　玉樹へ郵便状仕出候事

一　梶山氏より肴到来す

一　戸塚来宿、家賃前半期百五円約定金員持参に付、受取証を出候事

一　両便の内、大便は地主自用し、夏橙手入引当にし、小便は借主自用のことに談す、尤実は借主へ渡す

右の外是迄の仕用を談置候事

一　諸貸物品附別紙控置、又雑品附預け物控ある

七月一二日

同月十二日　晴

一　日曜在宿す

一　浜田氏挨拶として来宿あり

一　米熊へ転居の略を報知す

一　藤野肴持参あり

七月一三日

同月十三日　陰　后雨

一　用達処へ出勤す、記事なし

七月一四日

同月十四日　雨

一　在宿す

七月一五日

同月十五日　陰　后晴

一　用達所へ出勤す

七月一六日

同月十六日　晴

一　在宿す

七月一七日

同月十七日　晴

一　出勤す

一　午餐御洋食三嶋一同御相伴被仰付候事

一　山田七郎来宿

一　戸塚へ積る挨拶として抵る

七月一八日

同月十八日　陰

一　在宿す

七月一九日

同月十九日　曇

一　日曜休暇也

七月二〇日

同月二十日　晴　夕雨

一　用達所へ出勤す

七月二一日

同月廿一日　陰　夜雨

一　右同断

一　肴　二尾
　右石川へ挨拶として為持候事

七月二二日

同月廿二日　陰　東風

一　在宿す

七月二三日

同月廿三日　晴　東風

一　用達所へ出勤す、記事なし

七月二四日

同月廿四日　晴　東風

一　右同断

一　小嶋〔虎槌〕へ借宅頼申入候事

七月二五日

同月廿五日　晴

一　用達所へ出勤す、記事なし

七月二六日

同月廿六日　晴

一　在宿す

一　本日小島方へ転居す

一　小嶋父子終日助力あり

一　夜豊永氏へ引移致候ことを申入候事

七月二七日

同月廿七日　晴

一　出勤す

一　元雄〔毛利元雄〕、邦樹〔毛利邦樹〕の両君御帰着に付御伺し、御二方様へ恐悦申上候事

一　昨日転居の儀上申し、用達所へ吹聴致置候事

一　三嶋宅へ転居吹聴の事

一　東京御邸用達処幷に荘原へ転居吹聴郵便を出す

一　郵便局へ通知す

一　大庭友槌へ同断

七月二八日

同月廿八日　陰　夜雷雨

一　在宿す

七月二九日

同月廿九日　陰

一　用達所へ出勤す、記事なし

七月三〇日

同月三十日　陰

一　在宿す

一　三吉、伊秩の両家、イヨ、玉樹、米熊、南部、宮田、河合、荒瀬、浅野、寺へ転居報知す

一　八の伍組合

中村房太郎　岡　ミツ　赤木一郎　白鹿　優　杉尾
富治　三嶋盛二　梶野佐介　岡田清太郎　藤野末槌
黒田マス　小嶋虎槌　三吉慎蔵　原田武一
右組合へ寄留吹聴す

寄留届

長府村第拾番屋敷居住士族
戸主三吉米熊父
三吉慎蔵
天保二年十月十一日生
米熊妹
トモ
慶応元年五月三日生
同人　姪
梅子
明治廿七年五月一日生

拙者儀、今般前書の者当村八百十六番屋敷へ寄留致し候間、家主連署を以て此段及御届候也

明治廿九年七月廿六日　三吉慎蔵　印
家主
小嶋虎槌　印
長府村長坂野照人殿

一　主公より正宗一升頂戴す

七月三一日

同月卅一日　陰
一　用達所へ出勤す
一　元智君御帰着也
一　荘原より来書、三嶋持参也
一　玉樹午后十一時帰宅す
一　松魚　五本
右小嶋へ進物す

八月一日

八月一日　陰
一　出勤す
一　御神霊へ参拝、夫より御幼君方御安着御歓申上、且又深霊所へ御伺申上候処、御不在也
一　元智君へ拝謁す

八月二日

同月二日　陰　后晴
一　在宿す
一　因藤〔成光カ〕へ交肴進物す

八月三日

同月三日　晴

一　用達所へ出勤す、記事なし

八月四日

同月四日　晴

一　右同断

一　肴　一折

右小島より到来す

一　同　一折

右石津より到来す

一　同　一折

右豊永より到来す

八月五日

同月五日　晴

一　在宿す

一　菊寿　六本

右浜田より到来す

一　肴　一折

右菓子屋より到来す

一　交肴　一折

右田原へ挨拶として進物す

一　元雄君、元智君、邦樹君、御尋問として御来光あり

八月六日

同月六日　晴

一　用達所へ出勤す

一　乃木中将より来書、答礼の件梶山氏より伝達あり

八月七日

同月七日　晴

一　坂野村長より賞状賞品下賜の由、就ては報国会より受書の儀申入有之候に付、桂弥一氏へ議し、来る八日午前十時旧報国会委員村役場へ参集のことを村長より書面仕出し、其上一同拝見して始末方及ひ各惣代へ通知のことを談す、右の次第、坂野村長へ面会し、本日旧会委員中へ通知書仕出方のことを依頼致候事

一　交肴　一籠

右岡本家内持参也

一　ヒール　二本

右遠藤明持参なり

八月八日

同月八日　陰　雷雨

一　出勤す
一　式子様〔毛利式子〕今朝御帰着に付、御歓申上候事
一　午前十時旧報国会委員役場へ集会し、賞状賞品御盃拝見の上、請書は惣代として三吉より出す、各畔惣代へ追々拝見、又村内一統へ日限を定め拝見のことを議決し、右品物は役場へ預置候事
一　明九日青年会より案内の処、差閊に付五拾銭出金し、出席の儀は断りを三嶋へ相頼置候事

八月九日

同月九日　晴　小雨
一　宮田〔清左衛門〕、長尾、直蔵へ謝儀持参す、本日は日曜休暇也
一　青年会出席断り候事

八月一〇日

同月十日　晴
一　用達所へ出勤す
一　鯛　二尾
　右桂弥一氏より到来す

八月一一日

同月十一日　晴
一　用達所へ出勤す
一　因藤へ尋問す

八月一二日

同月十二日　晴
一　在宿す
一　海軍造船大監黒川勇熊氏尋問あり、右は米熊洋行帰朝の際同行の由にて態々来宿也

八月一三日

同月十三日　晴
一　出勤す、御用談数件あり
一　天野へ悔尋問す
一　江良へ積挨拶に至る

八月一四日

同月十四日　晴
一　在宿す、記事なし

八月一五日

同月十五日　晴
一　用達所へ出勤す、旧七夕也
一　午前十時御子様方不残御参集にて、秀元公〔毛利秀元〕御

肖像御拝御神酒御頂戴、終て主公より秀元公御諚御ヶ条の御旨意を御示し、尚其御ヶ条家扶御代理にて御読せ相成、慎蔵愚考上申す、右終て御二方様、元雄君、元智君、式子君、邦樹君御居残、御吸物、猪口、小皿御三献あり、三吉、三嶋へ公よりの御頼みあり、尚元雄君の御盃頂戴あり

一　午后御子様方不残御写真を御取に相成候事

一　高須市長〔高洲素介、赤間関市長〕来宿あり

一　梶山、桂の両氏来宿にて、宅地云々の件談議のこと

一　肴　一折

右難波舟平より到来す

八月一六日

同月十六日　晴

一　日曜在宿す、記事なし

八月一七日

同月十七日　陰　風あり后雨

一　出勤す、別に御用談記事無之

八月一八日

同月十八日　風雨

一　在宿す

一　三嶋来宿御用談あり

八月一九日

同月十九日　晴

一　用達所へ出勤す、記事なし

一　鳥　二羽

右御子供様御帰府に付呈上す

一　浜田へ昨日の風雨に付損所検査として抵る

八月二〇日

同月二十日　晴

一　在宿す

一　玉樹午前出立す

八月二一日

同月廿一日　晴　風あり

一　午前出勤す

一　御子様方明日御出立に付、今昼御離盃有之御相伴す

一　肴　一折

右梶山氏へ為持候事

一　同　一折

右江良氏へ同断

八月二二日

同月廿二日　晴

一　出勤す

一　元雄、元智、邦樹の三君本日御出立也

一　盆に付、法華寺及小坂へ参拝す

八月二三日

同月廿三日　雨　雷少々

一　日曜在宿す

八月二四日

同月廿四日　陰　后晴

一　用達所へ出勤す、記事なし

八月二五日

同月廿五日　晴

一　在宿す

一　玉樹安着電報午后八時に来る

八月二六日

同月廿六日　陰　后晴

一　用達所へ出勤す

八月二七日

同月廿七日　晴

八月二八日

同月廿八日　晴

一　用達所へ出勤す、記事無之

一　交肴　一折
　　右豊永へ挨拶として進物す

八月二九日

同月廿九日　晴

一　在宿す、記事なし

八月三〇日

同月三十日　陰　后晴夜小雨

一　日曜休暇也

八月三一日

同月卅一日　晴

一　出勤す

九月一日

九月一日　晴

九月二日

同月二日　陰

一　用達処へ出勤す

九月三日

同月三日　朝小雨

一　在宿す

九月四日

同月四日　雨　風あり

一　用達処へ出勤す

一　玉樹へ着歓と写真を送る

九月五日

同月五日　晴

一　在宿す

一　江本泰二今朝帰着に付直に尋問す、父子三人とも安着、
　尤泰二こと大病也

一　東京イヨへ江本のこと幷三十日の答書仕出す

九月六日

同月六日　陰

一　日曜なれとも出勤す

一　ツネ子様御出立に付御送申上候事

一　土居へ於ユキ暇乞申入置候事

九月七日

同月七日　晴

一　小肴　五
　右主公へ呈上す

九月八日

同月八日　陰　風少々

一　用達所へ出勤す

九月九日

同月九日　晴　風少々又陰

一　用達所へ出勤す、夫より梶山氏、下田一同に丸山屋敷検
　査の事

一　小坂へ泰二病中見舞に至る、先同様也

九月一〇日

同月十日　陰

九月一一日

同月十一日　雨　風少々

一　在宿す

一　三嶋来宿御家政向色々談合す

九月一二日

同月十二日　晴

一　用達処へ出勤す

一　渡辺へ悔香典持参す

九月一三日

同月十三日　陰

一　山田七郎継母死去に付、悔香典持参す

九月一四日

同月十四日　晴

一　用達処江出勤す、記事なし

九月一五日

同月十五日　晴　后陰

一　在宿す

一　栢於ヒサ縁談に付、浴衣地一反為持候事

九月一六日

同月十六日　晴

一　用達所へ出勤す、記事なし

九月一七日

同月十七日　晴

一　在宿す、記事なし

九月一八日

同月十八日　晴

一　用達所へ出勤す、別に記事無之

九月一九日

同月十九日　晴

一　在宿す、記事なし

九月二〇日

同月二十日　晴

一　日曜休暇なり

一　本日より忌宮神社祭礼也

九月二一日

同月廿一日　晴

一　出勤す

一　三嶋家扶御用談あり

九月二二日

同月廿二日　小雨　后晴

一　本日は秋季皇霊祭休暇也、依て在宿す

一　宮田清左衛門妻来る

九月二三日

同月廿三日　晴

一　在宿す

一　三嶋氏御用談にて来宿あり

一　梶山氏家内菓子持参也

一　田代〔郁彦〕入籍の由吹聴来宿あり

九月二四日

同月廿四日　晴　后陰

一　用達所へ出勤す、記事なし

一　田代郁彦氏へ尋問す

一　村役場へ米熊番地替書付を出し置候事

一　小坂へ江本の見舞に至る

九月二五日

同月廿五日　陰

九月二六日

同月廿六日　雨

一　出勤す

一　三嶋御用談あり

九月二七日

同月廿七日　陰　后晴

一　日曜在宿す

九月二八日

同月廿八日　雨　后晴

一　用達所へ出勤す

九月二九日

同月廿九日　晴

一　在宿す、記事なし

九月三〇日

同月三十日　晴

一　本日は少々腹痛に付在宿す、別に記事無之

一　渡辺渡来宿あり

一〇月一日

十月一日　晴

一　毛利御邸御例祭の処、昨日来不快に付不参す、右の段三島家扶へ申出置候事

但幣代備之

一　本日の神酒神供五種、三島より手紙添にて被贈下候事

一　腹痛に付、田原へ診察を受る、且本日より薬用す、但水薬一瓶なり

一〇月二日

同月二日　陰

一　追々快方也

一　三嶋、小嶋、豊永和吉各見舞として来宿也

一〇月三日

同月三日　小雨

一　小島より菓子到来す

一　三嶋御用談来宿あり

一　本日は秀元公御小祭に付、幣代定例の通献備す、尤不快故不参のこと

一〇月四日

同月四日　小雨

一　日曜在宿す、記事なし

一〇月五日

同月五日　陰　小雨雷鳴少々

一　用達所へ出勤す

一　豊永へ分娩歓且返礼に至る

一〇月六日

同月六日　晴

一　在宿す、記事なし

一〇月七日

同月七日　陰

一　用達処へ出勤す、記事無之

一〇月八日

同月八日　晴

一　在宿す、記事なし

一〇月九日

同月九日　雨

一〇月一〇日

同月十日　晴　后陰

一　用達所へ出勤す

一〇月一一日

同月十一日　晴

一　日曜在宿す、記事なし

一　本日は春日神社例祭旧暦九月五日也

一〇月一二日

同月十二日　陰　后雨

一　出勤す、別に御用談無之退出す

一〇月一三日

同月十三日　雨

一　在宿す

一〇月一四日

同月十四日　晴

一　用達処へ出勤す

一　荘原よりヶ条書にて御用談内議有之、右は前々よりの順序に付、略談置候事

一〇月一五日

同月十五日　晴

一　在宿す、記事なし

一〇月一六日

同月十六日　晴

一　用達処へ出勤す、記事無之

一　午后より豊永宅へ、荘原、三嶋一同会す、御用談色々あり、内議の件々議決す

一　家政協議人辞表の儀、豊永へ申入相願候御免にて荘原へ云々の件、気附を談置候、其件々同意也、午后九時過き退散す

一〇月一七日

同月十七日　晴

一　神甞祭休暇也

一　肴　三尾

右豊永へ分娩歓として進物す

一　同　三尾

一　右荘原へ答礼として同断
一　今朝豊永より辞表再問に付、重て見込を答候処、同意に決す

一〇月一八日

同月十八日　雨
一　日曜休暇に付在宿す、記事なし

一〇月一九日

同月十九日　晴
一　出勤す
一　荘原家令より御用談あり
一　御小児様方御教育云々、梶山氏の気附等を談す、又御建築等の仕法色々談あり、就ては人撰等の議もあり
一　来る三十一日故乃木希次氏〔乃木希典父〕二十年祭に付、玉串料五拾銭備方のことを荘原へ依頼致置候事

一〇月二〇日

同月二十日　陰　夜雨少々
一　記事なし

一〇月二一日

同月廿一日　晴
一　用達処へ出勤す
一　浅野へ尋問す、快方也

一〇月二二日

同月廿二日　晴
一　午后荘原を新市に迎へ、梶山、諏訪、桂、河村、三嶋、三吉の六名にて宴会を催す
一　乃木中将通船の際迎仕向等のことを談す

一〇月二三日

同月廿三日　晴
一　用達所へ出勤す

一〇月二四日

同月廿四日　晴
一　午后より豊永宅に於て御用談、令扶一同会す、協決は別に三嶋家扶記事あり依て略す

一〇月二五日

同月廿五日　陰　夜雨
一　日曜在宿す

一〇月二六日

同月廿六日　晴

一　用達所へ出勤す

一〇月二七日

同月廿七日　晴

一　右同断

一〇月二八日

同月廿八日　晴

一　在宿す、記事なし

一〇月二九日

同月廿九日　晴

一　在宿す

一〇月三〇日

同月三十日　晴

一　用達処へ出勤す

一〇月三一日

同月卅一日　晴

一　右同断

一一月一日

十一月一日　晴

一　出勤す、別に記事なし、尤本日は日曜也

一　午餐御相伴被仰付候事

一一月二日

同月二日　晴

一　用達処へ出勤す

一　乃木中将来る四日午前出府のこと電報にて決す

一　右に付、色々協議あり

一一月三日

同月三日　晴

一　天長節祝日也

一　出勤す

一　徳山行の儀、兼而持病に付、不得止断りの書状、兼常へ宛て仕出方のことを令扶へ依頼す、右の趣主公へ上申す

一　故乃木希次氏二十年祭十月卅一日に付、玉串料金五拾銭荘原へ引合す

一　北白川宮御紀念碑寄附金三円同氏へ引合す

一一月四日

同月四日　風

一　午前より出勤す

一　乃木中将十時過き出府に付、町村有志者先導忌宮に於て祝賀、夫より毛利御邸へ出頭あり、午餐相設、御二方様御相伴、随行員二名、梶山、諏訪、桂御取持、令扶、三吉万事御手伝す、終て午后一時出関、右に付、三位公御送として御出関なり

一　井伯〔井上馨〕より乃木氏へ、慎蔵こと徳山へ随行致候様伝言、尚又万事改正し、依て保証可致とのことを添て伝言あり、然に慎蔵此節持病を発し、出頭の程無覚束に付、其段手紙仕出置候得共、重て此度は出頭不致候に付、令扶へ其事情出先にて能々断りのことを依頼致置候、本日も乃木氏送とも相断り候次第也、午后四時前帰宿す

一一月五日

同月五日　晴

一　用達所へ出勤す

一　江本泰二こと久々病気の処、養生不相叶今午后二時半死去の為知あり、直に尋問す

一一月六日

同月六日　晴

一　故泰二こと甥の続に付、三日忌七日服受之用達処へ申出、且又三嶋へ申出のことを用達所へ依頼す

一　午后二時埋葬に付、終日小坂へ参り尚会葬す

一一月七日

同月七日　晴

一　故泰二墓参、小坂へ焼香に参候事

一一月八日

同月八日　晴

一　日曜休暇也

一　本日忌明

一一月九日

同月九日　晴

一　用達処へ出勤す

一一月一〇日

同月十日　晴

一　在宿す、記事なし

一一月一一日

同月十一日　晴

一　用達所へ出勤す、記事なし

一一月一二日

同月十二日　晴

一　出勤す

一　御二方様午前御安着也

一　御出先の御協議、夫々三嶋より承候事

一一月一三日

同月十三日　晴

一一月一四日

同月十四日　晴

一　用達所へ出勤す

一　梅子紐放しに付、賀田氏より帯地一筋送達に付、右謝状仕出旁のことを玉樹へ郵便状仕出置候事
　外に小児悔状のことも頼置候也

一一月一五日

同月十五日　晴

一　日曜休暇なれとも出勤す

一一月一六日

同月十六日　夜より雨

一　在宿す

一　住也兄〔小坂住也〕来宿、江本家の件々内議あり

一一月一七日

同月十七日　晴

一　諏訪氏より案内に付、新市方へ至る、宴会あり

一一月一八日

同月十八日　晴

一　慎蔵こと員光村へ療養の儀、先般三嶋へ申出置候に付、本日午后出立、宮田清左衛門方へ三時過至り、滞在す

一　春畝〔伊藤博文〕筆梅竹の軸　壱つ

一　襟二っ　手拭二っ　風呂敷一っ
　右宮田へ遣す

一一月一九日

同月十九日　晴

一　宮田方へ止宿す

一一月二〇日

同月二十日　晴
一　右同断
一　善勝寺へ尋問す、杉子の書軸幷に菓子一筥を持参す

一一月二一日

同月廿一日　陰　夜小雨
一　宮田方へ止宿す
一　阿内村江本へ尋問す、尤菓子一箱持参、昼飯出る

一一月二二日

同月廿二日　陰　小雨
一　日曜休暇なり
一　午后員光村宮田より帰宅す

一一月二三日

同月廿三日　陰
一　新甞祭休暇也

一一月二四日

同月廿四日　晴
一　用達処へ出勤す

一一月二五日

同月廿五日　陰

一一月二六日

同月廿六日　雨
一　用達所へ出勤す、記事なし

一一月二七日

同月廿七日　晴　風
一　出勤す
一　御奥様廿五年銀婚式に付、御内輪限り御内祝有之、依て青銅二百匹、外に箒スクヅカキ片木ニ居へ呈上す

一一月二八日

同月廿八日　陰　后晴
一　用達所へ出勤す

一一月二九日

同月廿九日　晴　夜雨雪
一　日曜休暇なり
一　住也兄来宿にて、江本相続人の件々三嶋盛二氏協議の上、血統のことを決し、就ては住也父子〔小坂住也、義作〕に

於て血統の内取極め可然とのことに付、梅子を戸主に致度との相談あり、何分玉樹へ申聞、尚米熊へも申合可致ことに答置く

一一月三〇日

同月三十日　陰

一　用達所出勤、執務中実母こと不出来に付、午后実家へ抵る、菅〔恒男〕、松岡の両氏診察、七時過に至り少々快方也

一二月一日

十二月一日　晴

一　早朝実家へ尋問す、母こと追々快方にて、今朝は先つ平常に趣き一同安心也

一　梅子こと紐落し社参為致内祝、栢老人、宮田老人案内す、小坂、浅野の両家へ於ツチ連参候事

一二月二日

同月二日　雨

一二月三日

同月三日　雨　寒さと成る

一　用達処へ出勤す

一二月四日

同月四日　雪

一　在宿す、記事なし

一二月五日

同月五日　朝小雪

一　出勤す

一　洋食御相伴被仰付候事

一二月六日

同月六日　雨

一　用達所へ出勤す、尤日曜休暇也

一　故北白川宮へ献品寄附金三円差出候受取証書、荘原より送達郵便状着す

一二月七日

同月七日　小雨

一　用達処へ出勤す、記事なし

一二月八日

同月八日　陰

一　出勤す

一　欽麗院様〔毛利欽子〕へ寒気御伺、井伯への御使、御二方様の向後御教育御方針御決定一同相伺候、右に付、慎蔵へ出京の御下命あり、御請申上候事

一二月九日

同月九日　晴

一　本日出京に付、午前九時出立御邸へ出頭、御二方様へ拝謁し、御用の件々書取を以て三嶋家扶より談有之候事

一　諏訪、小坂、河村、能勢〔孤釣〕、小島、三嶋、板垣〔禎三カ〕の諸氏暇乞として来宿あり

一　馬関福田清吉方にて、梶山氏出京に付同行、龍田川丸へ乗船す、午后二時出帆也

一　右に付、公より御見送三嶋家扶御使あり、又豊永、石津、小嶋見送あり

一二月一〇日

同月十日　晴　夜小雨

一　海上平波也、夜十二時神戸着、直に同所安藤善作方へ止宿す

一二月一一日

同月十一日　雨

一　午前六時発の汽車にて随行、浜松大米屋市右衛門方へ止宿す

一二月一二日

同月十二日　晴

一　午前五時発の汽車に乗、午后五時過東京々橋区山城町山城軒へ着す

一　右に付、新橋迄荘原家令、金山等出迎あり

一　長府三嶋へ着京電報す

一二月一三日

同月十三日　晴

一　玉樹来宿す

一　在上田米熊へ電報す、但当節出張不在の答あり

一　留守友へ安着郵書を出す

一　午前荘原家令来宿あり、今回出京の要件井伯へ引合の件、梶山氏一同にて長府協議のことを談す、荘原異議なし、依て明十四日井伯への御使を勤むることに決す

一　午后荘原へ至る、夫より同道にて御別邸へ出頭し、欽麗院様へ御二方様より向寒に付、御機嫌伺として御名代出京致候段を上申す

一　御菓子料金壱円
右御奥様より被為進候に付、呈上す

一　御菓子料金壱円

一　右慎蔵より献上す
一　御教育所にて御子様方御三人〔毛利元雄、元智、邦樹〕へ拝謁す
一　煙草　二袋
右荘原へ持参す
一　同　　壱袋
右江良へ持参す
一　三嶋家扶より御用談の件、荘原家令へ申入置候事

一二月一四日

同月十四日　暁小雨 又陰
一　午前八時過桜田町井上伯邸へ出頭、面会の上三位公よりの御直書を呈し、今般御厚意の御挨拶として御使御下命のことを申述、且先般不快に付、徳山へ不参の段挨拶し、尚又当度の御厚意、私共に於ても難有奉謝すと添て申述候事
一　右に付、別段御教育云々の件は控置く、終て談話となる、其ヶ条は別記す

一二月一五日

同月十五日　晴
一　午前御別邸へ梶山氏同行し、昨日井伯への引合の件々、荘原一同談す
一　右に付、三名議決し、其要点を来る十七日梶山氏より伯へ充分談話することに決候事
一　午后より高輪様へ御機嫌伺出頭す
一　御二方様よりの御直書を呈す
一　御菓子　一折
右御奥様より被為進呈上す
一　御別邸へ復た出頭す
一　高輪御夫婦様〔毛利元徳、毛利安子〕御出に付拝謁す、且又欽麗院様毎々御心添其他応々御挨拶し、当度は御伺御名代の為め出京のことを申上候事
一　帰路イヨへ尋問す

一二月一六日

同月十六日　夜雨 地震あり
一　午前北白川宮御邸へ参殿す
故能久親王御神霊へ参拝し、玉串料五拾銭を献備す
一　御菓子　一折
右御息所御方〔北白川宮能久親王妃富子〕へ献上す、尚又麻生家扶、安藤家扶〔精五郎〕、吉野其他在職の旧友へ面会す、夫より護国寺御墓所へ参拝す
一　品川子〔弥二郎〕へ尋問す、面会の上色々談話あり
一　杉子へ尋問す、不在面会せす
一　玉子　一折

一　右河合へ持参す
一　夜荘原、金山、玉樹等来宿、別に記事なし

一二月一七日

同月十七日　陰　又晴
一　江良来宿あり、三嶋、小島の両氏より連名の着歓状来る
一　御別邸へ御機嫌伺出頭す、御異状なし
一　年末賞与の件、荘原より談あり、異議なし
一　米熊より電報あり、右イカレヌと返電す
一　海苔　一個
右河合氏持参あり
一　高屋〔宗繁〕来宿、折柄不在なり
一　品川子より懇情の書面来る、別に保護す
一　本部へ参詣金壱円初穂を備ふ
一　荘原来宿あり、梶山氏一同生死者申出の件、品川子よりの談を協議す、右申合人名を記事し、長府へ取帰の分預り置く
一　風呂敷地　一包
右大杉平七持参あり
一　北白川宮家扶より明日在宿の有無照会あり、電話直に在宿と答ふ

一二月一八日

同月十八日　晴
一　玉樹来宿
一　玉子　一折
右岡本〔高介カ〕へ持参す、又御別邸へ御機嫌伺出頭す、御異状なし
一　嵯峨様〔実愛〕へ御機嫌伺出頭す、御異状無之、又因藤へ尋問す
一　米熊より電報来る、是は答済也

一二月一九日

同月十九日　晴
一　北白川宮家扶麻生三郎儀、御息所御使として来宿、左の通り
一　故能久親王殿下御在世中、御左右に御用ひ御手炉壱個、御息所御方思召を以て下賜、外に真綿一包下賜候事
但家令より目録別記あり
一　右に付、受書家令田中健三郎〔北白川宮家令〕宛にして持参し、麻生へ面会の上奉謝す
一　三嶋家扶へ礼状、且御用向追々相運、依て廿二日西京丸にて帰府に決候ことを仕出す
一　御別邸へ御機嫌伺出頭す、御異状なし
一　本日梶山氏、井伯への懇談の件々、荘原家令一同伝承す、其件々は能く和解となり好都合、依て向後の順序主公よ

りの御引合の件々等を協決す、尤別に控置也
一　慎蔵儀、来る廿二日出立に決す

十二月二〇日

同月廿日　雨
一　昨日高輪様、御奥様より家内へ被下物あり、渡之
一　注文色々あり、イヨ一同買物す
一　高輪様へ御暇乞出頭、御二方様へ拝謁す
一　井上伯へ暇乞として出頭、尤本日は面会不致候て退出す
一　御別邸へ御機嫌伺出頭す、御異状無之
一　午后五時より、イヨ、玉樹一同千歳にて離杯す
一　海苔　一包
　　右岡本高介持参也

十二月二一日

同月廿一日　陰
一　御別邸へ御機嫌伺御暇乞旁出頭、午餐御相伴仰付らる
一　フラネル　二枚　　一　ブランデー　一本
一　巻烟草　　一箱
　　右御直に被下候事
一　三嶋家扶へ引合、御用談書付にして荘原より引合あり、預之
一　御送り品夫々入記にして江良より引合あり
一　総て引合金勘定済なり
一　学友会出金壱円弐拾銭江良へ渡之
一　午后イヨより送物、夫々直に受取なり
一　夜梶山氏と談話済也
一　山城軒へ勘定祝儀等不残夫々引合済也

十二月二二日

同月廿二日　風　雪少々
一　午前九時出立、梶山氏宿にて訣る、九時四十五分乗車す
一　欽麗院様より梶間充三を以て御送あり、且荘原、金山、玉樹等宿より送あり、津久井屋附添来る、横浜にて上州屋立宿也
一　前十一時過き西京丸へ乗船、正午出帆す、夜風波あり

十二月二三日

同月廿三日　晴
一　午后四時神戸着船す、安藤〔善作〕方へ上陸一泊す
一　豊永翁幸に同宿し、東京表の御用要件夫々詳細に談す、異議なし、又彼の案をも内議す、同意也
一　梶山氏へ電信、コノチニテハナス

十二月二四日

同月廿四日　晴　風あり

一　安藤方へ滞在す
一　豊永氏は午前六時出立尾ノ道行也
一　陸送の荷物一個受取済に付、安藤より上州屋へ受書を為出候事

一二月二五日

同月廿五日　晴
一　西京丸へ乗組、午前四時神戸出港、夜十二時門司着船す
一　長府用達所より勝本〔光実〕を迎として被差出、依て茶勘へ上陸す
一　元徳様御大切に付、御二方様御上京の旨、三嶋よりの書面受取、又豊浦学校焼失のことあり、実に驚く也

一二月二六日

同月廿六日
一　豊永氏滞関に付面会す、同氏より東京の要件は上申の由也、尚又電信を発することを約す
一　高輪様へ御悔献備物の件取計を請合置候事
一　午前十時用達処へ出勤す
一　三嶋家扶へ出京の御用向略咄し、詳細は別段談話のことにす
一　高輪様へ御悔電信にて申上る
　　但四拾五銭を三嶋へ出す
一　豊永の分は和吉より取計の由也
一　玉串料金弐円豊永、三吉の両名より献備のことを電信にて荘原へ依頼す、安着報とも三嶋より仕出相成候事
一　夜三嶋来宿に付、滞在中の要件夫々詳細に書面を以て引合済なり
一　死生記名書は預り居候事
一　諏訪氏来宿、学校焼失に付、気付咄しあり、右は廿三日午后九時過の由也

一二月二七日

同月廿七日　晴
一　用達所へ出勤す
一　小坂老母へ尋問す、異状なし
一　イヨより送物実母と浅野へ為持候事
一　三嶋家扶へ東京入記の前夫々引合す、御直書同断、外に金弐千疋、高輪様よりの分とも引合済也
一　金百三拾円
　　右仮証書現金三嶋へ渡之
一　豊永氏へ尋問す、学校金談の件は取消しを談置候事
一　諏訪氏へ尋問す、金一件は取消す
一　梶山氏留守へ反物送の分持参す、且奈良漬一桶を持参し、尚又伝言を申入置候事

一二月二八日

同月廿八日　陰　又雨

一　旧報国会より、書面を以て慰労紀念として木杯一個惣代小嶋より受取候に付、何れ謝状は可出心得に候得共、一応の受を申入置候事

一　桂弥一氏へ尋問、品川子より書面伝言をも申入置く

一　米熊長女治子〔三吉治子、三吉米熊長女〕出生届書、本日当村役場へ進達す、落手済なり

一　梶山氏へ東京出立後本日迄の手続、公私とも郵便状仕出す

一二月二九日

同月廿九日　晴

一　用達所へ出勤す

一　荘原氏へ東京出立至り、今日までの順序御伺とも郵便状を出す

一　石津氏へ尋問す

一　江本家続人梅子ことは熟議不致に付決答し、小野へ引合可然ことを申合置候事

一二月三〇日

同月三十日　雪　少々風あり

一　用達所へ出勤す

一　高輪様御知せ御一族中様より郵書来着す

一二月三一日

同月卅一日　陰

一　出勤す

一　年末に付、御神霊へ参拝す

一　御用向夫々三嶋家扶始末あり、別に記事なし、依て退出す

一　乃木中将老人〔乃木寿子〕死去、郵便状到着す

一　豊永翁より年末来書着す

一　小坂老母へ年末祝儀を申上帰宿す

一　小嶋、三島の両家へ年末の挨拶として至る

一　豊浦学校焼失に付、近火見舞の挨拶、小嶋氏取計相成、別段廻勤不致候事

一　年末謝儀諸勘定夫々友子取計す
　但進物幷到来物品附は勘定帳に記事あり、略之

一　当年末は御奥様の御忌中に付、万事祝儀は用捨す

日記　十八　明治三十年

明治三〇年

一月一日

明治三十年一月一日　晴
一　午前十時毛利御邸用達所へ出勤す
一　御神霊拝礼、玉串料参銭を献す
一　本年御規式は御奥様〔毛利保子〕御忌中に付、総て不被為行候事
一　於自宅も内祝用捨致候事
一　実家老母〔小坂かつ子〕へ新年を賀す、九十二歳也
一　右の外本日は新年廻礼を用捨て
一　小学校に於て、各畔新年祝賀宴会同意に付、会費壱銭出金は致候得共、参集は断り置候事
一　旧報国会より委員長として終始尽力の程を謝し、木杯一個慰労紀念の為め同会員中より贈与に付、本日総代小嶋虎槌氏を以て別て挨拶し、尚謝状を出す、是小学校祝賀席にて行ふ也

一月二日

同月二日　晴
一　在宿す、記事無之

一月三日

同月三日　雨
一　日曜在宿す、記事なし

一月四月

同月四日　陰
一　用達所へ出勤す
一　功労者取調気附人名を三島〔盛二〕へ相渡し、近々豊永〔長吉〕協議のことを談置候事
一　イヨ〔三吉イヨ〕、米熊〔三吉米熊〕、玉樹〔三吉玉樹〕へ新年郵便状仕出す、尤米熊へは治子〔三吉治子〕届出済を加筆す
一　乃木中将〔希典〕、同勝典〔乃木勝典、乃木希典長男〕へ悔状を出す、又安尾清治死去悔状仕出候事

一月五日

同月五日　陰
一　新年御宴会休暇なり
一　米熊より旧臘三十一日附の書面来る、異状なし
一　荘原好一氏へ御用状郵便を仕出す、右は欽麗院様〔毛利欽子〕幷に御二方様〔毛利元敏、毛利保子〕御機嫌伺、梶山

氏〔鼎介〕へ引合の件、功労取調内議の件等を記入す

一月六日

同月六日　陰
一　出勤す、記事なし
一　午后三島家扶御用談来宿あり、右は御子様方の御教育件なり

一月七日

同月七日　雨
一　在宿す、記事なし

一月八日

同月八日　雨
一　用達処へ出勤す
一　井伯〔井上馨〕談話書状、梶山より三嶋への分諭読す
一　御教育井伯引合の件、荘原より三島への書状誦読す

一月九日

同月九日　陰
一　在宿す
一　三嶋家扶来宿、元智君〔毛利元智〕御進退に付、近々其地へ出張のことを議す

一月一〇日

同月十日　晴
一　日曜在宿す
一　三嶋氏御用談来宿あり
一　松本廉平死去、十二日午后二時埋葬為知あり

一月一一日

同月十一日　晴
一　用達所へ出勤す、記事なし
一　豊永、田代〔郁彦ヵ〕、桂〔弥一〕へ年礼、尤豊永近々集会の事を申入置く

一月一二日

同月十二日　雨
一　出勤す、記事なし
一　故松本廉平埋葬に付、香料持参し、且会葬す
一　皇太后陛下〔英照皇太后〕昨夜六時崩御の趣、其筋より電報有之由、郡長氏家〔禎介〕より来書あり

一月一三日

同月十三日　雨
一　午前於忌宮神社、故元徳公〔毛利元徳〕二十日祭事を執行

参拝す、幣代は金壱円、当畔共有金を以て備る也
一　皇太后陛下崩御に付、昨日より五日間学校休暇となる
一　今般崩御に付、鳴物音曲営業者は十五日間用捨、尤喪中三十日間也

一月一四日

同月十四日　雨
一　荘原より本月十日附来書、別に異儀なし
一　人撰の件決す、且又功労者取調の件、東京へ再議の事
一　午后一時より三嶋一同豊永宅へ会す

一月一五日

同月十五日　雨
一　用達所へ出勤す
一　午后より元智君御進退一件に付、三嶋家扶肥後熊本へ出張あり、右は荘原より引合御教育の件也
一　植村俊平母死去に付、悔として至る
一　法華寺へ参詣す、青銅香典持参の事

一月一六日

同月十六日　晴　風あり
一　浅野老人へ尋問す、異状なし

一月一七日

同月十七日　陰
一　日曜在宿也
一　安野〔勝次郎カ〕へ尋問す、松小田村小作人一件、右進退引合同人へ依頼す
一　石津〔幾助〕へ茶二袋持参す
一　栢〔貞香、俊雄〕両家、浜田、宮田〔清左衛門〕、直蔵方へも尋問す

一月一八日

同月十八日　陰　雪
一　出勤す、記事なし
一　江本屋敷地売却の節は、前以て照会のことを住也兄〔小坂住也〕へ申入置候事

一月一九日

同月十九日　雪
一　在宿す
一　三嶋氏御用談来宿あり
一　御二方様御診察の件、荘原よりの書面承知す

一月二〇日

同月二十日　晴

一　用達処へ出勤す、記事なし

一月二一日

同月廿一日　晴　后雨

一　出勤す、記事無之

一月二二日

同月廿二日　陰　雷

一　在宿す

一月二三日

同月廿三日　晴

一　出勤す、記事なし

一月二四日

同月廿四日　陰

一　日曜在宿す

一　御二方様御診察、橋本国手〔医師〕の見込、御二方様御入院一件、荘原より其大要廿日附の来書、三嶋より廻達あり

一　右に付、御伺上申郵便状を荘原へ仕出候事

一月二五日

同月廿五日　晴　后陰

一　出勤す、記事なし

一月二六日

同月廿六日　陰

一　在宿す、記事なし

一月二七日

同月廿七日　晴　后陰

一　用達所へ出勤す

一　三嶌家扶御用談あり、右は功労者取調一件、林〔洋三〕へ引合のこと也

一　中村、能勢〔孤釣〕の両家へ悔申入る

一　梶山氏留守へ尋問す、夫より板垣禎三方へ煙草一袋を持参す

一月二八日

同月廿八日　陰　后晴

一　用達所へ出勤す

一　山崎〔寛治〕雇入の件引合の事

一月二九日

同月廿九日　晴　后陰
一　出勤す、記事なし

一月三〇日

同月三十日　晴　后陰
一　孝明天皇三十年祭なり
一　在宿す

一月三一日

同月卅一日　雨
一　日曜在宿す

二月一日

二月一日　雨
一　出勤す
一　山崎寛治家丁雇入告示あり

二月二日

同月二日　雨
一　在宿す
一　皇太后陛下本日青山御発棺、八日西京に於て午前四時御埋棺なり

二月三日

同月三日　陰
一　出勤す、記事なし

二月四日

同月四日　雪　少々
一　在宿す、記事なし
一　三嶋氏寒に付、尋問として来宿なり

二月五日

同月五日　雪
一　用達所へ出勤す、記事なし
一　老母へ雪降に付尋問す、異状なし
一　林練作《ママ》〔錬作〕家内来宿、海苔絵到来す

二月六日

同月六日　雪
一　在宿す
一　去月廿九日於コウ〔菅村コウ〕分娩男子出生の由、菅村弓三氏より報知あり
一　右に付、品川氏へ歓、尚彼地への伝言等を申入置候事

二月七日

同月七日　小雪

一　日曜在宿す

一　午后三嶋家扶来宿あり、御用談家丁雇入一件也

二月八日

同月八日　陰　雪少々

一　皇太后宮西京にて午前四時御埋棺に付、忌宮神社内東側へ遥拝所を設け、右に付、同所へ参拝す

一　国旗黒半旗の処、本日全揚旗の事

　但参拝服は告示の通和服にて出頭す

一　正村故喜三郎十七回忌相当に付、参拝として宅へ到る

二月九日

、同月九日　陰

一　出勤す

一　荘原より来書、家丁下調一件の談あり

二月一〇日

同月十日　雪

一　在宿す、記事なし

一　国旗黒は本日限の事

　但満三十日なり

二月一一日

同月十一日　大雪　終日

一　紀元節也、在宿す

一　稲田義助初て来宿あり

二月一二日

同月十二日　雪

一　出勤す

一　三位公〔毛利元敏〕より三嶋へ御直書、御加筆とも拝見す

二月一三日

同月十三日　陰

一　用達所へ出勤す

一　安尾故清治四十九日に付、香料持参す

一　午后御用向有之復た出勤す

二月一四日

同月十四日　晴

一　日曜在宿す

一　三嶋家扶御用談来宿あり

二月一五日

同月十五日　雨
一　在宿す、記事なし

二月一六日

同月十六日　晴
一　出勤す、記事なし
一　三嶋御用談来宿、豊永引合あり
一　午后四時より日記下案立野〔栄治カ〕へ過る十六年分より引合の事に付、林氏一同新市にて会す、依て晩餐を出す、右は本日依頼候事

二月一七日

同月十七日　陰
一　在宿す、記事なし

二月一八日

同月十八日　晴　后陰
一　出勤す、記事無之
一　浅野老人へ尋問す、異状なし

二月一九日

同月十九日　陰　雪
一　在宿す、記事なし

二月二〇日

同月二十日　晴　后雨
一　在宿す

転寄留届

明治廿九年九月七日より、信濃国小県郡上田町八百廿一番地に借家寄留罷在候処、今般上田町九百五拾六番地へ借家転寄留致候間、此段及御届候也

右米熊よりの届書、新旧家主連印を以て長府村役場へ差出候事
一　本日午前より腹痛且胸痛甚しく食事不致、午后五時過田原〔純蔵カ〕の診察を受、服薬す

二月二一日

同月廿一日　陰
一　胸痛甚しく田原午后両度来診

二月二二日

同月廿二日　陰
一　午前田原来診、午后少々折合、夜又田原来診あり
但午前七時前通しあり、少く下血す

二月二三日

同月廿三日　晴
一　本日少々折合也
一　午后田原来診あり
一　三嶋、小嶋、河村見舞として来宿あり
一　玉子　五個
　　右小島より到来す
一　玉子　数個
　　右豊永家内見舞として持参也

二月二四日

同月廿四日　晴
一　本日は少々快方なり
一　豊永翁見舞来宿にて、松岡医師〔茂章〕へ診察のことを注意、同氏より松岡へ引合あり、午前診察先イガンの見留なし、異状あれは再診すとの事也
一　午后田原来診あり
一　桂〔弥一〕より乳玉調料到来す、又弥一氏見舞あり
一　三嶋より九年母数個到来す

二月二五日

同月廿五日　陰
一　追々快方なり
一　三嶋氏御用談来宿あり
一　午后田原氏来宿あり

二月二六日

同月廿六日　晴
一　本日大便通しあり、快方也
一　桂氏より乳製物到来す
一　栢貞香親子見舞来宿あり
一　主公より玉子一重、河村光三御使にて御尋被下候事
一　ハンケチ　六つ
　　右小島益二旅行に付進物す
一　カスリ切地
　　右菅村出生の男子へ送る
一　襟　壱掛
　　右同於コウへ送る
一　午后田原氏来診、先つ異状なし
一　松岡氏来診同断
一　午后七時急胸痛、松岡氏来診を頼む、夜九時過より少々折合なり
一　栢俊雄家内見舞来宿あり
一　桂弥一氏夜見舞として来宿あり

二月二七日

同月廿七日　晴
一　今朝より少々快方也
一　栢貞香家内玉子持参あり
一　松岡、田原の両氏一同、午后診察申合の上、薬品は田原より出る也
一　豊永より見舞使、又小坂、梶山家内、石津、直蔵見舞来宿也
　但石津氏は、野菜、小肴等持参あり
一　石津家内、桂弥一氏尋問あり

二月二八日

同月廿八日　晴
一　本日は少々快方也
一　河村氏砂糖一筥持参あり
一　市岡〔義介〕、能勢、勝本〔光実〕、小坂姉〔小坂住也妻〕尋問あり、又宇原〔義佐〕同断
一　午前松岡氏来診あり
一　午後田原氏同断
一　岡本家内菓子持参あり
一　竹森〔勝国〕、豊永使、桂於タカ、栄吉、小坂義作〔三吉慎蔵甥、小坂住也三男〕、栢老人、宮田老人、稲田於フチ止宿にて助勢す
一　本日は昼夜折合也

三月一日

三月一日　陰
一　快方なり
一　英照皇太后五十日祭也
一　日原老人、村上通次、石津、板垣尋問あり、又小坂兄同断
一　正村家内〔チセ〕砂糖持参あり
一　小嶋益二彦根行出立なり
一　午后田原氏来診あり
一　豊永翁尋問、桂弥一氏同断

三月二日

同月二日　晴
一　本日大便通し、少々後又あり
一　松岡氏来診あり
一　梶山家内ヒステキ菓子持参也
一　諏訪氏〔好和〕尋問あり
一　桂弥一氏より乳製玉子到来す
一　千早〔正次郎〕より玉子到来す
一　於トミ、於カツ来る

三月三日

同月三日　晴
一　快方なり
一　船越老人尋問、小坂兄、石津家内、桂氏同断
一　稲田義介〔ママ〕〔助〕より見舞状来る
一　新市老人より牡丹餅一重到来す
一　午后田原氏来診あり

三月四日

同月四日　晴
一　今朝大便通し、少々快方に趣く
一　板垣大根持参也
一　栢貞香夫婦、栢俊雄尋問あり

三月五日

同月五日　晴
一　順々快方、大便通しあり
一　栄吉、小坂兄尋問、又石津活花持参あり

三月六日

同月六日　晴
一　順々快方なり
一　鏻子様〔毛利鏻子〕より御尋問御使清水蛙来宿也
一　三位公御二方様午前御安着に付、不取敢友〔三吉トモ〕を御伺に出し候事
一　諏訪氏〔好和〕尋問あり
一　日原氏〔素平〕より玉子一包到来す
一　田原氏来診あり
一　午后三嶋来宿にて、公の御様子御上向、御異状無之段伝承す
一　荘原へ依頼の羽織送来る、又同氏より見舞と羽織引合の書状受取候事

三月七日

同月七日　雨
一　昨夜少々不出来、今朝大便少々通しあり
一　イヨ、玉樹の両人より見舞状来る
一　桂弥一氏尋問、栢俊雄家内同断
一　栢俊雄玉子十個持参なり
一　小坂兄尋問あり

三月八日

同月八日　陰　后晴
一　山県大将〔有朋〕来府、本日出立に付、有志者送りある
一　岡本、小嶋尋問、又桂弥一氏、正村信一、栢老人同断

一　松岡氏来診、色々保養の順序を聞合置候事
一　河村氏〔光三〕尋問あり

三月九日

同月九日　雨
一　昨夜不出来の処、今昼は快方也
一　毛襟巻壱個　牛缶詰一個　浅草海苔一個
　右主公より東京御取帰の品被下之御持せ之事
一　三嶋来宿にて山県大将へ御使の次第を承る、尚又主公御異状無之由なり
一　荘原氏へ先般依頼の染物調送り来るの挨拶を加筆相頼候事
一　栢俊雄尋問、又板垣、石津同断
一　乳製玉子一鉢桂より到来す

三月一〇日

同月十日　晴
一　昨夜も少々痛あり
一　栢貞香、豊永和吉、小坂姉尋問あり

三月一一日

同月十一日　晴
一　順々快方、尤夜痛み甚し
一　桂於タカ菓子一箱と花持参也
一　福田清三尋問あり
一　田原来診、追々快方に付、朝夕食物其他歩行等の順序色々聞合置候事
一　梶山由郎〔梶山鼎介養子〕帰府にて尋問あり
一　豊永翁へ見舞、於友を遣す、快方の由也
一　松岡氏来診あり
一　三嶋氏尋問あり、又藤野より蜜柑持参也
一　石川良平見舞として来宿あり

三月一二日

同月十二日　雨
一　本日出来宜し、初て粥を食す
一　石川より玉子五十一折到来す
一　藤野尋問あり、又三嶋同断

三月一三日

同月十三日　陰
一　順快す、尤夜は少々痛あり
一　諏訪氏玉子持参なり
一　中ノ町於サツ本日迄十八日間雇入の事
　但日別拾銭宛謝儀、外に五拾銭品代として遣す

三月一四日

同月十四日　陰　寒強

一　先つ順快、本日は日曜なり
一　東京イヨより見舞状到来す
一　元徳公御遺言、井上伯の演説書とも拝見し、二通とも三嶋へ返却為持候事
一　東条頼介〔宮内省御用掛〕病死報知状来る、依て右悔状端書仕出候事
一　小坂兄尋問、又石津家内同断、尤玉子持参也
一　三嶋より玉子一籠到来す
一　松岡氏来診なり
一　三島家扶御用談来宿あり

三月一五日

同月十五日　晴　又陰

一　先つ快方也
一　東京イヨより十二日仕出見舞状到来す
一　石津氏尋問あり
一　浅野より砂糖一箱到来す

三月一六日

同月十六日　小雨　后晴

一　昨夜九時過より今朝七時迄痛あり安眠せす、午前九時に至り快復す、夜は痛なし
一　午后牛乳一合、昨十五日限り先中止す
一　梶山家内活花持参尋問あり
一　小坂兄小肴一籠浸し持参あり
一　浅野〔一之〕より浸し為持来る
一　日原素平氏尋問、又与市同断
一　田原氏来診、食物等尋問す

三月一七日

同月十七日　陰

一　昨夜より快方にて安眠す
一　桂久兵衛見舞来宿、板垣同断
一　三嶋家扶御用談来宿あり
一　荘原へ依頼の羽織勘定金五円拾五銭の辻、三嶋へ引合置候事
一　松岡氏来診あり

三月一八日

同月十八日　陰

一　本日は快く、又昨夜も痛なし
一　立野来宿、過る十六年分書抜受取る
一　林氏来宿、両師の伝受取る

一　米熊より十四日仕出見舞状来る

三月一九日

同月十九日　雨
一　続て順快異状無之
一　栢貞香尋問、藤野同断
一　梶山鼎介氏より見舞状到来す

三月二〇日

同月二十日　晴
一　順々快方異状なし
一　信州於タキ〔三吉タキ〕より十五日附見舞状来る
一　小野安民見舞として来る
一　天然痘全国一般流行に付、本県不残種痘施行、本日南の浜畔一同、野々村にて種痘に付、家族不残午后一時より出頭す、尤慎蔵ことは病中に付、田原より村長〔坂野照人〕宛の書面を出し、依之秋吉来宿にて種痘済也
一　品川帰府に付、菅村〔弓三〕よりの送物二品持参、書面添なり

三月二一日

同月廿一日　晴
一　日増順快す、本日は日曜也
一　小嶋益二より尋問、安着出張先の様子を報知あり
一　豊永翁、河村、小坂兄、藤嶋〔常興〕見舞として来宿あり
一　三嶋氏来宿、本月中出京伺済の由也

三月二二日

同月廿二日　陰
一　異状なく順快す
一　鶏　二羽代金壱円拾五銭也
　右は御上へ御安着の恐悦として呈上す
一　玉樹より見舞状到来す
一　栢俊雄家内弁於ヒサ見舞来宿あり

三月二三日

同月廿三日　晴
一　異状なく順快す
一　田原へ診察として往く、快方の由、依て食物等も追々平常に復し可然との事也
一　三嶋家扶御用談来宿あり
一　松岡へ挨拶旁行、尤謝儀は追てとす
一　三嶋、小嶋両家へも挨拶す

三月二四日

同月廿四日　陰

一　異状なし、本日より飯を用ゆ

一　三位公よりフトウ酒壱本御直書を以て被下候事

一　東京イヨより見舞状来る、答書す

一　桂於タカ活花持参あり

一　石津生花持参尋問あり

一　栢俊雄尋問あり

一　主公より鯨切れ御分配あり

三月二五日

同月廿五日　雨

一　異状なし、散歩す

一　三嶋家扶御用談来宿あり

一　午后小嶋老人を招き茶菓を餐す

三月二六日

同月廿六日　雨

一　異状なし、散歩す

一　夜三嶋御用談来宿あり

三月二七日

同月廿七日　陰 小雨

一　異状なし、散歩す

一　日原、三嶋両人の心配にて、奥田病院長の診察を藤嶋宅に於て受る、向後の療養方法詳細に伝達有之、目今の処は、別に気遣の見込は無之ことに診察済也

三月二八日

同月廿八日　雨

一　日曜休暇也、異状無之

一　三嶋へ昨日の謝礼且出京の様子尋問旁今朝至る、上京は三十日乗船のことに決しなり

一　諏訪氏、梶山家内尋問あり

一　過日の種痘、今午后一時より野々村宅に於て検査有之、慎蔵及ひ梅子感じなし、友子一つ感す

三月二九日

同月廿九日　晴 后陰又雨

一　順快異状なし

一　板垣大根持参なり

一　豊永氏菓子を梅子へ持参也

一　三位公へ一応の御礼として、用達所迄出頭の上、河村光三へ申出置候事

一　三嶋家扶明日出立上京に付、暇乞来宿あり

三月三〇日

同月三十日　雨
一　順快異状なし
一　三嶋氏午前出発に付、暇乞出頭す
一　田原へ至り診察を受る、先つ試みの為め一週間休薬可然との事也
一　難波家内見舞として菓子一箱持参あり
一　東京イヨより見舞状来る、依て直に答書す

三月三一日

同月卅一日　晴
一　順快異状なし
一　用達所へ出頭の上、三位公拝謁す
一　御奥様御仕舞中に付、御女中ナミを以て是迄の御礼御二方様へ上申す
一　午后散歩す
一　戸塚見舞として来宿あり

四月一日

四月一日　雨
一　毛利家春季御例祭に付、午前十時前出頭し、御社前相詰拝礼、玉串料五銭を備ふ、尤病後に付一時過き退出す
一　金三円診察料　十度分
　外に五拾銭肴料
右松岡へ挨拶として為持候事

四月二日

同月二日　雨
一　在宿す
一　河村氏来宿、三嶋昨一日着京の由なり
一　善勝寺隠居〔津原〕不快のこと、兄より伝達あり
一　桂弥一氏より見舞用向等のことを兼来書あり

四月三日

同月三日　陰
一　神武天皇御例祭休暇に付、在宿す
一　金五円診察十六度分、宅招謝儀、二度宅行とも
一　金五拾銭肴料
一　金五円六拾銭但薬価
右の通、夫々挨拶持参、本日引合済なり
一　小坂老人〔かつ子〕へ津原隠居死去に付、見舞出頭す
一　忠愛公〔毛利元徳〕百日祭御当日に付、有志者忌宮社内にて催事あり、参拝す
　　但金五銭玉串料を備ふ

四月四日

同月四日　晴　后陰

一　旧上巳節供也

一　午后近方散歩、夫より老母へ伺す

四月五日

同月五日　晴　后陰

一　用達所へ出勤す

一　善勝寺隠居埋葬、本日の処病後に付相断り、香花料弐拾銭を送る

一　河合通広氏〔三吉タキ父〕より見舞状来る

四月六日

同月六日　陰

一　散歩す

一　病中の挨拶として近辺廻礼す

四月七日

同月七日　晴

一　出勤す、議事無之

四月八日

同月八日　晴　后陰寒し夜風雨

一　午后散歩す、記事なし

四月九日

同月九日　晴　風あり

一　用達処へ出勤す、記事なし

一　近辺旁散歩す

四月一〇日

同月十日　晴　風あり

一　記事無之

四月一一日

同月十一日　晴

一　日曜休暇なり

一　小嶋益二氏より見舞状来る、又藤野尋問来宿あり

一　病中見舞返礼旁散歩、又梶山氏へ着歓病中返礼旁抵る

四月一二日

同月十二日　陰

一　用達所へ出勤す

一　梶山氏より帰府に付、土産物到来す

一　東京イヨより見舞状到来す

四月一三日

同月十三日　晴
一　梶山氏来宿あり
一　東京ィョ事少々不快の由に付、見舞答旁本日郵便状仕出置候事

四月一四日

同月十四日　晴
一　出勤す、記事なし

四月一五日

同月十五日　雨
一　午后岩本へ散歩す
一　河村光三御用談来宿あり

四月一六日

同月十六日　陰　后晴
一　用達所へ出勤す
一　梶山氏より神戸産牛肉到来す
一　石津氏より竹之子到来す

四月一七日

同月十七日　晴
一　病中謝礼、散歩旁外出す

四月一八日

同月十八日　雨
一　日曜也、午后返礼散歩す
一　梶山氏へ小鯛三枚積る挨拶として進物す
一　荘原より十五日附の手紙到来す

四月一九日

同月十九日　雨
一　出勤す、議事なし
一　三嶋より十五日附の書状到来す
一　午后散歩、豊永へ挨拶として至る

四月二〇日

同月二十日　晴
一　馬関東南部町支部へ参詣す
一　伊藤弥六方へ悔尋問す
一　林於ティ方へ尋問す
一　主公より竹ノ子二本被下候事

四月二一日

同月廿一日　陰　后晴

一　出勤す、別に議なし

一　昼洋食御相伴す

四月二二日

同月廿二日　晴　風

一　小坂兄来宿、江本屋敷坪壱円にて引受の内決、申入置く

四月二三日

同月廿三日　晴

一　用達所へ出勤す

一　三嶋家扶廿一日東京出立の電報あり
右に付、留守居へ通知す

一　主公より鶏肉御調料御分配被下候事

一　梶山氏へ屋敷地所江本〔弾作〕を求め候に付、右板垣へも承知に入候事を添て申入置候事

四月二四日

同月廿四日　晴　后雨

一　在宿す、記事何もなし

四月二五日

同月廿五日　陰

一　日曜休暇なり

一　三嶋家扶帰府に付来宿あり、依て歓として同方へ到る

一　本月廿一日付玉樹より病後の尋問書到来す

四月二六日

同月廿六日　晴

一　出勤す、記事なし

一　三嶋より帰府に付到来物あり

一　江良〔和祐〕より見舞状到来す

四月二七日

同月廿七日　陰

一　午前より午后四時迄出勤す

一　本日は三嶋家扶より色々内議あり、協議の事

一　梶山氏来宿あり、別に談なし

四月二八日

同月廿八日　晴

一　午前より用達所へ出勤す

一　豊永、三嶋一同、右同所にて集会す

四月二九日

同月廿九日　陰
一　菅村於コウより礼状幷に見舞状来る
一　渡辺渡氏へ病気見舞す

四月三〇日

同月三十日　晴
一　出勤す
一　三嶋氏来宿、人撰御用談あり
一　番人一件御手廻の事を三島へ答置候事

五月一日

五月一日　晴
一　用達所へ出勤す
一　三嶋氏へ鶏一羽進物持参す
一　同氏御用談来宿あり、協決す

五月二日

同月二日　陰　后雨
一　南部〔謙庵〕より養子報知状到来す
一　日曜休暇也、実父〔小坂土佐九郎〕忌日参拝として至る

五月三日

同月三日　晴
一　出勤す
一　昼内食御相伴被仰付候事

五月四日

同月四日　晴
一　伊藤弥六答礼として来宿あり
一　東京イヨへ無事報知状出す
一　梶山氏へ尋問、又三島へも尋問す

五月五日

同月五日　晴
一　出勤す、記事なし
一　高田家内見舞として菓子持参也

五月六日

同月六日　晴　后陰又夜雨
一　本日は善勝寺より三十五日、四十九日の法会案内に付、香料拾五銭持参、同寺へ午前より至る、帰路老母へ菓子送の分持参す

五月七日

同月七日　雨

一　在宿す、記事なし

五月八日

同月八日　陰

一　用達処へ出勤す、記事無之

一　福田清吉蒲鉾三本持参也

五月九日

同月九日　陰　后晴

一　午后二時より御家政協議集会に付出勤す、但日曜日也

一　元忠公〔毛利元忠〕、豊永氏は差閊に付、断りにて三嶋より上申す

一　廿九年度決算表協議の件、異議なく調印済也

五月一〇日

同月十日　晴　夜より風雨

一　在宿す

一　三嶋氏来宿、荘原よりの御用談状持参なり

五月一一日

同月十一日　風雨

一　在宿す

一　東京荘原へ是迄積る挨拶の件依頼のことを三嶋氏へも引合、書面仕出置候事

一　三嶋氏御用談として来宿あり

五月一二日

同月十二日　后晴

一　出勤す、記事なし

五月一三日

同月十三日　晴

一　東京より賀田家内来宿、切レ地梅子へ持参也

一　桂弥一氏へ帰府に付尋問す

五月一四日

同月十四日　晴　夜雨

一　午前三嶋家扶御用談来宿あり

一　カタクリ　夏橙一包

右新市老人へ病中見舞として為持候事

五月一五日

同月十五日　雨

一　用達所へ出勤す、別に記事なし
一　本日は旧暦四月十四日にして三日間忌宮神社例祭也

五月一六日

同月十六日　陰
一　日曜休暇在宿す
一　三嶋氏御用談来宿、荘原より来書の件、外に人名書の件等也、又祭日に付、稲田義助蒲鉾二本持参也
一　江本弾作、於ツチ来宿也

五月一七日

同月十七日　陰
一　午前より東南部町分教へ教正上京暇乞旁参詣す、出張無之に付、掛り員小村へ教正への進物、且又イヨへ書中金子入の封書送達のことを依頼して帰府す
一　員光村宮田勇吉来宿す、依て近々の内より参り候ことに付、咄し置候事

五月一八日

同月十八日　小雨
一　出勤す
一　三嶋へ御用談、元雄君〔毛利元雄〕御仕向の件に付集会のこと、又井伯出山御手紙のこと申入置候事

一　村役場へ納金持参す
一　宮田清左衛門へ廿五日后の書面出す

五月一九日

同月十九日　陰　后晴
一　在宿す
一　三嶋家扶来宿、豊永不在の由なり
一　宮田より案内に付、祝儀為持、友を歓に出候事

五月二〇日

同月二十日　晴　后陰
一　用達処へ出勤す
一　中川涼介、宇原〔義佐〕の両人依願辞職特別賞与あり

五月二一日

同月廿一日　晴
一　石津氏活花持参、又宮田、直蔵答礼として来宿也
一　宇原義佐来宿なり
一　故三嶋任三郎〔三島盛二父〕拾三回忌本日取越の由に付、大乗寺へ香料拾銭備へ参詣す、午后本膳到来せり

五月二二日

同月廿二日　晴

一　出勤す、記事なし
一　梶山氏来宿の由、来る廿五日招請のこと也
一　石津へ尋問す、不在也
一　高田より祭に付招請の処差閊に付、菓子一箱持せ断りの使を出す
一　三嶋熊太郎親子とも尋問あり
一　小月南部より廿四日招請の処、実母不出来の訳を以て断り郵便状を仕出置候事

五月二三日

同月廿三日　陰
一　日曜在宿す
一　小坂兄招請す

五月二四日

同月廿四日　晴
一　用達所へ出勤す、記事なし

五月二五日

同月廿五日　晴
一　東京イヨへ尋問、郵書仕出候事
一　梶山より招請に付、午后四時出頭す、本日は三位公御夫婦様御出御陪食す、豊永其他参会也

五月二六日

同月廿六日　晴
一　出勤す、記事なし
一　御洋食御相伴被仰付候事
一　主公より、御直に病後に付尚療養致候との思召にて御金被下候事、深き御注意の旨、家扶へも重て御請申出候事

五月二七日

同月廿七日　陰　夜小雨
一　主公へ拝謁の上昨日の御礼上申す
一　梶山氏へ一昨日招請の挨拶に抵る

五月二八日

同月廿八日　陰
一　出勤す、記事なし
一　東京イヨより廿五日出郵便状来る

五月二九日

同月廿九日　陰
一　午后出勤す
一　井上伯来関あり、直に向地方へ出張なり

五月三〇日

同月三十日　陰　后晴
一　日曜休暇也
一　梶山、三嶋の両氏来宿、別に議事なし

五月三一日

同月卅一日　晴
一　用達所へ出勤す
一　梶山、三嶋、豊永、三吉御邸に於て集会、右は元雄君当夏御立嫡式の件なり

六月一日

六月一日　晴
一　主公より御直書を以て午餐三軒家にて御相伴被仰付旨に付、同所へ出頭し、午后四時過き退出す
一　東京イヨより廿九日附郵便状来る

六月二日

同月二日　晴
一　出勤す、記事なし
一　御洋食御相伴被仰付候事
一　井上伯来関に付、大吉宿所へ出頭面会す、記事なし
一　新市老人昨夜死去為知あり

六月三日

同月三日　昨夜より雷雨　后陰
一　本日別に記事無之

六月四日

同月四日　陰　后晴
一　出勤す、記事なし
一　阿曽沼次郎氏帰府に付尋問す
一　玉樹より五月廿九日昇給弐拾円に相成候由来書也

六月五日

同月五日　雨　后陰
一　午后出勤す
一　梶山、三嶋の両氏、地所一件を談す
一　新市老人本日埋葬に付、香花料二十銭を持せ、名代栄吉を遣し候事
一　東京玉樹へ答書仕出す
一　阿曽沼氏尋問あり
一　豊永氏正午来会あり

六月六日

同月六日　晴

一　日曜記事なし

六月七日

同月七日　晴

一　用達処へ出勤す

一　三嶋家扶来宿にて学校地一件承る、尚荘原へ郵便過る五日仕出の由也

六月八日

同月八日　晴

一　在宿す

一　東京イヨより五日附の郵書来る

六月九日

同月九日　晴

一　出勤す、記事なし

一　午餐御洋食御相伴す

六月一〇日

同月十日　陰

一　在宿す

一　三嶋家扶両度御用談来宿あり、右は学校御貸地の件伺の上議決す

六月一一日

同月十一日　晴

一　出勤す

一　島村光子殿復職、教正の報知あり

一　午后より玉村へ弁当持参す

六月一二日

同月十二日　陰　后小雨

一　午前馬関東南部町分教へ復職歓として至る

六月一三日

同月十三日　雨

一　日曜休暇なり

一　三嶌氏御用談来宿あり

一　小坂老母先つ異状なし

六月一四日

同月十四日　陰

一　用達所へ出勤す

一　元雄君御立嫡の件、三嶋一同御内意のことを上申す
一　正午御洋食三嶋一同御相伴す
一　東京イヨへ金五円定外送為替券玉樹へ引合、本日書留にして仕出置、右受取方のことをイヨへ郵便状仕出候事

六月一五日

同月十五日　陰
一　老母へ見舞す、先つ同様也
一　豊永より本年六月渡利子を書面通受取候事

六月一六日

同月十六日　晴　夜雷又雨
一　出勤す
一　三嶋より御用談内伺の件也
一　米熊より敬蔵〔三吉敬蔵〕、治子両人の写真送来る

六月一七日

同月十七日　晴
一　主公より内御持せ被下候事
一　小坂老母へ伺す

六月一八日

同月十八日　晴
一　用達所へ出勤す、記事なし

六月一九日

同月十九日　晴
一　老母へ伺ひ、又松岡へ尋問す
一　東京イヨより十六日附来書あり

六月二〇日

同月二十日　晴
一　老母へ尋問す
一　本日は日曜休暇なり

六月二一日

同月廿一日　晴　后陰
一　出勤す、記事なし
一　梶山氏へ過日招請に付、鯛三尾挨拶として進物す
一　東京イヨより為替金受書来る
一　老母へ伺として至る

六月二二日

同月廿二日　晴
一　午前より実家へ伺の為め出頭し、昼は見舞旁兄弟不残打寄食す、又老母へ別旁酒を出す

一　午后九時過より老母太切にて、十一時養生不叶死去也、
松岡相詰、何れも相揃居候事

六月二三日

同月廿三日　晴

一　小嶋氏を以て三嶋家扶迄忌中届出置候事

一　主公より老母死去に付、河村光三御使来宿也

一　三嶋氏、栢俊雄、小嶋家族中、悔として来宿あり

一　午后四時老母入棺のことあり、本日は実家へ詰る

一　米熊、イヨ、玉樹へは、小坂より報知に付、別段為知を
不致候事

六月二四日

同月廿四日　晴

一　早朝より小坂へ至る、午後一時出棺にて功山寺山へ埋葬
に付会葬す、右は三時仕廻の事

一　石川良平、梶山鼎介、日原素平、豊永家内、栄吉、右悔
来宿也

一　清末御二方様〔毛利元忠、毛利暢子〕より御悔御使を以て
御菓子一折被下之候事

六月二五日

同月廿五日　晴

一　仏参小坂へ参拝として午前より行き、午后帰宿す

一　主公へ御悔の御挨拶、一応土居氏を以て申出る、尤御礼
は忌明の上なり

一　井上宅三、石津、佐野正作、宇原、栢、於タミ、土居、
竹森、福田茂一、重吉家内、豊永長吉、中川、浅野老人、
桂弥一、右悔来宿也

六月二六日

同月廿六日　晴

一　墓参又小坂へ参拝す

一　岡本、諏訪、市岡、品川、桂久兵衛、新市、藤井昌蔵、
右悔来宿也

一　葛粉　一箱　砂糖　一箱
右三位公より忌中御尋として御持せ被下、尤三嶋家扶よ
り添書の事

一　能勢隠居、大庭友槌悔として来宿あり

一　三嶋家扶御用談来宿あり

六月二七日

同月廿七日　晴

一　墓参し在宿す、但日曜也

一　藤野家内、臼杵ナミ悔来宿あり

一　岡本家内悔として菓子持参なり

六月二八日

同月廿八日　晴　后陰
一　尼妙浄信女〔小坂かつ子〕初七日参拝す
一　勝本〔光実〕、吉田唯《〔ママ〕》一〔惟二〕悔来宿あり
一　荘原氏より悔状到来す
一　鏻子様より御悔状御使として福田清三来宿也
一　梶山氏より枇杷手紙添到来す
一　河村光三来宿にて内日村内藤某より御紋の件談ある、右は三嶋申合可致ことに答置候事

六月二九日

同月廿九日　晴　后陰
一　東京イヨ、玉樹の両人より、廿六日附の悔状郵便来着す
一　石津家内菓子一箱見舞持参也
一　墓参拝礼す

六月三〇日

同月三十日　晴　后陰又小雨
一　栢老人より饅頭一重見舞として持参あり
一　板垣禎三悔来宿あり
一　金四円壱銭五厘
　右明治十六年より同廿四年迄日記草案謝儀として立野氏へ直渡、但廿枚に付金拾銭宛也
一　学友会へ本年一月より五月までの定格出金受取前を出金す
一　東京玉樹へ備物の件、答書仕出候事
一　東京元雄君より老母死去、御悔の御直書郵便来着す
一　三嶋より白玉二袋見舞として到来す

七月一日

七月一日　陰
一　梶山、三嶋の両氏来宿、其際向後申置の件々を豊永へも談置との件々、梶山氏より談ある
一　阿曽沼、正村家内悔来宿あり
一　午后墓参す

七月二日

同月二日　陰
一　桂弥一氏より饅頭一重見舞として到来す
一　浅野より見舞ササマキ到来す
一　桂於タカ悔として来宿あり
一　午后墓参す

七月三日

同月三日　晴

一　墓参す
一　江良氏より悔郵便状到来す
一　荘原より饅頭二重忌中見舞として到来す
一　菓子屋より牡丹餅一重見舞同断
一　三嶋家扶両度御用談来宿あり
一　元雄君従五位　宣下本日御沙汰、荘原家令より電報の旨、三嶋より伝達の事
一　主公より御謝儀金、忌中に付、思召を以て三嶋御使にて拝領す

七月四日

同月四日　晴　后陰
一　本日は日曜也
一　墓参す
一　三吉米熊墓地掃除の儀、藤村重吉へ年中引合のことを本日約す

七月五日

同月五日　晴
一　林キチ子より悔状郵便来る
一　老母二七日仏参す
一　品川より忌中見舞として牡丹餅一重到来す

七月六日

同月六日　雨終日
一　墓参す、別に記事なし

七月七日

同月七日　晴　時々小雨
一　記事無之

七月八日

同月八日　陰
一　桂於タカ忌中見舞としてカシワ一重持参也
一　福田清三悔来宿あり
一　三嶋家扶御用談として来宿あり、学校へ地所の約定草案の件也

七月九日

同月九日　雨
一　本日は元清公〔毛利元清〕三百年祭、御小祭被遊候事
一　右は小坂家御由緒有之、依て午后より実家へ参り会合候事

七月一〇日

同月十日　陰　后小雨
一　三嶋家扶御用談来宿あり、中沼氏〔清蔵〕の御謝儀を談決す
一　江本弾作屋敷買入代金弐百廿三円引合す
一　阿曽沼次郎氏滞府に付、ヒール六本進物す

七月一一日

同月十一日　陰　小雨
一　日曜也、墓参す
一　東京イヨへ郵便状を出す
一　藤野悔来宿あり

七月一二日

同月十二日　陰
一　三七日に付、仏参小坂へも参拝す

七月一三日

同月十三日　晴　后陰
一　野村源七、山田七郎悔来宿あり
一　三嶋御用談来宿、尤議決なし
一　豊永より饅頭一重、見舞到来す

七月一四日

同月十四日　晴
一　梶山鼎介氏来宿あり、毛利家向来のことを談す

七月一五日

同月十五日　陰　夜雷雨
一　記事なし

七月一六日

同月十六日　陰
一　小嶋より牡丹餅二重忌中見舞到来す
一　豊永翁出京に付来宿あり、塩田一件を談置、追て協議の筈なり

七月一七日

同月十七日　陰　雷雨又風
一　三嶋家扶御用談来宿あり
一　小坂菓子代り郵便切手廿五枚配り物あり、右は四十九日を三十五日に一同法会の事

七月一八日

同月十八日　陰
一　東京イヨより十五日付郵便状来る
一　本日は日曜也

七月一九日

同月十九日　晴后陰又雨

一　老母四七日参拝に至る

七月二〇日

同月二十日　雨昼夜

一　記事なし

七月二一日

同月廿一日　雨昼夜

一　正村より饅頭一重見舞到来す

七月二二日

同月廿二日　陰

一　老母正忌日墓参、小坂へ参拝す、見舞品代り三拾銭持参す

一　三嶋氏御用談来宿あり

一　長府村役場〔よ〕り所得納税の資格有之、所得金高届出の儀、来る廿三日を期し届出候様来書の処、慎蔵儀は其資格無之段を答書仕出し、三嶋へ依頼致置候事

七月二三日

同月廿三日　晴

一　記事無之

七月二四日

同月廿四日　晴夕小雨

一　記事なし

七月二五日

同月廿五日　陰后晴

一　亡母三十五日、四十九日一同法会に付、正午参拝出頭す、右に付夫々備物、又寺へも経代を備ふ

一　三嶋氏来宿御用談あり、且又御用向の都合あり、参邸の儘主公より差閊無之段御召命あり、依て明廿六日三十五日、四十九日法会を行候に付、其後は何時も出頭可仕事に御請致置候事

一　小野安民忌中尋問、又藤嶋悔として各来宿あり

一　本日は日曜なり

七月二六日

同月廿六日　晴

一　墓参夫より小坂へ参拝、寺へ同断

一　三嶋氏午后より熊本へ出張あり

七月二七日

同月廿七日　晴

一　午前より用達所へ出勤す、尤忌明には無之、御用弁なり、昼御洋食御相伴被仰付候事

一　東京家令より上様少し御不出来に付、荘原出府延引、尚郵便との電信来る、依て三嶋へは郵便を以て報知し午后退出す

一　午后九時東京よりの電信、能勢持参、御二方様御出京のことを申来る、依て直に出勤す

一　御二方様明廿八日御出発のことに上申致し、夫々御用意致候事

一　右に付、熊本出張の三嶋家扶へ電報す

一　御供は三吉、中川好治、御女中ナミ、ナツ御沙汰あり

一　徳山様〔毛利元功〕へ電信、清末様へ直使、御子様方、鏻子様へ上申する等のこと、河村光三へ談置候事

一　御留守多栄子様〔毛利多栄子〕のことは、生駒〔直一〕頼のことに御決定御請す

右の外差向件々、河村へ相頼置、三嶋への申継依頼す

七月二八日

同月廿八日　晴

一　午前八時過出立用意し、直に用達所へ出勤す

一　東京荘原よりの電信に付、直に勝本を栢貞香方へ遣す、不在に付、出先小野田へ引合に仕出置候事

一　栢俊雄用達所へ出頭、貞香と代り合にても可然段申来る

一　梶山氏へ為知状出候に付、出頭あり

〔ママ〕の件気附梶山氏より上申あり、御末席にて承る、其事は可然、尤公の御決定肝要、且又令扶協議人も篤と一定要のことに付、於東京議することに止め置也

一　午前十一時御出発にて馬関川卯へ御出、夫より長門丸へ御乗船に付、陪従す

七月二九日

同月廿九日

一　船中備後三原沖にて石炭船をしき、其為め四時間滞船す、引合済にて午后五時過神戸着船す

一　午后六時安藤〔善作〕方へ御揚陸御休にて、夫より同夜十一時発、通し汽車にて御上京也

七月三〇日

同月三十日　后雨

一　午后七時過御二方様、随従とも御別邸へ着の事

一　御新築間に於て、荘原家令より欽麗院様廿五日以後の御次第、医師御診察の次第を御二方様へ上申に付、御陪席し、夫々相伺候事

一　夫より御二方様御伺済、慎蔵御直に御伺申上退出す

一　御二方様へ荘原より御滞在の御仕向を上申あり

一　豊永氏、品川、宿迄御迎、梶間艦次郎同断
一　豊浦用達所へ御安着電報の事
一　長府にて預りの御委任状、江良へ相渡候事
一　金百五拾円預りの分、中川へ相渡候事
一　長府出立迄の御用、夫々取計の件々を荘原へ申入候事
一　玉樹へ出京報知端書を出す、右相済候て井ノ口虎吉方休所へ抵る

七月三一日

同月卅一日　陰
一　日増御掛念す、午前八時より出頭、都合御同様也
一　御二方様へ御守護の件々、表への御用向の御順序の件々を上申す
一　昨夜元功様御着京なり
一　〇〇〔ママ〕の件、豊永、荘原一同協議す、右は荘原より主公へ幸ひ御子様御三方〔毛利元雄、元智、邦樹〕の御揃に付、得と御談合の件を上申あり、右御三方御談決の次第を、公より荘原へ御下命の由承る
一　御火葬は素より御不同意、尚又五十日迄御行の上、長府へ御供のことに御決の事
一　乃木中将参邸、前条の次第を議す、仮りに行ふよりは長府へ御本式御至当の説あり、誠に同意す、是を上申可然と談す、第一皇太后宮の御次第、乍恐よき御手本あり、此上は意見を呈し可然と談す、乍去之を呈する方法を乃木氏へも談し、荘原へも今晩得と勘考可然ことに止め置候事
一　高輪御後室様〔毛利安子〕より、橋本〔国手〕を御診察に御仕向の談あり
一　栢貞香四時過着あり、三嶋よりの廉書、荘原一同承る

八月一日

八月一日　晴
一　日増御掛念す
一　今朝荘原へ慎蔵愚見を談し、必す豊永出頭を午后有之ことに荘原より使を出す
一　御衰弱先御同様の由、診察也
一　欽麗院様御品代り金壱円を献上す
一　午前豊永出頭あり、荘原、三吉一同昨日御三方様御談決御始末の件々を協議す、且又慎蔵ことは、乃木氏気附を尤同意し、其行愚考を協議致し論す、然に豊永御家憲に差障り無之、上は協議人たりとも他の事柄と違ひ御三方の御決し通に御同意不致ては向後の大難あり、依て協議人に於ても異論は出来不申云々の説あり、依て慎蔵の曰く、是迄異論致候は兼て内議致置候件々、是非行ふことに決候故也、此上更に其念を捨て御三方御決定を行の外なし、是迄の含は是迄にして、思切り思召に任せ可申と

答候に付、一同論なし、豊永氏も退出也
一　清末御奥様御着邸あり
一　豊永出頭、御用意〇〇の件協議し、取掛りに決候事
一　本日は日曜なり

八月二日

同月二日　陰　小雨
一　御同様なれとも昨今は御上出来なり
一　イヨへ手紙渡す、御伺に出頭のことを命し、尚献上物手当金壱円を渡す
一　ヘルツ〔エルヴィン・フォン・ベルツ（Erwin von Bälz）、ドイツ人医学者〕南部附添午后御診察あり、シンフウエンと御診察のこと、東条も出頭也

八月三日

同月三日　晴
一　先御同様なり
一　三嶋家扶より来書受取る
一　鏻子様御伺の件来書の旨、荘原家令へ申入候事
一　豊永、荘原一同会し、御用意の件々協議決す
一　三嶋へ御変事御始末の要件は、荘原より郵便出る、尚亦梶山へ伝達加筆あり
一　今晩より食事療養の為め宿に於て仕舞す

八月四日

同月四日　晴
一　先つ御同様なり
一　河村より来書、尤御用談なし
一　乃木中将御伺出邸、昨夜西京より帰京の由に付、先般協議の末思召通に決候件々を談す、将軍にも同意也
一　絽夏御夜具一着、休所台、右高輪御後室様御持参、欽麗院様へ被進、其他一統へも御重詰等御送り、万御注意也
一　梶山由郎事養父〔梶山鼎介〕の命により御伺、且自分伺旁出頭し、尚亦御二方様へも拝謁あり
一　右に付、御容対〔ママ〕を慎蔵へ聞合の上、郵便仕出すへきとの事に付談あり、依て是迄の大要の次第を答置く、又御様子に依り、電信を以て報知のことをも添て答置候也

八月五日

同月五日　陰
一　昨夜より今朝御出来宜し
一　梶山氏より着京歓郵書到来す、別に要件なし
一　石津より郵便状来る、別に伺書あり、依て荘原へ渡し置候事
一　留守トモへ郵便状を出す
一　ヘルツ御診察来邸、御同様なり

一　豊永より友進退の件引合の談あり

八月六日

同月六日　陰

一　今晩御大便自然御通し気分なり

一　午前九時より東条御診察御出来、今朝は是迄の間上等の由、尤御老人故、若し強く下痢等を関係す、少々宛大便御通しありて御異状なけれは夏を越すかも、又一ヶ年位保つへし、ヘルーツ師も昨日初度の診察より先宜との談ありと東条の咄也、何分御老人故、聊のことに関係すとの事なり

一　イヨへ、献上物其他諸引合金合二円廿銭、本日引合す

八月七日

同月七日　雨

一　御容体御異動なく先つ宜し

一　午后東条御診察、御容体全体に宜し

一　豊永、荘原一同余語の件に付、会す

一　御子様方御詰一件、御差引の件、清末様御差引の件、豊永、三吉進退の件、三島家扶出京の件々等を談決す、尤其辺は御容体の御都合に依てなり

八月八日

同月八日　雨

一　日曜也、玉樹へ御伺出頭可然気附書状を出す

一　東条、南部両人御診察、両三日御容体順々宜方に向、此分にて本月中続けは全快の見込の由

一　明日ヘルーツ御診察のことを御後室様御決相成候事

八月九日

同月九日　陰

一　午前ヘルーツ、東条、南部御診察御折合に付、追々御薬法も減し、御喰物に注意し、牛乳を増して勢力を附くるとの議あり、先御順快に向ひ候、尤御老年に付、注意は肝要との談を聞く、又御水気も先日より減す

一　午后北白川宮へ御伺として参殿す、夫より豊永宿所へ尋問、帰路佐久間町へ至る、栢弁に玉樹一同会す、出立のことを米熊へ郵便状頼置候事

八月一〇日

同月十日　晴

一　続て御手順宜し

一　豊永、荘原一同会す

一　元智君御進退の件、主公へ御注意の件、追々退散の件、御用意物始末の件等議決す、外に女中人増し人撰の件、三島上京の件、慎蔵十二日前六時出立に決す、主公より

一　御用明御沙汰あり、栢も近々御用明のこと〔ママ〕
一　高輪様〔毛利元昭〕へ御伺、尚過日来色々御配慮に付、御後室様へ拝謁の上御挨拶申上、且一統へも同断申入候事
一　イヨ帰府の件に付、豊永より色々気附もあり、本日栢を以て当人へ引合の上、豊永より談あり、右は異存無之段答置候、右に付、栢の幸便に出京可然ことに決す
一　明日より凡四、五日間あれは、用意調出立の見込其他万事金引合等夫々致し、何も栢へ引合済の事
一　イヨ、栢宿にて晩飯を出す

八月一一日

同月十一日　陰
一　順々御快方、今日尤宜し
一　御教育所へ出頭す、清末御奥様昨夜より少々御不例也、荘原家令昨夜為其帰宿あり
一　本部へ参詣す、御歓金壱円弁御初穂十銭を持参す、且又イヨ帰府に付、右の厚礼申入置、夫より大石へ参り積る挨拶申入候事
一　羽織送り方、荘原へ依頼致置候事
一　清末御奥様チブスの掛念あり
一　午后御二方様へ万御滞在中の件々を気附上申す、依て荘原家令へも其席にて充分申入置候事
一　生駒家内差引の件をも上申す
一　清末御奥様御不例に付、荘原こと都合致し、御心添のことを伺ひ、同人へ談置候事
一　イヨ帰府始末、栢へ依頼す
一　御反物一包、右は御後室様より鏻子様へ御送りの分、栢へ引合置候事
一　夜御暇乞上申す
一　休所井ノ口へ諸払、夫々受取前相渡す、外に茶代遣す

八月一二日

同月十二日　晴　后小雨
一　欽麗院様順々御折合に付、慎蔵こと至急協議の件もあり、本日出立す
一　午前六時発急行汽車へ乗組出発、夜十二時前安藤へ着す、但新橋へ玉樹、栢見送り、又宿へ中川、江良送りあり

八月一三日

同月十三日　晴
一　午前十時長門丸へ乗船、十一時出港也

八月一四日

同月十四日　晴
一　午前八時馬関へ着す、三嶋家扶出迎あり、川卯へ上陸す
一　東京事情略談し、午前用達所へ一同出頭す、而して明十

一　五日梶山一同協議のことに談し、帰宿す

一　清末様へ出頭す、右は御奥様御不例の次第を上申す

八月一五日

同月十五日　晴

一　桂への送物持参す

一　土居、河村への書状、夫々相渡す

一　三嶋へ出京の御下命に付、其件を達す

一　午前八時梶山、三嶋一同東京にて協議の件々を談す、其件大意同案也、依て夫々三嶋氏一ッ書にして来る十七日出立のことに決し置退出す

一　午后御蔵へ道具入替す

一　三嶋家扶出京に付、午后御用談来宿あり

八月一六日

同月十六日　晴

一　用達所へ出勤す

一　石津、河村、小坂、正村、栢其他、桂、梶山等来宿あり

八月一七日

同月十七日　晴

一　小坂イト〔小坂祥三妹〕今朝より来る

一　三嶋氏午前八時出立也

一　荘原より十三日附書状の次第を申入置候事

一　トモ不快に付、玉樹への伝言相頼候事

一　梶山氏より金壱円五拾銭献上物金受取候事

一　東京荘原よりの電信、欽麗院様、清末御奥様にも御折合宜とのことあり

八月一八日

一　右に付、清末様へ報知のことを用達処へ答置候事

同月十八日　晴

一　午前出勤す、別に記事なし

一　トモ痛み甚く、依て菅〔恒男〕の診察を受く

一　豊永翁より友の見舞状来る

八月一九日

同月十九日　晴

一　用達所へ出勤す

一　栢貞香より郵便状来る

八月二〇日

同月二十日　晴　暑甚し

一　今朝東京より電信、御機嫌宜し安心あれと昨日発也

八月二一日

同月廿一日　雨　夜大雨

一　梶山、桂の両氏来宿にて友療養の件々談あり、尤同意に付、桂氏より菅へ引合の処、福岡病院へ参り候ことは賛成なれとも、同行は都合出来兼るとのこと也、又治療法に依ては、立会云々等の場合有へし、其辺篤と協議相成度との談も有候由、此上は得と打合肝要に付、当人の決定の上、進退可致、就ては兎も角も同行の男子俊雄、石津両人の外、気附無之、依て其手順桂氏より今晩梶山へ協議し、手順相立置候間、親子申合決定可然とのことにて訣る

一　菅氏差閊に付、別人を協議のことに桂氏詮議の筈也

八月二二日

同月廿二日　晴

一　用達所へ出勤す、尤日曜也

一　郡長原勝一氏〔豊浦郡長〕新任に付、来宿なり

一　土居氏来宿あり

八月二三日

同月廿三日　雨

一　用達所へ出勤す

一　清末御奥様御不出来に付電報来る、依て午前三嶋まて電信出す

一　トモ事福岡病院へ入院に付、三嶋へ宛て玉樹への通知電信本日仕出す

一　梶山、桂の両氏見舞来宿あり

一　河村への預け金受取候事

一　梶山、桂の両氏へ積る挨拶、尚又明日より友入院決し候事を申入る

八月二四日

同月廿四日　暁雨

一　三嶋より廿一日附の手紙来る、右は欽麗院様順々好都合又清末御奥様御事ヘルーツ御診察との事尚栢氏廿日下宿の由也

一　トモ事午前八時出立にて福岡病院へ行く

一　右に付、小坂義作、渡辺リユ〔リウ〕付添、金三拾円手当、外に拾円諸費として義作へ相渡す

一　賀田貞一氏来宿あり

八月二五日

同月廿五日　陰

一　三嶋へ財満よりの書状開封す

一　清末御奥様少々折合の電信来る

一　三島へ財満よりの書状、外に異状無之着歓旁石津へ代筆頼む

一　荘原へ挨拶状代筆同断

一　清末様御留守へ御見舞のことを河村へ談決す

八月二六日

同月廿六日　雨　雷甚し

一　午后出勤す

一　清末御奥様御容体、三島より報知、廿三日附到来す、又
元雄君御内式の件もあり

一　三嶋へ電信を以て御容体如何哉と仕出置候事

一　日向〔駒三郎〕へ宛て用達所より御伺状を出す

一　栢より廿三日附郵便状来る

一　小坂義作より安着状来る

一　昨日診察大森院長間代診のこと、又本日院長の診察を受、
詳細に報知することの書面来る

一　桂氏、トモ入院に付尋問あり

八月二七日

同月廿七日　晴

一　東京イヨ、玉樹より友見舞来書あり

一　トモ引合の件々、依頼決定を義作へ午前郵便状仕出す
貞一氏へ番地を報知す

一　三嶋よりノブコサマゴケイカヨシヨゴタノシ

八月二八日

同月廿八日　晴

一　用達処へ出勤す

一　ノブコサママタヲモル電報午后九時到着す

一　渡辺リウ午后九時前来着、本日友こと入院す、依て帰府
也、療治法は追て報知の筈也

八月二九日

同月廿九日　陰　夜雨

一　出勤す、本日は日曜なり

一　朝市岡来る、依て三嶋へ電信のことを談決致候事

一　渡辺リウへ挨拶として行く

一　栢貞香へ郵便状を出す

一　清末御奥様御危篤電報荘原より午后六時来る、又三島よ
りも近々御下り電報一同着す、右に付、直に用達所へ出
頭し、清末へ御使を出し、鏻子様始め御子様方、梶山氏
へ報知す

一　荘原へ宛て御危篤伺電信を出す、日向へも同断

八月三〇日

同月三十日　雨

一　用達所へ出勤す

一　梶山氏来宿あり
一　元智君御出校二週間延引届け、熊本学校へ公の代理証書を出す
一　豊永氏帰府にて和吉氏来宿あり

八月三一日

同月卅一日　晴　又雨
一　用達所へ出勤す
一　豊永着に付尋問、夫より桂へ挨拶旁到る
一　三島より郵便廿八日附着す、電信もあり
一　元雄君御下りに決すとの電信来る
一　小坂義作帰府、友こと本日より療治す、郵便を出す

九月一日

九月一日　雨
一　出勤す、議なし
一　清末より江本過日来の挨拶として用達処へ出頭の由に付、惣て宅にて引受置候事
一　御奥様御火葬済、日向三日に着の由、尤御発表は着の上有之筈、依て右御知せ次第、長府村の処何も用達所より夫々取計、不都合無之様可致ことに答置候事

九月二日

同月二日　雨
一　用達所へ出勤す
一　三嶋家扶より三十日附郵便状両通着す
一　同氏よりケサタツケンユウサマヤムとの電信来る
一　右に付、馬関へ迎のことを談す、且三島留守へ通知す
一　栢貞香より三十日附の郵書来る、イヨ出立も未決也

九月三日

同月三日　晴
一　出勤す
一　三嶋より卅一日附郵書御葬儀献備御用意の件々、又別紙四日門司御着に付、御手伝一両人出張引合の件々申来る、右引合夫々用達所にて諸引合致し置、退出す、又元智君御迎御出張のことをも上申し、引合置候事
一　豊永、梶山へ通知す、三吉不参のことは、河村、石津へ頼置く

九月四日

一　元雄君本日御立、六日御着、生駒御供の電信来る
一　熊谷信夫より四位公〔毛利元忠〕御着の報あり
同月四日　晴　后風雨
一　用達処へ出勤す
一　河村、石津の両名、清末様御迎出関す

一　福岡病院にて友へ見舞状、尚又療治の様子を報知することを申遣す
一　三嶋着府にて夜来宿、清末御奥様の件々御用談あり、御献備の件々、明朝豊永一同協議し、清末御埋葬まで御加勢として相詰候由なり
一　暢子様来る廿八日午后二時出棺、御葬儀御決定の由也

九月五日

同月五日　雷雨
一　清末様へ玉串料の件に付、午前豊永、三嶋一同宅にて協議す
一　今般の件に付、五百円を目途とし、玉串料は三百円と決す、外に榊一対、造花一対、右は御二方様より
一　金拾円は家令見込通り欽子様より、又元雄君より金五拾銭、其他御七歳以上三拾銭宛のことに決す
右の外、少事件は令扶申合通り可然ことに談決す
一　三島家扶御埋葬当日迄は清末へ御手伝として福永別荘へ出張なり
一　清末様へ午后御悔として出頭し、田中家令又小笠原〔武英〕へ面会す、熊谷へも同断
一　元雄君明日御着関、電信来る

九月六日

同月六日　朝小雨
一　用達処へ出勤す
一　元雄君午前用達所へ御着あり
一　東京新橋より玉樹の電報午后着「ハ、イマタツタ」

九月七日

同月七日　陰
一　出勤す
一　金七拾銭　幣代
一　鰹　一箱
右清末御奥様へ豊永と両人より献備す
一　友子より郵便状到来す

九月八日

同月八日　陰
一　用達処へ出勤す
一　午后二時清末御奥様御埋棺に付、正午より御会葬として参上す
一　尾ノ道午后一時直航の龍田川丸にて、イヨ、栢一同発船の電信到来に付、梅子を連れ、茶勘へ迎として六時より出張す、夜一時着船也

九月九日

同月九日　晴

一　午前十時帰宿す

一　小嶋氏夫婦来宿、三島同断

九月一〇日

同月十日　陰

一　本日旧八月十四日より忌宮秋忌例祭也

一　福岡病院へ直蔵を見舞に遣す、尤手当金を送る、別勘控あり

一　石津来宿、市岡同断、又豊永和吉、豊永使同断

九月一一日

同月十一日　晴

一　午后直蔵病院より帰る、友の様子入々承る

一　米熊より母着聞合電信来る

九月一二日

同月十二日　晴

一　米熊へ返電す、又玉樹へ郵書出す

九月一三日

同月十三日　陰

一　出勤す

一　梶山より酒三瓶、石津より同二瓶来る

一　三島家扶帰着あり

九月一四日

同月十四日　陰　后雨

一　用達所へ出勤す

一　玉樹より郵便、国勢一班送来る

一　トモへゴム一枚送方豊永下男届方致し、順次快方の由なり

一　荘原より寄附金三百五拾壱円四拾四銭五厘坂野照人へ送の分、本日市岡を以て相渡す

九月一五日

同月十五日　陰　小雨

一　小野〔小坂祥三〕より来る、イト事預り

九月一六日

同月十六日　晴

一　出勤す

一　豊永、三嶋来宿にて、来る廿一、二日の内御集会の談あり

一　元雄、元智の両君、本日御出立に付、御召あり右に付、御暇乞として出邸す

九月一七日

同月十七日　陰

一　出勤す

一　欽麗院様御全快に付、過る十五日御床払、本日電信又荘原より来書あり、右に付、慶賀の電報引合済なり

一　米熊、トモの両人へ郵便状出す

九月一八日

同月十八日　晴

一　用達所へ出勤す

九月一九日

同月十九日　晴

一　日曜、記事なし

九月二〇日

同月二十日　陰　后雨

一　出勤す

一　荘原よりの件々、豊永集会の件を議す

九月二一日

同月廿一日　雨

一　記事なし

九月二二日

同月廿二日　陰

一　用達所へ出勤す

一　豊永翁、三嶋家扶午前より御用談集会す、数ヶ条也

九月二三日

同月廿三日　雨

一　出勤す

一　豊永氏来宿、荘原家令へ進退照会状を、豊永、三吉の両人より郵便出す、尤三嶋へ打合済なり

九月二四日

同月廿四日　小雨

一　玉樹、トモの両人へ郵書出す

一　先般三嶋への御謝儀、河村御使にて被下候也

九月二五日

同月廿五日

一　用達所へ出勤す

一　家丁決定御挨拶等の件々を議す

一　大庭四名、七回忌に付、法華寺へ参詣す

九月二六日

同月廿六日　陰　小雨

一　各家へ返礼す、本日は日曜也

九月二七日

同月廿七日　小雨

一　出勤す、記事なし

一　老母百ヶ日幷に直三〔小坂直三、小坂住也長男〕十七回忌一同法会に付、正午参拝として小坂へ行く、備物夫々寺の分とも出す

九月二八日

同月廿八日　小雨

一　出勤す

一　昨夜荘原より電報、月始め下る積りとあり、三嶋へ引合、豊永へは封書にして持参す

一　各家へ答礼、本日夫々相済也

九月二九日

同月廿九日　風雨

一　用達処へ出勤す

一　米熊へ税金の件、郵便状出す

一　三嶋より内議の御用談あり

九月三〇日

同月三十日　晴

一　博多病院へ友の見舞とし之く、順々快方、十月内には退の様子略医師より承置、先つ十月中の手当金引合あり、下宿藤崎へ一泊す、同宿へも謝儀を置くなり

一〇月一日

十月一日　晴

一　午前六時三十七分箱崎発の汽車にて出立す、夫より小倉本部へ参拝、十一時過き門司川卯にて休息し、二時過き帰宅す、昨夜より少々腹痛に付、休む

一〇月二日

同月二日　晴

一　松岡氏の診察を受け薬用す

一　荘原家令より一、二日の内出発の報知状来る、依て三嶋、豊永へ相廻す

一　豊永より来書は、来る九日より出張の由、右は荘原へ電報仕出の由なり

一〇月三日

同月三日　晴

一　松岡来診あり、追々快方也

一　午后松岡を招き梅子の診察を頼む

一　江本泰二一周忌取越、小野より案内の処、不快に付、備物小坂へ相頼送る

一　三嶋氏出関に付、御用談集会の都合を談置候事

一〇月四日

同月四日　陰

一　松岡氏来診あり、順々快方也

一　トモへ送り物小包郵便出す、又書状をも出す

一　荘原着船に付、三島出関なり

一〇月五日

同月五日　雨

一　御用向有之出関す

一　豊永支店にて、荘原、三嶋大要の件協議す、右は其要目を書記し、追て再議のことにて退散、直に帰宅す

一　松岡氏来診、尤梅子のみ也

一〇月六日

同月六日　晴

一　記事なし

一〇月七日

同月七日　陰

一　三嶋家扶来宿あり、明日集会すとの談あり

一　梅子、松岡へ診察として往く

一　友より到来あり

一〇月八日

同月八日　晴

一　梅子、松岡へ診察として行く

一　午后より豊永にて荘原、三島、三吉一同御家政談協議、夫々衆決相成候事

一〇月九日

同月九日　晴

一　荘原より牛肉一箱到来す

一〇月一〇日

同月十日　晴

一　日曜休暇なり

一　荘原家令来宿にて鏻子様へ上申の件々、予算の件々談あ

り、三嶋過日来の挨拶として来宿あり
一　欽麗院様より御祝被下の御礼、荘原へ申出る
一　荘原へ答礼として煙草二袋持参す

一〇月一一日

同月十一日　晴
一　記事なし

一〇月一二日

同月十二日　風雨
一　用達所へ出勤す
一　荘原へ至る、欽麗院様へ献上物、玉樹へ送物、坂市〔酒田市兵衛〕へ註文金子入、安藤へ引合状等依頼致置候事
一　明日荘原出立に付、色々御用談御羽織被下の件、又縮緬被下の件々、両人へ引合置候事

一〇月一三日

同月十三日　陰　后晴
一　荘原出立、三嶋出関に付、面会御用談少々あり
一　馬関参詣、夫より林へ尋問す

一〇月一四日

同月十四日　陰
一　出勤す、記事なし

一〇月一五日

同月十五日　晴
一　記事無之

一〇月一六日

同月十六日　晴
一　記事なし

一〇月一七日

同月十七日　晴
一　神嘗祭也、記事なし

一〇月一八日

同月十八日　晴
一　出勤す、記事なし

一〇月一九日

同月十九日　晴
一　江本本宅へ庭手入見分に往く、其他記事なし

一〇月二〇日

同月二十日　陰
一　用達所へ出勤す
一　旧神官給禄の件情実の儀、三嶋より承候事
一　御二方様本日東京御出立の由也

一〇月二一日

同月廿一日　晴　夜小雨
一　記事なし

一〇月二二日

同月廿二日　陰
一　出勤す
一　病院へ栄吉を尋問として早朝より遣す
一　廿日附郵便状友より始て到来す、追々快方の由也

一〇月二三日

同月廿三日　陰
一　用達所へ出勤す
一　御二方様午前御帰着に付、恐悦申上候事
一　荘原家令より御縁談一件、内書来る
一　御家政件々上申済也

一　栄吉こと病院より帰る、友こと順快、凡そ本月中入院すれは下宿の様子、追々引合す

一〇月二四日

同月廿四日　晴
一　日曜休暇なり
一　三嶋氏来宿にて、清末様御交隊の件々を議す
一　荒瀬新八より養父廿一日死去の報知、今朝郵書来る
一　小野小坂へ家族中行く

一〇月二五日

同月廿五日　晴
一　用達所へ出勤す
一　旧神官云々の件、豊永談の由、又林へ引合の筈也
一　荒瀬老人死去、悔備物等夫々使を以て本日送候事
一　荘原へ御縁談一件御奥様より御咄あり、又上申の愚存等を認め、其大要は三ヶ条調和等の事を尽力依頼のことに郵便仕出候事
一　玉樹へ悔状、又トモへ報知状を出す
一　奈良漬　一箱、外に梅へ手遊
　　右御奥様より被下候事

一〇月二六日

同月廿六日　陰
一　三嶋家扶来宿、御用談あり、右は家令より上申の件々御決定の由に付、御発表の順序也

一〇月二七日

同月廿七日　晴
一　荒瀬への使帰る、菓子二つと書答ある也
一　玉樹へ国報一班の着請郵便状を出す
一　神戸元町三丁目酒田市兵衛、安藤善作の両人へ漬け物着受郵便状を出す

一〇月二八日

同月廿八日　晴
一　用達所へ出勤す
一　荘原よりの書面に付、気附を三島へ申入候事

一〇月二九日

同月廿九日　晴
一　記事なし

一〇月三〇日

同月三十日　晴
一　出勤す

一〇月三一日

同月卅一日　晴
一　日曜休暇無之、記事無之

一一月一日

十一月一日　晴
一　本日は毛利家御例祭御延引の処、御祭典被為行、依て参拝終日相詰候、且又玉串料五銭備之也

一一月二日

同月二日　陰
一　米熊より、敬蔵少々不快の由郵便にて申来る、依て見舞郵便状仕出置候事

一一月三日

同月三日　晴
一　天長節休日也
一　御小祭御延引の処、本日御祭典に付参拝す、尤玉串料三銭備之

一一月四日

同月四日　晴

一　本日は小倉本部へ参詣す

一一月五日

同月五日　陰　雨順々

一　出勤す
一　於友へ手当金送の手紙出す
一　石津より午后家族中案内あり、依て蒲鉾三本と松茸為持候事

一一月六日

同月六日　陰

一　三嶋家扶へ旧神官始末調書異存無之書面相渡す
一　東京にて教長去月十七日死去の由、小倉にて伝承致し、依て本日本部へ悔状を仕出候事

一一月七日

同月七日　雨　后晴

一　石津へ厚礼として至る、夫より豊永へ積る礼旁到る、本日は日曜なり
一　豊功神社御例祭に付、玉串料参銭持参拝礼す

一一月八日

同月八日　晴

一　用達所へ出勤す
一　小学校紀念案内に付、出頭す
　御寄附金一件談決す
一　洋人御交際云々御見合、又田代御案内一件同断

一一月九日

同月九日　晴

一　記事なし

一一月一〇日

同月十日　晴

一　友より八日附手紙来り、即日答書す
一　小肴二十尾　菓子一筥
　右御二方様御着御歓として、午后イヨ御邸へ持参す
一　風邪に付、梅と両人松岡診察を受け薬用す

一一月一一日

同月十一日　晴

一　出勤す
一　欽麗院様よりフラネル地一包御送附三嶋家扶持参あり、右拝受の段御請書荘原家令へ宛本日郵書仕出候事
一　梅と両人松岡氏の診察を受る

一一月一二日

同月十二日　陰

一　松岡へ両人とも診察に往く

一　イヨ事福岡病院へ見舞として直蔵連行、柿百個持参す

一　米熊へ敬蔵見舞郵便状仕出す

一一月一三日

同月十三日　晴

一　御縁談一件に付、荘原より来書あり

一　イヨ病院より帰る、友こと追々順快に付、本月内には退院の様子也

一一月一四日

同月十四日　晴

一　昨日荘原よりの書面、三嶋へ承知に入置候事

一　御縁談一件、荘原家令より来書を持参し、関支店に於て豊永翁へ面会尋問す、右書面順序実施異議無之筈に付、退散す

一　右書面を持参、三位公へ呈上し、得と御勘考、御二方様思召の旨は、明日参殿の上相伺候て、家令へ書答可仕段を上申し退出す

一　梅子診察を受、休薬す

一　本日は日曜休暇なり

一一月一五日

同月十五日　晴　后陰

一　用達処へ出勤す

一　ツネコ様、高輪様へ御預け一件、荘原よりの書面通り充分条件を附し、且又御内情御心苦御迷惑等のことを伺ひ、其辺御引合の件々伺候段を、本日荘原へ答書、代筆を三嶋へ相頼仕出候事

但草案を上申し、思召無之也

一　午餐御相伴被仰付候事

一一月一六日

同月十六日　雨

一　松岡へ診察に行き、且薬用す

一一月一七日

同月十七日　陰

一　風邪に付、在宿薬用す

一一月一八日

同月十八日　陰

一　在宿す

一　松岡へ梅子行く、診察を受る

一一月一九日

同月十九日　陰　后雨
一　在宿薬用す
一　松岡へ梅子往き診察を受る
一　午后松岡氏の来診を受け、別薬服用す

一一月二〇日

同月二十日　晴
一　松岡にて梅子診察あり

一一月二一日

同月廿一日　陰
一　日曜在宿、尤薬用す
一　梅子、松岡にて診察あり
一　三嶋家扶御用談来宿あり

一一月二二日

同月廿二日　晴
一　在宿薬用す
一　梅子、松岡にて診察を受る

一一月二三日

同月廿三日　雨
一　慎蔵こと松岡にて診察を請くる
一　トモへ見舞状、且又岡本高介夫婦へ礼状を出す

一一月二四日

同月廿四日　陰　風雨
一　用達所へ出勤す
一　松岡にて梅子診察を受る

一一月二五日

同月廿五日　晴
一　松岡へ至り、休薬のことに申入候事

一一月二六日

同月廿六日　晴
一　出勤す
一　友より廿五日出の手紙来る

一一月二七日

同月廿七日　晴
一　記事なし

一一月二八日

同月廿八日　風雨

一　於友へ見舞状仕出候事

一　三嶋家扶来宿にて、色々年末の件々、御奥様御進退等の件々を協議す、但本日は日曜也

一一月二九日

同月廿九日　陰

一　松小田村安野勝次郎へ、庄次郎金借廿五円の証書、明治七年十月三十一日捨〔ママ〕り現証書を持参し、神霊へ献納勝次郎へ渡之

一　松小田村加調米安野弁に直蔵へ引合す

一一月三〇日

同月三十日　陰

一　用達所へ出勤す

一　御奥様へ、年末御一周祭御出京の儀、御見合云々の気附を上申す、右は御不参のことに御決也

一　三位公へは追て上申可致候得共、御奥様より其御会御申上のことを添て申上置候事

一二月一日

十二月一日　陰

一　金弐拾円

右トモ江郵便為替にして書留を以て本日仕出候事

一　荘原より廿六日附を以て書面来る、夫々上申す

一　三嶋家扶へ年末賞与金に加へ御羽織被下のことを答書す

一　御財産大差あり、長府の分限外のことは行ひ難く、臨時出来ぬことをも添て、本日荘原へ答書す

一　廿六日附の書面三嶋へ廻す

一　御奥様御延引のこと御決に付、其次第を三嶋へ談し置候事

一二月二日

同月二日　陰

一　用達処へ出勤す

一　梶山氏明三日出立上京に付、暇乞として至り、面会す

一二月三日

同月三日　小雨

一　出勤す

一　来る十四日御出発御上京に御決なり

一　御男子様方〔毛利元雄、元智、邦樹〕高輪御教育舎へ御入込の由承る

一　御奥様御不参の件、年末賞与の件々等御尋問に付、夫々気附上申す

一　軸物御賛御詠御持せ相成候事

一二月四日

同月四日　陰

一　用達所へ出勤す、御用談あり

一　御詠の御礼申上候事

一二月五日

同月五日　晴

一　住吉神社へ家内中参詣す
　但日曜休暇なり

一　於友より為替金着受状来る、且又相変儀無之安心のこと申来る

一二月六日

同月六日　小雨

一　出勤す、記事なし

一二月七日

同月七日　陰

一　記事無之

一二月八日

同月八日　晴

一　用達所へ出勤す

一　荘原より御縁談一件来書に付、右三嶋、豊永へ相廻す

一　豊永へ至る、面会の上御用談済也

一　荘原よりの来書の件々、御二方様へ上申す、又御滞京の都合、高輪様へ御引合の件々御内談なり

一　右は三嶋へ談置、尚又荘原への答書相頼置候事

一二月九日

同月九日　晴

一　出勤す

一　福岡病院にて友へ見舞として直蔵を遣す、右に付、送金為持候事

一　午后より毛利家予算会議に付、清末様始め協議人集会、尤豊永不参にて三吉、三嶋也、議決調印済む、右終て御洋食御相伴の事

一二月一〇日

同月十日　小雨

一　病院にて友へ見舞として直蔵遣候処、夜中帰る、痛所又々療治の由、尚療治の様子を実検〔ママ〕し、詳細に其次第を聞取る、先つ一月中は入院の予算なり

一　直蔵へ両度の謝儀渡す、総て出金は別記致置候事

十二月十一日

同月十一日　陰 少雪
一　用達所へ出勤す
一　午前三嶋家扶来宿にて、家令住所の件、○式子様高輪へ御入邸諸費の件、○年末賞与の件、○村上彦三へ御尋の件等夫々談決す、又は五郎君〔毛利五郎、毛利元徳五男〕の件も同断の事

十二月十二日

同月十二日　小雪
一　日曜休暇也
一　玉樹へ尋問状又送物諸引合加筆、郵便状を出す
一　岡本、大石、玉樹へ包紙、外に坂田〔酒田市兵衛〕〔ママ〕へ註文金子入書状、中川へ相頼置候事

十二月十三日

同月十三日　雨
一　用達所へ出勤す
一　御奥様御進退の件、荘原家令よりの来書に付、三嶋家扶一同相伺、電信にて答あり
一　昼御洋食御相伴す
一　清末御奥様御遺物、御羽織一枚、御写真、熊谷より手紙添別段の訳を以て於トモ江被下候に付、受書出し置候事

十二月十四日

同月十四日　陰
一　用達所へ出勤す
一　三位公御上京として、午前八時御出立に付、御見送す
一　清末様へ御遺物、積る御礼として出頭す
一　小月南部へ答礼、又善勝寺へ仏参、村上彦三氏へ見舞す、夫々菓子持参の事

十二月十五日

一　三嶋氏来宿、門司地所引合済の由也

同月十五日　晴 雪少々
一　記事なし

十二月十六日

同月十六日　陰
一　出勤す、記事なし

十二月十七日

同月十七日　陰
一　三位公昨日御安着の御到来あり、御奥様御上京は追て申来る筈也

一二月一八日

同月十八日　陰

一　出勤す、記事なし

一　坂野〔良造〕へ行く、宅地売却の件を依頼す

一二月一九日

同月十九日　陰

一　日曜休暇なり

一　友へ郵便状今晩出す

一二月二〇日

同月二十日　雨雪

一　用達所へ出勤す、記事なし

一二月二一日

同月廿一日　雪

一　神戸坂田、安藤へ受書出す

一二月二二日

同月廿二日　陰

一　用達処へ出勤す、記事なし

一二月二三日

同月廿三日　雪

一　協議人年末御謝儀として金五拾円、市岡御使にて被下候事

一　右に付、御礼として参邸、家扶へ申出候事

一二月二四日

同月廿四日　陰

一　出勤す、記事なし

一　玉樹、トモの両人より夫々答書あり

一　三島家扶御用談来宿あり、新年御式は松かさりやめ、がしふもやめなり

右電報の主意を以て、当御邸も同様豊照神社へ神供のみと申合せ、元日の御式五日の御宴会も御見合、平常にして可然ことに談す

一　荘原より三嶋へ年末賞与、例年の通特に御羽織被下のことに依頼書来る也

一　式子様御縁談一件、歩を進める加筆あり

一　友より答書来る

一二月二五日

同月廿五日　陰

一　記事なし

十二月二十六日

同月廿六日　陰

一　日曜休暇なり

一　荘原家令より被下物、箱入一個到着す

十二月二十七日

同月廿七日　小雨

一　用達所へ出勤す

一　年末に付、特に御謝儀を頂き候事

一　荘原へ包箱着受状、上々様御機嫌伺、尚又荘原氏へ尽力の由、取束ね挨拶状仕出置候事

一　本年は御大喪中に付、歳末、年始とも賀表幷に国旗掲揚等差控候に付、欽麗院様へ別段賀表は呈上不致候事

十二月二十八日

同月廿八日　雨

一　十六年分日記精書受取る

十二月二十九日

同月廿九日　雨

一　出勤す、記事なし

十二月三〇日

同月三十日　晴

一　墓参す、其他記事なし

十二月三十一日

同月卅一日　雨

一　用達処へ出勤す

一　三嶋家扶へ賞与七円五拾銭、外に思召を以て一三つ御紋御仕立の御羽織被下之、右は主公の御代理にて御奥様より御渡に附、出座す

一　米熊より廿六日附郵書到来す、何れも無事の由也

一　御大喪中に付、歳末式の儀は一般用捨なり

日記　十九　明治三十一年

明治三一年

一月一日

明治三十一年一月一日　雨

一　御大喪中に付、新年式は総て一般用捨之事

右に付、祝賀欠礼致候事

一　午前毛利用達所へ出頭の上、御神霊江玉串料三銭を献し参拝す、夫より御奥様〔毛利保子〕へ拝謁候事

一　三位公〔毛利元敏〕御滞京なり

一　小坂〔住也〕、浅野〔一之〕、豊永〔長吉〕へ尋問す

一　明二日本宅引合の事を、栢俊雄へ不都合無之様依頼致置候事

一　坂野良造へ答書を仕出す

一　米熊〔三吉米熊〕へ家政向来の見込、永続方法決定書相認め、本日郵便状を出置候事

一月二日

同月二日　晴

一　旧宅見分貞永より延期申来る

但本日は日曜也

一　三田尻華城村荒瀬新八次男為蔵氏〔荒瀬為蔵〕、昨夜一泊、本日午前出立也

一月三日

一　小笠原氏〔武英〕へ家一件照会状を出す

同月三日　陰

一　三嶋氏〔盛二〕御用談来宿あり

右は荘原〔好一〕株券出願一件異議なし、但出京一件三名の内云々を議す

一月四日

同月四日　陰

一　福岡病院トモ〔三吉トモ〕へ見舞として行、博多明治館へ一泊す

一　藤崎下宿へ尋問、祝儀を出す

一月五日

同月五日　陰

一　早朝河内野医師へ出頭し、トモ療治向後の様子入々相尋、夫より又病院へ行き、午前十一時七分発の汽車へ箱崎より乗車にて、午后四時過き帰る

一月六日

同月六日　陰

一　三島来宿、荘原出願協議三名異議なしと決す

一　豊永来宿、出京の件、三吉出京の談あり、異存無之ことに答置候事

一月七日

同月七日　陰

一　用達処へ出勤す

一　出京の件、三嶋より示談に付、御命次第異議無之ことに内答致置く、且又御奥様御上京の節は、市岡〔義介〕御供帰可然、先廿五日郵便船にて横浜上陸の都合に談し、内議致し置候事

一月八日

同月八日　陰

一　記事なし

一月九日

同月九日　陰

一　三嶋来宿、御奥様御出京御内決の件、談あり

一　本日は日曜なり

一月一〇日

同月十日　陰

一　出勤す

一　式子様〔毛利式子〕、小早川〔四郎、毛利元徳四男〕家へ御内約相整、来る十日御結納御取極の御様子、荘原より来書あり

一月一一日

同月十一日　陰

一　用達所へ出勤す

一　三嶋来宿、式子様小早川家へ御縁談表面、昨日荘原より電報の由也

一　本日は英照皇太后御一周祭也

一　病院トモより郵書来る、右は御奥様より御尋として、松魚料五拾銭、小説本三冊御送達に付、御請の儀申来る、依て右御請且御礼上申す、尚又式子様御縁談御極に付、御歓同断の事

一月一二日

同月十二日　晴

一　豊永へ談合あり面会す、右は出京の上気附記事書を以て協議す、異存無之

一　桂弥一氏へ尋問、色々内議す
一　豊永氏へ歓魚一折を為持候事

一月一三日

同月十三日　晴
一　米熊より家事改正の件答書、異議無之段申来る
一　坂野良造より家作売却の件来書に付、夫々決答す、又不在中は桂、栢〔貞香〕の両人へ引合のことを加筆す
一　荘原家令より左の電報来る、直に三嶋へ申出置候事
ツキスヱマデオノボリアレトノコトナリ

一月一四日

同月十四日　晴
一　出勤す
一　三嶋来宿御用談あり、又出京記事を以て打合置候事
一　荘原家令へ出京請書を仕出す
一　大庭友槌妻昨夜死去、明十五日后三時出棺の為知あり、右に付、香花料持参の悔に至る

一月一五日

同月十五日　雨
一　浜田氏転任暇乞として来宿、十八日出発の由也
一　大庭友槌妻埋葬に付会葬す

一月一六日

同月十六日　陰
一　荘原家令より表面御約定十二日相整、十六日御結納御取替の儀、且又上京の依頼、御守刀の件申来る
右御守刀拝借持参のことを答書す
一　梅子〔三吉梅子〕写真、トモ、米熊、玉樹〔三吉玉樹〕、荒瀬〔新八〕へ送る
一　三島、小嶋の両氏を招き、晩餐を出す
一　本日は日曜休暇なり

一月一七日

同月十七日　晴
一　用達所へ出勤す
一　式子様昨日御結納済に付、恐悦申上候事
一　清末様〔毛利元忠〕御刀御拝借取計御使、三嶋へ相頼候事
一　梶山〔鼎介〕、岡本へ尋問す、浜田へ暇乞、又板垣〔禎三〕へ煙草二玉持参す

一月一八日

同月十八日　小雨
一　出勤す
一　御奥様上京として御出発に付、御邸にて御見送り申上候

事

一　来る廿五日西京丸引合の件を三嶋へ頼置候事

一　玉樹へ廿五日出立のことを郵便状出す

一　トモより送物の受書郵便来る、追々快方の由也

一月一九日

同月十九日　晴

一　記事なし

一月二〇日

同月二十日　晴

一　用達所へ出勤す

一　御奥様昨日神戸御安着の報あり

一月二一日

同月廿一日　晴

一　三嶋家扶来宿、清末様へ御分与金の件、御守刀拝借引合済の談あり

一　御奥様昨日東京御安着の報あり

一　友へ廿五日出立、又直蔵留守中尋問のことを申遣す

一月二二日

同月廿二日　晴

一　出勤す

一　出京御用談諸引合、夫々書附を以て三嶋家扶談合書面現品附談置候事

一　出京に付、荘原、江良〔和祐〕の留守へ尋問す、又梶間両家へは、河村〔光三〕へ伝言致置候事

一　三嶋氏へ留守非常等の節何も依頼す、又栢俊雄へトモ異変の際は、始末一件を頼置候事

一月二三日

同月廿三日　雨

一　出勤す、尤日曜日也

一　荘原より電報、御規式廿日後に付、出京少々延引にても可然と申来る、依て返信、廿五日出立と本日仕出す

一　梶山氏今朝帰府に付、荘原家令よりの詮議、尚又梶山氏向後の気附も有之、依て午后より梶山、三嶋、三吉の三名用達所す、集会す

一　右ヶ条談の儀は、出京に付、其件廉書にして出京の上、再議再案可致ことに申合、各退散致候事

一月二四日

同月廿四日　陰

一　用達処へ出勤す、別に議事なし

一　昼飯被下候事

一　海苔　一箱
　右梶山氏より到来す
一　豊永、浅野、小坂へ暇乞に行
一　梶山、石津〔幾助〕、河村、岡本其他尋問あり
一　出京に付、預り物其他夫々引合出京記事す、依て略す

一月二十五日

同月廿五日　雨
一　御用向有之御下命に付、本日午前八時出立出関し、十一時出港の西京丸へ乗船す
一　公より御送として勝本光実被差出候、同人倅子光六〔勝本光六、勝本光実の子〕頼に付、同行す
一　イヨ〔三吉イヨ〕、梅子川卯迄送る、海上北風波あり

一月二十六日

同月廿六日　雪
一　午前七時神戸着、夫より安藤〔善作〕方へ一泊す
一　留守へ郵書を出す、又荘原始め玉樹、横浜津久井屋へ郵便を仕出す
一　梶山氏より頼の註文、金子相添、安藤へ渡す

一月二十七日

同月廿七日　晴
一　正午神戸出船、夜雷雨大風海上甚し

一月二十八日

同月廿八日　雨
一　午后四時横浜着船す
一　主公より御迎として赤松次郎〔長府毛利家丁〕被差越候、午后五時廿五分新橋発汽車にて御別邸へ出頭す、上々様へ拝謁、夫より井ノ口方へ下宿す、勝本光六は夫々手当して送る
一　玉樹事行違に相成、電報来る

一月二十九日

同月廿九日　晴
一　午前より出勤す
一　式子様御縁談御順序、今日迄の手続き、夫々承る
一　午后玉樹来宿、留守の事情を語る
一　同人へ仙台平袴地一反と洋服一揃を遣す
一　イヨより石川〔守一カ〕始め送り物品の送達のことを相頼む
一　関蒲鉾三本、飴一箱荘原へ送る
一　長府へ安着、電報江良より有之
一　清末様拝借御短刀其外入記の前荘原へ相渡す、且御先祖様御書写相渡候事

一　今般御仕立御短刀調製の件、尚又秀元公〔毛利秀元〕の御現書送り方の儀、市岡へ引合あり
一　豊永翁来宿にて、来る一日集会の談あり

一月三〇日

同月三十日　晴
一　留守へ郵便状仕出す、市岡本日出立也
一　御縁談手続書之件々、荘原より承候事
一　午后北白川宮〔成久王〕へ奈良漬一箱御伺として持参す
一　欽麗院様〔毛利欽子〕へ金壱円御品代り、又イヨより淡雪一箱を献上す
一　河合〔浩蔵〕へ蒲鉾三本、江本へ煙草二袋を進物す

一月三一日

同月卅一日　晴
一　出勤す、記事なし
一　高輪御後室様へ御伺、蒲鉾五本献上す
一　元昭公御夫婦様〔毛利元昭、毛利美佐子〕、妙好様〔毛利都美子、毛利敬親正室〕、小早川様、大村様〔大村徳敏、毛利元徳六男〕、毛利五郎様へ御伺出頭す
一　荘原於ツユ女縁組歓、金壱円を肴料として進物す
一　玉樹不快の由来書に付、直に宿へ尋問す

二月一日

二月一日　晴
一　出勤す
一　勝本光実より安着歓状来る
一　麻布三丁目各家御子供様方御教育所、名称時習舎と云なり
一　本日は午前より豊永、荘原一同於御邸、今般御分与金支出の議事談議有之、会議未決、追て取調の上、再議のことに決し、中止す
一　御結納御持参品等の区別に至迄、後年の見込を議す、是又未決中止す
前条の件々、家扶三嶋へも照会可然ことに談決す
一　荘原より相談人植村〔俊平〕、諸葛〔小弥太カ〕へ、協議云々の件、示談あり
右は荘原一己限りにて談することに決す
一　御女子様方、向後御教育の方針談あり
右は再議することに決し、尚再案のことに談決す
一　財産主管者進退の件
右再議再案のことに談決す
一　前条の外、高輪様〔毛利元昭〕御引合の件に付、井伯〔井上馨〕より田嶋〔信夫〕を以て談あり、色々事情荘原より談あれとも、豊永両人色々談議し、荘原へ気附を談し、

一　終に承諾也
一　伝習所より出願の事情、三嶋より伝達の次第、荘原へ申入置く

二月二日

二月二日　晴　風あり
一　午前井ノ口より御邸へ転居し、御長屋へ滞在す
一　御結婚当日、御奥様、御女中、御供、御式の礼服着用に付差問あり、依て於ツユ御雇なれは、荘原御問に合可申との談あり、右は御奥様へ上申し、御頼に決す
一　式子様御事御後室様へ御預け中の御謝礼の件、荘原より内議あり、其金額は先百円を目途とし如何哉と答へ置候事
一　玉樹へ郵便見舞状を出す
一　三嶋へ、出京後御用向、昨日迄の事状、内報仕出置く

二月三日

同月三日　晴
一　玉樹より順々快方のことを申来る
一　午后より上野、神田辺へ、荘原同行にて高輪御後室様江御挨拶被為進物品見合す、右は神田高木方にて玉弁に台とも箱入にて、六拾五円にて買入を決す、夫より荘原宅にて晩餐出るなり
一　玉樹宿所へ尋問す

二月四日

同月四日　晴
一　留守へ郵便状仕出す
一　米熊より郵書来る、答書す、又留守よりも郵書来る
一　梶山氏出京あり、面会す、明五日出立の由也、依て今日迄の集会事情を内話す
一　荘原方へ行、協議会の事件を三嶋へ尋問の案談あり、尚亦今晩豊永一同梶山宿へ尋問の由也
一　田村町本部へ参詣、又石川へも尋問す

二月五日

同月五日　雨
一　三嶋より倉光〔三郎〕への引合の件々、荘原へ申入置、右は照会有之なり
一　荘原出勤にて、昨夜豊永、梶山一同三島への案を議し、追て再議の方可然ことに談ありしとのことを承る
一　嵯峨様〔実愛〕、吉川〔経健〕御両家へ御伺出頭す
一　岡本高介方へ尋問す、尤イヨより送物を持参す

二月六日

同月六日　晴

一　議事なし
一　昨日豊永氏宿へ至り、今日迄の愚意を談置、同意也
一　三島より郵便にて気附の件々内報状来る、即日答書す
一　岡本高介見舞旁来る
一　午后より増上寺内へ買物運動す

二月七日

同月七日　晴
一　留守へ郵便答書す、又玉樹へ見舞状を仕出置候事

二月八日

同月八日　晴
一　留守より郵便状来る、即日答書す
一　玉樹より全快報知来書あり
一　秀元公御教育書は仮に写し、御短刀も仮仕立、追て調製の上御引替のことに協議す
一　豊永氏出邸、別に議事なし

二月九日

同月九日　晴又陰
一　高輪様にて御婚礼式御習礼あり、御二方様御出なり
一　日本橋辺買物運動す

二月一〇日

同月十日　雪積る
一　来る廿四日御結婚のことに御内決に成る、右に付、当日御式附拝見す
一　男女着服等御定相成る、御当日は御供於ツユ御馬車御添乗、尤礼服の事
一　林和人帰朝、出邸に付面会す
一　梅子用反物二反留守へ小包にして送出す
一　留守又病院トモへ郵便状を出す
一　三嶋より御分与一件に付気附内報来る
一　栢俊雄より友療治の様子来書あり

二月一一日

同月十一日　陰
一　記事なし

二月一二日

同月十二日　晴
一　式子様御結婚御里披日限、本日御発表相成候事
一　本日は初午御例祭有之、依て玉串料三銭を備ふ
一　御結婚御里披日限御決定に付、御伺す
一　式子様御古召御始末の件、夫々気附を上申す

一　三嶋へ御婚礼御里開御発表内報郵便仕出す
一　御祭に付、於御奥御宴会御相伴す
一　玉樹来宿、全快なり

二月一三日

同月十三日　晴
一　午前より井上伯、杉子〔孫七郎〕、品川子〔弥二郎〕の三家へ尋問伺す
一　品川子より米熊へ農業経済論一冊と伝言あり、依て米熊へ送る
一　品川子より白河楽翁〔松平定信、白河藩三代藩主、老中〕の石摺、主公へ壱枚、慎蔵へ壱枚受之
一　田村町本部へ参詣、御尊師へ面会す
一　御後室様〔毛利安子〕御来邸あり、別に伺の件なし

二月一四日

同月十四日　晴　寒さ甚し
一　三嶋家扶より十一日附御分与金支出の件々気附答書あり、右は荘原宛なり
一　豊永翁出頭に付、今般式子様御結婚済の上、荘原へ金参拾五円、家族中へ拾五円、於ツユ女へ先五円の見込如何哉のことを議す、右は異議なし
　但於ツユ女事は、御供御式服着用旁、別而有之こと也
一　津久井屋より海苔到来す

二月一五日

同月十五日　晴
一　河合より海苔到来す、依て礼状を出す
一　式子様、高輪様より本日御帰邸也、御滞留中の御謝儀、上下へ御仕向、金凡百三拾円余の額也
一　敬蔵〔三吉敬蔵〕、治子〔三吉治子〕の両人へ、ばゝ〔三吉イヨ〕より久留米かすり地一反小包にして送るなり
一　賀田〔貞一〕へ出京為知、且無沙汰致候挨拶状を出置候事

二月一六日

同月十六日　陰
一　議事なし
一　坂野良造より宅地一件郵書来る

二月一七日

同月十七日　晴
一　議事なし

二月一八日

同月十八日　陰　夜雨
一　山階宮〔晃親王〕昨十七日薨去、依て五日間宮中喪、三

日間音曲禁止の事
一　留守より小包着請状来る、答書す
一　小嶋〔虎槌〕へ挨拶、留守頼状を出す
一　小笠原、阿曽沼〔次郎〕、賀田の三氏来宿あり

二月一九日

同月十九日　雨
一　御用議事なし
一　坂野良造より来書、又正村〔信一〕より同断
　但坂野へは再度の答書を出す
一　岡本家内来宿、下駄及カン詰持参也
一　阿曽沼氏リンゴ持参也
一　米熊より再度の小包着請と上田へ出張のことを申来る
一　来る廿四日御儀式御延引なり

二月二〇日

同月廿日　颪
一　来る廿八日御結婚、三月二日御里開御改定となる

二月二一日

同月廿一日　晴
一　御用間に付、伺の上午前八時四十五分上野発車にて上田に到り、午后六時に着す、米熊、敬蔵出迎居、直に宿所に至り、家族一同に始て面会す
一　金弐拾円　服料紋本添　タキ子〔三吉タキ〕へ
一　同五円宛　敬蔵、治子の両人へ
一　金壱円　肴料
　右持参す
一　家事の要件、其他友療治の次第、向後の永続方針、一家は和を旨とし尽力のことを一同へ申聞せ置候事

二月二二日

同月廿二日　大雪　凡二尺積るなり
一　終日打寄談話す

二月二三日

同月廿三日　朝より晴
一　午前七時三十三分発車にて上田を出立す、敬蔵、米熊停車場まで送来る
一　ツムギ白地　一反
一　人形一つ、カン詰一つ、箱一つ長府送り、又車中の手当仕向あり
一　午后五時上野へ着す、夫より直に荘原へ至り、式子様御調度の陳列を拝見し直に帰邸す

二月二四日

同月廿四日　晴
一　米熊夫婦へ安着郵便状を出す
一　北白川宮より御使を以てカステーラ一折下賜、依て御礼として参殿す、且又近々出立御暇乞併て上申す
一　石川にてイヨへ送物あり、受取なり

二月二十五日

同月廿五日　晴
一　小早川様家扶梨羽〔景介〕より、来る廿八日御結婚に付、午后一時御案内状到来す
一　式子様御離盃、御内輪限り御酒宴御相伴被仰付候事
一　式子様御荷物、小早川様へ昨今御引合相成候事

二月二十六日

同月廿六日　晴　風あり
一　式子様へ手提カハン壱個献上す
一　来月四日より御用済出立のことに上申済也

二月二十七日

同月廿七日　晴
一　梶山氏より郵便状来る
一　本部幷に石川へ暇乞に至る
一　留守より郵便状到来す

二月二十八日

同月廿八日　晴
一　三嶋へ御用済来る四日出立のことを郵書仕出置候事
一　吉辰に付、式子様午前十一時御出門にて、高輪御本殿に於て、午后一時小早川様御結婚御盃合目出度相済、直に長府へ荘原より電報す、御儀式の通拝謁、夫より御流被下、又二汁五菜御式膳礼式の通御末席にて御相伴被仰付、後段御祝宴の御相伴被仰付候事
　但御料理夫々御持せ相成る
一　午后十時半御二方様〔毛利元敏、毛利保子〕御帰邸、次に帰宿す
一　荘原は小早川様御本邸へ御名代として参邸、十二時帰宿なり
一　小早川様へ鰹一折、荘原と両人にて御歓当日献上す
一　御二方様御帰殿の上、恐悦申上候事

三月一日

三月一日　晴　風あり
一　小早川様へ恐悦昨日の御礼参殿す
一　高輪様両御殿へ御歓且御暇乞として参殿す
一　玉樹へ昨日の御料理手紙相添為持候事

三月二日

同月二日　陰　風あり

一　本日午后小早川御夫婦様御里開として御邸へ御招き、御後室様、元昭様御夫婦とも御一同被為成候、御儀式は御吸物肴三種にして御略式相済、夫より紅葉館に於て御親類様一同御酒宴あり、御末席にて御相伴す
右は御縁談一件総て家令記事あり、依て略す

一　小早川様より七々子地一反頂戴す

三月三日

同月三日　陰

一　梅子へ荘原より下駄一足送来る

一　欽麗院様より家族へ御送物頂戴す

一　ユカよりイヨへ送物あり

一　荘原へ積る挨拶暇乞に行

一　明日出立に付、夜御酒被下候事

三月四日

同月四日　小雨

一　午前六時新橋発汽車にて出立す、御見送として新橋迄江良を被遣候、同夜十二時廿分神戸安藤へ着す

三月五日

同月五日　小雪

一　長府へ電報を発す

一　午前長門丸へ乗船し、十一時出港、海上平波也

三月六日

同月六日　小雨

一　午前六時半門司着船す、栢俊雄を船へ迎として被差遣、直に馬関川卯へ上陸す、イヨ、梅子迎に出る也

一　三嶋、河村来宿あり、本日は用達所へ不参す

一　小嶋、三島の両家へ留守中の挨拶に往く

一　小嶋、小坂義作、正村家内〔正村チセ〕、三蔵来宿なり

一　東京へ用達所より安着の報知ある

三月七日

同月七日　陰

一　午前より用達処へ出勤す

一　御用向夫々引合三嶋へ申入、又東京表の御様子、事情、実見の次第、夫々談置、尚又荘原よりのヶ条書の書面相渡す、引合済也

一　三嶋家扶増給御沙汰書相渡す

一　玉樹へ安着電報を発す

一　梶間艦次郎よりの金子入封書、河村光三へ相渡す

三月八日

同月八日　小雨

一　豊永へ尋問す、面会の上東京の事情御用談の件々申入、又財産御分与云々気附を談す、同意也

三月九日

同月九日　陰

一　出勤す、議事無之

一　小坂へ尋問す

三月一〇日

同月十日　陰

一　梶山氏来宿、西瓜種を渡す、白瓜追て送来筈に談置也

一　能勢〔孤釣〕、勝本、竹森〔勝国〕来宿あり

三月一一日

同月十一日　小雨　后晴

一　用達所へ出勤す、議事なし

一　三島家扶来宿、御用談左に記す

一　野村〔源七〕より御預りの件、先是迄通りにして豊永より同氏へ云々可然ことに議す

一　御歓献上の件は、一同御着日に決す

一　御女中松井精取調可然ことに議す

三月一二日

同月十二日　陰

一　記事なし

三月一三日

同月十三日　雨　風あり

一　出勤す

一　御二方様東京より十二時過御安着也

一　式子様御結婚歓金三百匹献上す

一　荘原より来書、追々御答礼等の始末有之由、且又御教育一件、乃木氏〔希典〕の意見等加筆あり

一　御出山の件等議事あり、依て夫々談決す

三月一四日

同月十四日　陰

一　荘原家令へ滞京中の挨拶礼状郵便を仕出置候事

一　豊永へ面会、野村内願の件を議す、右は過日三嶋へ談合の通り同案也

一　御歓献上のこと申入置候、山口へは不参のことに決す

一　式子様御結婚済御祝酒料として金壱円被下候事

一　豊永氏来宿なり

三月一五日

同月十五日　晴　后陰

一　出勤す

一　三嶋より御供女中御下命の件、談あり

一　御祝酒料被下の御礼申上候事

一　野村出願の件、豊永談決に付、三嶋へ答置、右引合済む

三月一六日

同月十六日　陰

一　玉樹より送り菓子一包、カステラ一包、右小包郵便にして仕出す、外に郵便状にて見舞送物のことを仕出置候事

一　中川好治、石津、市岡、能勢来宿、又栢貞香、岡本家内同断

三月一七日

同月十七日　晴　夜雨

一　出勤す、議事なし

一　三嶋御用談来宿、鏻子様〔毛利鏻子〕御進退の件、荘原よりの来書持参にて色々談合す、尚豊永翁と議し弥相決し、主公へも上申の手筈可然ことに申合置候事

一　御出山御供の件々を談合す

三月一八日

同月十八日　雨

一　用達処へ出勤す

一　金百三拾五円先般出京旅費として三嶋家扶持参也

一　金七拾円出京に付、長府にて拝借す

一　金八拾円滞京中拝借す

合金百五拾円の辻

右長府用達所へ本日返納引合済候事

一　主公へ篤長殿〔細川篤長〕引合の件々上申す、尚三嶋家扶へも承知に入置候事

一　豊永宅にて三嶋一同会し、荘原よりの書面御後室様へ鏻子様御引合の件々を議す、三名共同案に付主公へ上申す、其件に付、三島家扶へ御下命あり、議決の事

一　金子信治来宿、産物到来す

三月一九日

同月十九日　陰

一　出勤す

一　明廿日御二方様御出山に付、御伺として出頭す右は来る廿三日忠愛公〔毛利元徳〕御開葬に付て也、三嶋家扶、栢俊雄、女中ナミ〔臼杵ナミ〕、但慎蔵こと不参の段、三嶋へ相頼置候事

一　御寄附金の件談あり、尤山口にて打合の筈也
一　荘原より来書、梶間より同断、種物着す、梶山へ直に送る

三月二〇日

同月二十日　晴
一　御二方様御出山被遊候也
一　金子信治へ答礼す、且栢両家、浜田へ尋問す、但日曜也

三月二一日

同月廿一日　雨
一　出勤す、記事なし
一　正村より小鯛二尾到来す

三月二二日

同月廿二日　晴
一　法華寺、功山寺へ参詣す
一　梶山、石津、桂の三氏へ尋問す
一　イヨ、梅子関分教へ参詣す

三月二三日

同月廿三日　雨　風
一　出勤す
一　山口にて御二方様への伺書郵便仕出有之様、中川〔涼介〕へ談置候事
一　山口三嶋より左の電信八時に着す
　ヲシキアメフリシモシユヒヨクイマスミタ

三月二四日

同月廿四日　雨　旧暦三月三日に当る
一　出勤す、電報中川へ相渡置候事
一　赤飯、松魚添一箱
右荘原より祝品挨拶として到来に付、答礼状郵便本日仕出置候事
一　トモより郵便状来る、異状なし、直に答書す、母事廿八日尋問のことを申遣す

三月二五日

同月廿五日　晴
一　用達所出勤す
一　御二方様午后六時御帰殿也、御着の上、拝謁申上退出す
一　善勝寺来宿、菓子一筥到来す

三月二六日

同月廿六日　雨
一　出勤す
一　毛利様より昨日御取締の由、板蒲鉾三被下候事

一　三嶋来宿、御出山中の件々、幷に鏻子様御進退の件に付、御後室様へ三島より上申の次第を承候事
一　本日御持せ被下物の御礼申上候事
一　難波〔舟平〕、浅野の両家へ積る挨拶旁行く

三月二七日

同月廿七日　陰
一　日曜、記事なし

三月二八日

同月廿八日　晴
一　山県大将〔有朋〕昨夜より豊永へ止宿に付、今朝出頭面会す
一　三嶋来宿にて、主公私立学校授与式御臨席の件、談あり右は、桂弥一氏へ再問の上、御出席の都合を決答す
一　イヨ七時より福岡病院友へ尋問として直蔵附添出張す
一　伊藤九三妻〔柳〕明廿九日一周忌相当、菓子一箱送来る、依て香花料弐拾銭を為持候事

三月二九日

同月廿九日　晴
一　滝原善勝寺棟上に付案内あり、梅子を同行す
一　イヨ福岡病院友へ尋問して帰宅す、先順々快方の由也
一　四月分病院手当金持参し、友へ引合済也
一　林於ティ病院へ同行なり

三月三〇日

同月三十日　陰　風あり
一　出勤す、別に記事なし

三月三一日

同月卅一日　晴
一　大掃除、検査済也

四月一日

四月一日　雨
一　毛利邸御例祭の処、眼病に付不参の儀三嶋家扶へ申出、玉串料五銭備之
　　但直会御分配御持せ被下候也

四月二日

同月二日　晴
一　旧御用所鍵拝借の分、本日栢へ返納す
一　荘原よりの御用談状を預る
一　浜田氏へ到来物の答礼す、明三日引払の由に付、午后引受出張のことを申入置、右直蔵へ引合置候事

一　林方へ裏引合済也
一　正村方へ積る挨拶旁尋問す
一　浜田市介氏、東京麴町区平川町三丁目拾五番地転居に付、届書横畠へ頼置候事

四月三日

同月三日　雨
一　神武天皇御例祭祝日及日曜休暇なり
一　浜田市介本日引払に付、午后より引合として往く、直蔵を雇ひ、林より出入を頼、小門を明け、諸締り致置候事

四月四日

同月四日　晴
一　浜田よりの取次として、神谷豊功と申す人参り、人力車を進物すとの事也
一　宇賀本郷於リン本日解雇す
一　トモへ小包郵便送方仕出置候事

四月五日

同月五日　晴
一　用達所へ出勤す
一　米熊へ夏橙一個百三十入仕出す
一　江下本宅へ終日行く

四月六日

同月六日　陰
一　米熊へ橙送出し郵便状を出す
一　小早川殿御来邸の件、談あり
一　三嶋出京の件、引合済也

四月七日

同月七日　陰　后晴
一　出勤す
一　江下へ帰宅のことを小嶋氏へ申入置、異議なし
一　式子様へ献上物の御挨拶金千匹、能勢御使を以て被下候事
一　明日小早川様御来邸の儀、三嶋家扶申来る

四月八日

同月八日　陰
一　出勤す
一　長尾入院報知、幷に友へ小包送り相届候由、加筆あり
一　友へ見舞及十五日本宅へ復帰のことを郵便状出す
一　小早川御夫婦様後七時御来邸、御迎申上候事

四月九日

同月九日　風雨

一　出勤す

一　三嶋来宿、本日夕御宴会之事御決定の由也

一　正村より正午案内にて何れも往く

一　本日は、小早川御夫婦様午后御祝宴、清末様御招きあり、右御相伴す

四月一〇日

同月十日　陰

一　用達所へ出勤す

一　小早川様より糸織一反朔日被下候に付、御二方様幷に梨羽へ御礼申出置候事

四月一一日

同月十一日　晴

一　出勤す、記事なし

一　小早川様へ御伺す

一　イヨ御屋敷へ御伺、玉子、菓子一折、又小早川様へ菓子一折を献上す

四月一二日

同月十二日　晴

一　出勤す

一　小早川様御出立、御邸限り御送り申上る

一　三嶋よりの談、夫々取計被下候事

一　米熊、玉樹、友、小野小坂へ引合、転居の郵便状仕出置候事

四月一三日

同月十三日　晴

一　本日は本宅掃除終日、右に付、日雇二人を入る

四月一四日

同月十四日　晴　夜雷雨

一　本日も掃除一人雇入、外に車力三挺荷送して止宿す

四月一五日

同月十五日　晴

一　本日より家族一同本宅帰り、且小嶋へ引渡し挨拶す

一　三嶋へ挨拶に行く

四月一六日

同月十六日　晴

一　本宅復帰に付、三嶋氏尋問あり、又栢両家来宿、小坂尋

問あり

四月一七日

同月十七日　晴

一　日曜、記事なし

四月一八日

同月十八日　晴

一　出勤す、記事なし

一　正午御洋食御相伴被仰付候事

一　村役場へ本宅帰り届済也

一　郵便局へ同断申入置く

一　金参円

右立野〔栄治カ〕へ十六年より十八年迄三百枚精書の謝儀相渡す、但壱枚に付壱銭宛也

一　坂野良造へ転居引合す

一　宮田清左衛門へ同断知らせる

四月一九日

同月十九日　晴

一　記事なし

四月二〇日

同月二十日　雨

一　出勤す、記事なし

一　玉樹より十六日附郵書来る、又小嶋氏来宿晩餐を出す

四月二一日

同月廿一日　晴

一　石津、宮田〔清左衛門〕の両家より肴到来す

一　正村より竹ノ子及菓子一折到来す

一　薪一車直蔵より到来す

一　小嶋家内、三嶋家内菓子持参、晩餐を出す

四月二二日

同月廿二日　晴

一　小坂兄、品川後室来宿、石津同断

四月二三日

同月廿三日　陰

一　記事なし

四月二四日

同月廿四日　雨

一　本日難波より案内有之、依て交肴為持候、尤不参す

一　日曜休暇なり

四月二五日

同月廿五日　陰

一　用達処へ出勤す

一　米熊より来書、川卯へ聞合状出す

四月二六日

同月廿六日　晴

一　記事なし

四月二七日

同月廿七日　晴

一　記事なし

四月二八日

同月廿八日　晴

一　出勤す、記事無之

一　小坂老母〔かつ子〕一周忌、於ユリ〔小坂ユリ、三吉慎蔵末妹〕五十年とも法会案内に付、正午参拝す

四月二九日

同月廿九日　晴

一　記事なし

四月三〇日

同月三十日　陰

一　米熊へ廿一日の答書す

五月一日

五月一日　雨

一　梅子誕辰忌宮へ参詣す、本日は日曜なり

五月二日

同月二日　雨

一　出勤す

五月三日

同月三日　雨

一　出勤す

一　本日は主公御誕辰に付、御祝酒被下也

一　福岡病院へ長尾於ハル便りに付、友へ飴、橙を送る

五月四日

同月四日　陰　后晴

一　友より来書、過る三十日手術云々、至急参院の儀申来る
　右は昨日於ハル参院に付、同人帰府の上と決す

一　慎蔵こと松岡〔茂章〕へ到り診察を受る

五月五日

同月五日　晴

一　松岡来診にて本日より服薬す

一　三嶋来宿あり

五月六日

同月六日　晴

一　松岡来診あり

一　栢貞香へ福岡病院出張を頼む、正午出発なり

一　乃木中将、豊永、栢両家、直蔵来宿あり

五月七日

同月七日　晴

一　松岡来診あり

一　元周公〔毛利元周〕三十年祭に付、箭二本を豊永と両人にて奉納す、尤本日不快に付参拝せす、万事栢俊雄へ相頼置なり

一　用達所より御神酒御持せあり

一　栢貞香病院より午后七時帰府にて、向後の療治方法、木原部長へ尋問の次第、夫々聞合の処、今より十日間相立、其様子により重て手術実施する場合には、報知有之ことに談決済の由、又病人も先折合の様子也

五月八日

一　梶山、石津見舞来宿、正村家内菓子持参也

同月八日　雨

一　三嶋見舞、賀田於マサ同断

一　本日は日曜なり

五月九日

同月九日　晴

一　松岡来診あり

一　梶山氏より玉子十二到来す

一　乃木中将奥方〔静子〕尋問、菓子、糸到来す

五月一〇日

同月十日　晴

一　日原素平、正村信一見舞として来宿あり

一　栢貞香より玉子若干到来す

一　隣家梶山より鱠残魚到来す

一　御奥様より玉子廿個、市岡御使にて病中見舞下さる

一　松岡来診あり

一　乃木氏宿所へイヨ遣す、挨拶旁橙十個、菓子一折相添へ答礼す

五月一一日

同月十一日　晴

一　乃木中将より本日午前十時案内の処、不快に付不参断り置候事

一　高田は丶鱠残魚、イカ持参也

五月一二日

同月十二日　晴

一　難波見舞来宿、栢貞香同断、乃木氏出立伝言あり

一　家扶三嶋氏御用談として来宿、左の件々

一　元雄君〔毛利元雄〕御下県、荘原進退云々、右に付、三嶋進退のこと等也

一　松岡来診あり

一　小坂兄来宿、又諏訪氏〔好和〕見舞あり

五月一三日

同月十三日　雨

一　豊永家内見舞、淡雪一箱持参也

五月一四日

同月十四日　颪

一　昨日桶吉幸便に付、友へ見舞状出す

一　午后三嶋御用談来宿、左の件

来る十七日出立出京に決し、学校の件々内議申入の旨、意書持参に付、別に至急の事故、書面通取計方を同意す

五月一五日

同月十五日　陰

一　日曜休暇、記事なし

五月一六日

同月十六日　小雨

一　勝本見舞来宿、又員光村より家内見舞、玉子五個持参也

一　本日限り休薬の事

分家送籍届

長府村第拾番屋敷居住士族

三吉米熊妹夫

玉樹

文久三年九月十五日生

玉樹妻

妹　トモ

慶応元年五月三日生

玉樹長女

姪　梅子《ウメコ》

明治廿七年五月一日生

右拙者妹夫玉樹妻子携帯当村第拾番屋敷同居住へ分家
致候条送籍被下度此段及御届候也
明治卅一年四月三十日　三吉米熊　印
長府村長松尾信太郎殿
右二通、外に玉樹より二通、同文にして、一同役場へ届
出の控なり
一　三嶋家扶御用向に付、明十七日出発にて出京に付、名代
伊予を出す、右は病中の故也

五月一七日

同月十七日　雨
一　三嶋出立なり

五月一八日

同月十八日　陰
一　桂弥一氏より病気尋問書状到来す
一　坂野良造来宿あり

五月一九日

同月十九日　晴
一　米熊送り書類取調として、立野午后より雇入、夫々書取
候事

五月二〇日

同月二十日　雨
一　用達処へ出勤す
一　御奥様へ病中御尋の御礼を上申す
一　松岡へ病中の礼、又豊永へ同断
一　米熊へ同人の上京明治四年より同二十年迄の記事を郵便
にして送る

五月二一日

同月廿一日　陰　風
一　イヨ、梅子出関す

五月二二日

同月廿二日　晴
一　日曜、記事なし

五月二三日

同月廿三日　陰
一　出勤す
一　松岡へ謝儀、外に肴添、薬価共為持候事
一　三嶋昨日着京の由也

五月二四日

同月廿四日　雨

一　於友へ見舞郵便状を出す

五月二五日

同月廿五日　晴

一　出勤す

一　荘原より廿一日附郵書到来す

一　三嶋へ着京歓、元功様〔毛利元功〕御出の件、郵便状を出す

五月二六日

一　正午御洋食御相伴す

同月廿六日　晴

一　御蔵へ道具出しに行く

一　旧御用所毛利家鍵拝借の処、栢俊雄へ直に返納す、包二つとも相渡す

五月二七日

同月廿七日　小雨

一　福岡病院友へ見舞として出張す、河内野手術医師より左の件面談あり、治療今の儘にて往先快方の見込無之大金を捨るのみ、依て向後の見込は、足を切断致候はゝ、三週間にて快方に相成可申為、其命に関係の掛念必す無之、且又今の儘に差置ても充分其足が用に不立、就ては切落し、杖にて運動致候はゝ全体の為もよく、向後の安心と談あり、依て慎蔵は素より諸医御見込に任せ、快方を頼、両親に於ても異議なし、乍去当人へ能く決心の説明致し、明日決答可致と申答へ、夫より友へ色々と談話し置、下宿藤崎へ一泊す

五月二八日

同月廿八日　陰

一　午前八時前より病院へ抵り、又々友へ能々噺し候処、此上は医師之見込に任せ可申と決し、依て河内野氏へ切落し決答す、尚日限定り候はゝ、三日前報知のことを申入候所、電信にて通知のことを約定あり

一　右に付、前日慎蔵出張し、付添人女一人雇入の談を致し、友へも前日出張し、付添人は藤崎より可然女請合可致ことに夫々咄し整、下宿へ参り相頼置、直に后十一時十七分箱崎より乗車し、六時過帰宅す

一　前条の次第、イヨへも談候処、異議なし

一　六月分手当金三拾九円友へ相渡置候事

五月二九日

同月廿九日　小雨
一　例祭に付、南部〔謙庵〕、伊秩〔脩平カ〕、小野〔小坂祥三〕、宮田の四家へ案内状出置候事
一　桂弥一氏より卅一日案内状来る、右は不得止差間に付、断り状を出す
一　本日は日曜なり

五月三〇日

同月三十日　雨
一　出勤す
一　中学校御寄附金一件、内議は補助会より申出る談なり
本日東京へ引合あり
国民兵異動届
長府村第拾番屋敷同居平民
三吉玉樹
右長府村第十番屋敷居住士族三吉米熊妹夫より四月三十日肩書の屋敷当地へ分家致候間此段及御届候也
明治卅一年五月一日　三吉玉樹
玉樹他行中に付代理
栢　俊雄　印
一　豊永及玉樹へ友治療に付、医師見込の儀、何れも申合決答致候段を昨日郵書仕出置候事

五月三一日

同月卅一日　晴
一　病中の返礼す

六月一日

六月一日　晴
一　出勤す、記事なし
一　鯛　壱枚
右主公より御分配を頂く

六月二日

同月二日　晴
一　本日より忌宮例祭也
一　三嶋より来書、別に議件なし
一　米熊へ郵便状出す

六月三日

同月三日　陰　夜雨
一　記事なし

六月四日

同月四日　大雨

一　荘原へ腫物発病に付見舞状出す

六月五日

同月五日　陰
一　用達所出勤す
一　三嶋午前帰着あり、談なし
一　荘原より染物送来る
一　敬蔵、治子の両人へ、飴一箱小包にして本日送出す
一　豊永、玉樹の両人より答書あり

六月六日

同月六日　陰
一　出勤す
一　徳山様御夫婦〔毛利元功、毛利鈺子〕御着に付、御伺として新市御宿所へ出頭す、御不在なり
一　三島へ着歓尋問す
一　荘原又トモへ見舞状出す

六月七日

同月七日　晴
一　三島来宿、家令協議の件々色々内議あり、奈良漬持参也

六月八日

同月八日　晴
一　記事なし

六月九日

同月九日　陰
一　出勤す
一　御用談あり、夫々談決す
一　徳山様御止宿所へ出頭拝謁す

六月一〇日

同月十日　雨
一　玉樹より電報、リヨウジスミシカ

六月一一日

同月十一日　晴
一　出勤す
一　三嶋家扶御用談来宿あり、学校の件、鏻子様云々の件也
一　玉樹へリヨウジマタセヌと返電す
一　長尾分引合す

六月一二日

同月十二日　陰
一　米熊より受書来る

一　本日は日曜なり

六月一三日

同月十三日　陰
一　用達所出勤す
一　三島より御用談の件々談決す

六月一四日

同月十四日　陰
一　記事なし

六月一五日

同月十五日　陰
一　出勤す、御用談の件々議決す
一　玉樹より友見舞状来る
一　村上彦三死去為知あり
一　福岡病院トモへ尋問として直蔵本日遣す、尚河内野氏へ書状引合す

六月一六日

同月十六日　陰　小雨
一　村上彦三氏埋葬に付、香花料持参す
一　直蔵帰府、友こと先相変ことなし、近々切断に付、十九日より出張のことにて、先廿一日切断の都合也、河内野よりも答あり
一　主公より友へ御尋として御菓子御送の由也

六月一七日

同月十七日　雨
一　用達所へ出勤す
一　豊永、難波の両家内、友へ見舞菓子一箱宛昨日持参也
一　於滝より送物の受書と友見舞の来書あり
一　東京玉樹へ直蔵使の次第、尚出張切断の都合手紙遣す
一　主公へ友御尋の御礼上申す
一　来る十九日より出院の儀、申出候事
一　豊永へ答礼に至る、又長吉翁へ見舞電報す
一　三嶋御用談来宿あり、左の件々也
一　学校寄附の件々、補助会引合の件々、内議の通談決す
一　勝本、下田〔為二〕、能勢本月限夫々御決定の事
一　三十年度決算表当、又上申会議の件、且又明日より病院へ出張に付、清末様丈け上申にて可然ことに答置候事
一　豊浦学校建物敷地の件来状に付、御聞済可然ことに決す

六月一八日

同月十八日　雨
一　栢貞香先般病院尋問相頼候謝儀、酒壱斗預りにして持参

す、但代価三円也
一　主公より御使栢俊雄を以て半期の御謝儀被下候、尚御請は出頭の上可申上段答置候事

六月一九日

同月十九日　晴
一　福岡病院にて友こと近々切断候に付、本日午前より同所へ出張として門司十一時五十分発乗車す、夫より箱崎着、直に病院へ尋問、先異状なし、依て藤崎方へ滞在にて通院す、本日は日曜なり

六月二〇日

同月二十日　晴
一　明廿一日切断の用意あり
一　栄吉見舞として飴一箱持参也
一　於リウ〔渡辺リウ〕より玉子拾五個送る

六月二一日

同月廿一日　晴
一　本日より切断に付、附添女高田タミ雇入、藤崎保証人也
右日別弐拾銭宛、賄日別廿壱銭宛、夜具賃は日別三銭五厘宛なり
一　午後四時過より切断、手術時間三十分余にて相済む
一　五時前病室に入、五時二十分より痛の発言あり、治療は異議なし
一　右に付、直に東京、長府の両所へ電報を五時四十分に福岡本局へ為持、且留守へ郵便状を出す、其電報左の通
　セツダンフジスム

六月二二日

同月廿二日　晴
一　午前切断後巻替、河内野立会あり、昨夜よりは少し痛み軽き方也、変事なし
一　長府へ実地の次第郵便状を出す

六月二三日

同月廿三日　晴
一　手術医師宅洲先との町にて、河内野宅へ玉子六拾個を持参す、早朝面会あり、依て切断後の順序を聞合置く也
一　七月中には退院し、長府へ帰宅為致、順々運動肝要のこと談あり
一　運動用杖等の要具は、夫々依頼致置く
一　向後人力車へ乗車差間無之由
一　退院のことは、当人へ直に引合し、報知は友よりのことに決す
一　疵は少も関係にならすとの事

一　肉を養は運動の順序専に用々ありとの事
一　検査の要目、第一血筒の縁なし、又キンニク縁なし、又骨不足実は今日にては切断遅し、乍去是は致方なし、尤是迄療治は各全力を尽し候とのこと、此上は自由に任せ、順々快方となる由、医師の答也、依て我滞在も別に要用無之由に付、帰府に決す
一　トモ事先折合也
一　母〔三吉イヨ〕より見舞郵書到来、且玉樹より見舞電報あり
一　東京弁に長府へ郵便状出す
一　主公過る二十日正三位宣下の旨三嶋家扶より来書、依て直に同氏へ宛て恐悦の郵書仕出す
一　貞香、国介の両人より見舞状到来す

六月二四日

同月廿四日　陰　小雨
一　友事順次折合飯少々用ゆ、別に異状なし

六月二五日

同月廿五日　雨
一　玉樹へ郵便にて折合、帰府のことを申遣置候事
一　友こと順次折合に付、本日午前十一時七分発乗車にて帰府す、付添女藤崎等へ夫々万向後の注意相頼、何も引合手当致置候事
一　午后四時過帰宅す、療治の次第、尚順序、夫々母へ申聞る

六月二六日

同月廿六日　雨
一　毛利様へ御昇位恐悦として出頭す、尤日曜休暇也
一　夕三嶋氏見舞旁来宿あり
一　栢両家、長尾、小坂家内等追々尋問あり

六月二七日

同月廿七日　陰
一　山田七郎見舞来宿あり
一　御昇位御祝酒頂き候事
一　御用談数個条有之
一　梶山、三嶋一同補助会引合の件々承候事

六月二八日

同月廿八日　陰
一　三嶋、小嶋、豊永へ答礼す
一　浅野老人、桂タカ菓子持参見舞也

六月二九日

同月廿九日　晴

一　用達所へ出勤す

一　友より来書あり

一　三十年度収支決算協議会、三嶋より報告あり、元忠様、豊永欠席にて三吉のみ、異議なし、依て調印す

一　教育補助会より申出の件々伺協議、異議なしと決す

六月三〇日

同月三十日　小雨

一　三田尻荒瀬新八より、友子見舞として直使を以て菓子書状添到来す、依て右使へ答書菓子一箱添答礼す

一　三島家内見舞として来宿あり

七月一日

七月一日　雨

一　主公御昇位御歓青銅二百匹献上、外に鳥一羽、小肴五尾呈上す

七月二日

同月二日　陰

一　出勤す

一　福岡病院友へ尋問、直蔵を遣す、荒瀬より見舞品、外に反物二枚、夏橙、手紙添、金廿七円差送置候事

一　玉樹より郵便答書来る

七月三日

同月三日　陰　雷雨

一　友附添タミより折合宜く報知書来る

一　福岡病院より直蔵六時に帰る、友こと過日不出来の処、順次折合の由、尚又木原部長へ面会し、得と聞合候処、唯今の分なれは都合宜く異状無之と答の由也

一　栢俊雄より見舞代料送りあり

一　大庭友槌病院へ尋問の由なり

七月四日

同月四日　風雨

一　出勤す、記事なし

一　小野田三枝久子より友へ見舞郵便来書あり

一　玉樹へ友順々快方、又反物註文書郵便状出す

一　梅子不快に付、松岡氏を招き診察を請、薬用す

七月五日

同月五日　陰

一　小野小坂小児大病に付、見舞状を出置候事

七月六日

同月六日　陰　后雨

一　梅子、松岡へ往き診察を請、快方也

七月七日

同月七日　雨

一　出勤す

一　中学出金の件、梶山より談有之由

一　前半期歳入出表調査あり

右三嶋家扶よりの談なり

一　豊永翁帰着に付尋問す、色々内外のこと談話あり

一　友へ尋問郵便状を出す

七月八日

同月八日　陰　雨

一　記事なし

七月九日

同月九日　陰　雨

一　出勤す、記事なし

一　小野祥三より来書、友見舞幷に小児快方の由、答書来る

七月一〇日

同月十日　晴

一　日曜、記事なし

七月一一日

同月十一日　晴

一　記事なし

七月一二日

同月十二日　晴

一　桂弥一氏へ新宅歓大ス、キ一本送候事

一　馬関分教へ参詣す

七月一三日

同月十三日　陰

一　出勤す、記事なし

一　豊永翁来宿あり

一　小野祥三二女死去報知あり

一　荘原より郵便状来る

七月一四日

同月十四日　晴

一　小野小坂二女死去に付、午前備物持参、悔に往く

七月一五日

同月十五日　晴

一　記事なし

七月一六日

同月十六日　晴

一　用達処出勤す

一　豊永宅へ往く、左の件々談す

一　清末様へ被進物の件議決す

一　御二方様へ内申致置なり

一　御分与の件、中学寄附の件、内談す

七月一七日

同月十七日　陰　后雨

一　福岡病院友へ見舞出張す、日曜也

一　村上彦三氏四十九日取越に付、備物為持候事

七月一八日

同月十八日　晴

一　友こと先順々折合也、河内野氏より談承る、午前実際一見し、夫々引合す、下宿へも入々頼置、午後六時帰宅す

七月一九日

同月十九日　晴

一　板垣禎三見舞来宿あり

七月二〇日

同月二十日　晴

一　出勤す、記事なし

一　福岡病院友へ氷餅小包送り出す

一　日原、浅野へ尋問す

七月二一日

同月廿一日　晴

一　主公へスズキ一尾献上す

一　豊永、小嶋へ尋問す

一　小野小坂へイヨ見舞素麺三百目持参す

一　小笠原氏より来書あり

一　玉樹へ病院の事情を報知す

七月二二日

同月廿二日　晴

一　宇原義祐〔義佐〕尋問あり

七月二三日

同月廿三日　晴

一　三嶋家扶御用談来宿あり

七月二四日

同月廿四日　晴　夜小雨

一　出勤す、但日曜也

一　清末様へ御仕向の件々伺協議す、右は豊永翁とは談決済なり

七月二五日

同月廿五日　雨

一　記事なし

七月二六日

同月廿六日　晴　夜雨

七月二七日

同月廿七日　雨

一　出勤す、記事なし

七月二八日

同月廿八日　雨

一　記事なし

七月二九日

同月廿九日　陰

一　元忠様昨日御結婚の由、三嶋より来書あり

七月三〇日

同月三十日　陰

一　出勤す、三嶋よりの談答置候事

七月三一日

同月卅一日　陰

一　友より郵便状来る、追々快方の由也

一　荘原より郵書来る

一　日曜休暇なり

八月一日

八月一日　陰

一　用達処へ出勤す

一　元雄様東京御出立の由三島より承る

八月二日

同月二日　陰　夜小雨

一　三嶋御用談来宿あり、数ヶ条夫々答議す

八月三日

同月三日　陰

一　出勤す

一　三嶋より御奥様へ御内議其他の御事情伺の件々承る

一　元雄君午后八時過御着府に付出頭す、御安着也

一　財満久槌死去に付、元智君〔毛利元智〕より御仕向の件を議す

八月四日

同月四日　陰

一　豊永氏帰府に付昨日尋問す、清末様へ御仕向議決、又元雄君御立嫡御式云々の件談置也

八月五日

同月五日　晴

一　出勤す

一　清末様への一書下案、三嶋より談あり、異存なし

八月六日

同月六日　晴

一　元雄君御光来あり

一　玉樹より二日附郵書来る、廿五円に昇給の由加筆あり

八月七日

同月七日　晴

一　日曜休暇也、員光村宮田へ尋問す

一　直蔵を福岡病院へ見舞に遣す

八月八日

同月八日　晴

一　出勤す、記事なし

一　元雄君御出の御礼を上申す

一　直蔵こと病院より午後帰府す

一　友こと先追々順快に趣き候方、尚又部長木原へも聞合候処、順快に可相成、九月中には退院の目途相立候様、就ては気遣不申との答有之由、伝承す

八月九日

同月九日　晴

一　嶋村総長及玉樹へ郵便状出す

一　栄吉小鯛二枚持参あり

八月一〇日

同月十日　陰

一　用達所へ出勤す

一　大庭友槌より見舞状来る

一　荘原家令昨日帰府の由に付尋問す、明十一日午前より集会の筈なり

八月一一日

同月十一日　晴　夕雨

一　出勤す

一　豊永氏令扶一同御用談集会あり、立嫡式の件を議す、且又鏻子様御進退の件々愚意を談す、御子様方御出邸の件は未決なり

八月一二日

同月十二日　小雨　后晴

八月一三日

同月十三日　晴

一　出勤す、御分与一件荘原内議あり

八月一四日

同月十四日　夕陰

一　金子信治方へ交肴進物す

一　本日は日曜なり

八月一五日

同月十五日　晴　昼雨

一　出勤す、御分与金の件議決す

一　御建築一件色々議し、図面にて気附を入、再議のことを申合候事

一　浅野より友への見舞菓子来る

八月一六日

同月十六日　雨

一　出勤す

一　玉樹より十二日附郵書来る、廿四、五日頃出立予定也

一　御建築中止の処、追々順序を立、取掛りの都合可然ことに議決す

一　東京詰交代の件、荘原より談あり、実地家令気附通り可然ことに議決す

右豊永氏令扶一同内議の事

八月一七日

同月十七日　雨

一　荘原来宿、土産品持参あり

八月一八日

同月十八日　晴　夕雨

一　友へ郵便状仕出す

一　大庭友槌より病院の様子報知に付、礼状を出す

一　小嶋、三島の両家へ尋問す

八月一九日

同月十九日　晴　夕雨

一　用達所へ出勤す

一　元雄君御式廿三日御決定の由也

一　清末様恐悦出仕青銅二百疋持参す

一　宇部伊秩へ尋問す、病院の様子申入置也

一　玉樹東京出立電信、今午前来る

八月二一日

同月廿一日　陰

一　日曜、記事なし

八月二二日

同月廿二日　晴

一　用達所へ出頭、夫より荘原へ尋問す、三嶋一同御分与一件、蔵入より支出のことを議す

一　玉樹午后八時過帰宅なり

八月二三日

同月廿三日　晴

一　出勤す

一　本日午前十時元雄君御立嫡の御式に付、協議人参列、豊永、三吉、主管者荘原幷に家扶三島陪席也、御社殿に於て御誓書御調印あり

一　午后五時より、御一同御祝酒御陪席御式の通り列座、御相伴す

一　玉樹午前より福岡病院へ尋問として出張す

八月二四日

同月廿四日　晴

一　午前昨日の恐悦として出邸す

一　豊永、三吉、荘原、三島一同にて御肴一折代金弐円呈上す

一　正村へ見舞尋問す

一　玉樹帰宅す、友こと追々順快の由也
一　清末様より友へ御尋として飴五個、廿二日御持せ相成候に付、友へ通知す

八月二五日

同月廿五日　小雨　北風
一　岡本高介より見舞状来る

八月二六日

同月廿六日　雨

八月二七日

同月廿七日　晴
一　出勤す
一　豊永、荘原、三嶋一同、午前より后三時迄集会す、夫々ヶ条書にて議決の事
一　桂弥一宇治宅へ抵る、明日案内致候処差間断り也
一　石津へ答礼旁玉子持参す

八月二八日

同月廿八日　晴
一　玉樹明日出立に付、栢貞香、栢俊雄晩餐宴会す、桂氏断りなり、且又直蔵、長尾於ハルの両人相招候事
一　本日は日曜なり

八月二九日

同月廿九日　晴
一　清末様より故暢子様〔毛利暢子〕御一周祭に付、本日御案内の処不参に付、三嶋へ相頼、玉串料五拾銭を献す
一　玉樹本日午前出発にて出京の事
一　三嶋家扶、梶山鼎介来宿あり

八月三〇日

同月三十日　小雨
一　出勤す
一　御建築の件御下命に付、入々気附上申す、尚鏻子様の件々同断、家令出京の件をも上申候事
一　浅野、小坂、豊永へ往く
一　仏参す
一　於トモへ昨日郵便状を仕出置候事
一　酒饌料金三百匹
右故暢子様御一周祭御案内の処不参に付、手紙添にて御持せ被下、依て請書を出置候事

八月三一日

同月卅一日　小雨

一　小笠原武英氏へ見舞状出す
一　諏訪氏見舞尋問あり

九月一日

九月一日　晴
一　出勤す、本日は二百十日なり
一　玉樹より三田尻三十日出の郵書来る
一　荘原家令来宿、鏻子様へ上申の件々河村引合の次第等談あり
一　右同氏午后出立上京に付、暇乞に抵る
一　三嶋不快に付尋問す

九月二日

同月二日　小雨　風あり
一　元雄君御出立御延引申来る

九月三日

同月三日　晴
一　出勤す
一　元雄君午前御出立に付、御邸限御送致し候事
一　長尾於ハル今朝変死、夜葬式に付会葬す

九月四日

同月四日　晴
一　日曜在宿す

九月五日

同月五日　晴
一　出勤す
一　清末侯よりの御請書拝見す
一　玉樹より二日安着の書状来る

九月六日

同月六日　晴　風少々
一　記事なし

九月七日

同月七日　晴
一　記事なし

九月八日

同月八日　晴
一　用達所出勤す、記事なし
一　玉樹へ郵便状出す
一　直蔵福岡病院へ遣す

九月九日

同月九日　晴

一　大庭友槌へ答書す

九月一〇日

同月十日　晴

一　用達所出勤、直に豊永へ尋問、夫より小坂へ見舞す

九月一一日

同月十一日　晴

一　日曜休暇也、記事なし

九月一二日

同月十二日　晴

一　記事なし

九月一三日

同月十三日　陰

一　出勤す

一　元雄君六日御安着の由なり

一　友へ小包、衣服二枚、外に見舞状仕出置候事

九月一四日

同月十四日　陰　后雷雨

一　記事なし

九月一五日

同月十五日　晴

一　記事なし

九月一六日

同月十六日　晴

一　旧暦八朔に相当す、記事なし

九月一七日

同月十七日　晴

一　用達所へ出勤す

一　小早川様へ御参拝の件、其他色々三嶋より談あり

一　友より十五日附郵便状来る

一　阿曽沼次郎博多行来宿の由

九月一八日

同月十八日　晴

一　日曜、記事なし

九月一九日

同月十九日　晴

一　豊永家内、難波家内より小肴持参来訪あり

九月二〇日

同月二十日　陰

一　千早〔正次郎〕へ住所賃渡のことを約定す、右は一ヶ月金拾七円五拾銭に決定の事

一　安尾〔ソデ〕方へ寄留のことを約定す、其証書は追て引合の筈也

九月二一日

同月廿一日　晴

一　荘原より来書、別に要件なし

九月二二日

同月廿二日　晴

一　出勤す、記事なし

一　阿曽沼氏博多より廿一日附来書、又於ミサ来宿あり

一　阿曽沼へ尋問す、不在なり

九月二三日

同月廿三日　晴

一　秋季皇霊祭也

一　福岡病院友より来書あり

一　同人へ見舞直蔵を遣す

一　千早双方とも、来る廿六日午后交代決定す

九月二四日

同月廿四日　陰

一　土蔵丈け本日より明渡す、依て土蔵へ送方あり

九月二五日

同月廿五日　小雨

一　小坂義作今朝七時死去也

一　午前より栢貞香、勝本の両人へ転居加勢終日頼む

一　午后千早氏、三吉へ転居なり

一　安尾へ一泊す

九月二六日

同月廿六日　晴

一　小嶋惣代〔虎槌〕へ本日より安尾方へ転居のことを申入置候事

一　三嶋へ右転居且又廿七日迄出勤用捨のことを通知す

一　千早家内へ本宅引渡す

一　江下組合弁惣代へ転居に付夫々申入候事
一　午后義作埋葬に付会葬す
一　米熊、玉樹、トモへ転居報知状出す
一　桂より芋一重到来す

九月二七日

同月廿七日　晴
一　小坂へ仏参す

九月二八日

同月廿八日　小雨
一　玉樹、益二〔小嶋益二〕の両人より来書あり

九月二九日

同月廿九日　小雨
一　忌宮神社本日旧八月十四日より例祭なり
一　当畔組合左の通り
　三ノ伍　泉　重吉　三吉慎蔵
　旧弓削田内（玉井久米蔵 山崎　本次）　山野屋貸家内（平井精次郎 垣田彰之助）
　右組合中へ吹聴す
　　寄留届
長府村第拾番屋敷居住士族
　　戸主三吉米熊父
　　　三吉慎蔵
　　天保二年十月十一日生
　　同人妻
　　　イヨ
　　天保十一年四月五日生
　　米熊妹
　　　トモ
　　慶応元年五月三日生
　　同人姪
　　　梅子
　　明治廿七年五月一日生
拙者儀、今般前書の者当村七百九拾四番屋敷へ寄留致候間、家主連署を以て此段及御届候也
　明治三十一年九月廿六日　三吉慎蔵　印
　　長府村長原田政佳殿
右届書有馬屋へ二日相頼置なり家主は左の通
　長府村第七百九拾四番屋敷
　　戸主　安尾ソデ
右当時東京麹町下二番町廿番地林錬作方同居也

九月三〇日

同月三十日　小雨

一　南部謙庵養母昨廿九日死去、本日午后四時会葬に行
　　但香花料三拾銭備之
一　右の次第三嶋へ口上書を出、且御例祭不参、断申出置也

一〇月一日

十月一日　雨
一　毛利家御例祭の処、不参す
一　故義作初七日に付、焼香に行く

一〇月二日

同月二日　陰
一　出勤す、但日曜なり
一　御例祭不参に付、本日参拝す、右に付、玉串料備之
一　御奥へ御機嫌相伺候事
一　郵便局へ転居番地書附にして出し置也

一〇月三日

同月三日　小雨
一　記事なし

一〇月四日

同月四日　晴
一　出勤す、記事なし

一　安尾ソデ子へ転居報知状を出す

一〇月五日

同月五日　陰
一　記事なし

一〇月六日

同月六日　晴
一　記事なし

一〇月七日

同月七日　晴
一　出勤す、記事なし

一〇月八日

同月八日　晴
一　小坂へ二七日に付見舞為持候事
一　小嶋、三島の両家へ返礼に往く
一　豊永翁来宿あり、出京の由也

一〇月九日

同月九日　晴
一　日曜休暇なり

一〇月一〇日

同月十日　晴

一　福岡病院へ出張す、友こと追々順快也、藤崎へ一泊す

一　本月廿日迄の病院手当幷に友小遣ひ相渡す

一　米熊より電報、男子〔三吉丈夫、三吉米熊三男〕生親子まめと申来る

一〇月一一日

同月十一日　晴

一　午前河内野、木原の両医師へ面会の上、詳細に聞合す

一　午后一時十七分乗車にて六時帰宅す

一〇月一二日

同月十二日　晴

一　米熊へ出生歓状郵便出す

一　玉樹へ病院出張の次第を報知す

一　友へ郵書安着幷出生のことを加筆す

一　小倉本部不参状出す

一〇月一三日

同月十三日　陰

一　用達所へ出勤す、記事なし

一〇月一四日

同月十四日　晴

一　記事なし

一〇月一五日

同月十五日　晴

一　出勤す、記事なし

一　小坂、荘原、石津、梶山、豊永の各家へ尋問す

一〇月一六日

同月十六日　晴

一　日曜、記事なし

一〇月一七日

同月十七日　晴

一　神嘗祭休暇也、記事なし

一　阿曽沼、三嶋来宿あり

一〇月一八日

同月十八日　晴

一　元昭様御伺として御邸へ御出に付拝謁す、井伯御同行にて明日より九州地方へ御出の由也

一〇月一九日

同月十九日　陰　夜小雨

一　米熊より十四日附来書、出生の男丈夫と命名の段申来り候事

一　三嶋家扶御用談来宿あり

一〇月二〇日

同月二十日　陰　小雨

一　記事なし

一〇月二一日

同月廿一日　晴

一　出勤す、記事なし

一　梶山氏来宿、菊花持参あり

一〇月二二日

同月廿二日　晴

一　小坂四七日に付参拝す

一〇月二三日

同月廿三日　晴

一　日曜、記事なし

一〇月二四日

同月廿四日　陰

一　出勤す、記事なし

一　福岡病院友へ為替金拾弐円書留にして郵便状仕出す

　但友より来書の受を加筆す

一　多胡クニ子死去報知に付、香典壱円為替金にして郵便仕出候事

一〇月二五日

同月廿五日　小雨

一　記事なし

一〇月二六日

同月廿六日　晴

一　用達所へ出勤す、記事なし

一〇月二七日

同月廿七日　晴

一　栢貞香氏より案内に付行く

一　栢、梶山、千早、宮田、直蔵方へ答礼す

一〇月二八日

同月廿八日　晴
一　三嶋家扶御用談来宿、議決す

一〇月二九日

同月廿九日　陰
一　出勤す、議事なし
一　故義作三十五日にて四十九日取越、取越法会に付、小坂寺墓所へ参詣す

一〇月三〇日

同月三十日　陰
一　日曜休暇なり
一　三嶋家扶御用談として来宿あり

一〇月三一日

同月卅一日　晴
一　用達所へ出勤す
一　学校御寄附金の件に付三嶌協議あり、三千円三十三年三月迄に非常御決議伺済、梶山、諏訪の両人へ御答あり、直に願書本日御進達なり、右は兼て内議済三十三年に御出金のこと故、別に御引合差間無之事に付、協議人三吉限協議済の事
一　友へ郵便状を出す

一一月一日

十一月一日　陰
一　記事なし

一一月二日

同月二日　陰
一　出勤す
一　三位公、井伯へ御尋問として御出関也
一　午后より出関、分教へ参詣す、其他註文物林へ相頼置候事

一一月三日

同月三日　雨
一　天長節休暇なり

一一月四日

同月四日　晴
一　終日出勤す
一　イヨ、梅子の両人へ直蔵随行為致、福岡病院へ午前七時より出立す、右に付、二十日迄病院出金、外に小遣とも相送候事
一　江本故泰二法会に付仏参、尤経代を備ふ
一　豊永へ尋問す

一　荘原家令帰府、技師沢氏〔ママ〕〔北沢虎造〕同行、午后より建築実地見分、豊永一同参集す

一一月五日

同月五日　晴

一　出勤す、記事なし

一一月六日

同月六日　陰

一　日曜、記事なし

一　イヨ、梅子幷に直蔵とも、一同福岡病院より午后六時過き帰宅す

一一月七日

同月七日　晴

一　用達処出勤す、記事なし

一　豊功神社大祭御当日に付、参拝す
　但玉串料五銭を献備す

一一月八日

同月八日　雨

一　本日は小学校第拾二回紀念式に付、校長佐々木〔佑、豊浦小学校長〕より案内状来る、依て九時式場へ梅子を連れ参席す

一一月九日

同月九日　晴

一　出勤す、記事なし

一一月一〇日

同月十日　晴

一　小月村南部へ、イヨ悔として菓子二重持参す

一　玉樹へ答書、友の様子、且又過日梅子を連れ母出院の件々を報知す

一　病院友へイヨ始め安着を報知す

一一月一一日

同月十一日　晴

一　出勤す、記事なし

一一月一二日

同月十二日　晴

一　用達所へ出勤す

一　豊永、荘原、三嶋一同午前より御邸に於て御家政協議数件あり、午后六時退散す

一　故義作七七日に付、参拝す

一一月一三日

同月十三日　晴

一　日曜、記事なし

一一月一四日

同月十四日　陰

一　出勤す、記事なし

一　午餐洋食、熊谷家令〔信夫〕、荘原家令一同御相伴す

一一月一五日

同月十五日　陰

一　荘原家令来宿あり

一一月一六日

同月十六日　晴

一　出勤す

一　明日荘原出立に付、御用談決あり

一　南部老人〔南部謙庵養母〕四十九日案内あり、依て代理ィヨを出す

一一月一七日

同月十七日　小雨

一　出勤す、記事なし

一　荘原本日出立に付、暇乞に往く

一一月一八日

同月十八日　雨

一　記事なし

一一月一九日

同月十九日　晴

一　福岡病院友へ為替金書留にして送る

一　松小田村小作人大村与助加調米納に付、本宅長屋へ預けにして受取る、右は千早へ相頼置、米八俵受取、残餅米一俵追て出す筈也
　但四斗弐升俵の事、尤祝儀拾五銭相渡す

一一月二〇日

同月二十日　陰

一　日曜休暇なり

一　梶間充三過る十一日東京にて病死の処着に付、本日埋葬あり、依て会葬旁香花料二十銭を持参す

一　浅野、桂弥一の両家へ尋問す

一一月二一日

同月廿一日　小雨　陰

一　出勤す、記事なし

一一月二二日

同月廿二日　陰

一　家族中宮田清左衛門方へ往く、尤イヨ今夕帰府す

一　梅子と両人は滞在する也

一一月二三日

同月廿三日　晴

一　宮田方滞在す

一　加調米伊右衛門、清吉の両人一同定期定り八俵受取、宮田方へ蔵入預け置候事
　但両人へ祝儀拾銭宛遣す

一一月二四日

同月廿四日　晴

一　午前六時前兄住也大病に付、迎として辰次郎来る、依て直に出発、七時小坂へ至る、尤梅子は残し置候て、午后宮田より連来る也

一一月二五日

同月廿五日　小雨

一　小坂へ兄見舞、午前相詰る、少々折合也

一一月二六日

同月廿六日　雨

一　用達所へ出勤す、記事なし

一　三嶋家扶三田尻へ出張也

一　小坂へ尋問す、折合なり

一　病院友〔ママ〕へ為替着の件照会す、又小坂へ引合す

一　宮田清右衛門へ滞在礼挨拶状を出置候事

一一月二七日

同月廿七日　雨

一　日曜休暇也

一　小坂へ尋問す、又イヨ一泊す

一一月二八日

同月廿八日　雨

一　小坂へ尋問す、順次快方也

一一月二九日

同月廿九日　晴
一　小坂へ尋問す、快方也

一一月三〇日

同月三十日　晴
一　出勤す、記事なし、近々御用談協議のことを三嶋へ談置也
一　小坂へ尋問す、順快なり
一　軍人長府優待会へ寄附金、米熊名前にて小島惣代へ出之候事

一二月一日

十二月一日　晴
一　御用談に付、豊永宅へ三嶋一同集会す、右はスヱ子様御預の件議決の事
一　功労者調置追て協議のことに決す

一二月二日

同月二日　小雨
一　記事なし

一二月三日

同月三日　雨
一　用達所へ出勤す、記事なし

一二月四日

同月四日　晴
一　日曜休暇なり

一二月五日

同月五日　晴　夜雷雨
一　記事なし

一二月六日

同月六日　陰
一　市岡来宿、友よりの伝言あり

一二月七日

同月七日　陰
一　用達処出勤す
一　明日より出院の儀申出置候事

一二月八日

同月八日　晴
一　午前七時出宅、門司九時発の汽車にて、午后一時前福岡病院へ抵り、友へ面会す

一　過日来四十度以上の熱にて全身痛み、食不進、乍去本日は少々折合也

一　午后院長大森医師幷部長河内野医師とも一同面会、向後の様子、尚又進退のことを尋問す、目今動こと決てならぬ、実は全快見込なし、乍去院長の談に今捨ることはせぬとの事なり、依て万依頼す、場合より電信又は郵便等にて報知のことを約し置く、此上は病室を安居とし、生死為致候と答置退散す

一　生死共手続夫々聞合置、尚又婦長へも面会し、談合致し置候事

一二月九日

同月九日　晴

一　午前出院し、十二時廿四分発の汽車にて午后五時半帰宅す

一二月一〇日

同月十日　晴

一　三嶌、河村の両氏見舞として来宿あり、栢兄弟、於ミサ、藤野家内見舞あり

一　魚屋清兵衛小肴持参也

一二月一一日

同月十一日　晴

一　玉樹へ病院の次第、手紙を出す

一　日曜休暇なり、但午前梶間へ香典持参す

一二月一二日

同月十二日　雨

一　藤崎へ病人容体照会状を出す

一二月一三日

同月十三日　風雨

一　出勤す、記事なし

一　岡本両人、金子、小嶋家族、板垣、田上〔陳鴻〕、直蔵家内、於ノフ、栄吉、小坂家内、栢老人、栢俊雄家内、宮田、豊永、正村各見舞として来宿也

一　豊永、難波、小島、三嶋へ廻礼す

一　玉樹より電信来る、依てキトクニハイタラヌと返信し、即刻郵便にて様子を報知す

一二月一四日

同月十四日　風雨

一　三嶋家扶御用談来宿あり

一　正村信一、金子家内、栢両家々内見舞来る

一　豊永より利子金受取証書を出す

一二月一五日

同月十五日　風

一　昨夜友容体を下宿松下文治より報知あり、帰宅後先つ折合の由申来る、尚病人の様子は、気を附報知するとの書面也

一　三嶋来宿、来る十七日午前十時より清末侯始め集会の〔ママ〕

一　小坂祖土佐守〔小坂土佐、毛利元清に臣従〕三百年祭に付、酒肴到来す、右に付、参拝致候事

一二月一六日

同月十六日　晴

一　出勤す、記事なし

一　病院友へ御奥様より御慰問として御品料為替券を以て御贈りの旨、友より申来る、依て不取敢右御礼出頭す

右は十四日の書面にて折合との加筆あり

一　玉樹より生命覚束なくは電報のこと申来る也

一二月一七日

同月十七日　雨

一　用達所へ出勤す

一　予算会議に付、議員元忠様、豊永、三吉の協議人出席、主公御揃の上、主管者代理三嶋家扶より報告あり、異議なく調印済なり

一　右終て本日午餐、原郡長〔勝二〕、原田村長、梶山、諏訪の諸氏御招に付、元忠様始め参集す

一二月一八日

同月十八日　雨

一　日曜、記事なし

一二月一九日

同月十九日　陰

一　出勤す、記事なし

一二月二〇日

同月二十日　陰

一　福岡病院へ直蔵を見舞に遣す

一二月二一日

同月廿一日　晴

一　出勤す、記事なし

一　直蔵午后病院より帰る、友こと目今快方順克く折合の由なり

一二月二二日

同月廿二日　雪雨

一　用達所へ出勤す

一　年末御家事御用談あり、終日相詰候事

一　玉樹へ直蔵を遣し、折合のことを報知す

一　本日は冬至なり

一二月二三日

同月廿三日　晴

一　記事なし

一二月二四日

同月廿四日　雨

一　出勤す

一　新年御式の件々、御用談あり

一二月二五日

同月廿五日　晴

一　日曜、記事なし

一二月二六日

同月廿六日　雨

一　主公より協議人年末御謝儀、御使河村光三を以て被下候事

一二月二七日

同月廿七日　雨　后晴

一　出勤す

一　新年御式の件協議あり

一　豊永へ至り、特別賞与の件々談置、且亦別段被下の件、恐縮の次第申入置也

一二月二八日

同月廿八日　晴

一　記事なし

一二月二九日

同月廿九日　晴　風

一　用達処へ出勤す

一　年中行事取調のことを議決す

一　過日来の御礼家扶へ申出置候事

一二月三〇日

同月三十日　雨

一　小包、郵便、手紙共、本日友へ送出候事

一二月三一日

同月卅一日　陰

一　出勤す

一　歳末の恐悦を上申し、尚用達所詰一統へ挨拶す

一　江良和祐嫡子周造氏病気の処、養生不相叶死去に付、香花料二十銭持参、悔申入置候事

但東京へは用達所詰一統より束ねて電報仕出候に付、追て見舞状は出す也

一　小坂へ歳末祝詞として出頭す

明治三十三年

日載

紀元二千五百六十年

自一月一日

至十二月

三吉慎蔵

明治三三年

一月一日

一月一日　陰小雪

一　家族中へ新年祝賀す

一　午前十時毛利様〔毛利元敏〕へ新年出頭す、御神霊へ参拝す、用達所へ祝賀、夫より鏻子様〔毛利鏻子〕幷に御子様方へ、夫より謝義し各家へ廻礼す

一月二日

同二日　陰

一　在宅す、記事なし

一月三日

同三日　陰

一　玉樹〔三吉玉樹〕生命保券受取人友子〔三吉トモ〕死去に付、梅子〔三吉梅子〕受取人之事を申出候処、三十二年十二月十一日附を以て承諾証券仕り、福井より桑野安兵衛へ宛右証券落手し預り候なり

一月四日

同四日　陰

一　用達所へ、本日は善勝寺へ悔参詣に付不参す

一月五日

同五日　陰

毛利家へ新年御宴会御案内にて参殿す、御子様方御揃、次に豊永翁〔長吉〕、三島〔盛二〕、随従一統へ酒肴被下頂き候事

一　羽織地、裳、綿紐、御詠一首、御酒、七十才の長年に付下賜候事、豊永翁へも同断

一月六日

同六日　陰雪

一　三位公〔毛利元敏〕え昨日の御礼として出頭す

午後六時より豊永宅於て三島一同倉光〔三郎〕一件に付集会す

右は御買入之儀は多額の金員に付御見合可然事に談決す、且又其地所御割儀事故所有は倉光にあり、依今同人之自由可然と談置なり、桂氏〔弥一〕へは荘原〔好一〕より之加筆もあり、一応之尋問三島より照会之順序有之候様豊永一同談す

一月七日

同七日　陰

一　用達所へ出勤す、三島より桂へ尋問の件は過日協議と同様なり

一月八日

一　梅子入校の書面、惣代小島〔虎槌〕へ差出置なり

同八日　陰

一月九日

一　梅子入校許可可相成との事、惣代小島より通知有之

同九日　晴

一月一〇日

一　記事なし

同十日　晴后雨

一月一一日

一　記事なし

同十一日　陰

一　用達所へ出勤す、高崎正風殿病気に付、荘原を以御尋の件御相談に付、思召之通り可然事に上申す

一　松岡茂章娘婚礼に付、飲食物に肴料壱円相渡為持候也

一月一二日

同十二日　陰

一　三島へ見舞として行く

一月一三日

同十三日　陰

一　記事なし

一月一四日

同十四日　雪

一　記事なし

一月一五日

同十五日　雪風

一　記事なし

一月一六日

同十六日　風雪少し

一　用達所へ出勤す、記事なし

一　浅野老人え寒さ強く依て尋問す、異儀なし

一　東京欽麗院様〔毛利欽子〕御大切電信来る、依て午後四時

出頭す
一　御二方様〔毛利元敏、毛利保子〕右に付御さし立御決し
一　豊永申談、三吉十七日午後二時上京に決す
一　御二方様は十七日八時御出立之事

一月一七日

同十七日　晴
一　東京より御死去の内報来る、豊永、三島協議し午後二時三吉出立のことに決す、右上申す
一　御二方様前六時三十分御発し相成る
一　梶山氏〔鼎介〕出頭にて直に御惣代にて御見廻上京に決す、依て三吉同行す、夫より帰宅し用意す
一　十二時出立、川卯にて梶山氏一同二時乗船す、四時出船、徳山へ九時着す、夫より十時五分徳山発汽車に乗る

一月一九日

同十九日　晴
一　午前十時半材木町別邸へ出頭す、色々御様子荘原より談あり、御二方様拝謁す
一　馬関より清末公〔毛利元忠〕御一同なり
一　万事協議の上、来る廿五日午後正二時御出棺のことに御決しなり
一　明二十日御発表のこと
夫々御手順相立候こと
一　豊永へ電報す
一　井ノ口〔虎吉〕方へ下宿、清末公、梶山氏同宿す

一月二〇日

同二十日　晴
一　栢俊雄着京なり
一　豊永より廿三日出京電信来る
一　玉樹へ出京報知す、来る
一　留守へ着手紙出す

一月二一日

同二十一日　雪
一　明日御入棺の事
御親族、御家職其他拝礼す
〔欄外〕
染物白木やへ議す
一　御式御順序は略す
一　三沢〔精七ヵ〕、高島着なり

一月二二日

同二十二日　晴夕陰
一　三島着京なり

一　士族惣代細川〔宮遠〕、金子、椋梨〔弥八〕、村惣代桑野安兵衛着京也
　右井ノロへ御用向の所、家令座に記事の事

一月二三日

同二十三日　晴夕陰
一　豊永長吉出京なり
一　御葬儀の御次第は略す、尤梶山、豊永内議あり
一　発表の件也、略す

一月二四日

同二十四日　陰
一　御葬儀順序掛り員協議御準備の事
一　親縁家族中より出す

一月二五日

同二十五日　陰
一　午後正二時欽子様御出棺、青山墓地へ御埋棺五時半、無御滞御葬儀相済候事、御次第書は略也、御会葬仕候
一　造花　壱対
　右豊永長吉両人備候
　御墓所へ御備相成る
　　但代拾円壱人前五円なり

一　玉串料五円
　但御邸へ備候　慎蔵
一　玉串料壱円
　但御邸へ　伊代〔三吉イヨ〕
一　同壱円　米熊〔三吉米熊〕
一　同五拾銭　玉樹
　右同断

一月二六日

同二十六日　大風寒強く
一　米熊より来書、イヨより同断、相変心無之
一　御墓所へ参詣す
一　長府よりの惣代本日限りに付、晩餐御仕向有之

一月二七日

同二十七日　晴天
一　豊永下宿へ尋問す
一　時計小林方へ手入持参す
〔欄外〕
二月三日受取筈の預り証を取置なり
一　午後より豊永、梶山、三吉、荘原、三島集会す、右ケ条書あり
一　米熊へ八日迄滞京予算、五日前後なれば直着の処なれば、

一　日限電信と答書す
一　イヨ答書す、凡八日頃の事申遂す

一月二八日

同二十八日　夜大雪
一　午後より豊永、梶山、荘原、三島集会、過日来御開葬準備の件候なり、陸地御順次の件には家令相伺候処、内議の通り思召無之事に伺済の由、家令より一統へ御下命也

一月二九日

同二十九日　陰
一　本日は十日祭に付、御墓所御祭相済、夫より御邸御祭事有之、御式略也
一　五郎様〔毛利五郎〕休所に辞去、御開葬四月十五日前御都合之事御示談あり、是は梶山より二月十五日御開葬之事に内議致候段御答す

記

一　御財産御請之向後之御目算云々件、梶山、三吉両人え御下問あり
右是迄の方針梶山より御答申上、尚又其件は御気附之通りには行なはれ難く次第御答申上候
一　前条之所、梶山より家令家扶両人え引合置候事、尚豊永へ梶山より談置事に申入退散す

一　イヨより郵便状来る
一　玉樹より来書、米熊之出京都合伺義との事也

一月三〇日

同三十日　晴大雪
一　イヨへ手紙出す
一　玉樹来、米熊へ滞在、又出京四、五日之内と郵便仕出し方頼置なり
一　留守イヨ又米熊へ引合郵便状を出す
一　豊永、梶山、三吉、荘原、三島一同、五郎様より御下問之件之談議す、梶山より答弁之旨意異議なし、散す

同三十日　氷
一　梶山、三島、宿にて色々向後之方針を談す
一　主公へ慎蔵より上申に決す

一月三一日

同三十一日　陰
一　主公へ○の件上申し、梶山へも談置なり

二月一日

二月一日　陰
一　御墓参す、議事なし
一　荘原へ挨拶見舞として尋問す、三島明日出立決す

一　御荷物都合次第七日慎蔵事出船に決す、荷物引合の件見分の事を荘原へ談置也
一　本邸へ参詣す、石川〔守一カ〕へ面会す
一　三島明朝出立に付、着船之節引合の都合談置なり

二月二日

同二日　陰
一　御墓参す、記事なし
一　豊永出邸、御用談なし
一　イヨより三十一日附手紙来る

二月三日

同三日　雨　節分
一　清末公、梶山出立なり
一　梶山時計小林へ引合す
一　本日節分に付本邸へ参詣す
一　米熊、敬蔵〔三吉敬蔵〕両人午後三時来宿す
依て俊雄〔栢俊雄〕を招き会食す
一　菓子壱箱津久井や持参す
一　真綿、カン詰、写真掛、梅へせきた〔雪駄〕米熊土産として持参す
一　イヨへ、七日出立、十一日着関、且米熊、敬蔵出京之事を郵便仕出候事

二月四日

同四日　陰
一　御邸へ米熊、敬蔵出頭す
一　荘原より到来に付、梶間〔艦次郎〕相願上申之上両人へ達置事
一　米熊、敬蔵同宿す、玉樹来る、酒食一同へ仕向す

二月五日

同五日　陰
一　荘原へ御用談として行く、御送り荷物五十日祭御挨拶物其他色々引合す
一　〇の件は豊浦にて打合之上談候事に申入置なり
細目略す
一　午後より日本橋買物、夫より
一　河合〔浩蔵〕へ行く、米熊、敬蔵暇乞す、尤昼食井ノロにて米熊、敬蔵食事し乗車す
一　石川へ正宗弐本持参す

二月六日

同六日　晴天
一　荘原へ行く、御用無之右要件丈け日改に入置
一　参拝、尚御二方様へ御暇乞として出頭す

二月七日

同七日　晴

一　午前八時井ノ口出発、新橋九時乗車し、横浜十一時西京丸へ乗船、十二時出艦す、海上平波なり

二月八日

同八日　晴夕小雨

一　神戸午後三時着船す

二月九日

同九日　陰

一　神戸の安藤〔善作〕方へ上陸す、御送り御荷物之件に付、会社へ照会す、右乗迄送り届の事に談決す、夫より午後西京丸へ帰船す

二月一〇日

同十日　陰夜風あり

一　西京丸前十時出船す、異情無也

二月一一日

同十一日　晴

一　午前七時過ぎ門司へ着す

用達所より石津幾助迎として被差出船に来る、直に関門駅へ上陸す、夫より直に用達所へ出頭す、梶間艦次郎同行也

一　三島家扶へ面会し、御荷物之件引合し帰宅す

一　神戸より郵便状荘原へ仕出す

一　三島へ電報を発置也

二月一二日

同十二日　晴

一　午後より用達所へ出頭之上、東京荘原へ引合の件之談置なり、又長府の事情三島より承る、依て明日御内使致候事に談置なり

一　午後御荷物着す

二月一三日

同十三日

一　米熊、玉樹両人え着書状仕出候事

〔欄外〕

十二日

一　梶山、諏訪〔好和〕、桂三氏へ三位公より御開葬に付、御葬儀掛り助力御頼御内命之旨御使夫々相勤候事、右は尽力可仕段御請あり

一　三島来宿、境先生〔二郎、旧萩藩士、元島根県令、松陰神社の

前身を建立〕死去に付、御備物の件談あり

二月一四日

同十四日　陰晴

一　玉樹より郵便状来る

一　大庭友槌より妻離縁知せ状来る

二月一五日

同十五日　陰

一　用達所へ出頭す、記事なし

一　清末公家令熊谷〔信夫〕より挨拶状郵便来る

二月一六日

同十六日　陰

一　豊永帰府に付尋問す、東京御用談之要件気附夫々談決す、見込通り異議無之事

二月一七日

同十七日　雨

一　梶山氏来宿あり

一　用達所へ出勤す、御開葬之件也、三島内儀あり

二月一八日

同十八日　陰

一　中川好治へ小包礼状仕出候事

一　玉樹へ、友写真一枚別紙着請之細書郵便状仕出置候事

二月一九日

同十九日　陰

一　用達所へ出勤す、記事なし

一　金壱円江口え、石渓〔戦国時代の絵師カ〕筆跡謝儀として持参す

二月二〇日

同二十日　陰

一　記事なし

二月二一日

同二十一日　小雨

一　用達所へ出勤す、夫より功山寺御墓所へ三島同行にて見方御場所談決之事

二月二二日

同二十二日　陰

一　石津来宿あり

一　東京荘原より三島へ来書之件に付、豊永翁へ談議し同案

之事を用達所へ出頭之上答置也

二月二三日

同二十三日　陰

一　栢両家〔貞香、俊雄〕、梶山、林、直蔵、宮田〔清左衛門〕、千早〔正次郎〕、金子へ尋問す

二月二四日

同二十四日　晴

一　石津、荘原より三島へ之来書持参、右書面通り異議なく答置なり

二月二五日

同二十五日　陰晴

一　荘原より来書は挨拶状なり

二月二六日

同二十六日　晴

一　用達所へ出勤す、御開葬準備件々三島より談あり、夫々答置也

一　荘原へ郵便仕出す

一　米熊より来書、故秋雄〔三吉秋雄〕遺骨送附書面来る右小包にして来着す

二月二七日

同二十七日　陰

一　三島氏御用談来宿、供奉人撰の件なり

コスツミツクホヲゴヲハヤクヲクレミヨシ

右米熊へ本日御前電信仕出す

二月二八日

同二十八日　晴

一　用達所へ出勤す、御開葬供奉一件談決す

一　米熊へ治子〔三吉治子〕、丈夫〔三吉丈夫〕両人之誕生年月日照会状を出す

一　品川弥二郎殿死去に付、悔左に記す

ヲンクヤミモヲス

東京麹町富士見町一丁目一番地

品川家扶宛にて出す

三月一日

三月一日　雨

一　記事なし

三月二日

同二日　小雨陰

一　品川弥二郎殿二月廿六日死去報知、品川弥一〔品川弥二郎長男〕始め親戚五名より来書あり
一　用達所へ出勤す、御小児様方之御話一件、三島へ再議す
一　桂弥一氏へ梅子一同尋問す
　　証明願写
〔欄外〕
役場受第一一八五号　年月日
山口県豊浦郡長府村拾番地
当時長野県小県郡上田町九百番地
　士族　三吉米熊次男
　　三吉秋雄
　　　印
一　明治二十八年十月十九日午前死亡
　　　印
一　明治二十八年十月廿日午後火葬
右遺骨、今般本籍地に於て埋葬致候条、前記死亡、火葬明白相違なき事御証明相成度、此段相願候也
　　　右
明治三十三年二月廿六日　　三吉米熊　印
　上田町長馬場歳次殿
右死亡及火葬の明白相違なきことを証明す
明治三十三年二月二十六日
〔欄外〕
印
長野県小県郡上田町馬場歳次　印
一　栢俊雄帰府に付、海苔四個受取なり

三月三日
同三日　陰
一　三島来宿、御用談御附添の件なり

三月四日
同四日　陰
一　記事なし

三月五日
同五日　晴
一　用達所へ出勤す
一　来る八日午後法円綾子埋葬之事に寺へ引合置、右に付夫々準備致置事
一　昨四日米熊より小包にして法号送附に付、直に着請郵便を出す
一　オタキより来書あり

三月六日

同六日　陰
一　氷餅弐箱小包にして玉樹へ相送り候也
一　豊永翁来宿、梅子へ進物あり
一　御開葬献備物之件申入置
　右は廿三日御神霊え玉串料相備候事に談置なり

三月七日

同七日　陰
一　玉樹へ小包仕出置之事を端書出置なり
一　先般欽麗院様薨去に付、士族中惣代として細川、金子、椋梨弁村惣代桑野四銘〔ママ〕上京、金壱百八拾円実費、三拾円四拾四銭献備花代
合金弐百拾円四拾四銭なり
　内金六拾円諏訪、桂両氏より出金
差引金壱百五拾円四拾四銭
　内
　壱百拾四円四拾三銭
　士族五百四拾三戸負担
　但壱戸に付弐拾銭八り宛
金三拾七円六拾壱銭
　士族外五百六拾三戸負担
　但壱戸に付六銭七り宛
一　金六円四拾九銭四り　出金高
　但士族弐拾八戸平民十戸
　右之通り報告に付出金す

三月八日

同八日　風陰
　長野県小県郡上田町寄留
　　三吉米熊二男秋雄
右死亡に付遺骨火葬到着致候間、法華寺へ埋葬致候、此段及御届候也
三月八日　　　　三吉慎蔵　印
墓地管理者有光え出置候事
一　本日午後一時法円綾子埋葬す、慎蔵亡女茂子〔三吉茂、三吉慎蔵長女〕墓所へ添置なり
一　米熊え埋葬済郵便仕出す

三月九日

同九日　風晴
一　記事なし

三月一〇日

同十日　晴
一　用達所へ出勤す、婦人御供等之件也、三島より談あり

三月一一日

同十一日　風雪少々

一　岡本一周忌案内に付イヨ行く

三月一二日

同十二日　晴雪少々

一　岡本へ焼香寺へ参詣す

一　用達所へ出勤す、婦人御供志願者人名を出す、右に付御供時間割三島より受取り、すぐ夫々相廻す

三月一三日

同十三日　陰

一　用達所へ出勤す、御供志願石川婦、浅野、菅三名申出置也、右御差間に付許可無之段豊永へ談置なり

一　三島来宿、荘原より来書の件に付略議決す

一　御着棺当日、御門外にて御迎可申上事に三島へ申入置也

三月一四日

同十四日　雨風雷

一　用達所へ出勤す、記事なし

三月一五日

同十五日　陰

一　故欽子様御改葬之儀、三月廿二日午後一時半長府大乗寺内出棺、功山寺御祭場に於て祭式執行の予定通知有之候と〔の〕事なり

追啓生花其他厚き御供物は御断の加筆あり

三月一六日

一　午後用達所へ出勤す

同十六日　陰

一　用達所へ午後より出勤す

三時より今般改葬掛り惣員用達所にて集会に付、惣員え挨拶す

三月一七日

同十七日　陰

一　午後より用達所へ相詰候事

三月一八日

同十八日　雨

一　用達所へ出勤す、豊永より之電報あり、依て三島へ申入直々午後より御途中御棺之御迎に出張す、夜八時過き小郡御宿迄行く、一泊す

三月一九日

同十九日　雪

一　小郡午前八時御発棺にて船木御昼、はぶ関谷方へ午後四時過き御着棺、御一泊

三月二〇日

同二十日　晴

一　正午御出棺、御途中御迎之諸君へ挨拶す、長府大乗寺へ午後四時無御滞着棺、上々様方御供迄異情なし

三月二一日

同二十一日　陰

一　大乗寺へ終日御供之事

一　イヨ事午後一時より六時まで御供致候事

三月二二日

同二十二日　小雨后晴となる

一　午後一時三十分大乗寺御出棺、御式夫々御決定之通り、略也

一　御祭場功山寺本堂に於御祭儀済之上、夫々御定之通り拝礼相済にて御埋棺七時相済なり

三月二三日

同二十三日　晴

一　御墓所祭九時より出頭す、御三方様〔毛利元敏、毛利保子、毛利鏻子〕十二時前御祭事相済、夫より用達所へ相詰候也

一　午後二時より御山写御祭儀あり、四時過き夫々無滞御祭事相済、依て退出す

三月二四日

同二十四日　風雨

一　玉樹より来書、米熊事正七位位記賜候との事、幷に玉樹事増給三十円との報知あり

右に付玉樹へ答書す

〔欄外〕

イヨ風邪松岡来診

一　午後用達所へ出勤之上御二方様へ御伺申上候事

三月二五日

同二十五日　晴

一　米熊へ叙正七位られ歓状を出候事

〔欄外〕

松岡同断

一　午後五時より御神酒頂きに付、河村光三御使に来る、依

て同時出頭す

三月二六日

同二十六日　陰

一　御蔵鍵返上、梶間、中川へ出す

一　昨日の御礼出頭す、夫〔より〕功山寺御墓所へ参詣す

三月二七日

同二十七日　陰

一　宮田清左衛門四十九日に付午前より同家へ行く

〔欄外〕
松岡来診

一　豊永翁昨帰府に付報知状来る

三月二八日

同二十八日　晴

一　用達所へ出勤之上三位公へ御伺申上候事

一　豊永へ尋問、面会之上東京始末一件色々談合致置候也

三月二九日

同二十九日　晴

一　用達所へ出勤す、荘原へ御用向内議す

〔欄外〕
松岡来診

一　荘原、江良氏〔和祐〕両家へ尋問す

一　午後豊永へ行き再談済也

三月三〇日

同三十日　晴

一　岩谷娘昨日死去悔見舞す
備物為持候事、本日午後埋葬に付、会葬功山寺迄行く

一　豊永翁来宿之処不在なり

三月三一日

同三十一日　雨

一　豊永へ行く、夫より荘原辞職願書を主公え呈上す、右に付、思召之旨を豊永、三吉より荘原、三島両人え得と申聞候上相決すとの御命なり、依て本日午後五時豊永へ集会のことに申談置候事

一　午後五時より豊永宅にて本日主公より御内命の旨を荘原、三島へ豊永、三吉両人より相伝へ候事、右御内命之通り御任申上候事三島より決答相成候事、依て十一時退散す

四月一日

四月一日　雨

一　豊永、三吉一同三位公え思召之通り相決候段を上申す、

三位公御満足なり
右上申済之儀を荘原、三島へ申入置候なり
〔欄外〕
松岡来診
一　各家へ御照会御発表御達之儀は、当分見合御親族会後に申入、且又御会へは三島家扶代改之事に談決す
右上申す

四月二日

同二日　陰
一　豊永翁来宿に付、昨日迄の御用内件、夫々申入置なり

四月三日

同三日　晴
一　御祭日に付、国旗を出す
一　清末公より、宮本虎雄太御使を以て正宗十弐本先般の御挨拶として御賜被下候事

四月四日

同四日　晴
一　用達所へ出勤す、三島へ家令引合事件を談置なり
一　肴一折松岡へイヨ持参す
一　正宗弐本、竹の子弐個
右石川〔良平カ〕へイヨ持参す

四月五日

同五日　晴
一　記事なし
〔欄外〕
松岡来診

四月六日

同六日　陰雨となる
〔欄外〕
休薬す
一　用達所へ出勤す、荘原へ内儀之件也、三島へ過る四日談之通り気附答置候也、依て夫々申入不調相成候様申談置候事
一　今般出京旅賃主公より頂候に付、金百五拾円之辻中川、吉岡両人へ勘定済なり

四月七日

同七日　雨
一　梅子本日午前九時小学校入校式相成候に付、附添人壱名附添出校之儀、村役場通知有之、依て日時差出候なり
右入校済なり

四月八日

同八日　晴

一　午後より荘原、三島両人へ御用談来宿、東西家人の進退御教育場所御遺物引受荘原御預りに付、任免の件之等内儀す、依て慎蔵愚存丈けは答置なり
右終て晩餐を出す

四月九日

同九日　晴

一　用達所へ出勤す

一　午後より清末公へ御礼出頭す

一　イヨ御屋敷へ御伺出頭す

四月一〇日

同十日　雨

一　用達所へ出勤す、関谷謝儀の件、正村〔信一〕へ引合之上、見込三島へ申入置なり

一　御女子御二方〔毛利亮子（毛利元敏五女）、毛利幸子（毛利元敏六女）〕御引合の件、御二方様へ相伺候て御内決之旨、荘原、三島へ夫々取計可致との御内命を伝置也

四月一一日

同十一日　雷雨

一　御用向有之、終日出勤し夜に帰宅す
右は令扶一同内議し其件之書取にして上申す、尚又向後の慎蔵気附をも打合置なり

四月一二日

同十二日　雪又雨

一　用達所へ出勤す、記事なし
〔欄外〕
牛乳初め

四月一三日

同十三日　陰

一　三位公御出山に付、御屋敷限り御送り申上候、中川従行外に三島御同行なり

一　梅子風邪、松岡来診を受候事、学校不参届す
〔欄外〕
松岡来診

四月一四日

同十四日　陰

一　用達所へ出勤す、記事なし

一　久留米かすり壱反　タキへ

一　かし弐個
一　うめ弐百目
　　　孫子中へ
右三品小包にして上田米熊へ相送る、外に郵便状出置也

四月一五日

同十五日　雨
一　記事なし
〔欄外〕
来診

四月一六日

同十六日　雨
〔欄外〕
来診
一　用達所へ出勤す、遺物件之内議なり
一　来る十八日前九時より豊永出頭、集会の談あり

四月一七日

同十七日　陰
一　干和布一個宛小包にして玉樹、岡本両家へ仕出候事
〔欄外〕
来診

四月一八日

同十八日　風雨
一　用達所へ出勤す、豊永翁、荘原、三吉御家事の件々一書にして集議あり、内決す
一　御建築内囲石壇仕法替之件決答す

四月一九日

同十九日　雨
〔欄外〕
松岡にてウメ診察を受
一　荘原、三島よりの電報持参あり
一　長野郡長〔範之、豊浦郡長〕来宿、荘原へ中学校敷地の件談あり

四月二〇日

同二十日　陰
一　主公今朝御帰着之筈荘原より来書に付、直に用達所へ出勤す
一　五郎様、井伯〔井上馨〕より財政の件之尋問あり、其答弁之次第協議へ協議致候様との件也、三島より伝達荘原一同承る

四月二一日

同二十一日　陰

〔欄外〕

松岡宅にて診察す

一　用達所へ出勤す、本日は御用談あり、豊永、荘原、三島

一　同終日御家事協議す

四月二二日

同二十二日　朝小雨夕晴

一　梅子本日より休業なり

一　荘原来宿御用談色々、其件別に記事す

四月二三日

同二十三日　晴

〔欄外〕

梅出校す

一　用達所へ出勤す、荘原御用済に付、本日出立にて出京之事

一　豊永翁へ荘原馬関にて引合の由也

江良へ伝言あり

四月二四日

同二十四日　晴后雨

一　記事なし

四月二五日

同二十五日　雨

一　用達所へ出勤す、記事なし

四月二六日

同二十六日　陰后晴

一　南部年回参拝に行く、帰路菩提寺へ行く

一　天ジク木綿一反風呂敷用

右豊永和吉洋行に付持参す

四月二七日

同二十七日　晴

一　用達所へ出勤す、小早川御二方様〔小早川四郎、小早川式子〕昨日御来邸に付、御伺申上候也

一　昨日多度津より弘中来宿、銘酒弐本持参に付、本日午饗を出す

四月二八日

同二十八日　晴

一　栢俊雄方へ見舞に行く

一　来る三日法会法華寺へ決す

四月二九日

同二十九日　晴

一　本日は故欽子御方当日祭に付、御墓所祭御神霊祭参拝す

四月三〇日

同三十日　晴

一　オタキより送り物承状来る

五月一日

五月一日　晴

一　用達所へ出勤す

一　午後御女中ヲタカ案内し晩餐を出す

一　梅子誕辰内祝す

五月二日

同二日　雨

一　本日は実父〔小坂土佐九郎〕二十五回忌相当、故義作〔小坂義作〕三回忌取越案内に付、家族中小坂へ行く

五月三日

同三日　晴風少し

一　讃仰院十蔵〔三吉十蔵、三吉慎蔵養父〕実母百年

一　喬松院半治〔ママ〕〔三吉半次、三吉慎蔵養祖父〕後妻五十年

右取越法会す、依て浅野親子、桂タカ案内非時を出す

一　主公御誕辰御料理御送り置候事

五月四日

同四日　晴風あり

一　用達所へ出勤之上、昨三日御酒肴御送り御礼上申す

一　法華寺へ墓参す

五月五日

同五日　晴風あり

一　御女子二方東京御留学本日御出発に付、御送りとして用達所へ出頭す

一　豊永翁へ面会す、井伯へ於馬関談話の件々を承る

一　法華寺へ一同仏参す

五月六日

同六日　晴

一　吉田政吉来宿にて、来る十日皇太子殿下〔嘉仁親王、のちの大正天皇〕御結婚御挙行あらせられ候に付、当日村民へ心得各戸に国旗及軒提灯を揚け、臣民たる敬意を表する事

一　小学校に於て午前九時拝賀式挙行に付、有志者は参列之事

但成るべく紋付及袴又はフロックコート着用のこと
一　拝賀式終りたる後、忌宮神社広庭に於て有志者へ祝賀会を催度、御賛成之御方は、来る七日迄惣代迄御通知有之度候事
但会費金十銭
一　奉祝の為め、皇太子殿下へ県下人民一統より御文房具類献納致度、仍て各一人より金五り宛出金せしむる事
右の書面持参に付三人前金壱銭五りを出すなり

五月七日

同七日　雨風
一　用達所へ出勤す、記事なし

五月八日

同八日　晴
一　江下本宅え外部手入に行く
昨日正午宇部伊秩〔脩平〕え祭事案内にて行く

五月一〇日

同十日　晴
〔欄外〕
祝日休暇
謹奉賀
皇太子殿下御婚礼
明治三十三年五月十日従六位三吉慎蔵
右宮内省式部職御中
謹奉賀
御婚礼
明治三十三年五月十日従六位三吉慎蔵
右東宮職御中
封書郵便にして表三吉慎蔵
一　各戸国旗及軒提灯を掲け、敬意を表するなり
一　午前八時小学校生徒中拝賀式に付、梅子参列す
一　午前九時於小学校有志者拝賀、終て社内に於て祝宴有之参列す、夫より十時四十分退席す
一　午後より中学校運動有之、梅子連行なり

五月一一日

同十一日　晴
一　用達所へ出勤す、野村源七死去御備物の件談決す
一　石津、桂、浅野〔一之〕え答礼に行く
一　野村源七死去、悔に行く

五月一二日

同十二日　陰后雨
一　本日より十六日迄忌神社例祭に付、小学校休業、梅子休

なり
一　野村源七埋葬に付、午後四時より功山寺へ会葬に行く
一　賀田〔貞一〕え干和布小包にして送る、蔦見春吉方へも同断

五月一三日

同十三日　晴
一　忌宮神社祭礼、来客高田、浅野、阿曽沼〔次郎〕、小野祥三〔小坂祥三〕、稲田〔義助〕、宮田両人
一　千賀子命〔毛利千賀子、長府藩一三代藩主毛利元周正室〕三十年祭に付、午前参拝玉串料を備

五月一四日

同十四日　晴
一　祭例に付、林、中尾来宿也

五月一五日

同十五日　晴
一　用達所へ出勤す、記事なし
一　荘原より必親展来る

五月一六日

同十六日　晴
一　記事なし

五月一七日

同十七日　晴
一　記事なし

五月一八日

同十八日　晴
一　用達所へ出頭す、夫より豊永へ、両度不在に付、三島持参之荘原より之書状封にして出置候也

五月一九日

同十九日　晴
一　豊永へ行く、荘原より来書之件談合す、未決なり

五月二〇日

同二十日　雨
一　交肴一折豊永へ、安着之歓に為持候事
一　豊永真里〔豊永長吉養子〕来宿なり
一　三島来宿に付、荘原より来書之件豊永へ申合致候次第を答置、何分得と老へ可然事に談す

五月二一日

同二十一日　雨

一　用達所へ出勤す、記事なし

五月二二日

同二十二日　陰

一　神戸丸へ夏橙壱個積込、津久井や揚け米熊え送附す

一　米熊へ橙本日仕出の事

一　白袖中三反、下三反注文書認め候て、郵便仕出し置也

一　桂弥一氏来宿に付、玉樹進退の件之相決候様依頼す

五月二三日

同二十三日　陰

一　用達所へ出勤す、地位《イ》見分す

五月二四日

同二十四日　晴

一　豊永和吉、同真里来る廿六日乗船洋行に付、暇乞来宿なり

一　玉樹より来書あり

五月二五日

同二十五日　晴

一　用達所へ出勤す、地位協議あり

一　豊永和吉、真里出立、外浦へ見送る

五月二六日

同二十六日　陰

一　難波舟平不快に付尋問す、鳥壱羽見廻持参する

五月二七日

同二十七日　風雨

一　記事なし

五月二八日

同二十八日　晴

〔欄外〕

松岡来診　慎蔵○

一　磯谷市介死去に付、線香外に砂唐〔ママ〕壱箱備物持参悔に行く

一　用達所へ出勤す、記事なし

五月二九日

同二十九日　陰

〔欄外〕

松岡同断　同人○

一　蔦見春吉より請書来る

一　昨夜より不快に付、松岡診察を受薬用す

五月三〇日

同三十日　晴

一　快方に付休薬す

五月三一日

同三十一日　晴

一　記事なし

六月一日

六月一日　晴

一　記事なし

六月二日

同二日　晴　同断

六月三日

同三日　晴

一　三島、豊永、難波え尋問す

六月四日

同四日　晴

一　用達所へ出勤す、記事なし
俊雄氏来宿、玉樹進退の件也、弥一氏え引合談依頼の儀を委細に打合置なり

六月五日

同五日　陰

一　津久井や吉蔵より荷物引合報知に付、即日答礼状仕出置候事

六月六日

同六日　晴

一　用達所へ出勤す、議なし

一　栢貞香方へ案内にて行く

六月七日

同七日　晴

一　昨今桂へ尋問す、不在なり、豊永へ行き、玉樹進退の件桂へ協議にて相決候様談置なり

六月八日

同八日　晴

〔欄外〕

一　松岡医師来診あり、梅子

一　学校え不参届け申出置なり

○

六月九日

同九日　晴

一　梅子診察、松岡来宿幷ォミネ同断

〔欄外〕

○

六月一〇日

同十日　陰雨

一　井上真三死去知せに付備物持参、悔として午後行く

一　松岡、梅子、ォヨネ両診察あり

〔欄外〕

○

六月一一日

同十一日　雨

一　豊永家内見舞来宿あり

一　用達所へ出勤す、議談なし

一　井上真三埋葬に付会葬す

一　松岡医師、梅子来診あり

〔欄外〕

○

六月一二日

同十二日　晴

一　松岡医師、梅子来診あり

〔欄外〕

○

一　松岡家内ヒハ。テマリ。カンサシ見廻持参也

一　橙五つ、キヒシヤ一つ、チヤハン五、豊永より見廻也

一　岩谷ウタ見廻来宿あり

六月一三日

同十三日　晴

一　用達所へ出勤す、議なし

一　松岡来診、梅子快方なり

〔欄外〕

○

一　浅野老人見廻かし持参也

一　ォヨネ方へ見廻来る

六月一四日

同十四日　陰

一　難波家内見廻、かし持参也

一　高田家内キスコ見廻持参也
一　金子マサキスコ、有実同断
一　小島家内せんべい、三島同見廻持参也
一　松岡医師来診、梅子

〔欄外〕
○
一　米熊より注文物小包来る、玉樹より来書あり
一　野村四十九日備物焼香寺参詣す

六月一五日

同十五日　陰
一　米熊え小包着請郵便状出す
一　豊永翁来宿あり

六月一六日

同十六日　晴
一　用達所へ出勤す、三島家扶病気之次第、勤務覚束なく事情内話有之、右は重件に付即案致兼候段答置なり
一　松岡、梅子来診あり、順快なり

〔欄外〕
○

六月一七日

同十七日　晴　記事なし
一　御奥様より梅へ御尋御菓子被下候事
一　浅野家内、梅子見廻来宿なり

六月一八日

同十八日　晴
一　小島氏、梅子見廻来宿あり

六月一九日

同十九日　晴
一　松岡へ梅子診察に行く、本日限り休業可然由、全快なり

〔欄外〕
○
一　用達所へ出勤す、荘原着関之処、午後迄出頭無之、依て豊永へ行く、不在、昨日より同翁他行、明朝帰府之由なり
一　御奥様へ御尋頂きもの御礼上申す

六月二〇日

同二十日　晴
一　午後用達所へ出勤す、荘原より御遺物御配分品現物拝見す
一　豊永翁より来書あり

六月二一日

同二十一日　晴

一　米熊へ為替券本日后〔ママ〕前書留にして仕出置候事

六月二二日

同二十二日　陰

一　荘原来宿、東西御始末之件也、後任熟議決候との談あり、依て出関し豊永へ面会之上東西の仕組談候処異議なし、尚又一つ書を以夫々内議決す、夫より用達所へ出勤、荘原へ打合、明日清末様へ出願可致廻申入置也

一　午後三島来宿に付、万内議之件々談置、夫々手順相立事に談置なり

一　荘原へ御仕向之件々、豊永申合之次第を談し置候事

六月二三日

同二十三日　晴

一　用達所へ出勤す、令扶進退本日御決定に付、主公の御代理として協議人清末様へ出願す、別に御異議無之旨御直答に付、主公へ復命す

右に付、三田尻様〔毛利元昭〕、岩国様〔吉川経健〕、徳山様〔毛利元功〕、小早川様〔小早川四郎〕へ御書面を以御照会状御仕出し下案呈上す

一　欽麗院様御遺物被下候、硯箱、御紋付、御召置半てん弐つ

伊代へ小紋形御紋付壱枚

右頂きの事

六月二四日

同二十四日　陰小雨

一　午前より用達所へ出勤す、荘原へ之御級相済なり

六月二五日

同二十五日　雨

〔欄外〕梅子全快出校す

一　終日用達所へ出勤す、御家政会談内議す、荘原、三島一同也

六月二六日

同二十六日　陰

一　用達所へ終日出勤す、荘原一同御二方様へ御家政の御決〔ママ〕針御駈引肝要之件々上申す

一　荘原より之御内伺夫々御決定なり

六月二七日

同二十七日　陰后
一　用達所へ出勤す、内議之件也
本日より発表順序相立也
一　熊谷信夫清末家令死去報知に付、中川幸便を以て備物送るなり
一　磯谷市介四十九日取越に付、カンテン、線香為持候事

六月二八日

同二十八日　晴
一　用達所へ出勤す、会計方三島御受、右心得市岡義助〔ママ〕〔義介〕へ御下命なり
一　財産主管者進退各家へ御照会済に付、御内報来る

六月二九日

同二十九日　陰
一　昨夕豊永え御家政之件々、本日迄之次第申入置なり
一　午前出勤す、別に談議なし
一　荘原へ答礼旁肴進物す
一　豊永和吉子供死去に付尋問す

六月三〇日

同三十日　晴后陰
一　用達所へ出勤す、財産主管者家令進退家扶心得等之御辞令御直達有之、夫々其件は略す
一　豊永和吉小児埋葬、功山寺へ午後五時会葬す、備物為持候也

七月一日

一　荒瀬新八氏午后より来宿なり
七月一日　晴　記事なし

七月二日

同二日　陰
一　用達所へ出勤す、荘原、三島一同御用談あり
一　米熊より為替着請、外に受取証夫々相送り候事
一　本宅取繕見分に行く

七月三日

同三日　后雨
一　用達所へ出勤す、御家政御教育事件協議あり

七月四日

同四日
一　豊永翁え御用談協議に行く、其事件同決す
一　用達所へ出勤す、荘原へ御済議御書置あり
一　豊永へ中陰見廻尋候事

七月五日

同五日　雨

一　午後より用達所へ御用談あり出勤す、荘原、三島一同御縁談内議の上御二方様の御内意伺相成候、其由荘原出京之上取計のこと

七月六日

同六日　雨

一　用達所へ出勤す、荘原え之御引合御書置有之候事

七月七日

同七日　雨

一　午後用達所へ出勤す、記事なし

七月八日

同八日　晴

一　荒瀬老人午前出立帰宅なり

七月九日

同九日　陰

一　荘原昨日出立出京なり

一　午後松岡宅にて診察を受る

〔欄外〕○

七月一〇日

同十日　小雨

〔欄外〕学校梅子不参

一　松岡来診あり

〔欄外〕○

一　梅子同断

〔欄外〕○

一　三島見廻来宿あり

七月一一日

同十一日　雨

一　松岡来診あり

〔欄外〕○

梅子同断

〔欄外〕相済　弐　○

七月一二日

同十二日　陰

一　井上真三四十九日取越に付、拾七本線香五包不快に付為持候事

一　三位公より不快に付御内使梶間来宿あり、又ソツプ壱本御持あり

一　松岡来診、快方に趣くなり

〔欄外〕○

一　河村光三見廻来宿あり

七月一三日

同十三日　晴

一　梅子本日より出校す

七月一四日

同十四日　陰雨

一　豊永翁見廻来宿あり

一　豊永和吉、真里両氏より六月十七日附之書面到着す

一　松岡来診、快方に趣なり

七月一五日

同十五日　大雨　記事なし

七月一六日

同十六日　雨

一　宇都宮常吉見舞昨夜来る

一　三位公よりソツプ両度為御持被下候事

一　松岡来診、順次快方なり

〔欄外〕めは度相済　六　○

一　三島、荘原より之来書井伯へ面談之件持参あり、此件決答す

〔欄外〕此書状十九日三島へ為持参候事

七月一七日

同十七日　陰雨

一　本日より休薬す

一　三島来宿、御上京之件決答す

七月一八日

同十八日　陰雨

一　荘原より、過日来腹痛に付見舞来書、十六日仕出し郵便到来す

七月一九日

同十九日　雨后晴

一　三位公御来光、福原〔実、貴族院議員〕引合の件之御下問に付、過日三島え答之通り上申し、尚又御上京前家扶へも御再談可然事に申上、清末公えは家扶を以可然御照会之儀添て申上置候事

一　フトー酒弐本、ソップ三個、主公より為御持被下候事

七月二〇日

同二十日　晴后小雨

一　記事なし

〔欄外〕

フトー酒　本日よりソップ服用す

七月二一日

同二十一日　晴

一　栢俊雄、中川好治、小島家内、右見廻尋問あり

七月二二日

同二十二日　陰晴

〔欄外〕

牛乳休

一　三島来宿、井伯引合の件也

七月二三日

同二十三日　晴

一　三島え行く、昨日協議之通り上申の事を依頼す、且又荘原へ之書状添て頼置なり

一　豊永翁来宿、井伯引合の件々主公え御直に上申ありとのことに付、異議なし

七月二四日

同二十四日　晴

一　用達所へ出頭し、主公へ三島一同御出京之上万御引合之件々、重て上申す

七月二五日

同二十五日　晴

一　玉樹より郵便状来る

一　桂弥一氏へ見舞尋問す

一　三位公御出発御上京に付、出頭す

七月二六日

同二十六日　晴

一　記事〔なし〕

七月二七日

同二十七日　陰晴
一　記事なし

七月二八日

同二十八日　晴　八八

七月二九日

同二十九日　晴　八九

七月三〇日

同三十日　晴　八八

七月三一日

同三十一日　晴　八八
一　玉樹へ両度之答書す
一　廿六日附荘原より福一件色々事情の細書三島より為持候事
　右協議し書面同人へ相渡す、豊永翁引合済之由なり

八月一日

八月一日　晴　八九
一　梅子本日より休暇なり
一　大掃除、本日検査済なり

八月二日

同二日　晴　八八

八月三日

同三日　晴
一　毛利様へ御礼、豊永同断、○一件見込咄置なり
一　島内、石川へ暑中見廻状出す

八月四日

同四日　晴　八九
一　豊永翁来宿、三島より相廻り候荘原書面の件答弁なし、此上は財産調べ決算し、夫迄に止置の外なしと談合致し候事、右に付、書状三島へ持参也
尚御当人の件、御両親様の御決相成候上は別異議なし之一書にて、三島より答之事に決す

八月五日

同五日　陰晴　八九弐と

八月六日

同六日　晴　九十

一　元雄様〔毛利元雄〕より暑中御見廻状来る

一　紙小包、煙草小包来る

八月七日

同七日　晴后小雨　八八

八月八日

同八日　小雨　八七

一　本日より盆初てに付、各家より焼香来光あり、尚又色々備物あり、別記す

一　毛利元功様御病気之処於東京御危篤之由に付、主公幷に元功様御二方へ電信にて御伺を出す、御殿御伺出頭す

八月九日

同九日　陰　八八

一　元功様薨去に付御悔として電報を出す、三位公、高輪様〔毛利元昭〕へは書面を以御悔状仕出す

一　御殿え御悔として出頭す

一　盆に付仏参す、小坂、浅野、豊永へ

八月一〇日

同十日　晴　八九

豊浦郡長府

三吉梅子

亡母三吉トモの遺言に依り、県立豊浦尋常小学校基本財産の内へ金拾円寄附、各段奇特に付、為其賞木杯壱個下賜候事

明治三十三年四月十八日

山口県知事正四位勲三等古沢滋　印

記

一　賞状一通

一　木杯一個

右来着に付、及御送付之条、別紙領収書へ御検印の上御差出し相成置候也

明治三十三年八月七日　長府村役場　印

三吉慎蔵殿

右検印し差出候事

従六位三吉慎蔵

明治二十七、八年戦役の際有志共同軍品献納候段、奇特に候事

明治三十年六月一日

賞勲局総裁正三位勲一等子爵大給恒　印

領収証
明治二十七、八年戦役の際軍品に関する
一　賞状　壱通
右正に受領候也
明治三十三年八月十四日従六位三吉慎蔵　印
賞勲局御中
右同月十一日郵便にて仕出し候事
一　於功山寺壱年会十二日案内状到来、右病気に付不受断り出す
〔欄外〕
作花へ

八月一一日

同十一日　晴　八九弐と
一　御奥様より初盆に付、香五箱御女中を以御備に付、御礼出頭す
一　故シゲ子、友子、秋雄三人分法華寺へ永代

八月一二日

同十二日　晴　八九
一　小包落手四方へ郵便仕出候事

八月一三日

同十三日　晴　八九五と
一　徳山様へ、豊永同様玉串料を壱円宛備候事に決し、三島へ依頼す

八月一四日

同十四日　晴　八九三
一　用達所へ出勤す、明日より御奥様徳山へ御出に付御暇乞申上、且又来る十七日元功様御埋葬の処、持病に付不参、依て玉串料壱円三島へ相頼、不参の段依頼致置なり

八月一五日

同十五日　晴　九十度

八月一六日

同十六日　晴　八九

八月一七日

同十七日　晴　八九五と

八月一八日

同十八日　晴　九十二度
一　本月十一日附荘原より之必書〔ママ〕、豊永へ為持置候事

八月一九日

同十九日　雨　八　大風雨

一　有光嘉蔵、岡本高介暑見廻罷来る

一　北京落城之由にて国旗を揚げ候様惣代〔小嶋虎槌〕より通知来る

八月二〇日

一　用達所へ出頭す、三島帰府也

同二十日　晴　八弐

八月二一日

同二十一日　晴后小雨

一　御二方様昨夜御帰邸、御伺出頭す

一　鏻子様へ御悔として出頭す

一　前家坪井氏へ寄留之尋問す

八月二二日

同二十二日　雨　八四

一　用達所へ出頭す、記事なし

八月二三日

同二十三日　雨　八

八月二四日

同二十四日　風雨　八弐

一　用達所へ出勤す、御宮囲の談あり

一　過日通知有之所得云々の件、市岡を以て内決す

八月二五日

同二十五日　陰后晴　八三

八月二六日

同二十六日　朝雷雨　八三余り

八月二七日

同二十七日　陰　八四

一　用達所へ出勤す、夫より豊永方へ尋問す、玉樹進退件早々決議之事を桂協議の上依頼す

八月二八日

同二十八日　晴　九

一　米熊え所得の件、幷に玉樹退身決定分与金等の件、郵便状出す

八月二九日

同二十九日　小雨晴　八五
一　清末故暢子様〔毛利暢子〕三年祭御案内の処、持病に付不参、依て玉串料三島へ相頼備候

八月三〇日

同三十日　晴　八四
一　用達所へ出頭す、談なし

八月三一日

同三十一日　陰　八弐
一　清末様御三年祭御料理代りとして御送り被下候事
一　昨日安野老人埋葬に付、備物幷に名代亀吉を出す

九月一日

九月一日　陰　八三

九月二日

同二日　晴　八六
一　主公より御用向に付、豊永一同出頭す
右は福原家引合井伯へ御談判之事件なり、三島も出席同伯へ御尋問の次第相伺候処、別に異議なし、何れ荘原より報知を相待候事

九月三日

同三日　暁小雨陰　八弐

九月四日

同四日　晴　八壱

九月五日

同五日　陰　八
一　用達所へ出頭す、荘原より之来書談あり
一　有光方へ引合相頼置、又玉井跡組合に行く
一　玉樹より見舞来書あり

九月六日

同六日　雨　八壱
一　ろふそく廿本宛、線香弐箱添、金子、安野両家へ備物出す
一　菊寿弐本、豆腐壱箱
但金子へ見舞為持候事
一　栢両家へ見廻、亀吉を出す

九月七日

同七日　雨后大雨　八

一　用達所へ出頭す、記事なし

九月八日

同八日　陰　七九

九月九日

同九日　陰　七八

一　用達所へ、御用談之儀三島来書に付、終日出頭す

一　千早〔正次郎〕より不日転居の申込あり

九月一〇日

同十日　晴　八

一　米熊より所得税一件答書来る

一　賀田氏来宿、玉樹一件略承る、東京土産物色々持参あり

九月一一日

同十一日　晴　八

一　用達所へ出頭す、坂野〔良造〕東京行出立也

一　金永清兵衛へ悔に行く、豊永へ尋問す

一　有馬やへ千早引合来宿之事を申入置也

一　賀田氏来宿、東京引合玉樹之退身桂氏代理として決答、其順序栢俊雄聞入之上、玉樹へ報知之筈に引合有之候との事に付、前条退身之事は相決し申候、何分之順序俊雄より追て承り可申筈に致置候なり

一　安野方へ悔として行く

九月一二日

同十二日　陰　八弐

一　松岡へ悔として行く

九月一三日

同十三日　陰小雨　八壱

一　千早本日転居に付引合、午後三時過きより本宅へ行き、直蔵雇、夫々千早家内立合にて受取方致候事隣家林え相頼、表口より出入相頼候事

一　家賃約定通り引合済認書通す

九月一四日

同十四日　陰　八壱

一　用達所へ出頭す、豊永本日より他行之由面会す

一　有光嘉蔵へ答書す、俊雄氏報告件引合す

九月一五日

同十五日　陰地振　八

九月一六日

同十六日　雨陰　八弐

九月一七日

同十七日　晴　七九

一　用達所へ出頭す、昼伴食御相談の事

九月一八日

同十八日　風陰　八

一　先祖代々弁に故茂子、友子、秋雄施餓鬼永代祠堂金弐円五拾銭功山寺相納、依頼致置候事

九月一九日

同十九日　陰　八一

一　三島来宿、御用談なり

九月二〇日

同二十日　晴　八一

一　用達所へ御用談あり、終日出頭す、邦樹君〔毛利邦樹〕一件福原引合、扶従諸掛り随給等の協議なり

九月二一日

同二十一日　雨　八

一　午後より金山施餓鬼相頼参詣す

九月二二日

同二十二日　雨后晴　八二

一　玉樹より退身の儀、再桂、栢俊雄、豊永等を以示談に付、終に其意に任決答致候処、右之答書本月十八日附を以郵便状来る、就ては転籍届可下成引合済之上は、分家を止め亡友、梅子、三吉本籍と相定可申なり

一　用達所へ御用談来書に付出頭す、江良昨日帰着あり

九月二三日

同二十三日　陰　八

一　秋季皇霊祭休日なり

九月二四日

同二十四日　晴　八一

一　用達所へ出頭す、邦樹君、福原実男養子御願幷に送籍夫々相済候由なり

九月二五日

同廿五日　晴　八

一　江下本宅手入、終日行く

九月二六日

同廿六日　晴　八三

一　江下本宅手入行き

九月二七日

同二十七日　雨　八

一　安野へ四十九日取越備物為持候事

九月二八日

同二十八日　晴　七

一　用達所へ出頭す、福原御送り、公御出関あり

〔欄外〕
廿七日内

一　邦樹君御歓献上物等之儀、先例に寄取計三島頼置也

九月二九日

同二十九日　晴　七

一　用達所へ出頭す

一　午後十時中ノ町出火あり

九月三〇日

同三十日　晴　七

一　酒三升、飯、漬物添、火事見舞亀吉方へ為持候事

一　酒弐升、飯、漬物添、吉ゐや林蔵方へ同断

一　昨夜火事見廻、諏訪、石津、松岡へ行く

一　近火見舞来る、金子、泉や、浅野、宮田、木村、法華寺、直蔵、栄治又岡本、乙吉両人、本田、員本

一　交肴一件、石津へ火事見舞出す

一〇月一日

十月一日　晴后陰　七

一　毛利家御例祭に付参拝、玉串料を献す

一〇月二日

同二日　雨后晴　七四

一　金子、泉栄吉、浅野、宮田、栄治、直蔵、木村、法華寺、員本、岡本、車夫両人、本田、阿曽沼、伊秩、近火答礼に行く

一〇月三日

同三日　晴　七三

一　毛利家御小祭参拝出頭

一〇月四日

同四日　晴　七三

一　昨日より五日迄忌宮神社例祭之処、祭事延引にて三日間有之候事

一〇月五日

同五日　陰雨　七一

一　元功様薨去に付献備答礼、服紗御送り相成候事

一　栢貞香え貸家一件報告、四日分依頼す、振金三円の由なり

〔欄外〕

一　家賃凡廿円とす

一　家売却八拾五円とす

一〇月六日

同六日　雨　七八

一　用達所出頭す、徳山様へ御礼、福原男へ悔、両家へ郵便状仕出候事

一〇月七日

同七日　陰　七三

一　金五拾銭焼失中ノ町へ出金す

一　午後豊永宅にて御用談有之、三島一同会す、其事件記事三島にあり略す

一〇月八日

同八日　晴　七三

一　記事なし

一〇月九日

同九日　風雨　七弐

一〇月一〇日

同十日　晴風少々　七弐

一　用達所へ出頭す、御用談当協議の件々調印す

一〇月一一日

同十一日　晴　七

一　玉樹より退身許可別戸手続俊雄へ依頼致候得共、是迄通親子之交際之事を申越、梅子は家本へ頼との事来書に付、異議なく同様に心得の段を答書す

尤届等之事は、俊雄より承り次第米熊へも報知することに加筆す

一〇月一二日

同十二日　晴　七三

一　用達所へ出頭す、記事なし

一〇月一三日

同十三日　晴　七

一　欽子様御石碑御出来に付、御墓所報告祭御執行参拝す、夫より御用談御旧城学校一件、豊永より之書状三島へ相渡し、異議無之事に三島一同内決す、其他予算三島と内議す、尚又同氏出京之上取調候上会議之事に談合す

一〇月一四日

同十四日　晴

一　三島家扶、豊翁談話の件に付、来宿あり

一〇月一五日

同十五日　陰　六弐

一　用達所へ出頭す、本日は中学校大運動会案内有之候処不参す

一　邦樹君、福原男え御縁組済に付、御預金三百疋申合先例之通り本日献上す

一〇月一六日

同十六日　小雨陰　六三

一〇月一七日

同十七日　晴　七

一　御祭日休暇なり

一　豊永家へ行く、御謝儀一件、御迎送伺等之打合致置なり

一〇月一八日

同十八日　晴　七

一　用達所へ出頭す、記事なし

一〇月一九日

同十九日　陰　七一

一〇月二〇日

同二十日　陰　七三

一　用達所へ出頭す、謝儀は協決す、三島え答置

一〇月二一日

同二十一日　雨　記事なし　七五

一〇月二二日

同二十二日　陰　同断　七

一〇月二三日

同二十三日　晴　七五

一　用達所へ出頭す、御用談色々あり、終日相詰候事

一〇月二四日

同二十四日　晴　七弐

一　三島家扶本日東京へ御用あり出立之事

一　肴弐尾江良へ前祝答礼旁為持候事

一〇月二五日

同二十五日　晴　七弐

一　本日は故友一周忌配り物案内等仕出候事

一〇月二六日

同二十六日　晴　六九

入籍届

長府村第十番屋敷士族無職

入籍すへき家主　三吉米熊

万延元年六月十日生

右戸主米熊妹亡トモ夫

長府村十番屋敷同居戸主平民無職

三吉玉樹

文久三年九月十五日生

右米熊妹夫玉樹長女

入籍すべきの家族　梅子

明治廿七年五月一日生

右廃家の上、戸主の同意を得て入籍致度、此段及御届候也

明治三十三年十月廿一日

届出入籍者　三吉玉樹　印

同意者戸主　三吉米熊　印

長府村戸籍吏原田政佳殿

廃家届

長府村第十番屋敷同居平民無職

廃家者　三吉玉樹

文久三年九月十五日生

玉樹に従ひ他家に入る者　長女　梅子

明治二十七年五月一日生

右廃家の上、長女携帯当村第十番屋敷士族戸主無職三吉米熊万延元六月十日生方へ入籍致候、依て別紙証明書相添へ此段及御届候也

明治三十三年十月廿一日

届出人廃家戸主三吉玉樹　印

長府村戸籍吏原田政佳殿

証明書

長府村第十番屋敷同居

三吉玉樹

右の者は明治三十一年四月三十日分家に因り戸主と為りたるものにして家督相続に因りて戸主と為りたるに非さることを証明致候也

明治三十三年十月廿一日

証人本家戸主　三吉米熊　印

本人　三吉玉樹　印

一　用達所へ出頭、三十日御出関之件々上申し、且河村にも談置也

一〇月二七日

同廿七日　晴　七

一〇月二八日

同二十八日　晴　七

一　本日より修学院一周忌取越、寺両人来臨幷親族始め其他案内、正午非時出す

一　配り物等す、別記人名あり

一〇月二九日

同二十九日　小雨　七

一　本日法華経僧両人来る後寺へ参詣す、布施仕向け別記す

一〇月三〇日

同三十日　陰　七

一　皇太子殿下馬関御上陸す前十一時依て三位公御出関に付、御用弁の為め豊永出張所へ相居る

一　元昭公御滞関相伺候事

一　伊藤〔弥六カ〕へ尋問す

一〇月三一日

同三十一日　陰雨　七弐

一　午後元昭公御墓所御参詣、夫より御邸へ御出晩餐有之御相伴す、七時御帰りなり

一一月一日

十一月一日　雨后晴　六九

一一月二日

同二日　晴

一　御屋敷始め各家へ催事返礼す

一　難波より祝宴案内之処、間に付断状出す

一一月三日

同三日　晴　六弐
一　天長節休暇なり、梅子御祝日に付出校、式礼なり
一　林ティ子へ請書返書、礼状を出す
一　玉樹へ廃家届答書す

一一月四日

同四日　晴　六九
一　宮田勇吉方へ松茸狩案内にて家族行く

一一月五日

同五日　晴　六九
一　用達所へ出頭す、記事なし

一一月六日

同六日　晴　七弐
一　昨夜亀吉、音造両人来る、土地売却引合す、但家人え十四日謝儀す
一　酒二樽四升入難波へ飯為持候事
一　梶山氏来宿、学校貸地一件郡長〔長野範之〕え引合談内話あり、右は近々知事より答之筈なり、依て何分内決協議有之度との談なり
一　豊永翁より来書直に行く、右一件之内話に付、主管者出京に付其件内決致す事は順序不相立故、先梶山、諏訪両氏限りに答置可申、行掛り長府村内に転校之決定となれは別に論なく夫迄と一己の咄しに止め置帰宅す

一一月七日

同七日　晴　七一
一　用達所へ出頭す、午饗御相伴す
一　冨岡清雅来宿、中学校引合云々一件、同氏毛利家の都合任意談あり、右一件目下私の答は出来兼、尚又主管者出京中に付、帰府之上順序を以協議之上何分御答之順序に付、御懇情礼願居り承り置可申候、兎角熟議可然と申置候也
一　豊永翁へ書状為持参候事

一一月八日

同八日　晴　六三
一　本日は小学校第十四回記念式案内状来る
一　豊永翁来宿、○一件御案なり、右に付三島へ電信談あり、依て取計可申事にす
一　栢俊雄来宿、○内話あり

一一月九日

同九日　陰
一　用達所へ出頭す、伺の上三島へ電信す

一　午後豊永より急御用談申来り直に行く、桂、梶山、諏訪一同中学校へ御貸地の件に付協議あり、色々談合之決極是迄梶山、諏訪両人より知事へ申入の法針〔ママ〕か、又知事之申通りか、此弐点を以三位公へ豊永、三吉両人より伺、公の御決し次第、至急郡長え今日御決答可然事に一同決議す、依て直に豊永両人出頭し公え右相伺候処、左の御決し也、右は更に無税にて御貸地御決、右引合等之事は主管者不在に付、帰府之上取計可然様にとの御決定を両人え被仰聞、右は何分時期切迫之事、即刻郡長え御使にて至急出頭為致、直に被仰聞候との事故、両人退出し、右之答は豊永より梶山、諏訪両氏へ御決之旨を報知ある事にて帰宅す

一　中学校の件に付、三島へ至急御用向あることを電報致候処、同氏より協議両人え其件所方頼との返電あり、依て上申す

尚又清末様へ之御引合のことは、公より御書之申入可被任度御下命あり、就ては別に引合無之

一一月一〇日

同十日　陰

一　用達所へ出頭す、郡長え昨夜今般受候思召之旨御答済と議を諒承す

〔欄外〕

一　邦樹様より御養家其他え御土産物被送之件上申し、豊永協議之上異議無之段、荘原へ答書す

一　梶山、諏訪両氏御伴出の上、是迄の御挨拶今般思召の旨を御申入相成る、然る処、両氏より三吉え公には最初より無税の思召被為在候との事に承り、左すれは是迄御頼之次第を取計候儀はんたい致し誠に恐入候故、此儀公え御挨拶の事を両人より申出候付、即刻公え相伺候処、右様決答不致、依て両人より挨拶抔の事は引請不申との御下命に付、若し往違等有之候ては後日不都合に付、昨夜公え御決答之際、思召之旨は更に無税にて御貸渡しの御決し仰聞られ候御事を御決相成候かと押て相伺候処、無論との御事故、右の次第御使として両氏へ三吉出頭之上両氏え申入候処、別に異議無之、序に豊永へも引合致候事を添へ申入置、右主公え奉命す、依て事済候也、退出す、夜に入るなり

但豊永へ報知を出すなり

一　昨夜豊永両人より切迫の場合にて、梶山、諏訪、桂五名集会協決不致、終に主公へ両人〔ママ〕より上申し、是迄梶山、諏訪両氏の法針〔ママ〕と知事の意件両条は不決事故、主公の思召し次第に決し上申致候処、今日往懸り之両条に御関係なり、急件に付、更に無税貸議し引合は主管者よりと被仰出候と御案し申上候也

一一月一一日

同十一日　雨

一　山口県知事古沢滋、豊浦郡長野範之也、長府村長原田政佳昨日来宿あり

一　桂弥一来宿あり

一一月一二日

同十二日　陰　五

一　用達所へ出頭す、記事なし

一一月一三日

同十三日　晴　四九

一一月一四日

同十四日　晴　五

一　午前用達所へ出頭す、三島帰着に付中学校え之御決答之次第三位公御出座を願申入置、右に付、引合之件は取計相成候様申添置なり、夫より豊永へ行き前条申談置なり

〔欄外〕
米熊へ郵便廃家届の件仕出すなり、転籍之ことは追て報知と加筆す

一一月一五日

同十五日　陰小雨　六

一　奈良漬壱箱三島より到来す右に付着預答礼取急行く

一一月一六日

同十六日　陰　五

一　用達所へ出頭す、なし

一一月一七日

同十七日　雨　五一

一　御用談にて豊永宅へ三島、三吉集会右の件は、昨日中学校貸地限際立会の談なり、先差障りの件もなし、尤近々下案認出ること照会の筈なり、右の外御家政の件協議済也

一一月一八日

同十八日　后晴　五二

一　三島御用談来宿あり

一一月一九日

同十九日　晴　五四

一　用達所へ出頭す、東京支所始末の件御手置金の件、夫々
　三島より議有之
　右参席す、御決定あり

一一月二〇日

同二十日　雨　五一
一　小野村小坂へ積る答礼旁行く
一　梅子風邪に付学校え不参申出る

一一月二一日

同二十一日　陰　五三
一　梅子風邪、松岡来診す
〔欄外〕
○
〔欄外〕
○一　夏、松岡宅梅子診察あり、薬用一度也

一一月二二日

同二十二日　晴陰　五一
一　用達所へ出頭す
一　松岡、梅子来診あり、快方なり
〔欄外〕
○

一一月二三日

同二十三日　晴　五二
一　松岡、梅子来診あり
〔欄外〕
○

一一月二四日

同二十四日　陰　四九
一　用達所へ出頭す、記事なし
一　松岡、梅子来診あり
〔欄外〕
○

一一月二五日

同二十五日　陰　五三
一　松屋へ預に行く○善勝寺より来る

一一月二六日

同二十六日　晴　四九
一　松岡、梅子来診あり
〔欄外〕
○

一一月二七日

同二十七日　晴　五三

一　用達所へ出頭す、記事なし

廃家再興届

山口県豊浦郡長府村第十番屋敷戸主無職業

三吉米熊　一　万延元年六月十日生

亡妹とも夫

再興者　三吉玉樹　文久三年九月十五日生

右実夫　荒瀬新八

右実母亡　カメ〔荒瀬カメ〕

右は山口県豊浦郡長府村第十番屋敷同居戸主の処、明治廿五年二月廿二日婚姻の為め山本家を廃し入籍致居候処、今般自分義戸主米熊の同意を得、左の肩書の地に於て右廃家山本家を再興致候間此段及御届候也

明治三十三年十一月廿四日

山口県豊浦郡長府村十番地戸主無職業

届出人　三吉玉樹　印

同意者戸主　三吉米熊　印

豊浦郡長府村戸籍吏原田政佳殿

戸籍謄本御交付願

〔欄外〕右壱葉は山本玉樹より願出なり

一　玉樹届書戸籍謄本願共栢え相願引合す

右十二月一日

一一月二八日

同二十八日　陰雨　五一

一　梅子休業す

一一月二九日

同二十九日　陰　六二

一　梅子快方本日より出校す

一　用達所へ出頭す、本日予算会議清末様、三吉、三島、江良出席す、異議なく調印す

一一月三〇日

同三十日　晴　五

一　本宅へ掃除家内中行く

一二月一日

十二月一日　晴　五一

一　松岡へ挨拶肴添相済候事

一　米熊へ今般玉樹転籍届致候報知す

一二月二日

同二日　陰　五一

一二月三日

同三日　晴陰　四九

一　用達所へ出頭す、年末御謝儀之件々談あり

一　中将三好重臣〔陸軍中将〕病気之処養生不相叶死去報知に付、即日悔状郵便を出す

一二月四日

同四日　晴　四九

一二月五日

同五日　晴　四弐

一　用達所へ出頭す、記事なし

一　船越へ病気見舞尋問す

一二月六日

同六日　小雨　五弐

一二月七日

同七日　雨風あり　五八

一二月八日

同八日　陰風雪少々　四

一　用達所へ出頭す、夫より船越茂栄〔元長府毛利家従〕死去に付、悔へ行く

一二月九日

同九日　風雪　三九

一　船越義栄埋葬時より会葬す

一二月一〇日

同十日　陰　四

一二月一一日

同十一日　晴　四三

一　用達所へ出頭す、農場三十四年度予算表協議あり、異議なし答置也

〔欄外〕
調印す

一　玉樹より左の来書、七日附を以山本と改姓の上、東京市日本橋区西河岸町十四番地へ転籍致候段通知郵便状来る、右に付、米熊、荒瀬新八方へ通知郵便出す

一二月一二日

同十二日　雨　記事なし　四一

一二月一三日

同十三日　陰　四三

一　用達所へ出頭す、記事なし

一二月一四日

同十四日　陰　四五

一　江下手入行、栢へ悔に行く

一二月一五日

同十五日　陰　記事なし　四五

一二月一六日

同十六日　小雨　四壱

一　江下本日三井銀行借受馬関出張、浅海、金光貸渡す、依て引合は一ヶ月拾七円五拾銭家賃約定之事、双方共三十日前進退之事を相定め、外廻り地主より手入、内部は借主より弁候事約定す、右は松永直蔵、大田忠兵衛口入なり

一二月一七日

同十七日　晴　四一

一　米熊より昨日午後電報来る

ヲンナ〔三吉清子、三吉米熊二女〕ウマレタ、ボシトモブジ

〔欄外〕

答書郵便出す

一　用達所へ出頭す、記事なし

一二月一八日

同十八日　晴　四三

一　中学校え御貸地定約草案主公より御下問に付、別に異議無之、依て午後三島へ書面出候事

一二月一九日

同十九日　陰　四弐

一二月二〇日

同二十日　雨　五

一　用達所出頭す、記事なし、夫より豊永へ行き面会、隣家伊藤へ昨日来宿に付行く

一二月二一日

同二十一日　晴　五

一二月二二日

同二十二日　陰雨　四九

一　米熊より郵便来る、本月十六日誕生女子清子《セイ》と名称の事を申来るなり

一　用達所へ出頭す、記事なし

一　吉田え悔行く

一　毛利元秀様〔徳山毛利家一一代当主、毛利元功二男〕より、来る廿五日徳山御邸にて園遊会御催候付御招状到来之処、本日郵便を以て御断状を出す

一二月二三日

同二十三日　晴　四九

一二月二四日

同二十四日　陰　五

一　用達所出頭す、豊永同断、別に記事なし、尤年末臨時賞の件談決す

一　小包弐筒米熊より送り来る

一　主公より御使、協議人御謝儀梶間持参なり

一二月二五日

同二十五日　雨　五

一　小包弐着請郵便答書本日仕出す

一　主公え昨日の御礼出頭す

一　杉子〔孫七郎〕え悔状郵便出す

一二月二六日

同二十六日　晴　四七

一　梅子へ米熊より小包来る

一二月二七日

同二十七日　晴　四九

一　用達所へ出頭す、年末御謝儀を御直に頂き候事

一　米熊え小包着に付、梅子より之礼状を仕出候事

一二月二八日

同二十八日　陰雨　四三

一　各家へ年末配り物引合す

一二月二九日

同二十九日　五一

一　用達所へ出頭す、年賞取調三島申入の気附上申し、伺済

にて夫々仕立置なり

一二月三〇日

同三十日　雨　五一

一　用達所へ出頭す、年末賞夫々御渡に付出座す

一二月三一日

同三十一日　雨　五壱

一　主公え歳末御祝儀として出頭す

一　小坂、浅野へ同断

紀元二千五百六十一年

明治三十四年

日載

自一月一日

至十二月三十一日

三吉慎蔵控

明治三四年

一月一日

第一月一日　陰后晴　五十弐
一　早朝家族一同祝賀す
一　午前十時より出門、忌宮神社、豊功神社参拝、夫小学校内へ出頭、長府村参集、祝賀中川え申入置候事
一　毛利御邸へ祝賀、御二方様〔毛利元敏、毛利保子〕え御直に上申す
右青銅二百疋玉串料を献上す
　但梅子〔三吉梅子〕出頭す
一　梅子午前九時前学校式出頭す、夫より校長佐木〔佐々木佑〕、一学年教授え廻礼、岡田、秋山、上野なり、夫より小坂〔住也〕、松岡〔茂章〕近辺へ行く
一　小坂、松岡、吉田始め組合中へ廻礼す
一　小島〔虎槌〕、三島〔盛二〕、阿曽沼〔次郎〕、松尾、岩谷、坪井、重吉方へ廻礼す、午後休

一月二日

同二日　晴　四八
一　年始廻礼す

一月三日

同三日　晴　四壱
一　清末様〔毛利元忠〕其他廻礼す、梅子も廻礼す

一月四日

同四日　雨　五三
一　用達所へ出頭す、記事なし

一月五日

同五日　雨　五三
一　主公〔毛利元敏〕より新年御宴会御招に付出頭す

一月六日

同六日　陰　五三
一　豊永〔長吉〕宅にて三島家扶一同御建築取調会議あり、主管者見込之通り談決す

一月七日

同七日　陰　四八

一月八日

同八日　晴　四九

一　梅子本日学校始出校す

一　用達所へ出頭す、記事なし

一月九日

同九日　晴　四八

一月一〇日

同十日　雨　四七

一月一一日

同十一日　陰　四弐

一　用達所へ出頭す、記事なし

一月一二日

同十二日　晴　四壱

一月一三日

同十三日　晴　四

一　梅子同行出関す、廻礼也

一　梅子写真四枚引合す

一月一四日

同十四日　陰　四九

一月一五日

同十五日　陰　四三

一　旧大夫例年之通り新年御招請に付御相伴出頭す

一　昨日用達所へ出頭、御不用之御建物之儀に付、三島より内議に付、御伺之上売却之事を決答す

一　浅海本宅へ寄留届に付、地主代地調印す

一月一六日

同十六日　雨　五一

一月一七日

同十七日　陰　五一

一月一八日

同十八日　晴　四弐

一　用達所へ出頭す、議なし

一月一九日

同十九日　陰　四八

一月二〇日

同二十日　陰　四弐

一　欽子様〔毛利欽子〕御一周祭に付終日出頭、玉串料金二百疋備也

一　イヨ〔三吉イヨ〕参拝玉串料五銭備也

一月二一日

同二十一日　雨風少々　五

一　米熊〔三吉米熊〕、荒瀬〔新八〕両所へ梅子写真送る

一　小島、石津〔幾助〕、三島へ酒肴出す

一月二二日

同二十二日　陰　四九

一　稲田ハツ子病死去報知あり

一　御用談あり、用達所へ終日出頭す、荘原〔好一〕帰府に付てなり

一月二三日

同二十三日　晴　四九

一　ハツ子火葬、五拾銭香典を梅子より香礼料壱円香典也、家族中より備也、悔へ行く

一　仙崎や死去に付、ろうそく包香添会葬、佐野を遣す

一月二四日

同二十四日　陰　四八

一　用達所へ出頭す、進退一件談あり、右内話可然事に答置也

一　荘原へ尋問す、尚又到来物之礼申述置なり

一月二五日

同二十五日　晴　四九

一　浅海明廿六日転居報知直蔵より有之、依て明日立会家賃等之談判旁直蔵、浅海へ行く

一　干あみかし一個荘原へ持参す

一月二六日

同二十六日　雨　四九

一　浅海本日転居に付本宅へ行く、直蔵へ諸引合依頼し引取なり

一　用達所御用談あり、荘原、三島一同内議す、家扶進退之件相伺、尚又清末様へ御協議之事を添て申上置なり、一御建築事務員人撰等之事議し一名決す

一月二七日

同二十七日　晴　四八

一月二八日

同二十八日　陰　四弐

一　梅子風邪に付不参届学校へ使を出す

一　新田オトミ死去に付、好壱箱と線香弐抱為持候事

一月二九日

同二十九日　雨　四八

一　今暁一時加藤長家《〔ママ〕》焼失に付近火見廻、浅野〔一之〕、石川、坪井へ名代を出す

一　員光や弁オサツ、オトキ、亀吉近火見廻来る

一　浅野え見廻旁今朝行く

一　用達所へ出頭す、記事なし

一　新市方へ会葬、代理オトキ遣候事

一　イヨ風邪に付松岡診察を招き候事

〔欄外〕

○

一月三〇日

同三十日　晴　四八

一　御祭日に付休業なり

一　松岡来診あり

〔欄外〕

○

一　清末様へ家扶進退の件に付御協議として出頭す、其件無《〔ママ〕》御異議なし、依て主公へ上申す

一月三一日

同三十一日　陰　四弐

一　梅子本日より出校す

二月一日

二月一日　小雨　四九

二月二日

同二日　雪　三弐

二月三日

同三日　雪　三壱

二月四日

同四日　雪　三弐

一　松岡来診あり

〔欄外〕

○

二月五日

同五日　小雪　三八

一　ふとう酒三本、かし一個
　右清末公より内藤金次郎〔清末毛利家出仕〕御使を以御二方様〔毛利元忠、毛利国子〕より御内々御持被下候事

一　用達所へ出頭す、三島家扶御免、江良〔和祐〕家扶被仰付候事

二月六日

同六日　晴　四

二月七日

同七日　雪風　三九

一　用達所へ出頭す、記事なし

二月八日

同八日　陰小雪　三九

一　松岡来診、薬用す

〔欄外〕○

二月九日

同九日　陰　三八

一　松岡来診

〔欄外〕○

二月一〇日

同十日　陰　三九

一　松岡来診

〔欄外〕○

二月一一日

同十一日　陰雪　四

〔欄外〕御祭日休

一　松岡来診

〔欄外〕○

一　式あり出校す梅子

二月一二日

同十二日　小雪　三六

二月一三日

同十三日　雪　四

一　松岡来診あり

〔欄外〕

○

長府
三吉慎蔵

日記抄録　係坂本龍馬之件

日記抄録

慶応二年

一月一日

慶応二年丙寅正月元日

一 御内命を以て当時勢探索の為め、土州藩坂本龍馬〔直柔、高知藩郷士、（亀山）社中、のち海援隊長〕へ被差添出京之儀被仰付候に付、即刻長府出立にて馬関に至り、福永専助〔下関（馬関、赤間関）の商人〕宅に於て初めて坂本氏へ面会に付、印藤聿長府藩士〔朗宣、豊永長吉、馬廻、高四〇石〕より引合せ、三名一同方今の事情懇談、一夜にして足らず、翌二日より同宿し、協議の上至急登京の事に決し、出船の用意を為す、時に急便なく止むを得す五日迄滞関す

一月六日

同月六日

一 日切船へ乗組み同十日出帆す、風潮不順同十六日神戸へ着、直に上陸す、此地へ一泊し入京のことを計る

一月一七日

同月十七日

一 神戸湊川には岡藩中川氏〔豊後竹田、藩主（一二代）は中川久昭、津藩一一代藩主藤堂高猷実弟〕の警固あり、神戸より通船にて上坂す、細川左馬介〔左馬助、池内蔵太、高知藩士、（亀山）社中〕、寺内新左衛門〔信左衛門、新宮馬之助、土佐の人、（亀山）社中〕は坂本氏へ随行に付同伴す、両名も土佐の人なり

一月一八日

同月十八日

一 大坂薩州邸へ坂本氏一同到る、留守居木場伝内〔諱は清生、鹿児島藩士〕へ面会し、事情聞取候処、入京成り難き趣に由り、木場氏より薩藩の船印しを借受け、坂本氏を始め薩藩人と仮称して入京の用意を為す、夜に入り大坂城代大久保越中守〔忠寛、一翁、幕臣〕宿所へ坂本氏訪問に付同行す、越中守より内密示談の趣は、坂本等事は探索厳密にて目下長州人同行にて入京の旨相知れ、其沙汰あり手配り致したるに付早々立退き候方然るへしとのことに因り、坂本氏一同切迫の事態を察し、直に宿所に帰り、用意の短銃は坂本氏、本込銃は細川氏、拙者は寺町地方にて手槍を求め、各々約を定め速に上京と相決す

一月一九日

同月十九日

一　薩州藩士坂本龍馬上下四人と舩宿へ達し、川舩印し相建て伏見へ通舩す

一　八軒屋には幕府新撰組〔新選組とも〕出張にて人別を改む

一　八幡淀の間は淀藩〔藩主（一二代）は稲葉正邦、陸奥二本松藩主丹羽長富二男〕之を固め、山崎の方は津藩〔藩主（一一代）は藤堂高猷〕之を固め、川中には所々舩番所を設け往来を改む、伏見豊後橋辺は水口藩〔藩主（一〇代）は加藤明軌〕より固む、右の如く厳重の警固の処、一同無事に伏見舩宿寺田屋方に著す

一月二〇日

同月廿日

一　坂本氏及ひ細川、寺内等先達て入京し、目今の事情探索し、後れて拙者は上京の事に約し三名出立す、因て拙者は薩藩士の都合にして、寺田屋へ潜伏し、京情の報を待つ

一月二一日

同月廿一日

一　幕府新撰組廻番昼夜厳重人別を改む、因て此時は二階夜具入れ物置き等に潜み其場を避く

一月二二日

同月廿二日

一　一橋公〔慶喜、禁裏御守衛総督〕宇治へ進発用意として伏見市中、戸別調らへ厳重にて進退切迫の処、弥よ一名潜伏と見認めを受けしが、頓て内達ありて寺田屋へ薩人一名止宿の様子に付、追々取調へ候得共不審無之者に付、差置可然との由報知を受け、益す寸暇も油断不相成に付、用意の銃槍臥蓐中に蔵し覚悟す

一月二三日

同月廿三日

一　坂本氏のみ京師より来着に付き、兼て約し置きたる通り手当致し、夜半迄京師の様子尚ほ過る廿一日、桂小五郎〔木戸寛治、孝允、萩藩士、毛利筑前用談役兼御用所役兼蔵元役〕、西郷〔吉之助、隆永、隆盛、鹿児島藩士、側役、代々小番〕との談判〔薩長両藩和解して王政復古を企図すること〕約決の次第、委細坂本氏より聞取、此上は明廿四日出立にて入京の上、薩邸に同道と談決したり、されは王道回復に至るへしと一酌を催ほす用意をなし、懇談終り夜半八ッ時頃に至り、坂本の妾〔楢崎龍〕二階下より走り上り、店口より捕縛吏入込むと告く、直に用意の短銃を坂本氏へ付し、拙者は手槍を伏せ覚悟

す、此時一士刀を携へ両人の休所に来り、不審の儀有之尋問すと案内なく押入る、両人誰何し薩藩士の止宿へ不礼すなと叱れは、彼れ偽名なりと云ふ、故に疑ひあれは当所の薩邸へ引合ふへし、明白なりと云ふに、彼れ又た云ふ、両人共武器を携へ居るは如何と、是れ武士の常なりと答へしに彼れ階下に去る、此機に乗し楼上の建具を一目に打除け、拙者は手槍を構へ坂本氏を後に立て必死となる、忽ち階下より数人押し上り、各々得物を携へつゝ肥後守〔松平容保、京都守護職、会津藩九代藩主〕よりの上意に付き慎み居れと声高く呼ひ立つるに因り、我れは薩人なり上意を受くへき者に非すと云ふを相図に、兼て約せる覚悟の通り、一同銃槍を以て発打し突立つる、彼れに死傷あり階下に引退く、其際一名坂本氏の左脇に来り刀を以て拇指より持銃に切り付く、坂本氏傷を負ふ、此時槍を以て防きしも坂本氏装薬叶はさる由を告くるに由り、此上は拙者必死に打ち込んと云ふを坂本氏引止め、彼れ等退きし猶予の間に裡手に下り、此場を切り抜け去るへしと云ふ、其意に任せ直に坂本氏を肩に掛け、裏口の物置を切り抜け、両家程の戸締りを切り破り、挨拶して小路に遁れ出て、暫時両人とも意気を休め夫より又走る、途中寺あり此囲板を飛ひ越んとするに、近傍多数探索者ある様子に付、路を転して川端の材木貯蔵あるを見付け、其棚の上に両人とも密に忍ひ込み、種々死生を語り、最早逃路あらす此処にて割腹し彼れの手に斃るを免かるに如かすと云ふ、坂本氏曰く死は覚悟の事なれは君は是より薩邸に走附けよ、若し途にして敵人に逢は丶必死夫れ迄なり、僕も亦た此所にて死せんのみと、時既に暁なれは猶予むつかしと云ふ、其言に従ひ直に川端にて染血を洗ひ草鞋を拾ふて旅人の容貌を作し走り出つ、其際市中の店頭に既に戸を開くものあるを以て、尚ほ心急きに弐町余り行く、幸ひに商人体の者に逢ひ薩邸のある所を問ふに、是より先き一筋道にて三丁余りなりと云ふ、即ち到る、留守居大山彦八〔成美、鹿児島藩士、御小姓与、大山巌実兄、西郷隆盛従兄弟〕出迎へ、昨夜の様子は坂本氏の妾来りて注進す、行衛如何やと煩念の処天幸なるかな、此に遁れ来るとは、今ま坂本氏は無事に連れ帰るへし、三吉氏は是に止り居るへしと云ひ捨て、大山氏自ら舩に印を建て、有志両三名と棹して坂本氏の潜処に到り迎へて還る、一同関然愉快の声を発す、爾後門の出入を厳守せしめ、急に京師西郷大人の許に報す、因て吉井幸輔〔友実、徳春、鹿児島藩士〕乗馬にて走せ付け尋問す、具さに事情を語る、又た西郷大人より兵士一小隊医師一人差添、坂本氏の療治手当方両人守衛の為め差下す由にて来着す、実に此仕向けの厚き言語に尽す能はす、夕刻に至り両人共に衣服の仕向け有之、然処薩邸へ走り込みたる段、奉行所より留守居所に糾問になり、両人共に可相渡

と申来り候得共、右様の者は邸内には無之と申し切り候、夫より人数の手配をなし探索更に厳なり、或は京坂へ人相書を廻し頻りに薩邸を窺へとも、邸内には一小隊兵士の守衛ある故、妄に手を着くること能はす、扨寺田屋には変動の翌日探索者至り家内を検し、遺こし置きたる銃鎗及ひ書類用金等を拾ひ揚け、奉行所に取帰り候由、寺田屋儀も引合となり糺問厳重なる旨、帰邸の後ち告け来る、坂本氏は追々快方にて本月廿九日迄伏見薩邸に滞在す

二月一日

二月朔日

一　西郷大人の命にて両人共上京可致とのことに付、吉井幸輔乗馬にて兵士一小隊を引き迎へとして来る、同夜坂本一同幷に妾附添、京師薩邸西郷大人の宿処に到る、大人出迎ひ直に居間に坐し事情を語る、拙者は初めての面会なれとも其懇情親子の如し、又た一室を設け、坂本両人幷妾とも三人の休処とせらる、是より日々時勢の動静或は諸建白尚ほ西郷大人の他人へ尋問等の件々迄懇諭を受く、諸有志二、三名宛昼夜休所に来り、慰労して相語たる、此時小松帯刀〔清廉、鹿児島藩士、京都居付、表御勝手方、御軍役方、唐物取締掛、造士館演武館掛、御改革御内用掛、蒸気船掛など、高七〇〇石〕、島津伊勢〔諏訪甚六、広兼、鹿児島藩士、家老、高七五九石〕、桂右衛門〔久武、鹿児島藩士、御家老職、谷山地頭、御勝手方掛、家老島津久徴実弟〕三名は大夫、西郷吉之助は中老の取扱なり、大久保市蔵〔一蔵、利通、鹿児島藩士、一代新番、御小納戸頭取兼御側役〕、岩下左次右衛門〔方平、鹿児島藩士、家老職カ〕、伊地知正治〔鹿児島藩士〕、村田新八〔経満、鹿児島藩士〕、中村半次郎〔桐野利秋、鹿児島藩士〕、西郷新吾〔信吾（慎吾）、従道、鹿児島藩士、西郷隆盛実弟〕、大山弥助〔巌、鹿児島藩士、西郷隆盛従兄弟〕、内田忠之助〔仲之助、政風、鹿児島藩士〕、伊集院金次郎〔鹿児島藩士〕、中路権右衛門〔延年、旧名古屋藩士、弘化三年脱藩し浪人となる〕、野津七左衛門〔鎮雄、鹿児島藩士、野津道貫実兄〕、鈴木武弥〔鹿児島藩士〕、児玉四郎吉〔鹿児島藩士〕、医師木原泰雲〔蘭学医東郷泰玄門下カ〕等の人々日々来話、懇情至らさるなし、時に薩長和解弥よ王政復古の為め尽力兵備の手当をなすに決し、西郷、小松、桂を始め一と先つ帰国の事と定め、二月廿九日夜京師出立に付、坂本両人妾とも同船にて、拙者は馬関へ、坂本は鹿児島へ同行すとの事なり、依て附添ひ同夜伏見に着す、数人の有志伏見に送り来る、三月朔日大坂蔵屋敷へ着し、四日朝川船にて下り薩摩蒸気船三邦丸に乗る、五日朝大坂沖出帆、七日夜馬関へ着す、直に通船にて拙者は上陸し、鶏其他赤間関硯等を購し、西郷を始め諸氏へ離別の寸志として船に持参す、間なく出船、因て厚謝して別る、又た坂本へ

は他日馬関に来ることを約す、夫より拙者揚陸し、常宮屋六左衛門方へ暫時休息の内、伊藤九三〔助太夫、下関の大年寄、本陣主〕来訪す、夜半長府まで通船を雇ひ帰る

三月八日

同月八日

一 勝山御殿へ出頭、京師の事情、薩長和親の件々君公〔毛利元周、長府藩一三代藩主〕に言上し、且つ之を重役のみに談す

三月九日

同月九日

一 命に依り長府出立、山口に到る、十四日宗家君〔毛利敬親、慶親、萩（山口）藩一三代藩主（毛利宗家六七代当主）〕前に召出され、左の達書の通り賜ものを拝す

新身刀一振

長府三吉慎蔵

右先達て事情探索として薩藩〔ママ〕坂本龍馬同道京摂間へ罷登、種々苦辛之折柄於伏見不慮之儀致出来其砌別而艱難を経、龍馬と〔ママ〕〔を〕も相扶罷帰上国之模様委細に及于報知不容易遂苦労神妙之事に候、依て右之通拝領被仰付候事

三月一五日

同月十五日

一 山口御用相済み出立、十六日帰府す、十九日勝山御殿に御用召、左の通御賞賜を蒙る

三吉慎蔵へ申渡覚

其方儀、当正月御内用に付、京師へ被差登候途中、於伏見宿危難有之候処、遂其節候段被聞召不辱御家名全、兼而武門之嗜宜奇特之至被思召候、依て御蔵米弐拾石被増下都合六拾石被仰付旨候、以上

一 龍馬妾を携へ薩州より馬関に来るや、伊藤九三方を寄留処と定め、妾を同家に留めて、窃かに東西に奔走し、時勢を慮り国事を勤む、往来必す関に滞り、福原〔和勝、長府藩士、馬廻、高一五〇石〕、福田〔扇馬、長府藩士、集童場教授〕、品川〔省吾、氏章、長府藩士、馬廻、高八〇石〕、熊野〔直介、則之、長府藩士熊野吉右衛門長男、集童場長〕、梶山〔鼎介、長府藩士、中扈従、高二〇石〕等の諸子を勧誘し、且つ長防の国難を解き、君民勤王の素志を遂けしめしことを図る、藩主之を嘉みして短刀備前吉光を恵贈し、且つ臨時の費用を扶くることあり、其海援隊を長崎に組織するに当りては、有志等往て懇諭を受るものありし、龍馬又た慎蔵の宅に留滞あり、寄書数通載せて別冊とす、其徒石川清之助〔中岡慎太郎、土佐国安芸郡北川郷大庄屋中岡小伝次長男、陸援隊長〕亦た屢は来藩周旋する所多し、其手翰も別録にあり、我か藩士の龍馬に交るは印藤聿を最初とす

慶応三年

一　慶応三年丁卯十一月十五日、京都瓦町四条上る近新と云ふ家に龍馬、清之助及ひ、僕藤吉〔山田藤吉、元力士〕止宿の処、夜四ッ時過き賊三人虚に乗し、不意に切込み殺害す、龍馬は同夜死し、清之助は十七日に死し、藤吉は十六日に死す

右に付、長崎なる海援隊より浦田軍次郎〔佐柳高次、海援隊士〕飛報として十二月二日馬関来着、事を告けて直ちに帰崎す、此報を得て即時馬関伊藤九三方に到り、有志に報知し、談合の上、変事を坂本の妾於良へ諭示す

此時に当り同志の長崎に滞るもの挙て上京を計れり

一　妾於良は、遺言に因り十二月十五日慎蔵宅に引受け同居す、就ては藩主其情を憐み扶助米あり、且つ於良の妹（キンメイ）〔君枝〕事兼て龍馬の内意にて菅野覚兵衛〔千屋寅之助、土佐勤王党員、海援隊士〕へ娶はすへきの約あり、故に同女も姉と共に同居せしむ

明治元年

一　明治元年戊辰

王政復古、　正月五日中島作太郎〔信行、土佐藩士、元海援隊士、陸援隊士〕来藩訪問に預る、時に他出して面話を得す、一書遺こして馬関に到り泊す、翌日出関会話す

一　海援隊の諸士協議の上、土州へ於良引取の事に決し、終に馬関より土佐なる坂本姉〔坂本乙女、留〕の住処に護送す、時に明治元年三月なり

一　龍馬の遺物として正宗の刀を受く、中島氏より之を贈るなり

一　後藤氏〔象二郎、高知藩士〕よりも謝儀として、土佐国産の美紙を贈るを受く

毛利家来抄録

慶応二年正月廿三日藩士三吉慎蔵伏水の旅舎に闘ふ

是より先き命して京摂間の情状を細作せしむるなり

附記　土佐の人坂本良馬、曽て赤馬関に来寓し、慎蔵之と交る、是夜良馬と倶に伏水の旅舎に投す、冠あり暗に舎を囲む、二人楼上に在て覚らす、良馬の妾会ま浴室に在り、変を見て裸体馳せ報す、数人従ひ登る、慎蔵槍を繰り之を拒かんとす、敵燭を掲く、其光り我を射て渠え見えす俗に龕灯と云　槍暗中を鎩す、敵火盆を擲つ、火散し敵を認む、頗る衆多なり、良馬も亦た短銃を発し之を狙す、機輪一回六弾既に尽く、再ひ装はんとす、輪堕つ、之を

索む、敵白刃薄り撃つ、良馬為めに手を傷つく、慎蔵槍を揮ひ叫闘し敵披靡す、良馬も亦た隻手銃を装ひ、追て階下に乱発す、敵死傷し退く、二人急に楼壁を穿ち、屋瓦を伝ひ、他の二戸を鑚り遁れて木材の積む所あるに会ひ、其架際に潜匿す、敵も亦た大炮を引き再ひ来て旅舎を囲み二人を索む、獲す、遺す所の一嚢を攘めて去る、時に夜已に闌はなり、慎蔵曰く、到る処道路目を以てす、逃避術なし、徒らに敵手に斃れんよりは寧ろ茲に潔死せんのみと、良馬曰く、否然らす、子は直ちに当地の薩邸に行け、途にして敵に遭はゝ奮死して止むのみ、天殆んと白からんとす、遅疑すへからす、予は姑らく茲に潜み、若し敵の踪するあらは命を抛たんと、慎蔵其言に従ひ架を下り、窃かに衣血を川流に漸き弊鞋を拾ひ穿ち、旅客に扮して辞し別る、行く五町許、薩邸の門を叩き名を通す、留監大山彦八迎へ入れ曰く、昨夜の変嚮きに良馬か妾来り状す、未たその後況如何んを知るを得す、兄今ま此厄を免れ来る、実に天幸と謂つへしと、乃ち慎蔵を邸に留め急に舟を艤し、薩徽の幟を樹て壮士両三名と共に櫓して良馬の潜処に抵り迎へ還り、亦た邸に留む、慎蔵佩ふる所の嚢金を悉くして良馬に投し医治の資に供す、邸監更に其門を厳守せしめ、直ちに使を馳せて西郷吉之助に京師に報す、吉井幸輔馬を馳せ来り訪ふ、倶に京畿の事情を語る、尋て西郷氏兵一小隊に医師を附し来て二人を療衛せしむ、留監更めて新衣を服せしむ、午後に至り伏水市尹数吏を邸に差し二人を索む、留監詠き答へて在らすと為す、二月朔日、幸輔、西郷氏の旨を承け来り、夜に乗して二人を京師の薩邸に伴ひ還る、亦た護送するに一小隊を以てす、西郷氏即迎へ入れ、晤語する旧識の如し、時事の得失奏議の可否及ひ志士懇接等の談論、一も蘊秘する所なし、二人居ること久し矣、遂に薩長両藩同心協力王政復古の準備を謀るか為め、西郷、小松、桂等の諸氏を首とし各自先つ疾く其国に帰るに決し、二人を伴ふて大坂より出帆す、三月七日慎蔵は馬関に揚り、良馬は薩州に向ふ、八日慎蔵勝山に復命し、経歴する所の情状を具す、九日慎蔵に命し径ちに山口に抵り、慶親公に謁し時事を上具せしむ、公之を嘉みし親しく新刀一振を賜ふ、十六日勝山に復命す、公賞禄弐拾石を増給す

追録　良馬は明年十一月十五日を以て、其徒石川清之助と共に京師に暗殺に遭ふ、曩に多年勤　王の大志を抱き、東走西馳国事に鞅掌す、特に海軍設置の急務なるを慮り、同志を募りて海援隊を長崎に編制し、軍艦を購して其術を拡張す、往来必す馬関港に由り、屢しは有志に就き慷慨時事を説く、公之を嘉賞し贈るに短刀備前吉光を以てし、且つ扶助する所あり、又た慎蔵の家に留寓す、清之助も亦た屢しは来藩す、良馬死するに及んて、遺言に因り其妾慎蔵に来寄す、慎蔵厚く之を遇す、因て扶持米を補給

す、後ち海援隊の諸士慎蔵等と相謀り、妾を土佐の国良馬か姉の家に護送せり、維新の後に至り、朝廷二人の生前に功あるを賞し、其遺族に恩禄を賜ふ

日記附録

自明治十八年八月九日
至同十九年三月三十一日

伏見宮御附兼勤中

明治一八年

八月九日

明治十八年八月九日

一　伏見宮殿下〔貞愛親王〕御洋行として、本日午前七時別仕立、新橋発汽車へ御乗車に付、同所迄御送申上候事

一　土方〔久元、内閣書記官長〕、浅田〔進五郎、伏見宮御付〕同断に付、是又見送候事

一　浅田へ御留守中の件々尋問致候処、別に申継も無之、万事津田家扶〔伏見宮家扶〕へ談有之候間、同人より可申出との答也

一　御出発御届左の通

当宮御儀、今般御洋行被　仰付候に付、本日当地御出発相成候条、此段御届申上候也

明治十八年八月九日　　三吉慎蔵　印

伏見宮御付

宮内卿代理

宮内大輔伯爵吉井友実殿

八月一〇日

同月十日

一　午前十時過宮へ出勤す

浅田御付へ、家扶津田より書面を以て伺置候件々、見留印有之壱冊を一覧す

一　宮内省にて、当番書記官へ兼勤御達の節は、所労に付、本日御請申上候段申出置候事

八月一一日

同月十一日

一　聖上〔明治天皇〕還幸電報に付御達有之、御勤向如何取計可然哉の段申出候に付、右は宮へ出勤の上、参省承合取計可致ことに答置候事

八月一二日

同月十二日

一　宮内省へ出頭、香川少輔〔敬三、宮内少輔、皇后宮大夫〕へ還幸に付、御勤向の儀は、宮御洋行御留守中に付、総て無之儀と相心得可然段相伺候処、申伺の通にて可然ことに答有之、退出す

八月一三日

同月十三日

一　午前宮へ出勤す、別に議事無之退出す

一　於宮内省、三宮〔義胤、宮内省大書記官〕より先般皇后宮〔昭憲皇太后〕御召の御礼として、御息所〔伏見宮貞愛親王妃利子女王〕御参内有之候方御都合に付、右書面八日仕出置候との談有之候得共、右落手不致段答置候事

一　還幸に付、御息所御参内被為在可然との事談有之候に付、上申可致と答置候事

八月一四日

同月十四日

一　午前出勤の上、御息所離宮へ被為召候御礼の儀相伺候処、右は御出発前宮御方より御礼、尚又追て御直書を以て御息所より被仰上候に付、相済候とのこと也

一　聖上還幸に付、御息所御参内の儀は、尚亦三宮へ引合の上、可然ことに御牧〔基賢、伏見宮家令〕へ打合せ置候、夫迄の処は先御取合取計可申筈に談置候事

一　織君御方〔景子、伏見宮邦家親王妃〕は、御不参の御断り可申上筈也

八月一五日

同月十五日

一　聖上還幸恐悦、不取敢織君御方御参の思召の所、過日来少々時候御中りに付、御不参相成候段御付を以て被仰上候、右当番足立書記官〔正声、宮内省権大書記官〕へ申出候事

一　御同断御息所御参の儀、少々御差間に付御延引相成、尤両三日の内には御参可相成思召の段、是又同官へ申出候事

八月一七日

同月十七日

一　午前宮へ出勤す

一　織君御方御参御断りの事

一　御息所追て御参被為在候様、津田家扶へ談置候事

一　長田〔銈太郎、宮内省権大書記官、太政官権大書記官、式部寮御用掛〕、三宮両書記官へ御挨拶物の儀談決す

一　御洋行諸費勘定方の儀、公私区分相立置候ことに津田家扶と談決す

　但此件は児玉書記官〔愛二郎、宮内省大書記官〕へ含置候処、同論也

一　御洋行に付、宮内省中諸課属官へ御用向御頼に付、御目録被下、金員等の儀、児玉書記官へ協議す

一　本月十五日香港御発し相成候段、村木より陸軍卿〔大山巌〕へ電報に付、右宮内卿〔伊藤博文〕へ通知有之、夫より当宮へ通知相成候事

右に付、当宮よりは宮内省へ不申出候事

一　宮御出立に付、諸課より御用弁の為め、新橋、横浜出張の人員へ御挨拶の儀は、宮内省より別段御勘渡有之、依て御挨拶の不及段、児玉書記官取調の上答へ有之
一　諸課属官色々御用弁の人員へは、凡金壱円宛、又等外人員へは、金五拾銭宛の目途にて可然ことに、児玉書記官と談決之事

八月一八日

同月十八日
一　北白川宮へ家従参邸為致、昨日於宮内省児玉書記官へ引合候、御目録被下一件、金員談決の通り取計可然ことに、御家扶へ伝達の儀授け置候事
一　来る廿一日便船にて、御洋行先へ新聞紙等御送方相成候は丶、長田書記官相認め取計可申とのことに付、其段相致置候事

八月二〇日

同月二十日
一　参省掛け出勤す、別に議事御用談無之
一　宮御出先へ御書御仕出可相成、就ては長田書記官へ引合方可然ことに談し、本日其取計有之候様、津田へ談し置候事
一　先般御洋行に付、色々御挨拶物夫々引合相済候段、津田より申出候也

八月二二日

同月廿二日
一　午前宮へ出勤す、別に議事無之退出す

八月二四日

同月廿四日
一　午前出勤す、別に議事なし
一　浅田御附より、本月十五日香港御着、廿日御発し、上下御無事の郵便報知津田家扶へ参り、一覧す

八月二七日

同月廿七日
一　午前宮へ出勤す、別に御用向無之、夫より参省す

八月三一日

同月卅一日
一　午前宮へ出勤す、別に相変儀無之

九月三日

同月三日
一　参省掛け宮へ出勤す、別に相変儀なし

九月四日

同月四日

一　追加金受取方相成候様、本日家扶津田へ通知す

九月七日

同月七日

一　参省掛け出勤す、別に相変儀無之

九月一〇日

同月十日

一　参省掛け出勤す、御用談無之、依て登殿不致直に退出す

九月一四日

同月十四日

一　午前宮へ出勤す

一　五条殿〔為栄カ、元老院御用掛〕来宿にて、委細は東久世殿〔通禧、元老院副議長〕より示談可被致に付、可然頼候との申置有之、依て家扶津田へ噂致置候事

一　仏光寺殿〔清棲（渋谷）家教、伏見宮邦家親王第一五王子〕より御寄付書面、小藤〔孝行、宮内省御用掛、京都在勤、久邇宮御付〕添書にて参候事

九月一五日

同月十五日

一　宮内省にて、長田書記官より御息所御参一件の儀に付、得と伺の上答有之候様示談の事

九月一七日

同月十七日

一　午前宮へ出勤す

一　宮御方御留守中御息所御交際の件、長田書記官より示談に付、津田へ及協議候処、御息所思召の旨、先御留守中は可相成御断り之旨に付、其辺取計方の儀談に付、右は長田、児玉両書記官へ示談の上、御内情申出置、先御見合にても可然段答置候事

一　参省の上、児玉、長田両書記官へ前条の次第申出置候、尤時に寄り御不都合の節は、外宮御一同にて御出の取計可致段申添置、先御断りの都合に申出置候事

九月一八日

同月十八日

一　午前宮へ出勤の上、田中へ御息所御交際御参席の儀、昨日宮内省にて児玉、長田両書記官へ申入置候通、上申の儀申出置候事

右に付、津田家扶より挨拶状来る

九月一九日

同月十九日

一　午前出勤す、昨日児玉書記官より、二人乗御馬車杉氏〔孫七郎、宮内大輔兼皇太后宮大夫〕より当分御不用ならは拝借の儀内聞の趣申越候に付、津田へ申合候得共、御不用無之に付、本日宮内省にて両官へ答置候事

一　来る廿一日離宮へ御召之所、御息所御不例の訳を以て御断り書面香川大夫宛にして児玉書記官見留印を請け、直に受付へ差出候事

九月二一日

同月廿一日

一　午前宮へ出勤す

一　千葉県にて、警察署建築に付申出の趣示談有之、右は御抱山林保護方にも関係致ことに付、別地の振合通り金三拾円御寄付可然ことに決置候事

一　有栖川宮〔熾仁親王〕御用向被為在候旨に付、内閣へ参宮す、右は五条家より伏見宮へ御助力金一件に付、浅田御付へ御直に御尋問相成、其後　宮御洋行前浅田御付より宮へ上申、且又取計方の都合御答申上候由に付、定て申継相成居可申、就ては右運方相成候様にとの儀被仰聞候処、別段浅田より取計方申継無御座、且家扶も其辺心得居不申、実は御金御繰合誠に御差閊に見受申候こと故、其辺の儀、拝借等の儀、仕法又金額の都合に寄ては、一時取計方容易運兼候様相心得、乍去浅田より申上候次第にては、御繰合の儀取調の上、何分の儀可申上段、添て上申致し置退出す

九月二二日

同月廿二日

一　午前宮へ出勤す

一　昨日有栖川宮より被仰聞候御助力金一件、家扶津田へ尋問致候得共、浅田御付より申置の儀は、更に無之由、如何相成可然哉の段示談に付、一先御洋行先浅田へ照会書差出可然、尚亦　有栖川宮へ暫時御猶予の儀申出置、可然ことに協議す、就ては一両日内参殿上申の筈に談置退出す

九月二四日

同月廿四日

一　午前有栖川宮へ参殿拝謁申上、五条家引合の儀は、一応御出先浅田へ照会、尚御伺仕度段申上、当分御猶予の儀御断り申上候、且又申入の金額は、御繰合六ヶ敷御都合に依り、被下にして金員相減可申か色々取調候て伺出可

申段、添て申上置退出す、右は御聞済也
一　宮へ出勤の上、津田居合無之に付、御牧へ段置候事

九月二八日

同月廿八日
一　午前宮へ出勤す
一　本月廿四日仏国御着の電報、外務卿〔井上馨〕へ宛て参り候段、津田より承る
右に付、各宮方御親族様方へ為御知の由也
一　宮内省へは本日宮内卿宛にして申出る
但児玉、長田両書記官へ口上にて申入置候事
一　八月中勘定帳調印す、右内蔵寮へ差出候事
一　長田書記官気付に付、御着御歓電報の儀は御見合相成候事

九月二九日

同月廿九日
一　午前宮へ出勤す、五条殿引合一件に付、先般　有栖川宮より御下問の件、又御答申上候件、又御出先へ照会致候に付、暫時御猶予の儀　有栖川宮へ申上置候件、右書取にして津田へ相渡、談合致候て退出す
一　行幸御内意に付、津田へ含迄申入置候事

一〇月一日

十月一日
一　津田より浅田へ照会状下案を以て申出候事

一〇月二日

同月二日
一　午后宮へ出勤す、過日長田書記官より承り候仏国人サラサン氏仏国御安着の恐悦申出候段、津田氏へ申入置候事
一　五条家一件、浅田へ照会状精書、別に異儀無之、依て書面津田へ相渡す
一　御別荘建継一件の儀、浅田へ引合済取極置候に付、別に異存無之段相答置候事

一〇月五日

同月五日
一　来る七日青山　御所へ御参の儀御達の処、御所労に付、御断り書面杉大夫宛にして本日於内蔵寮直に差出候事

一〇月六日

同月六日
一　来る十日
両皇后宮〔英照皇太后、昭憲皇太后〕、北白川宮へ

行啓被為在候に付、午後二時より御招請、御留守中に付、御付迄御案内状可差出処、御付兼勤に付、三吉より御使を以て申上候段、家扶津田を以て御二方様へ上申す
右御招請の旨御承知の段御答有之候事

一〇月一五日

同月十五日
一 午前宮へ出勤す
一 通信人名申出の儀、津田家扶へ談置候事
一 九月中勘定帳へ調印す
一 宮勘定諸帳へ七月より調印見留致候事
一 山林地所へ建築一件、家扶津田より申出に付、夫々談決候事

一〇月一六日

同月十六日
一 通信員家従
田中
麻生〔延太郎ヵ、北白川宮家従〕
右人名報告掛りへ申出候事

一〇月一九日

同月十九日
一 午前宮へ出勤す
一 諸布達往復書類へ承知見留印を押す
一 御年賀一件に付、藤井〔希璞ヵ〕より申出の次第、且又西京表より御入費書を以て照会状等有之、右に付、金百円御祝として御送の儀談決す
一 織君様より別段御有合リンス御送り思召の儀も、津田より談合有之、是は別に思食の訳に付、異存無之段決答候事
一 有栖川三品宮〔威仁親王〕御息所〔有栖川宮威仁親王妃慰子〕御分娩、姫君〔績子女王、有栖川宮威仁親王第一王女〕御誕生御知せに付、御祝の儀は、凡前々御振合を以取計方可然ことに答置候事
一 松平忠敬殿〔旧忍藩主、旧米沢藩主上杉斉憲六男、正室は伏見宮邦家親王第一二王女節宮貴子女王〕始め御家族、上杉家へ御引受の都合に依て、むしや宮〔節宮貴子女王、伏見宮邦家親王一二王女、松平忠敬妻〕への御仕向方津田へ協議し、不取敢御使津田参上にて御引合可然ことに談置候事

一〇月二一日

同月廿一日
一 津田家扶午前北白川宮へ出頭にて、左の件々を議す
一 今朝上杉殿〔茂憲、米沢上杉家当主〕へ出頭にて、忠敬殿へ御滞留の儀を聞合せ候得共、目途判然不致、且又上杉家扶堀尾〔上杉家扶〕へ御仕向等の儀引合候得とも、御一同

一　に御引受御世話可申上候に付、決而伏見宮より御配慮無之様相答候由也

一　右に付、暫時其儘にし、不取敢上杉殿へ御交肴御持せ、一応の御挨拶有之可然と談決す、然る上又々御様子を見、何分取計方可然ことに津田へ協議す

一　御年賀一件に付、稲生より津田へ申入の次第、同氏より承り候に付、右は久邇宮御付小藤へ御祝として金百円、外に参拾円雑費御送相成候に付、右金員にて御祝取計方相成候様、御頼状津田より仕出のことに決す

一　高田御出の尼宮様〔伏見宮文秀尼、伏見宮邦家親王第七王女、円照寺門跡〕へ、金百円宛昨年より年々御助力の処、井上殿出京にて内輪難渋に付、五ヶ年分一同に拝借の儀申入有之候段、津田より協議に付、色々談合の上、十九、二十両年分繰上け御渡方のことに談決す

一〇月二二日

同月廿二日

一　参省掛け出勤す

一　松平忠敬殿御夫婦様、上杉家へ御引受の次第に付、津田家扶申合せ、本日まて取計方の儀、児玉書記官へ承知に入置候事

一　五条殿引合取計方の儀も、同官へ承知に入置候事

一　山階宮〔晃親王〕本日御転任に付、御歓の儀は、金千疋にて可然ことに津田へ談決す、就ては、伏見宮御一同に取計方可然と談候なり

一〇月二四日

同月廿四日

一　北白川宮へ津田家扶午前出頭、左の通

一　井上殿より押て拝借金再願有之次第示談に付、何程出願有之候とも、金二百円限に談決す

一　松平忠敬殿御夫婦御住所一件談に付、上杉殿御邸内御住居の訳ならは、伏見宮に於て何も御差支無之、依て上杉殿へ御遠慮なく取計方相成候様決答のことに、津田家扶へ答置候事

一〇月二六日

同月廿六日

一　午前宮へ出勤す

一　本日御馬車御拝借の儀、二頭牽六ヶ敷段、庶務課より来書に付、北白川宮へ照会の事

一　昨日大塚、上杉殿へ引合の節、一ヶ月諸費御別戸にして予算表取帰候由に付、津田より示談有之、右は色々協議致候得共、終に伏見宮へ御引受相成候節は、却て御出費不少、就ては上杉殿にて見込の金員一ヶ月四拾円と相定られ候に付、御子様〔松平忠寿〕も被為在旁上杉殿へ向、毎月

二十円宛御渡切に相成候方如何哉と談合致し、右に決す

一〇月二九日

同月廿九日
一　午前宮へ出勤す
一　上杉殿へ御助力金の儀、御加入可相成段、家扶より彼方家扶へ引合候処、右は一ヶ月三拾円にて御家族御出費相立、拾円丈けは先御衣服料に精々御世話可申上との談決有之由、津田より承候事
一　井上殿拝借金一件も、先般談決の通引合済の由、是又承候事

一〇月三〇日

同月三十日
一　天長節午后二時織君様、御息所御参内被為在候旨御沙汰に付、御達書相添、織君様御不参御治定相成、御息所は御参内可相成談、津田より申来候事

一一月二日

十一月二日
一　午前宮へ出勤す
一　来る六日青山御所へ御参の儀、御二方様共御不参に付、堤〔正誼、宮内省大書記官兼皇太后宮亮〕へ宛て書面仕出の筈に談決之事
一　天長節に付、織君様御不参書面宮内卿宛にして、児玉取締見留印を請候て、受付へ差出候事
一　御息所は御参内に付、別段御請書不差出候也
一　明日御馬車馬拝借書面家扶より申出相成候分、田辺書記官〔新七郎、宮内省権少書記官〕より尋問に付、書損の都合に答置候、右は御付より申出の筈也

一一月四日

一　松平忠敬殿出仕一件、児玉書記官へ入々相頼置候事
同月四日
一　御馬車馬拝借書面の儀、御付名前を以て申出の儀、津田へ談置候事

一一月七日

同月七日
一　御息所来る九日観菊御不参の段、届書出す、依て調印す

一一月九日

同月九日
一　宮へ出勤す、高崎正風〔宮内省四等出仕、歌人〕母〔高崎登

米子〕死去に付、御悔花料金千疋御使にて被為贈候て、墓地へは御使無之ことに談決す

一一月一〇日

同月十日

一　村雲殿〔日栄、伏見宮邦家親王第一〇王女、九条幸経養女、日蓮宗瑞龍寺（村雲御所）門跡〕仏光寺より御申込の御出金、小松〔彰仁親王〕、北白川〔能久親王〕両宮御直に本日金五拾円宛御出金のことに御決相成、就ては其取計致候様津田へ談置候、尤設立の御寄付に無之候間、金員、建札等の儀、御断り可申筈に付、御加勢の次第、御先方へ得と書面を以て引合の事に談決す

一　来る十三日女学校へ皇后宮行啓に付、伏見宮御息所御参相成候様校長谷〔干城、学習院長〕よりの書面津田へ相渡し相伺候処、被為成の御都合に付、右書答可致筈に談置候事

一一月一二日

同月十二日

一　松平忠敬一件に付、家扶津田来宿也
右事件児玉書記官へ示談候処、杉氏へ談合可致とのことに付、午后杉内蔵頭宅へ至る
上杉殿より忠敬殿身代限のことに相決候外手段無之、就ては奥方宮〔松平貴子〕より御縁談のことに付、一応申入有之、且亦先般宮内省へ御買上相頼候株券、又々御払下のことには不相成哉、内々聞合の儀申入有之、若し右の事相運候はゝ、上杉家より夫々所分可致との談有之候次第杉氏へ聞合候処、右御払下の儀は六ヶ敷段答也、若し忠敬殿身代限りと相成候はゝ、奥方の処伏見宮へ御預り、宮御方御帰京の上、何分相伺候共の外手段無之、其辺は得と宮内卿へも申合、近々内決可致とのことにて退出す

一　山林造林監守人へ法被着用の儀津田より申出に付、浅田見込の節と今日に至り事情得と協議の上、仕渡相成可然ことに談決す

一一月一三日

同月十三日

一　午前宮へ出勤す
昨日杉内蔵頭宅へ抵り、松平忠敬殿一件、上杉家より聞合の儀は、採用不相成答の次第、入々津田へ談置候事
右は本日津田上杉家へ参邸致し、六ヶ敷段相答可申筈に打合置候事

一　九月廿二日巴黎府御着、十月五日頃同府御出発、独逸国へ御参向の都合に浅田より来書の趣、披見す

一一月一四日

同月十四日
一　津田家扶北白川宮へ参邸す
右は文秀宮御遊歩地申立の儀示談に付、是は御住所続き御遊歩場を申立の訳に付、右御付より大阪府知事〔建野郷三〕へ申出にて、可然ことに答置候事
一　上杉家へ昨日参邸の上、株券一件杉氏答の通り申入置、尚亦若し忠敬殿身代限の所分相成候は丶、前以て引合有之候様添て申入候とのこと承候事

一一月一六日

同月十六日
一　午前宮へ出勤す、昨日宗淳宮《ママ》〔宗諄女王、伏見宮敬親王第九王女〕御年賀に付、御盃御祝餅一重被下の由御持せ相成候に付、本日御礼申出候事
一　大阪府知事へ御遊歩場引合一件、津田より昨日照会致候由承候事

一一月一七日

同月十七日
一　御牧、北白川宮へ出頭、左の通
御息所鹿鳴館慈善会へ御出一件談に付、右は有栖川宮へ御様子聞合可然ことに答置候て、右同宮へ聞合、二十日御同行のことに相成候事

一一月一八日

同月十八日
一　明十九日於鹿鳴館慈善会へ
両皇后宮行啓に付、御息所御先着の儀御沙汰の旨書記官より来書持参し、御牧へ引合伺候処、御請相成、右御請進達の事
前条引合、有栖川宮へ御照会の筈也
一　宮内省へ十時参省す
右は松平忠敬殿若し身代限相決候節は、彼是不都合之次第に付、むしや宮御儀は、当分伏見宮へ御別居可然段、宮内卿、杉二等出仕内議に付、其取計方御付津田の所にて取計候様とのことを、児玉書記官より通達有之候事
一　右に付、織君様始め御息所へ御含まて上申致置候様是亦談有之候事
前条の件宮へ参殿し津田不在に付御牧へ含置候事
一　東園殿〔基愛、侍従〕より児玉書記官へ頼、左の通
射的御賞品の儀、宮御留守中申出兼候得共、拾五円御出金相願度との事に付、取調候て御出金相決候は丶、小松、北白川両宮御一同に取計方可致段答置候事
前条の件、御牧へ打合せ、御出金取計ひ可致ことに決し置候事

一一月一九日

同月十九日
一　本日は宮へ不参す

一一月二四日

同月廿四日
一　午前宮へ出勤す
一　松平忠敬殿滋賀県にて西ノ坊へ借入金一件に付、津田、上杉殿へ参候次第、其後河田〔景与〕へ答弁、又久邇宮御借入の都合にして、伏見宮より御出金相成候様当度引合有之、右津田家扶申出有之候得共、別に当宮より御出金可相成筋無之に付、断然関係無之方可然、尚又前条等の引合、当宮より取計相成候は丶、向後色々関係可相成は目前の利と見込候故、相断候ことに談決す
一　上杉殿へ過日家扶津田出頭にて談合の次第、夫々承り候事
右引合の儀は、後日上杉殿より重て照会有之迄は、是より尋問無之ことに談決す
一　過日示談有之意味は、御付へ申出置候得共、御付より答無之段、津田より面会の節相答候て、可然ことに談置候事
前条の意味は、追々宮内省にも得と引合可申ことに談置、退出す

一　金弐百疋
右宗淳《ママ》宮御年賀に付、酒肴料として被下候事

一一月三〇日

同月三十日
一　午前出勤す、御造林出願書等一見す
一　十月分諸勘定一見、夫々調印す
一　鴨　一番
右青山御所より御拝領の由、君様より被下候事

一二月三日

同月三日
一　午前宮へ出勤す、過日拝借の風呂敷、大塚へ相渡す
一　小松、梨本〔守正王〕、山階の三宮へ、昨二日御沙汰御継嗣御相続、右御願北白川宮へ引合取計方のことに御牧へ談置、就ては久邇宮へも御願有之訳に談置候事

一二月四日

同月四日
一　小松宮、久邇宮、山階宮へ御歓被為進物の儀、本日北白川宮にて相伺候て、夫々相決候に付、右引合方の儀、麻生〔三郎、北白川宮家扶〕、世続〔陳貞、北白川宮家扶〕より申入のことに相頼置候事

一二月六日

同月六日
一　午前八時半家従田中来宿にて、宮殿下宛井上外務卿より本日露西亜公使〔アレクサンドル・ダヴィドフ（Alexandre Davydow）、在日特命全権公使〕埋葬式行列附持参に付、一見致候処、各宮御名代の次第有之、然処　宮殿下御他行の儀に付、是迄御使等も無之、就ては本日御名代如何相成可然哉、御付限り答兼候に付、即刻右聞合外事課へ引合候様申候、尤拙者儀所労に付勤兼候間、其辺も含候様田中へ談置候事
右は何分時間も無之訳に付、北白川宮御名代、伝令使へ相兼如何哉の段も申添置候事
前条の次第、宮内省外事課斎藤書記官〔修一郎〕へ田中を以て打合せ相済、何分　当宮御留守中のことに付、御名代も如何其儘に差出候て宜趣に引合済の儀、津田家扶より書面を以て申来る、且又拙者所労の儀も申述置候との加筆有之候事

一二月七日

同月七日
一　午前宮へ出勤す、別に議事なし

一二月一〇日

同月十日
一　午前出勤す
昨九日青木全権公使〔周蔵、外務大輔〕帰朝に付、不取敢宮へ参殿にて、
宮御方十月中旬伯林府御着相成、御機嫌能被為入候段、且又来五月迄御滞在の儀申上置候間、右尚御滞在被為在候様　有栖川宮へも相願置候儀も添て申置の由、津田家扶より承候事
一　青木公使へ、着御歓として不取敢御肴被為贈候ことに談決す
一　伏見宮御洋行御不在中は、宮殿下よりの御外交等は先差控可然儀と相心得、是迄も総て不致候に付、其辺含迄御談申置候と、斎藤秘書官へ申入置候事

一二月一一日

同月十一日
一　御洋行先浅田御附より左の廉来書の由、津田家扶より午前申来る
九月廿五日仏国巴里府へ　宮殿下始め御安着相成、外務卿へ御逢、夫より同国大統領〔フランソワ・ポール・ジュール＝グレヴィー（François Paul Jules-Grévy）〕へ十月八日御逢

の次第、同日巴里府御出発、翌九日普国伯林府へ御安着の次第郵便到着に付、右の次第書記し、別紙にして本日宮内卿へ申出書面差出候事

一二月一二日

同月十二日
一 西京元梨本宮御邸御買入の儀、兼て御内決の処、今般谷口書記官より引合に付、定額外別収入の分より千三百五拾円、同官へ宛て為換金差出候段、津田家扶より書面を以て申来候事

一二月一四日

同月十四日
一 午前宮へ出勤す、別に議事無之
一 上野皇族方御墓地続き二千坪程、御法会の節差支の訳を以て、宮内卿宛にして有〔有栖川〕、伏〔伏見宮〕、北〔北白川宮〕、閑〔閑院宮〕の四宮御付連名拝借申立の筈に付、御牧へ含置候事

一二月一七日

同月十七日
一 午前出勤す
宮内大、少輔、内蔵頭、桜井〔能監〕、河田へ例年の通贈物、有栖川宮に於て取計方可相成筈に御牧へ談置候事
一 金五百円
右渋谷殿〔清棲家教〕へ御贈として、伏見二品宮〔伏見宮貞愛親王〕御附札にて、於宮内省田辺書記官より御渡しに付、右宮へ持参之上、御牧へ相渡候事

一二月二一日

同月廿一日
一 午后宮へ出勤す
野村靖〔逓信大輔心得〕帰朝に付参殿、依て織君御方、御息所へ上申し、御逢に付御末席へ控る、伯林府御滞在万事の御様子同官より上申、又閑院宮〔載仁親王〕、山階宮御様子をも上申に付、御直に御承知に相成、御安心之事
一 野村氏へ着御歓として交肴明日にも御贈のことに御牧へ談置候事
一 上杉殿参邸之由、忠敬殿方始末方の儀に付、再問申立の次第大塚より申出候に付、右は何分の決答可致訳に相成兼候間、先御付より未た答無之半途に致置可然と談置候事
一 白縮緬　一反
一 御肴料金　五千疋
右御二方様〔伏見宮貞愛親王、伏見宮貞愛親王妃利子女王〕より御直に被下候事

一二月二二日

同月廿二日
一　午前出勤の上昨日頂戴物の御礼申上、且又包返上す
一　本日宮内省にて、児玉書記官へ忠敬殿負債一件に付、上杉殿より再度尋問有之候得共、先般伺置候通り、忠敬殿身代限所分の際、当宮へ御滞在取計可致事に付、其前何分引合不致ことに決居候段、再答可致心得に付、其辺重て御含迄に申上置と同官へ申入置候事
右の次第津田不快に付、御牧へ談置候也
一　前条の心得を以て、上杉へは委細御付へ申出候得共、承知のみにて別答無之旨を、彼方へ答相成置候様添て、本日談置候事

一二月二八日

同月廿八日
一　午前宮へ出勤す
各国公使一月一日午后二時参内、夫より宮へ参殿に付、御息所御逢被遊候様内達に付、家扶へ万事談置候事
一　本日香川少輔へ聞合の件、左に記す
一　歳末　両御所へ御息所御参り可然とのこと
一　一日
朝拝御不参にても御届に不及との事
一　新年御賀表は、御洋行に付、御出先より御送の訳に付、御留守取計に不及由、田辺書記官より答有之候事
右津田へ談置候也
一　一日
朝拝御参　内之儀言上可然段御達に付、御不参の節は御断り書呈上可致筈也、津田へ答書出す

一二月二九日

同月廿九日
一　鏡餅　一重
右伏見宮より被下候事

一二月三一日

同月卅一日
一　歳末御祝詞として参殿す
一　来一月一日、御息所御不参御届書香川宛て午后進達に付、調印す
一　御用談済、別に議事無之退出す

明治一九年

一月一日

明治十九年一月一日
一 宮へ午前参賀御一同拝謁被仰付、御祝詞申上候事

一月二日

同月二日
一 津田家扶来宿にて、御息所一日御不参の件に付、彼是長田書記官迷惑の次第有之、依て御付より可然取計方の儀、談有之候事

一月三日

同月三日
一 御息所一日御不参の件に付、省中にて御迷惑のこと有之候ては御不都合の訳、右の次第は、御付の不注意に相成候様宮内大臣〔伊藤博文〕へ可然取計方の儀、香川少輔へ申出置候事
一 於紅葉館、三宮御付へも前条の含申入置候事

一月四日

同月四日
一 午前出勤す
一 津田家扶へ、香川少輔へ昨日申出置の次第、且三宮へも含置候次第答置候也
右に付、向後殊更注意可相成ことに談置候事
一 明五日新年御宴会、織君御方御不参に付、宮内大臣宛にして届書出す
一 御息所御方は、御参内被為在候事
一 新年御賀表、独逸国より電報を以て 宮御方より宮内省へ申上相成候由、家扶より承る
一 右田辺書記官へ先般聞合の次第有之、依て相済候ことに申入置候事
一 長田書記官より過る二日上申致候段承候事
一 同官へ、昨日香川少輔へ申出の次第申入置候事

一月六日

同月六日
一 長田書記官参殿の節、過日御息所御不参一件御挨拶被為在候様御牧へ談置候事
一 昨日児玉書記官へ御不参一件、入々申入置候事

一　炭十三俵宮より御送に付、本日御礼申出置候事
一　新年御使、宮内大臣へ有之候様答置候事

一月七日

同月七日
一　新年に付、当御息所より宮内大臣へ御使の事
一　各大臣、宮内大、少輔、内蔵頭丈け御使有之可然ことに、児玉書記官談決也
一　本日午后四時より、宮に於て新年宴会有之、参席の儀御牧より申出に付、参席す
一　新年御使の儀、聞合の通津田、田中両人へ談置候事

一月一一日

同月十一日
一　午前宮へ出勤す、過日の御礼申出、別に議事なし

一月一八日

同月十八日
一　午前出勤す、津田へ面会不致、別に議事無之

一月二一日

同月廿一日
一　午前宮へ出勤す

一　定例宮より宮内諸官へ御贈物、以来無之様過日内蔵頭より申入の次第、本日御牧へ申入置く、別に議なし

一月二二日

同月廿二日
一　午前津田家扶宮へ参殿、松平忠敬殿一件、上杉殿より再応の聞合有之候次第、覚書を以て入々談合有之候に付、右は先般杉内蔵頭より決極《〔ママ〕》御始末方の儀は承居候得共、重て宮内大臣尚相伺候上、答に可及ことに談置候事
右件上杉殿より再問有之候はゝ、其含を以て先答置可然ことに談置候也
一　宮内諸官へ是迄御贈物の件、津田家扶へ談置候事
一　御内儀へ御献上物一件見込の次第談置、尚追て御付中協議の事

一月二三日

同月廿三日
一　午前杉内蔵頭宅へ至る
右は松平忠敬殿一件に付、取計方の儀先般相伺候処、御協議の上、御差図に付、其旨相心得居候処、其後上杉殿より再度に及ひ始末方申入有之候に付、尚重て其次第申出置候事
前条の儀は、再度申入有之とも、先般御差図通相守居候

間、此段宮内大臣へも御承知相成候様御依頼申候、若又異儀有之候節は、御指図被下度、夫迄は、必す無形にし方〔ママ〕彼方へ宮よりの差図等不致ことに添て申出置候也
右申出通に心得可然とのこと答有之候事
一　午后宮へ出勤の上、津田家扶へ本日申出の次第相心得居候様談置候事
一　若し上杉殿より聞合有之節は、再度御付へ申出置候処承知に相成、尚宮内省へも申出置候得共、宮より何分始末方の儀は御差図不致段、彼方へ答置可然ことに添て、津田家扶へ談置候事

一月二四日

同月廿四日
一　有栖川一品宮〔幟仁親王〕御危篤に付、御機嫌伺として参殿す
右に付、藤井御付〔希璞、有栖川宮御付〕より御出先へ御報知の儀、外務省へ依頼にて、電報の儀、家扶津田へ談置候事
一　来る廿九日御埋葬の御様子に付、御届向御馬車御名代等の手順、夫々協議致置候事
一　有栖川宮に於て、本日杉内蔵頭より松平忠敬殿より申入の件々、宮内大臣へ昨日申出候処、右は先般内達の通相心得可然との再答の旨承候に付、家扶津田へ右様相心得居候様談置候事
一　児玉大書記官より来書、左の件
一品親王薨去の電報、長田書記官認めに付、相廻し候とのことに付、午后即刻伏見宮家扶へ宛て、其向へ取計相成候様一対にして持せ候事
一品幟仁親王殿下兼て御病気之所、御養生不被為叶、今廿四日薨去被遊候間、此段申進候也
一月廿四日　宮内書記官
伏見宮御付
三吉慎蔵殿

一月二五日

同月廿五日
一　午前後とも出勤す
昨廿四日　有栖川一品親王薨去に付、心得方児玉書記官へ左の件々伺候事
一　利子御方〔伏見宮貞愛親王妃、有栖川宮幟仁親王第四王女〕定式の御仮服御届の事
一　邦芳王〔伏見宮邦芳王、伏見宮貞愛親王第二王子〕七歳未満に付、御届不申出候事
右御方御殿内限り御棺前御拝のみ、御葬場へは不被為成心得の事
一　独逸御出先へ薨去電報昨夕外務省へ依頼の処、今朝御出

一　先より有栖川宮へ御悔電報有之候事
一　利子御方御召方の儀は、有栖川宮御振合承合可申心得之事
一　伏見宮御留守中に付、右御名代御付にて御出棺前御拝、夫より直に御会葬可致心得の事
右着服は、大礼服にて可然との事也
一　織君御方御名代老女相勤候心得の事
右着服は、無地白打着袴緋之事
一　御名代馬車、宮より御仕向の筈也
一　御入棺に付、宮御方御名代の儀、藤井御付へ引合候処、右は御続のみに付、無之方可然との答也
但各宮方も無之当御息所限なり
前条の通聞合候処、一書の心得にて可然との答に付、家扶津田へ談置候事
一　有栖川宮へ御仕向御備物等の儀、各宮御同様の訳に不被相成、御続合の訳を以て夫々家扶申合の上相決し、手順相立取計候事
一　御息所御馬車馬御当日拝借の儀、田辺書記官へ申入置、尚書面出す
一　午后有栖川宮宮内出張所へ出頭、左の通
一　桜井、岩倉〔具綱、掌典〕の両官へ、御名代着服等の儀聞合候処、前一書之通也
一　君様方は、重軽服の御次第に依り差別有之、当御息所御召の儀は、御新調方を有栖川宮より御引合相成候事

一月二六日

同月廿六日
一　梨本宮御付東条頼介〔梨本宮御付〕より来書、一品親王薨去に付、御附より献備物振合小藤より聞合書相添照会に付、右の答書左に記す
一　博厚親王〔華頂宮博厚親王〕十六年二月廿日御送葬に付、同十九日榊料金七円五拾銭献備致候段、尚廿八日集会の節、談合の上即日取計致し如何哉の段答書、梨本宮へ為持置候事

一月二七日

同月廿七日
一　有栖川宮へ参殿の上、宮内出張所にて御例の次第等取調の事
一　廿九日午前十一時迄に御代拝参殿の事
一　御名代の儀は、御先着の事
一　馭者の儀は、左の腕に黒紗を付け、鞭に黒紗を結ひ候迄にて、其外帽子には覆に不及事
一　大礼服襟紐黒、手袋同様黒の事
一　帽子黒紗にて金の所を覆ひ候事
一　釼柄に黒紗を覆、鍔に掛り候様致す事

一　左の腕を黒紗にて結候事
　前条の通心得方取調済也
一　午前宮へ出勤す
一　廿九日午前十時過宅へ馬車相廻候様津田へ談置候事
一　御当日御次第、夫々引合置候事
一　上杉殿より来書の由、右は兼て再度聞合置候訳に付、別段答に不及ことに津田へ談置候事
一　金弐百円余、河田より云々の件も、無答のことに談置く
一　宮内省より左の来書
　明後廿九日故一品宮御葬送の節御代拝御勤相成候に就ては必す大礼服御着用のこととは存候得共為念此段申入置云々
　右宮内書記官より申来る

一月二八日

同月廿八日
一　午前宮へ出勤す
一　御息所御送り御先着等の引合談置候事
　右尚再調の儀添て談置候事
一　駆者等着服の儀も談置候事
一　故一品宮薨去に付、各宮御付児玉〔源之丞、閑院宮御付〕、三吉、浅香〔茂徳、山階宮御付〕、武田〔敬孝、華頂宮御付〕、小藤、東条六名より、紅白絹付榊一対献備のことに談決す
　右代金五円也
　　但児玉より取計の事

一月二九日

同月廿九日
一　午前十時前伏見宮より馬車御廻し相成候事
一　午前十時より　一品宮御棺前祭に付、宮御方御名代として乗車にて参殿の上相勤、夫より御葬場へ乗車にて御先着す
一　豊島岡御着棺の節、御門内右へ皇族方御出迎の御場所にて奉迎す、夫より直に御葬場御名代休所へ控居案内有之、北白川宮御跡にて拝礼す、夫より小藤、児玉の両御付順々御名代相勤候也
　右終て後に自拝す、相済退出、直に自宅へ五時過き着車之事

二月一日

二月一日
一　午前宮へ出勤す、別に議事無之退出す

二月三日

同月三日
一　旧金内蔵寮へ取調書一通

一 御邸内地所坪数宮内書記官より照会に付、書記官へ家坪数書面調印し、両通とも津田へ返却す
一 故昭徳王〔伏見宮昭徳王、伏見宮貞愛親王第三王子〕御三周年、御手軽御祭典被為行候段申来る

二月四日

同月四日
一 午前宮へ出勤す
一 故昭徳王三周祭、来る六日御祭式の儀、津田家扶へ協議す、御代拝は家扶相勤ることに決置候事
一 御別邸地券改無之由に付、可成早々引合方の儀に付、気付家扶へ段置候事

二月五日

同月五日
一 北白川宮家令拝命、吹聴として参殿す

二月六日

同月六日
一 昭徳王三周祭に付、拝礼として参殿す、赤飯被下候事
一 当宮御附兼勤の処、今般家令の名称にて取扱方如何心得候哉の段、本日於宮内省香川主殿頭へ聞合候処、是迄兼勤通り相心得可然との答に付、右の段御牧へ申入置候事
一 田辺書記官へ、更に香川より答の通御達にても相廻り候様申出置候事

二月九日

同月九日
一 津田家扶北白川宮へ参邸にて、浅田進五郎よりの来書持参す、右に付、伏見宮、独逸国皇帝〔ヴィルヘルム一世（Wilhelm I）〕、皇后宮〔アウグスタ・フォン・ザクセン＝ヴァイマル＝アイゼナハ（Augusta von Sachsen-Weimar-Eisenach）〕、皇太子〔フリードリヒ三世（Friedrich Ⅲ）〕并后宮へ、昨十二月御謁見済の段、本日宮内省へ御届書出す
一 御送金、仏国公使館へ早々金三千円送方の儀、談決す
一 児玉書記官在職中の御挨拶交肴御使を以て被為贈候様談決の事

二月一〇日

同月十日
一 馬車馬明日拝借願調印す

二月一二日

同月十二日
一 午前宮へ出勤す
一 今般

皇女〔久宮静子内親王、明治天皇第五皇女〕御降誕御出先へ上申の件、又御息所御忌服中旁の儀、三宮へ宮内省於て引合の次第、左の通家扶津田へ談置候事
一 御出先宮へ御便りの節
御降誕の儀、宮殿下限り御含迄申出置可然事
一 御息所御忌服中に付、献上物恐悦の儀は、御留守中旁にて差控可然こと
一 来る十五日博厚親王三周御祭典に付、御名代拙者可相勤ことに決す
但御備物榊料千疋御見込として御菓子一折御持せ也
一 谷中将〔干城、農商務大臣〕洋行前交肴御贈の事
一 鳥尾中将〔小弥太、元老院議官、国防会議員〕本日出発、御留守御異状無之段、拙者見送の節依頼の事
一 御種痘被遊候ことに決す
一 織君御方、佐藤〔進、医師〕へ御拝診の儀相決候、右見込の上、小松、北白川宮へ御留守中に付御相談の上、取計の都合に談置候事
一 若宮〔伏見宮邦芳王〕学習院へ御通学之事

二月一三日

同月十三日
一 来る十五日馬車拝借願書に調印す

二月一五日

同月十五日
一 博厚親王三周祭に付、伏見宮御洋行中に依て御代拝、御墓所、華頂宮御邸とも相勤候事
右に付、榊料金千疋外に御菓子一折御見舞として被為進候也

奏任四等
年俸九百円下賜
伏見宮家令浅田進五郎

右請書にして来る、依て同十六日伏見宮家扶津田へ相渡置出張先へ報知の儀、申入置候事

二月一八日

同月十八日
一 午前出勤の上、津田へ昨日大阪府知事へ照会にて、表面宮内省へ出願可致ことに談置候に付、右取調の筈に談合候事

二月二二日

同月廿二日
一 午前宮へ出勤す
一 長田書記官より馬の件申入に付、右は被下の訳に付、彼

方にて売却相成候共、又は宮の方にて取計致候ても宜敷ことに談決す、右代価の儀は、長田へ預け置都合に打合置候事

一　織君御方御診察、伊藤、佐藤拝診し、早々御療治の儀申出の由、右に付、小松、北白川の両宮へ、津田家扶参殿の上相伺可申筈也

一　松井忠敬殿《ママ》奥方御分娩の由、右に付、御仕向津田へ取計方の儀談置候事

二月二六日

同月廿六日

一　酒　壱樽　但一斗入
　右近火御尋として、宮より御使を以て被下候事

二月二七日

同月廿七日

一　午前宮へ出勤し、昨日御使尚頂戴物御礼申出候事

一　小松、北白川両宮へ御療治一件、家扶より伺の由、尚又小松宮より織君へ御直に御勧め相成候段、津田より承り候事

一　佐藤、伊藤両医再診の上、日限御決の都合相分り次第、宮内省へ申出のことに津田へ談置候事

一　蓄金引合、山岡〔鉄太郎、宮内省御用掛〕より預金とも内蔵寮へ引合の由承候事

三月一日

三月一日

一　午前出勤す
　織君御方御療治一件の儀、伊藤侍医本日宮内省へ申出の都合に付、参省の上吉井次官〔友実、宮内次官〕へ申出置、尚日限追て可申出ことに上申す、且桜井書記官へも申添置候事

一　長田書記官へ馬払方の儀、宮へ関係なく勝手に取計可然ことに談置候事

三月二日

同月二日

一　午前宮へ出勤の上、邦芳王長男認めの儀無之、尤十五年御略譜に第二子嫡出と有之候段加筆し、昨日の答書本日図書寮へ持せ候事

三月五日

同月五日

一　午前宮へ出勤す、山林拝借願下案文面を協議す

一　独逸国御滞在　宮御方、皇帝、皇太后宮《ママ》〔皇后宮〕へ御謁見等の記事、三宮より呈上の写拝見す、右書面の内

北白川宮御事御尋問の件有之に付、御噂申上候様麻生家扶へ談し置候事

三月八日

同月八日

一　午前宮へ出勤す、独逸国へ御滞在の御様子、某氏帰朝に付参殿の由承候事

一　明九日午后一時、伊藤、佐藤の両氏参殿に付、其刻出頭の儀、津田より来書也

三月九日

同月九日

一　午前より出勤す、本日宮内省より呼出の処、左の通

一　金参万円

右十九年度四月より御渡方可相成段、桜井書記官より右書面家扶津田へ渡す、且右の趣御奥へ上申候事

但本文に付、御礼の儀宮内次官始内蔵頭へ申出候也

一　御洋行先へ御報知のことに決す

一　午后一時より伊藤侍医、佐藤進、織君様御拝診に付御席へ出る、何時も御療治の儀、御直に被仰聞候事

一　小松宮御出に付、両医一同来る十三日午前十時と相決し、上申す

右に付、小松宮御当日御出の儀相願、御承知相成候事

但総て昨年の振合を以て取計のことに談決す

一　北白川宮へ午后参殿の節、御直に十三日御出のことに上申す

一　谷、品川〔弥二郎、駐ドイツ特命全権公使〕の両官、来る十二日出発にて洋行に付、御肴一折宛御贈のことに談決す

三月一〇日

同月十日

一　織君御方、来る十二日午前十時御療治、佐藤差上、伊藤侍医相詰、小松、北白川両宮御出の儀、伊藤大臣〔博文、内閣総理大臣、宮内大臣〕、吉井次官へ直に申出置、又桜井書記官へも談置候事

右に付、此度は宮内省より別に御参席は先御見合の方御都合と添て申出置候事

三月一一日

同月十一日

一　午前出勤の上、織君御方御療治日限申出置の儀、津田へ談置候事

一　山林拝借願山下へ引合の由承り候、右出願少々見合の都合也

三月一三日

同月十三日

一　織君御方本日午前十時より御療治に付、八時過参殿す

一　小松、北白川の両宮被為成候事

一　伊藤侍医、佐藤進参殿の事

一　夫々御用意相整、午前十一時廿五分佐藤御療治差上、十二時三十分相済、御居間へ御転し後、両医拝診す、別段御異状不被為在、右に付、両宮御帰館、両医退出後見合せ、四時帰宿す

前条御療治相成、別に御異状不被為在段、宮内省へ参省之上、当直山口書記官〔正定、宮内省書記官〕へ申出置候事

三月一四日

同月十四日

一　午前十時御機嫌伺として参殿す、昨夜来何も御異状不被為在段、御拝診の次第、家扶より承り且拝謁す

一　聖上、皇后宮より御尋として、折詰下賜の段承候事

三月一五日

同月十五日

一　午前御機嫌伺として参殿す、少しも御異状不被為在、御平常の通りに拝診書認相成候也

一　昨日御尋の賜物御礼の儀、宮内省にて田辺書記官へ申出置候事

一　宮内大臣、同次官へ一同御療治の次第、御異状不被為在段、詳細に上申す

一　御出先へ御報知の次第、取計方、尚思召の旨、夫々是又大臣、次官へ上申す

一　交肴

右御到来物の由にて、伏見宮より御持せ相成頂戴す

三月一六日

同月十六日

一　織君御方御機嫌伺参殿す、何も御異状不被為在、御直に御逢被仰付候事

三月一七日

同月十七日

一　午前織君御方御機嫌伺参殿す、何も御異状不被為在との事也

一　明日御療治所御巻替の儀、承候事

一　文秀宮へ、山林御拝借引合は、先般の手順を以て取計方の都合に承候事

三月一八日

同月十八日

一　午前織君様御機嫌伺参殿す、引続き別に御異状不被為在

候事

一　邦芳王、来る廿二日より学習院へ御通学可相成段、同院へ書面仕出候事

三月一九日

同月十九日

一　午前織君御方御機嫌伺として参殿す、別に御異状不被為在候事

一　松平忠敬殿身代限一件に付、上杉殿家扶宮へ参殿にて家扶津田へ申入の件承候に付、右は其次第宮内省へ引合の上ならては答不致ことに談置候事

三月二〇日

同月廿二日〔ママ〕

一　宮内省へ参省にて、杉内蔵頭へ松平忠敬殿身代限に付、上杉殿より申入の儀示談致候処、右は　宮殿下御留守中に付、出金等の儀は即答不致方可然、且又都合に依てはむしやの宮御引当金の振を以て取計の儀も可有之、何分とも集会等に出席不相成方可然、彼方より申入の上、得と協議し、追て答可致とのことに談決す

一　右の通家扶津田へ打合置候事

一　織君御方御異状不被為在候事

三月二一日

同月廿一日

一　上杉茂憲殿家扶大滝龍蔵早朝来宿、左の通

松平忠敬殿身代限に付、七日間猶予聞済本日近親集会上杉家にて致候に付、当宮より家扶差問候は丶、下官出席の儀申入度との使にて示談有之候得共、先般織君御方御療治に付色々差支、尚又下官儀は本日参省、北白川宮御用間無拠両用とも相断申候、然る所出席致候ても、実は御協議の件々　宮殿下にも御留守中、尚亦兼て宮内省へ引合の規則等も有之、御即答可致訳には相成兼、就ては追て何分御示談有之可然ことと相考申候、何分とも総て御即答の訳には参り不申こと故、彼是の次第添て申入置候と答置候事

一　御問題等の儀は、別に異存も無之こと故、得と御協議相成候後、是亦承可申と答置候事

一　御出金一件の儀は、是よりは決而本日噂不致候事

一　退散後、津田家扶来宿也

是又右一件に付示談の件々同様也、是よりは決て発言せす、彼方より申込に相成候上協議し、尚御留守中に付、宮内省へ聞合の上、万事取計のことに談置候也

三月二二日

同月廿二日
一　午前宮へ出勤す
本日より邦芳王学習院へ御通学の段、宮内大臣宛にして届書出す
一　忠敬殿一件に付、上杉家扶大滝参殿、明廿三日午前十時面会のことに談置候事
一　織君様御異状不被為在候事

三月二三日

同月廿三日
一　午前十時前出勤す、上杉家扶大滝龍蔵参殿、右は松平忠敬殿最前身代限之儀、廿五日迄聞済に付、親類方近親集会協議致候に付ては、何卒当宮よりの御吟味被下度とのこと申入に付、右は津田一同　宮殿下御留守中に付、家令限り取計相成兼候に付、何分宮内大臣へ伺の上、是より可及御答と相答置候事
一　午前宮内省へ参省の上、宮内大臣、内蔵頭一同の所にて申込の次第、如何取計可致哉の段相伺候処、大臣より御留守中彼是に付、松平家へ御加入金の儀決て取計方不相成段差図に付、然者身代限り相成候とも、宮より加入金の儀は決て不致ことに断然押て相答可申御差支無之哉と再伺候処、其心得にて取計可申、乍去朝夕の御食事御差支の儀は別段なりと、内蔵頭一同の所にて決答伺定候事
右の次第、退出掛け津田へ談置、明廿四日午前十時上杉家扶大滝を呼出の書面出候事

三月二四日

同月廿四日
一　午前上杉家扶参殿に付、津田一同昨日大臣より伺定の旨相答置候事

三月二五日

一　織君御方順々御快方、御異状不被為在候事
同月廿五日
一　午前宮へ出勤す、御異状不被為在候也

三月二六日

同月廿六日
一　午前出勤す、大滝参殿にて本日山岡へ引合致候に付、何卒再按無之哉との申入に付、右は宮内輪限り取計方の儀は不相成こと故、過日大臣へ相伺御答に及候の外手段無之と相答候事
一　織君御方御異状無之
一　北白川宮明廿七日より土浦辺へ御出張に付、別段書面を以ての為御知不致段、津田へ談置候事

三月二九日

同月廿九日

一　午前宮へ出勤す、別に御用談無之

一　織君御方日増御快方、御異状不被為在候也

三月三〇日

同月三十日

一　山尾別当〔庸三、北白川宮家別当〕、北白川宮へ参殿にて、英語教師伏見宮御息所へ日々御教授に付、一ヶ月金百五拾円宮内省より御下渡相成居候処、有栖川宮へも御同様に相成、然るに横浜より往復に付、汽車代一ヶ月三拾六円を右百五拾円の内より支払に付、山尾別当より宮内大臣へ往復切手の儀示談に相成候得共、宮内省よりの御吟味は難相成趣に付、両宮にて取計可申ことに相成候間、伏見宮より一ヶ月金拾八円宛御出金相成度との示談也
右伺の上、答書山尾別当迄差出方取計の儀申入、且又毎月金渡方の儀は、初旬の内直に教師へ引合致し可然との談也

三月三一日

同月卅一日

一　午前宮へ出勤す

昨日山尾別当より教師へ往復汽車賃御渡方の儀、津田家扶へ打合の上御息所へ相伺候処、伺の通り取計候様被仰出候に付、山尾別当へ答書持せ候事

一　織君御方へ拝謁す、御異状不被為在候事

一　豊浦竹細工　三組
右織君様へ献上候事

解題

古城春樹

三吉慎蔵について

三吉慎蔵は、長府藩士小坂土佐九郎の二男として天保二年（一八三一）に長府で出生した。幼名を友三郎、諱を時治という。六歳の時、長府藩士田辺惣左衛門の養子に入ることとなり、その後故あって離縁したため、満一八歳までは田辺姓を名乗った。

嘉永二年（一八四九）五月、慎蔵は、自ら志願して萩在番助役の吉岡与次兵衛に従って萩に入り、同年九月より長府藩邸の玄関番をしながら萩藩校「明倫館」に通学する。また、嘉永二年五月の萩入りの際に、宝蔵院流槍術師範の小幡源右衛門と出会い、翌年二月より源右衛門について槍術修行を開始している。日記中、源右衛門との初対面時の記事に「素志の道相立度」とあるため、萩入りの目的が宝蔵院流槍術修行にあったものと推察される。なお、慎蔵と名乗るようになったのは、この修行期間中、嘉永五年（一八五二）のことで、小幡源右衛門から名付けられた。

嘉永六年（一八五三）九月、慎蔵は、武芸出精を以って部屋住みから一代中扈従（高二〇石）に召し出され、翌年旗本備戦士を命じられる。以後人見流馬術稽古場諸用方（安政三年八月～）、近習御扈従役（安政四年一二月～文久二年二月）を拝命し、藩主の江戸参府に関連して二度（安政五年二月～安政六年五月、万延元年閏三月～文久元年三月）の江戸出張を経験した。なお、江戸赴任中の安政六年（一八五九）四月、江川稽古場（江川太郎左衛門）にて西洋銃術を学んでいる。

この間、慎蔵は中扈従の三吉家（高四〇石）に養子として迎えられ（安政三年一〇月）、また、正村喜三郎の三女イヨと結婚（安政五年一月二三日）している。

文久三年（一八六三）七月、慎蔵は、小倉藩の攘夷非協力を朝廷に訴えるため、萩藩の小田村文助（楫取素彦）や長府藩の磯谷謙蔵らとともに上京する。この際、「八月一八日の政変」に遭遇、慎蔵は昼夜兼行して帰藩し、萩（山口）藩府・長府藩府に状況を報告。その功により、一代馬廻に昇格し、近侍扈従小納戸役を拝命した。また、この年、藩内の若手藩士によって結成された「精兵隊」の肝煎幷締方も拝命している。

慶応元年（一八六五）一二月二八日、当時東豊浦郡代を務めていた慎蔵は、諸役筋精勤の労を賞する理由を以って永代馬廻に昇格する。

慶応二年（一八六六）一月一日、京都時勢探索の命を受けるや、印藤聿の紹介で坂本龍馬と会談し、間もなく龍馬とともに上京の途につく。入京直前の一月二三日の夜、慎蔵は龍馬とともに幕吏の襲撃を受ける（寺田屋事件）も、辛うじて危機を脱し、京都の薩摩藩邸に入って、藩命を完遂している。

同年六月幕長戦争に際しては、五番大隊軍監兼応接方を命じられ、また六番遊撃軍監も兼ね、小倉城落城後は民事取締として、小倉城下に身を置いた。

慶応三年（一八六七）五月からは、世嗣元懋（宗五郎、のちの毛利元敏）の傅役となり、世嗣の家督相続後は、目附役持掛兼側横目側用人兼帯となって元敏を補佐した。

明治二年（一八六九）以降は、監察使、権大参事、民事取締を歴任して地方行政に携わる一方、長府毛利家にも出仕し、廃藩置県後は、長府毛利家に従って上京、家職としての勤めに専念した。ところが、明治一〇年（一八七七）突如として宮内省より呼び出され、北白川宮家の御用掛を命じられる。慎蔵が固辞したため幾分紛糾したが、以後慎蔵は、長府毛利家と北白川宮家に仕えることとなった。また、伏見宮家にも明治一八年（一八八五）八月から明治一九年（一八八六）三月までの一時期出仕している。

明治二二年（一八八九）、長府毛利家では元敏の豊浦（長府）帰住が決定。慎蔵も元敏に従って長府に帰ることを決め、明治二三年（一八九〇）三月に北白川宮家を辞職。同時に特旨を以て従六位に叙される。

明治二四年（一八九一）長府に帰り、長府毛利家の家令として勤めていたが、明治二六年（一八九三）末に家令を辞職。以後も長府毛利家に出仕していたが、明治三四年（一九〇一）二月一六日に逝去した。墓所は長府功山寺。

小坂家

小坂家は、長府藩初代藩主毛利秀元の実父毛利（穂井田）元清に仕えた土佐を初代とする。土佐の子である正憲（三右衛門）より秀元に仕え、禄高は五〇石であった。

その後、正直（惣左衛門）、正時（孫左衛門）、清時、憲直（惣左衛門）、時直（三郎右衛門）、時富（央）と続き、幕末期の当主は、慎蔵の実父である時伴（土佐九郎）であった。

時伴の最初の妻は、三吉高茂（半次）の長女。離別後、津原善勝寺の三女かつ（かつ子）と結婚し、長男時袒（住也）、二男時治（慎蔵）の他、一男二女を授かった。

慎蔵の実兄である住也には、直三（小坂家一一代）、保二（江本家を相続し泰二と改称）、義作（小坂家一二代）と三人の息子がいたが、いずれも若くして亡くなった。住也は、分家筋にあたる小坂甚蔵（小野在住）の娘イトを養女に迎え、境田保二の子啓輔と結婚させて、小坂家を継がせている。

三吉家

元は上里を称していたが、慎蔵より一二代前の政高（五郎右衛門）の代に、上里から三吉に改称。さらに一一代前の政房（十右衛門）の代に、苗字を伊秩に改めるも、九代前の政勝の代で三吉に復した。

政高没後、政房は伊秩家に身を寄せていたが、政房の子である政則（弥次兵衛）の代から毛利家の直臣となった。政高の父上里下総守に始まる三吉家には分家が三家あり、それぞれ伊秩を称している。この内、二家は長府藩家老の伊秩家に仕え、一家は長府藩家老の三吉家に仕えている。

三吉家の家格は、政則の子である高房（畑右衛門）の代より代々手廻であったが、慎蔵の養祖父にあたる高茂（半次）の代で中扈従（高四〇石）に昇格した。慎蔵の養父にあたるのが、高茂の子高郡（十蔵）である。高郡には畑之進という子がいたが早世し、その後家督継承者なきまま、高郡が危篤状態となったため、急遽慎蔵が三吉家に養子入りすることとなった。

慎蔵の養母喜久は、清末藩医南部宗哲の娘で、喜久の兄弟にあたる宗哲の二男太平次（教）は、清末藩士の船越家に養子に入っている。

日記について

日記は、平成二八年の時点では、三吉慎蔵の曽孫にあたる三吉治敬が所有し、下関市立歴史博物館に寄託されている。全て竪帳で、明治三〇年以降に立野某に清書を依頼したと考えられる「第一巻」～「第一九巻」、並びに「日記抄録」、「日記附録」の二一冊と、慎蔵直筆の「明治三十三年日載」、「明治三十四年日載」の二冊の合計二三冊からなっている。

記事は天保七年（一八三六）から始まり、慎蔵が亡くなる直前の明治三四年（一九〇一）二月一三日まで、約六五年間にわたっている。但し、明治三二年の日記はなく、また、天保七年（第一巻）から明治一五年（第三巻）までは、日々の記録ではなく、特記事項のみを記す形で構成されている。

各巻の概要

【第一巻】縦二八・一cm　横一九・五cm　全五九丁

天保七年（一八三六）から万延元年（一八六〇）まで二五年間の特記事項を一冊に纏めたもの。

家族に関しては、田辺家への養子入りと離縁。三吉家への養子入り、正村イヨとの結婚、長男米熊の誕生といった記事。

文武修養の面では、敬業館入学、明倫館留学、宝蔵院流槍術の師小幡源右衛門への入門など、出精・熟達の過程を追うことができる。

長府藩士としての活動については、部屋住みから一代中扈従への取立て、初番手から藩主毛利元周参勤随従といった役目の過程、江戸で西洋銃術修行をしたことなどの記事がある。

【第二巻】縦二八・一cm　横一九・五cm　全四九丁

文久元年（一八六一）から明治四年（一八七一）まで、一一年間の特記事項を纏めたもの。

文久から慶応年間にかけては、攘夷決行、八月一八日の政変、下関戦争、寺田屋での遭難、幕長戦争といった事件の中で、東奔西走する慎蔵の姿が日記に綴られる。

私生活の面では、文久二年（一八六二）四月に長女シゲ（茂）が出生し、元治元年（一八六四）三月に夭逝。慶応元年（一八六五）五月に二女トモ（友）が出生する。

明治に入ると、公的な記事のみとなる。

明治三年（一八七〇）五月、慎蔵は長府毛利家の家扶と豊浦藩権大参事兼民事督務を拝命する。明治四年（一八七一）、廃藩置県により豊浦藩が廃され、長府毛利家当主毛利元敏が東京へ移住することとなり、慎蔵は元敏に従って上京することとなる。


【第三巻】縦二八・一cm　横一九・五cm　全七六丁
明治四年（一八七一）九月から明治一五年（一八八二）一二月までの記事。

毛利元敏は、かねて希望していた洋行が叶い、明治四年一一月から欧州へと旅立つ（明治七年六月帰国）。慎蔵は、留守中の家政を任されるが、この間の記事は少ない。

明治九年（一八七六）五月、実父小坂土佐九郎が逝去。

明治一〇年（一八七七）三月、西南の役に出征中の福原和勝（陸軍大佐）が、戦場で深手を負い、養生叶わず逝く。同年九月突如として宮内省に召喚され、宮内大丞山岡鉄太郎より宮内省御用掛北白川宮家御附を命じられる。慎蔵は毛利元敏の家扶として在勤中だったため、慎蔵が請書を提出するまで数日を要したが、以後、長府毛利家に仕えながら、北白川宮家御附として務めることとなる。

明治一一年（一八七八）は八月に竹橋事件の記述。同年一一月から一二月にかけては、北白川宮能久親王と山内光子との婚礼に至るまでの過程が記される。

明治一二年（一八七九）は、ドイツ・アメリカの要人来日や、明宮嘉仁親王（のちの大正天皇）の誕生（八月）といった記事。

明治一三年（一八八〇）は、能久親王の内国勧業博覧会の事務局総裁就任（三月）、本殿洋館附属家の建築決定（五月）など、北白川宮家関係の記事が多い。

明治一四年（一八八一）も能久親王が関与する勧業博覧会の記事が続くが、この頃からレース伝習中の二女トモの様子や、駒場農学校を修業し、長野県に奉職する長男米熊のことなど、米熊とトモの記述がしばしば入るようになる。

明治一五年（一八八二）二月、慎蔵は正七位に叙される。六月には、芝紅葉館での旧友会が催され、慎蔵は三条実美からの案内で参加する。以後毎年案内を受けている。尾崎三良によれば、同会は「文久三年七卿が長州へ下りし時より太宰府に至る時分に於て、共に国家の為めに奔走尽力せし者の懇親会なり」（『尾崎三良自叙略伝』）という。

なお、慎蔵は明治四年九月以来（イヨは明治五年三月）、長府毛利邸（愛宕町一丁目二番）内の長屋に暮らしていたが、明治九年三月西久保桜川町九番地本多家長屋へ家移りする。次いで明治一〇年三月に、愛宕町二丁目一番地森家邸内へ転居し、さらに明治一一年二月には、麴町区麴町平川町六丁目二二番地楫取素彦邸久坂（楫取）道明住所長屋へ転居、翌年一二月、同敷地内に自宅を新築していることが、本巻で確認できる。

【第四巻】 縦二八・一cm　横一九・五cm　全一一〇丁

明治一六年（一八八三）一月一日から同年一二月三一日までの記事。

この巻から、基本的に日々を綴ったものとなる。

同巻に綴られた主な出来事は、次のとおりである。

皇室においては、一月二七日に明治天皇第四皇女増宮章子内親王が誕生し、新春より慶事。毛利家においても、四月五日に毛利元敏三男の邦樹が誕生する。

この間、北白川宮家では、群馬県大桑村での牧場（浅間牧場）開設について、本格的に話が進められていく。二月から五月にかけて、辻正章や黒巌有哉などとの協議の記事がある。

七月二一日岩倉具視逝去。九月六日明治天皇第三皇女の滋宮韶子内親王の薨去。続く同月八日、増宮章子内親王の薨去と夏から秋には弔事が重なる。

慎蔵の動向に目を向けると、九月一九日より風邪をひき、連日見舞いを受ける。見舞いの品は「交肴一籠」「鶏壱羽」「葡萄

壱盆」「菓子一箱」「カステーラ一箱」「片栗粉一包」「鮨壱重」「刺身壱重」など様々である。

体調が戻って間もない一〇月三日、ドイツのメクレンブルク＝シュヴェリーン大公国第三公子のヨハン・アルブレヒト(Johann Albrecht)を招いた浜離宮での晩餐会に、慎蔵も北白川宮能久親王に従って出席、「晩餐頂戴」する。

なお、江戸時代以来、萩毛利家と長府毛利家の間で、しばしば論争の種となっていた問題も、この年になって漸く決着がついたようだ。一〇月一八日、長府藩初代藩主毛利秀元の、毛利家における位置付けが定まった記事が見える。

【第五巻】縦二八・一cm 横一九・五cm 全八五丁

明治一七年(一八八四)一月一日から同年一二月三一日までの記事。

毛利元徳の委託で、山口県下の学事視察を行った井上馨の報告を受けて、毛利宗家(元徳)、長府毛利家(元敏)、徳山毛利家(元功)、清末毛利家(元忠)、岩国吉川家(経健)の五家により防長教育会が設立された年である。六月七日の条に、同会の資金として元敏が一万円を即納した記事がある。

九月四日、毛利宗家より毛利元敏の長女暢子に縁談の話が持ち込まれる。荘原好一より報らされた慎蔵は、即答はしないようにと指示を出している。

七月九日、紅葉館で、「禁門の変」における死者を慰霊する「子年殉死者廿年祭」が執り行われ、慎蔵も参席した記事がある。なお、禁門の変で亡くなった長府藩士には、有川恒槌がいる。

この年、慎蔵は再び転居する。七月一八日、楫取道明と明治二二年までの借地契約を結んだにもかかわらず、九月二五日に楫取に転居する旨を申し出て、一〇月九日芝区西久保城山町九番地へ転居する。この際、楫取の所有地(麹町区麹町平川町六丁目二二番地)に建てた屋敷(明治一二年建築)は、楫取に売却している。

【第六巻】縦二八・一cm 横一九・五cm 全九九丁

明治一八年(一八八五)一月一日から同年一二月三一日までの記事。

八月、伏見宮貞愛親王が洋行するに際し、伏見宮御付の浅田進五郎が随従することとなったため、慎蔵は六日付で伏見宮御付兼勤の命を受ける。但し、伏見宮に関する記事については、当巻に記載せず、別途「日記附録」を設けている。

一月二七日、大山巌がドイツより帰国。四月二八日、伊藤博文が清国より帰国。一二月一二日、青木周蔵が欧州より帰国。一二月一九日、西源四郎がベルギーに出発（一二月一五日の条）。一二月二二日、野村靖がポルトガルより帰国。と、伏見宮だけではなく、出国する者、帰国する者の記事が相次ぐ。また五月二六日の条に、賀田貞一が五月一三日に那覇港に着き、翌日「八重山島」に渡ることが記されている。これは調査のための出張で、八月に帰京した賀田は、一二月に『日本沖縄宮古八重山諸島見取図』（沖縄県）を刊行している。

北白川宮家においては、八月二八日に能久親王の第二王子延久王（母は岩浪稲子）が誕生する。その一方で、能久親王と光子が一一月五日に離縁に至る。光子は、明治一七年の一一月頃より病気療養のため実家（山内家）に戻っていたが、全快の目途もないため、山内豊範（山内家当主）より離縁を申し出た。

私生活においては、五月一八日にイヨが体調を崩し、本郷婦人科病院に入院し、七月四日に退院した記事がある。また、九月二七日、イヨとともに品川氏章や賀田貞一の子らを連れて、竹沢藤治の曲独楽見物に出かけた記事も見える。

【第七巻】縦二八・一cm　横一九・五cm　全七三丁

明治一九年（一八八六）一月一日から同年一二月三一日までの記事。

一月は、山階宮菊麿王が梨本宮に復籍する記事。また、桂太郎の妻歌子の死去（一月二〇日）や、有栖川宮熾仁親王薨去（一月二四日）の記事。

二月五日、慎蔵は北白川宮御付から家令に昇進。続く二月一〇日皇女久宮静子内親王が誕生。三月、明治一八年に離縁した能久親王に、妃を迎える話が浮上する。お相手は、旧宇和島藩主伊達宗徳の二女で、島津久光の養女となっていた富子である。北白川宮家では、六月二八日に延久王が夭折するという不幸があったが、七月一〇日に輿入れ、同月一九日から箱根に新婚旅行に出発した。なお、九月に富子の通称を「寛君」とすることで内決したものの、この話は見合わせとなっている。

毛利家関係では、三月一〇日の条に、ドイツに留学することとなった小早川四郎の記事。一一月二三日に吉川元春の三〇〇年祭が執り行われたことや、海軍に籍を置いていた旧長府藩士の服部潜蔵が、一二月一三日に死去し、同月二五日に紅葉館で祭典を催した記事がある。

私的な記事としては、五月二八日にトモが琴の奥許伝授されたことや、一一月一〇日に、皇居御苑の菊をイヨとともに拝観

した記事。また、一二月一一日に、冨見軒にて催された坂本龍馬・中岡慎太郎の二〇年祭に参席した記事などがある。

【第八巻】縦二八・一cm　横一九・五cm　全五七丁

明治二〇年（一八八七）一月一日から同年一二月三一日までの記事。

年賀の挨拶を済ませた慎蔵は、二月一日に休暇願いを出し、二月一五日より長府に帰省する。目的は、八二歳になる老母（小坂かつ子）に面会するためとある。三月二五日に帰京するが、帰省中の記事はない。

帰京間もなく、能久親王第三王子の成久王が誕生（四月一八日）。成久王は、能久親王と富子との間に生まれた唯一の子で、明治二八年に北白川宮家を継ぐが、大正一二年（一九二三）に留学先のフランスで交通事故死している。

続いて、八月六日には、能久親王第二王女の貞子が出生し、北白川宮家では慶事が続いたが、一二月六日に富子の養父である島津久光がこの世を去る。慎蔵は能久親王の名代として七日より鹿児島へ出立。瀬戸内・日向灘を経由して一二日に到着し、葬儀に参列した。なお、慎蔵は二五日まで鹿児島に滞在し、西郷隆盛や月照の墓などに参拝している。

この間、トモが東京府工芸品共進会に出品していたレースが二等賞となった記事（五月九日）や窃盗に遭った記事（九月一六日）。一〇月一九日には、六月頃より体調を崩していたイヨの実母正村マスが、死去した記事がある。

【第九巻】縦二八・一cm　横二〇・四cm　全六六丁

明治二一年（一八八八）一月一日から同年一二月三一日までの記事。

一月四日、明治二〇年一一月に北白川宮家別当を辞した井田譲に代わり、山尾庸三が有栖川宮家別当との兼勤で同職に就任する（但し一二月初旬、岩倉具経が北白川宮別当に就任）。

三月九日、ドイツ皇帝ヴィルヘルム一世が死去する（三月一〇日の条）。ドイツに留学経験があり、独逸学協会の総裁も務める北白川宮能久親王とは、少なからず関係があったと推察されるが、能久親王の対応や意見は慎蔵日記にみえない。さらに、ヴィルヘルム一世の跡を継いだフリードリヒ三世が、六月一五日に死去する（六月一七日の条）。ここでも、能久親王の対応等は記されておらず、宮内省出勤の際に喪服を着用するという式部職からの通達のみが記されている。

天皇家に関しては、九月三〇日に常宮昌子内親王（明治天皇第六皇女）が誕生。一一月一二日に昭宮猷仁親王（明治天皇第

四皇子）が薨去した記事がある。

長府毛利家関係では、八月一八日に来訪した毛利元敏より、豊浦（長府）帰住に係る相談がなされた記事が見える。これを受けて、慎蔵は九月六日、別当の山尾庸三に北白川宮家令を辞職する旨を内申する。あくまでも元敏の傍に在り続けることを望む慎蔵の姿が垣間見える。

以降、日記には、長府における屋敷建築と、その地所購入に関する記事が頻出する。また、一〇月から一二月にかけて報国隊（旧臣）記念碑の建立に関する記事もある。

三吉家においては、二月一六日に、トモが明治女学校に入学。また、一一月二七日に、米熊の洋行志願の記事がみえる。こののち、慎蔵は米熊の希望を叶えるべく奔走することとなる。

なお、三吉一家は、芝区西久保城山町九番地から麴町元園町一丁目・六番地に、五月二〇日付で転居している。


【第一〇巻】縦二八・一cm　横二〇・四cm　全一〇一丁
明治二二年（一八八九）一月一日から同年一二月三一日までの記事。

大日本帝国憲法が発布された年である。

年明け早々の一月六日、慎蔵は米熊を連れ、群馬県磯部（安中市）の別荘に滞在中の農商務大臣井上馨を訪ねる。米熊が希望する欧州留学を叶えるためである。慎蔵父子の願いは聞き届けられ、三月九日、米熊は農商務省技師の高嶋得三（北海）、長野県松代の大里忠一郎、群馬県の田中甚平、埼玉県の木村九蔵とともに欧州へと旅立つ。

また、この間、トモが明治女学校を退学し、香蘭女学校に入学した記事が見える（一月三一日の条）。

慎蔵自身の進退問題（家令辞職）については、一月一四日、別当の岩倉具経に伝え、能久親王への上申を求めた記事が見えるが、二月二日、岩倉・山尾両人より、能久親王が慎蔵の辞職に反対していることを告げられている。無論、毛利元敏の豊浦（長府）帰住に従うという慎蔵の意志は、変わることはなく、長府江下（一一番地、一二番地）に居住用の土地を購入している。

長府毛利家においては、二月から七月にかけて暢子（毛利元敏長女）の縁談についての記事が見える。お相手は、清末毛利家当主の毛利元忠で、七月一五日に輿入れとなった。この他、長府毛利家関係の記事としては、豊浦帰住に要する屋敷地の件

や、経済的に厳しい状況に陥った徳山毛利家への支援、また品川氏章の病状や死去（九月六日）に係る記事などが記されている。

なお、一一月二七日に、慎蔵はイヨとともに、欽麗院（毛利欽子）に随従し、熱海温泉に出かけているが、この際、計測した身長や体重が日記に記されている。

【第一一巻】 縦二八・一cm 横二〇・四cm 全九四丁

明治二三年（一八九〇）一月一日から同年一二月三一日までの記事。

一月一七日、長府在住の栢俊雄より、長府江下に建築中の屋敷が棟上げした報せを受ける。

長府毛利家においては、一月一八日、毛利元敏と保子の六女として新歌子が出生する。

一月二三日、寺田屋事件より二五年の節目として、西郷隆盛、坂本龍馬、中岡慎太郎らの軸物を「調整」し、また刀類も出して「紀念」した記事が見える。

一月三一日、慎蔵は、北白川宮家令の辞職願を宮内大臣土方久元に提出する。三月二六日、漸く辞職を認める辞令（三月二五日付）が交付され、また二六日付で従六位に昇叙される。

その後、長府毛利家並びに自らの帰住に関する諸事務にあたるため、東京と長府の往復が始まる。

出発・到着日及び経路は次のとおりである。

①五月二一日、汽車にて新橋を発し、横浜より乗船。二二日に神戸着。同日神戸にて船を乗り換え、二四日に下関着。

②六月七日、下関より乗船。翌日神戸より汽車に乗り換え、一〇日に新橋着。

③七月八日、汽車にて新橋を発し、横浜より乗船。翌日神戸にて船を乗り換え、一二日に下関着。

④一〇月八日、下関より乗船。翌日神戸にて船を乗り換え、一一日に横浜着。

⑤一一月八日、新橋より汽車に乗り、同日名古屋着。名古屋にて所用を済ませて一〇日に名古屋より乗車。同日神戸に着し、それより船に乗り一一日に下関着。

⑥一二月一六日、下関より乗船。一七日神戸に到着し一泊。一八日神戸より乗船し、一九日に横浜到着。

【第一二巻】縦二八・一cm　横二〇・四cm　全八五丁

明治二四年（一八九一）一月一日から同年一二月三一日までの記事。

一月四日、御用始めに際し、長府毛利家の豊浦（長府）帰住について、家中一統に内示がある。

二月六日及び二月八日、井上馨より毛利敬親の銅像建立に併せて、四藩公（毛利元周、毛利元蕃、毛利元純、吉川経幹）の銅像建立を勧められる。

二月一八日、三条実美大病を聞き、すぐさま駆けつける。一九日に三条実美逝去の記事あるも、逝去に対する慎蔵の感情や対応について、特段の記事なし。

三月一三日、毛利元敏、元智、邦樹、亮子、幸子の豊浦帰住に関する届（寄留届）が、宮内大臣に宛て提出される。寄留（転居）先は、山口県豊浦郡長府村大字豊浦四九八番屋敷。また同日付で、学習院に元智、邦樹の退学届けも提出される。

三月二四日、毛利元敏の豊浦（長府）帰住に先立って、長府毛利家の「御神霊」を転座させるに付、慎蔵が供奉を命じられ離京。三月二八日下関着。

四月九日、元敏が東京を出立。四月一一日に下関着。五月二九日、慎蔵は下関を離れ東京へ向かう。途中名古屋にて乃木希典を訪ねるも不在。六月一日東京着、以後、長府毛利邸の売却や、豊浦（長府）に帰住しない欽麗院（毛利欽子）の転居など、残務処理を済ませ、七月七日に離京する。七月一一日下関着。

七月二五日、イタリアに留学していた米熊が長府に帰る。九月一日、慎蔵は退隠して米熊が相続する旨の届けを長府村役場に提出する。九月一五日米熊が長府を出立。途中徳島にて用を済ませ、一〇月八日に東京着。この間の九月二六日、叔父にあたる大庭紋平（景明、養父十蔵の実弟）が死去している。

一二月二日、伊藤博文が長府功山寺において、旧藩主（毛利敬親、元周、元蕃、元純、吉川経幹）の銅像建立に係る演説をおこなう。以後建立に向けた募金活動が始まったようで、慎蔵も三〇円を寄附する予定であることが、第一三巻（二月一〇日の条）に記されている。なお、銅像は明治二五年一一月一日起工、明治三三年に竣工している。

一二月、トモに縁談あり。桂弥一、賀田貞一、栢俊雄の世話により、荒瀬新八の二男で、山本甚五郎の養子となっていた玉樹を養子に迎え、三吉家の分家とすることが、一二月二六日に決まる。一二月三〇日、トモが東京より帰着する。

【第一三巻】縦二八・一cm 横二〇・四cm 全七六丁

明治二五年（一八九二）一月一日から同年一二月三一日までの記事。

一月二日に、旧長府藩の家老で、かつて毛利鱗子と婚姻関係にあった細川頼彬が死去した記事。

一月七日、トモが山本玉樹と結婚。同日桂弥一と玉樹が兄弟の契りを結ぶ。一月一九日トモが東京へ出立。玉樹は長府に残留する。

五月六日、イヨが病気療養のため東京へ。七月九日、イヨとトモが下関に帰着。

七月一八日、長府毛利邸の建築にあたり、スコットランド出身で内務省衛生局御雇技師のバートン（William Kinninmond Burton）が、地所検査のため長府に入る。検分の結果、概略不都合なしとの判断を得る。

一〇月五日、三田尻（防府市）にて、毛利家親族会が催され、慎蔵も随従する。出席者は、毛利元昭夫妻、毛利元敏、毛利元功夫妻、毛利元忠夫妻、吉川経健夫妻、吉川重吉夫妻に、各家の家扶従であった。

一一月米熊に縁談話。一二月二五日、米熊は河合浩蔵の妹タキと結婚する（一二月二七日の条）。但し、入籍の届出は、翌年二月九日におこなっている。

一二月中旬、細川頼彬と毛利鱗子の三男である細川篤長が突如失踪する。年末から翌年にかけて探索するも結局行方はわからなかった。

【第一四巻】縦二八・一cm 横二〇・四cm 全六六丁

明治二六年（一八九三）一月一日から同年一二月三一日までの記事。

一月一九日、第六師団長として熊本へ巡視に向かう途中の北白川宮能久親王が、下関に立ち寄る。慎蔵は下関まで挨拶に出向き、一九日、二〇日と馬関藤野（春帆楼）他で飲食を共にする。復路でも九月一六日から一八日まで下関に滞在し、その際には能久親王より「朝鮮飴」を下賜されている。

二月一六日、長府毛利家が所蔵する「大内家古文書控」六通を、元敏の命により杉孫七郎に譲った記事。但し、長府毛利家の記録では、譲渡日は二月九日。また、譲った古文書の数は、藩政時代に長府毛利家で編さんした古文書手鑑「筆陳」（下関市立歴史博物館蔵）中より七通、同じく長府毛利家編さんの古文書手鑑「浜千鳥」中より一通の合計八通となっている。

二月二一日、慎蔵は東京へ出発。二四日に到着し、欽麗院や東京在勤の荘原好一などに面会する。東京では、明治天皇が沿岸防備費三〇万円を拠出したことに倣い、長府毛利家より五〇〇〇円を献金することが決定。そのため、長府毛利邸の建築延伸が検討される。慎蔵は、三月一八日に下関帰着。

四月、岩国吉川家で毛利親族会が催され、また、一〇月にも東京で毛利親族会が催されたが、慎蔵は随従せず。

七月、功山寺に墓地を購入。これに伴い、龍王墓地（長府三島）内にあった三吉家の墓地は返上している。

八月、石川良平の娘で山県有朋夫人の山県友子が大病との報せを受ける。友子は、九月に死去。慎蔵は、九月一五日に山県有朋に宛てて悔状を送っている。

一二月一〇日の条に、トモと玉樹が別居した記事があるが、これはトモが妊娠したための一時的な別居と考えられる。但し、トモの滞在先は三吉家ではなく栢家。

一二月二五日、慎蔵は長府毛利家の家令を依願退職。東京在勤の荘原好一が、家令に就任、長府詰めを命じられている。

【第一五巻】 縦二八・一cm　横二〇・四cm　全七一丁

明治二七年（一八九四）一月一日から同年一二月三一日までの記事。

二月二七日、明治天皇・皇后銀婚式出席のため、元敏が東京に出発。随行は、明治二六年一〇月より長府毛利家の家扶となった三嶋盛二。慎蔵は長府に残り、三月九日銀婚式当日は長府村民と一緒に小学校にて写真を拝謁して祝うとともに、祝電を宮内省に送る。三月二四日元敏帰邸。

四月下旬、家令事務の引継ぎを荘原とおこなう。

五月二日、トモが長女を出産。七日梅子と名づける。続いて六月八日には、米熊に長男敬蔵が誕生する。一方従前より体調を崩していたイヨを東京で療養させることが決まる。イヨは五月一五日に出立した。

また、この間、旧長府藩家老三吉周亮の借財問題が、慎蔵、口羽良介、河村光三、豊永長吉の間で話し合われる。周亮は、これまでのことを反省し、慎蔵らの解決策に従うことを誓う。

七月二五日、日清戦争勃発。長府では、慎蔵他二名が惣代となって草鞋三〇〇〇足を陸軍に寄贈する。また、報国会が結成され、慎蔵は委員長を依頼される。

一〇月一六日、下関入りした井上馨と面談。一〇月二一日頃より体調を崩す。日記には風邪とある。慎蔵には、玉子や牛乳、キスや鯵など種々の見舞品が届く。一一月二日全快。

【第一六巻】縦二八・一㎝　横二〇・四㎝　全五〇丁

明治二八年（一八九五）一月一日から同年一二月三一日までの記事。

一月一八日、三吉周亮並びに三吉家の旧臣（工藤順臣、山名勝則、横田当計、山名好之助、河村邦満）を集め、今後の三吉家のことについて長府毛利家の救援策等が家扶より伝達される。慎蔵も同席する。

一月三一日、有栖川宮熾仁親王の訃報が、山尾庸三より慎蔵に届く。但し日記中に慎蔵の感情や対応について記述なし。

三月一九日の条に、日清講和会議のため、清国講和使節（李鴻章・李経方）及び伊藤博文、陸奥宗光が下関に到着した旨の記事。また、三月二五日の条に、李鴻章銃難（三月二四日小山豊太郎に狙撃され負傷）の記事がある。

五月二九日、玉樹が東京へ出立する。六月八日の条に、「四日附を以て拝命」とあるが、勤務先は不明。以後玉樹は東京に在住する。

なお、七月二三日、玉樹の母が死去（七月二五日の条）。一〇月二六日には、玉樹の兄俊太郎が亡くなっている（一〇月二九日の条）。

一〇月一日、米熊に二男秋雄が誕生する。但し、先天性の病を抱えていたためか、一〇月一九日に病死する。続く一一月初旬、北白川宮能久親王逝去の報が届く。慎蔵は一一月八日付で弔電を送る。一一月五日から一一月一一日まで、能久親王の記事に尽きる。

【第一七巻】縦二八・一㎝　横二〇・四㎝　全五八丁

明治二九年（一八九六）一月一日から同年一二月三一日までの記事。

一月二三日の条に、寺田屋事件から満三〇年と、坂本龍馬死去より三〇年を記念する祭典を催した記事がある。出席者・料理・陳列品に加え、慎蔵が剣技を披露したことなども記されている。

七月、小嶋虎槌が所有する長府村八一六番屋敷へ一家で転居。

一一月、慎蔵の実兄小坂住也の二男江本泰二が亡くなる。江本家には継嗣なく、慎蔵の孫娘である梅子に江本家の相続の話がもたらされる。

一二月、欽麗院（毛利欽子）への寒気伺いや井上馨への使いなどのため、上京を命じられる。慎蔵は用務の傍ら、高輪毛利邸や品川弥二郎を訪ね、また滞京中の妻イヨと買い物に出かけるなどしている。一二月下旬、長府に帰還した慎蔵の元に、毛利元徳死去の報せが届く。

【第一八巻】 縦二八・一㎝　横二〇・四㎝　全七五丁

明治三〇年（一八九七）一月一日から同年一二月三一日までの記事。

天然痘が全国的に流行した年である。慎蔵は、長府で日々を送る。

一月に英照皇太后の崩御、五月には井上馨来関の記事がある。長府毛利家では元智（毛利元敏二男）の進退、欽麗院（毛利欽子）の病気などが懸案事項として話し合われている。

三吉家においては、六月に実母小坂かつ子が亡くなり、八月には、予てより体調を崩していたトモが、福岡の病院に入院する。病名は日記中に記されていないが、三吉家に遺る死亡診断書には「腸管カリエス」とある。九月には、明治二七年より東京で療養していたイヨが帰宅する。

なお、七月から八月にかけて、「〇〇の件」乃至は「（空白）の件」と伏字にした部分がある。

【第一九巻】 縦二七・七㎝　横二〇・三㎝　全七〇丁

明治三一年（一八九八）一月一日から同年一二月三一日までの記事。

二月二八日、毛利式子（毛利元敏三女）と小早川四郎が結婚。五月二〇日には元敏が正三位に叙され（五月二三日の条）慶事が続く。

一方、三吉家は深刻な状況に陥っていた。入院中のトモの病状が悪化の一途を辿っていたのである。医師は足の切断を勧め、慎蔵は治癒の見込を信じてトモを説得し、六月二一日に切断手術がおこなわれる。術後の状況については、七月三一日の条、八月八日の条、一〇月一〇日の条をみる限り、順次快方に向かっていたと考えられるが、一二月に入ると容態が一変、高熱と

全身の痛みが続くこととなる。一二月八日の条には、「全快見込なし」との記述がある。明治三二年の日記が存在していないため、以後の状況は不明ながら、トモは明治三二年一〇月三一日にこの世を去った。享年三五歳。
なお、九月二五日に、兄小坂住也の三男で小坂家の一二代当主である小坂義作が死去。一〇月一四日に、米熊の三男となる丈夫が誕生している。

【明治三十三年日載】縦一八・七cm　横一三・〇cm　全九四丁（表紙を除く）
明治三三年（一九〇〇）一月一日から同年一二月三一日までの記事。
在東京の欽麗院（毛利欽子）の死去に際し、慎蔵は一月一七日長府を出立し、一九日に着京する。この際、長野県上田在住の長男米熊、孫の敬蔵も上京、二月初旬に対面した。これが、米熊・敬蔵との最後の対面となる。
五月、養子に入っていた玉樹が、三吉家との縁組を解消する意向を示す。慎蔵は、桂弥一や栢俊雄らを介して、幾度となく慰留を図るも、玉樹の決心は固く、一〇月に廃家届けを提出することとなった。

【明治三十四年日載】縦一八・八cm　横一三・一cm　全一〇一丁（表紙を除く）
明治三四年（一九〇一）一月一日から同年二月一三日までの記事。
毎日ではないものの、長府毛利家の新居建築などのため、長府毛利家用達所に出勤していた慎蔵だが、二月七日の出勤を最後に体調を崩し、療養生活の身となった。慎蔵は二月一六日にこの世を去る。

【日記抄録　係坂本龍馬之件】縦二七・八cm　横二〇・〇cm　全一七丁
慶応二年（一八六六）一月一日から慶応四年（一八六八）三月までの記事。
抄録とあるが、日記から関係箇所を抜粋しただけでなく、編集時に別途情報が加筆された部分もあるため、慎蔵と龍馬との関係を、より詳細に追うことができる。
巻末には、長府毛利家の正史「毛利家乗」から、坂本龍馬関係部分の抜粋も掲載している。

【日記附録　伏見宮御附兼勤中】縦二七・九㎝　横一九・六㎝　全四三丁

明治一八年（一八八五）八月九日から明治一九年（一八八六）三月三一日までの記事。

北白川宮家に仕えながら、伏見宮家にも兼勤していた時期のもの。内容は伏見宮家に関する記事が中心である。

伏見宮貞愛親王の洋行に際し、伏見宮御付の浅田進五郎が随従するため、その留守を慎蔵が任された。

この間、伏見宮邦家親王の一二王女で、貞愛親王の異母姉にあたる貴子（節宮）の夫、松平忠敬（子爵）が、経済的な困窮に陥る事件が起きている。忠敬救済のため、内蔵頭の杉孫七郎や、忠敬の親類である上杉茂憲などとの折衝に奔走する慎蔵の姿が垣間見える。

三吉慎蔵年表

和暦	西暦	満年齢	事跡等	備考
天保二年	一八三一		長府藩士小坂土佐九郎〔馬廻五〇石〕の二男として出生（一〇月一一日）。幼名友三郎。	
天保七年	一八三六	五歳	実父により、長府藩士田辺惣左衛門〔馬廻五〇石〕の養子となる旨の内約が結ばれる。	
天保八年	一八三七	六歳	儒学者臼杵駿平〔横波〕に入門（一月）。 藩校敬業館に入学（一月）。 姓を田辺に改める。 今枝流剣術師範小坂土佐九郎に入門。	
天保一〇年	一八三九	八歳	小笠原流礼式師範山田助三、日置流射術師範小嶋権之進、人	

			見流馬術師範工藤八右衛門、宝蔵院流槍術師範中村忍平、笹尾流算術師範小一原長蔵に入門。	
天保一二年	一八四一	一〇歳		毛利元運が長府藩一二代藩主に就任（九月）
嘉永二年	一八四九	一八歳	諸事情により田辺家と離縁。小坂姓に復す（二月）。 吉岡与次兵衛〔萩在番助役〕に従い萩出張（五月）。 宝蔵院流槍術師範小幡源右衛門に初めて会う。 吉岡与次兵衛〔萩在番役〕に従い、萩に赴任（九月）。 儒学者坂上忠介に入門。明倫館に通学（九月）。	
嘉永三年	一八五〇	一九歳	宝蔵院流師範小幡源右衛門に入門。	
嘉永五年	一八五二	二一歳	小幡源右衛門より慎蔵と名付けられる。	毛利元周が長府藩一三代藩主に就任（六月）
嘉永六年	一八五三	二二歳	一代中扈従〔在長府二〇石、在江戸三五石〕に召出される（九月七日）。	ペリー来航（六月）
安政元年	一八五四	二三歳	旗本備戦士を拝命（二月三日）。 初番手（一〇月四日）。	日米和親条約締結（三月）
安政二年	一八五五	二四歳	宝蔵院流槍術免許を得る（三月二六日）。	

和暦	西暦	満年齢	事跡等	備考
安政三年	一八五六	二五歳	人見流馬術稽古場諸用方を拝命（八月七日）。三吉十蔵〔中扈従四〇石〕不快に付、三吉家への養子入りが内決。藩府に願書を提出し、同日入家する（一〇月九日）。	
安政四年	一八五七	二六歳	養祖父三吉半次が死去（一月一八日）。三吉家への養子入りが公式に決定する（三月一日）。近習御扈従役を拝命（一二月二五日）。	
安政五年	一八五八	二七歳	長府藩士正村喜三郎〔中扈従三五石〕三女イヨと結婚（一月二三日）。藩主参勤の先着として江戸へ出立（二月二五日）。	戊午の密勅（八月）
安政六年	一八五九	二八歳	河崎董〔虎吉〕とともに、江川太郎左衛門の江川稽古場にて西洋銃術を学ぶ（四月）。藩主に随従して帰国の途につく（五月）。	
万延元年	一八六〇	二九歳	藩主に従い江戸へ出立（閏三月）。長男米熊出生（六月一〇日）。	
文久元年	一八六一	三〇歳	江戸出立（二月）。伊勢神宮に代参し、帰国する（三月）。	
文久二年	一八六二	三一歳	長女茂出生（四月一九日）。近習御扈従役を免じられ、旗本備を拝命（九月）。	毛利元周上京（一二月）

文久三年	一八六三	三二歳	藩命により、村上百合勝〔福原和勝〕、熊野陣太郎〔熊野直介〕と上京（二月）。 京都より天盃を守衛して帰国（三月）。 長府藩世嗣毛利宗五郎〔元敏〕に従い萩出張（三月）。 中山忠光護衛のため、白石正一郎邸に赴き、萩藩士宮城彦助と会談（四月）。 山口に出張し、前田孫右衛門と会談（四月）。 城詰めを命じられる（五月）。 大炮鋳造掛り御締方を拝命（六月）。 道奉行加番を拝命（七月）し、勅使正親町公董の道案内を務める。 藩命により磯谷謙蔵と上京（七月）。 昼夜兼行して帰国し、京都情勢を報告する（八月）。 一代馬廻に昇格。近習御扈従御小納戸役を拝命（九月一五日）。 精兵隊の肝煎并締方を拝命（一一月）。	毛利元周が孝明天皇に拝謁し、天盃を賜う（一月） 萩（山口）藩庁が萩から山口へ移る 公家中山忠光が下関に入る（四月） 攘夷決行（五月一〇日） 勅使正親町公董が下関に入る（七月） 八・一八政変（八月）
元治元年	一八六四	三三歳	長女茂病死（三月四日）。 山口在番役を拝命（四月二四日）。山口へ出立（五月）。 本支藩主総会議（萩藩世嗣の上京歎願について）に参席（六月）。	長府藩庁が長府から勝山に移る（二月） 禁門の変（七月）

和暦	西暦	満年齢	事跡等	備考
			山口より帰藩。萩藩士前田孫右衛門、山県弥八と登城（八月）。 馬関戦争に際し、関見台の警護につく（八月）。 黒川滞陣の萩藩世嗣に戦況を報告（八月）。 山口に戻る（八月一七日）。 第一次長州征討に関連して萩（山口）藩庁が、山口より萩へ戻ったため、慎蔵も山口から萩へ移る（一一月）。	馬関戦争（八月） 第一次長州出兵 高杉晋作挙兵（一二月）
慶応元年	一八六五	三四歳	近侍扈従役并山口在番役を免じられ、東豊浦郡代を拝命（四月七日）。 二女トモ出生（五月三日）。 芸州に出張（九月～一〇月）。 永代馬廻に昇格（一二月二八日）。	萩藩内訌戦（一月）
慶応二年	一八六六	三五歳	京都情勢探索を命じられ、坂本龍馬と面談（一月一日）。 坂本龍馬と上京の途につく（一月一〇日）。 伏見寺田屋に入る（一月一九日）。 寺田屋にて幕吏に襲撃され、伏見薩摩藩邸に逃れる（一月二三日）。 京都薩摩藩邸に入り京都情勢を探索（二月一日～二九日）。 京都より帰国（三月九日）。	

			萩藩主より情報探索並びに龍馬救出を賞され新身刀を下賜される（三月一四日）。 長府藩主より二〇石加増され、禄高六〇石となる（三月一九日）。 中岡慎太郎と会食（四月一六日）。 中岡慎太郎より「アメリカ皮ワラヅ」（革靴）の試し履きを勧められる（五月三日）。 東豊浦郡代を免じられ、目付役兼側横目を拝命。役料四〇石を給される（五月一〇日）。 会議のため岩国へ出張（六月）。 若殿様御付役を兼務（七月一四日）。 幕長戦争に際し、長府藩の五番大隊軍監兼応接役並びに六番遊軍大隊軍監を拝命し、側横目を免じられる（七月）。 小倉城下の民事取締りを命じられる（八月）。	第二次長州出兵 幕長戦争（六月）
慶応三年	一八六七	三六歳	坂本龍馬が乗る「いろは丸」が沈没（四月）。 下関入りした龍馬に見舞いを贈る（五月）。 伊藤九三・熊野直介より龍馬の訃報が届く（一二月二日）。 お龍を引き取る（～明治元年三月）。長府藩府よりお龍の扶助料が支給される。	大政奉還（一〇月） 坂本龍馬暗殺（一一月）
明治元年	一八六八	三七歳		毛利元敏が長府藩一四代藩主に就任（三月）

和暦	西暦	満年齢	事跡等	備考
				毛利元周死去（五月）
明治二年	一八六九	三八歳	監察吏を拝命（三月）。	長府藩が豊浦藩に改称（六月）
明治三年	一八七〇	三九歳	観察吏を免じられ、長府毛利家扶を拝命（五月）。 権大参事権民事督務掛りを拝命（五月）。 民事督務掛りを免じられ、民事掛りを拝命（七月）。	
			長府毛利家扶を拝命（閏一〇月一八日）	
明治四年	一八七一	四〇歳	長府毛利家の東京移住に家扶として随従が決定（七月）。 東京へ出立（九月）。	廃藩置県（七月）
明治九年	一八七六	四五歳	実父小坂土佐九郎死去（五月）。	西南戦争勃発
明治一〇年	一八七七	四六歳	宮内省より出頭要請（九月一九日）。 宮内省御用掛を拝命。長府毛利家扶のまま、北白川宮御付となる（九月二〇日）。	福原和勝戦死（三月） 西郷隆盛自刃（九月）
明治一一年	一八七八	四七歳	米熊が駒場農学校に入学（三月）。	北白川宮能久親王と山内光子が結婚（一二月）
明治一四年	一八八一	五〇歳	米熊が駒場農学校を修業（三月）。 米熊の長野県への就職決定。長野へ出立（一一月）。	

			坂本龍馬一五年祭に出席（一二月一八日）。	
明治一五年	一八八二	五一歳	正七位に叙される（二月九日）。 三条実美が主催する芝紅葉館での旧友会に出席（六月）。 梨本宮家事取扱兼務となる（六月二八日～一一月二三日）。	
明治一六年	一八八三	五二歳	メクレンブルク゠シュヴェリーン大公国第三公子のヨハン・アルブレヒトを招いた浜離宮での晩餐会に北白川宮に随行し出席（一〇月三日）。	岩倉具視死去（七月）
明治一七年	一八八四	五三歳	子年〔元治元年〕殉死者二〇年祭に出席する（七月）。	防長教育会が設立される
明治一八年	一八八五	五四歳	高杉晋作二〇年祭に出席（五月一六日）。 伏見宮御付兼勤となる（八月九日～）。 坂本龍馬・中岡慎太郎二〇年祭に出席（一二月一八日）。	北白川宮能久親王と光子が離縁（一一月）
明治一九年	一八八六	五五歳	北白川宮御付から同家令に昇進（二月）。	北白川宮能久親王と島津富子が結婚（七月） 服部潜蔵死去（一二月）
明治二〇年	一八八七	五六歳	長府に帰省（二月一五日離京～三月二五日帰京）。 イヨの実母正村マスが死去（一〇月）。 北白川宮能久親王の名代として島津久光の葬儀に参列するため鹿児島へ赴く（一二月）。	島津久光死去（一二月）

和暦	西暦	満年齢	事跡等	備考
明治二一年	一八八八	五七歳	トモが明治女学校に入学（二月一六日）。 毛利元敏より長府（豊浦）帰住の相談を受け、北白川宮家別当の山尾庸三に辞職を内申（九月）。	
明治二二年	一八八九	五八歳	米熊の欧州留学希望を叶えるため、群馬県磯部（安中市）の別荘に滞在中の農商務大臣井上馨を訪ね、相談（一月）。 トモが明治女学校を退学し、香蘭女学校に入学（一月）。 米熊が欧州へ出立（三月）。 イヨとともに欽麗院（毛利欽子）に随従し、熱海温泉に出かける（一一月）。	毛利元敏長女暢子と清末毛利家当主の毛利元忠が結婚（七月）
明治二三年	一八九〇	五九歳	北白川宮家令辞職願を宮内大臣土方久元に提出する（一月）。 宮内省より家令辞職が認められ、従六位に叙される（三月）。 西郷隆盛の銅像建立に三円寄付（七月）。	
明治二四年	一八九一	六〇歳	長府に帰住。 米熊がイタリアより帰国（七月）。 来関した伊藤博文と会談（一一月）。	
明治二五年	一八九二	六一歳	トモが山本玉樹と結婚（一月七日）。 トモ単身で東京へ出立（一月一九日）。 トモが香蘭女学校を卒業（五月）。 イヨが病気療養のため東京へ（五月～七月）。	

			米熊が河合浩蔵の妹タキと結婚（一二月二五日）。但し、入籍は翌年二月九日。	
明治二六年	一八九三	六二歳	熊本へ向かう北白川宮能久親王と下関にて会食（一月）。 東京へ出張（二月〜三月）。 功山寺に墓地を購入（七月）。 熊本からの帰路下関に立ち寄った北白川宮能久親王と会食（九月）。 長府毛利家の家令を依願退職（一二月）。	
明治二七年	一八九四	六三歳	トモが長女梅子を出産（五月二日）。 イヨが病気療養のため東京へ出立（五月一五日）。 米熊に長男敬蔵が誕生（六月八日）。 日清開戦に伴い報国会が設立され、同会の委員長を依頼される（八月）。	日清戦争勃発（七月〜）
明治二八年	一八九五	六四歳	玉樹が東京へ出立（五月）。 米熊に二男秋雄が誕生するも夭折（一〇月）。	有栖川宮熾仁親王逝去（一月） 日清講和会議（三月） 清国使節李鴻章が下関で襲撃される（三月） 下関条約締結（四月） 北白川宮能久親王逝去（一一月）

和暦	西暦	満年齢	事跡等	備考
明治二九年	一八九六	六五歳	自宅にて寺田屋事件から満三〇年と、坂本龍馬死去より三〇年を記念する祭典を催す（一月二三日）。 東京へ出張（一二月中旬～下旬）。 井上馨や品川弥二郎と面談（一二月）。 北白川宮能久親王の霊前に参拝（一二月一六日）。 米熊に長女治子が誕生（一二月二八日届出）。	毛利元徳逝去（一二月）
明治三〇年	一八九七	六六歳	来関した井上馨と面談（五月）。 実母小坂かつ子逝去（六月）。 トモが福岡の病院に入院（八月）。 イヨが東京より戻る（九月）。	英照皇太后崩御（一月）
明治三一年	一八九八	六七歳	米熊に三男丈夫が誕生（一〇月一四日）。	毛利式子と小早川四郎が結婚（二月） 毛利元敏が正三位に叙される（五月）
明治三二年	一八九九	六八歳	トモ病死（一〇月三一日）。	
明治三三年	一九〇〇	六九歳	東京出張（一月中旬～二月）。 東京にて米熊・敬蔵に対面（二月）。 玉樹との縁組を解消する（一〇月）。	欽麗院〔毛利欽子〕逝去（一月）

明治三四年	一九〇一	七〇歳	死去（二月一六日）。 長府に建設の長府毛利邸が棟上げ。棟札に「故三吉慎蔵」と墨書される（八月）。
明治四四年	一九一一		イヨ死没（一月一四日）。

あとがき

二〇〇一年に米熊・慎蔵・龍馬会が発足し、初めて三吉家史料に触れる機会を得た。その時の衝撃は私にとって驚愕を覚えるに十分なものであった。「三吉慎蔵日記」を目にしたとき、これは何としても世に出すべき一級史料だと思い、以来悪戦苦闘が始まった。何とか最後まで原稿起こしが出来たのもひとえに当時上田市立博物館館長の職にあられた寺島隆史氏のご指導の賜である。この場をお借りしてお礼を申し上げます。また、今回の出版にあたっては国書刊行会の清水範之氏を初め多くの皆様のご理解とご協力によって実現することが出来ました。重ねてお礼申し上げます。米熊・慎蔵・龍馬会発足からの悲願でありました「三吉慎蔵日記」全巻をここに刊行することができたいま、大きな喜びでいっぱいでございます。お礼を申し上げあとがきとさせて頂きます。

二〇一六年七月二八日

中曽根孝一

渡辺〈元老院議官〉　上…182
渡辺　上…556
渡辺伊兵衛（清）　上…59, 63
渡辺管吾　下…114, 130, 156, 191, 197, 210, 225, 274, 278, 280-282, 320
渡辺内蔵太　上…59, 63
渡辺源六　上…85
渡辺洪基　上…160
渡辺駒太郎　下…60
渡辺清介　下…67, 71, 85, 88, 90, 91, 107, 111, 117, 118, 120, 121, 123, 126, 127, 130, 132, 153, 155, 168, 181, 184, 188, 219, 247, 348
渡辺太郎兵衛（清盈）　上…21
渡辺千秋　上…455, 457-459, 467
渡辺智意　上…493
渡辺リウ　下…168, 191, 431, 432, 480
渡辺渡　上…334, 339, 341, 344／下…379, 413
和智格→磯谷謙蔵

山脇玄　上…209

ゆ

湯浅速水（徹之介）　上…14
ユカ　上…576／下…464
湯川平馬　上…75
ユキ　下…376
弓削田　上…561
弓削田新七（忠重）　上…17
ユリシーズ・グラント　上…121

よ

与市　下…406
横井小楠　上…579
横田当計　下…305, 306
横地長左衛門　上…12
横畠　下…368, 469
吉井友実（幸輔、徳春）　上…72, 218, 248, 298, 365, 366, 370, 384, 388, 404, 421, 422, 427, 484, 498／下…30, 32, 573, 574, 577, 581, 594, 597, 603-605
〜の妻　上…484
吉岡　下…523
吉岡力（乗照）　上…21, 35, 36
吉岡与次兵衛（乗直）　上…11-15
芳岡六左衛門　下…133
芳川顕正　上…147
吉田　上…561
吉田　下…558, 563
吉田周利　上…122, 154, 159, 174, 200-203, 209, 254-256, 258, 259, 264, 293, 300, 321-324, 326, 327, 331, 332, 334, 336, 338, 350
〜の家族　上…350
吉田清英　上…268
吉田貞子　上…208
吉田松陰（大次郎、寅次郎、矩方）　上…12, 139, 296／下…175
吉田政吉　下…527
吉田安兵衛　上…374
吉田唯一　下…115, 133, 347, 421
吉田恕次郎　上…21, 26
吉富簡一　上…410
吉野〈老女〉　上…106, 183, 200, 249, 286, 386／下…31, 388
嘉仁親王→明宮嘉仁親王
吉松集躬　上…319
吉松惣左衛門　上…14
吉見九郎　下…228
芳山五郎介→福原芳山
吉ゐ屋林蔵　下…546
世続〈老人〉　上…264
世続陳貞　上…106, 177, 181, 182, 201, 249, 261, 270, 291, 299, 323, 324, 327, 345, 365, 392-396, 422, 433, 447-449, 454, 474, 490, 503, 533／下…592
ヨネ　上…349／下…532
米井　上…336
米岡　上…147
米津政敏　上…543-545, 552, 564, 567, 568, 571-574, 576, 579, 582／下…9, 26, 27
ヨハン・アルブレヒト・エルンスト・コンスタンティン・フリードリヒ・ハインリヒ　上…179, 202, 203

ら

頼山陽　上…244

り

李経方　下…124, 312
李鴻章　下…312, 313
龍崎　下…91
龍沢院→毛利綱元
龍（楢崎龍）〈坂本龍馬の妻〉　上…71-73／下…572-578
良蔵　下…35, 36
亮姫　上…28
リン　下…469

る

ルイーズ・マーガレット・アレグザンドラ・ヴィクトリア・アグネス　下…29
ルール　上…306

ろ

驍尉→毛利元徳

わ

和田　上…328／下…174
和田藤七　上…85

森脇　下…98
森脇浩太郎（克明）　上…29, 42
森脇退蔵　下…208
諸葛小弥太　上…89, 163, 232, 322, 323, 489, 500, 502, 525, 535, 538, 542／下…303
諸葛小弥太ヵ　下…458
諸葛政太　上…502
諸葛信澄（一郎）　上…96, 97, 124, 125

や

弥吉　下…44
安尾　上…146
安尾清治　上…561／下…48, 126, 168, 395, 400
安尾ソデ　下…492–494
安田　下…104
安野〈老人〉　下…543
安野勝次郎　下…237, 272, 290, 445
安野勝次郎ヵ　下…90, 116, 351, 397
柳津平次郎　下…271
柳原前光　上…548
柳原愛子　上…103, 121
八幡原伝作　上…29
山内　下…9
山内勝明　上…412, 422, 424, 505, 520
山内豊範　上…115, 116, 316, 343–345
山内光→北白川宮能久親王妃光子
山内容堂（豊信）　上…115
～の側室　上…115
山尾庸三　上…126, 171, 317, 370, 376, 379, 382, 409, 419, 420, 432, 434, 437, 438, 445–448, 451, 463–469, 471, 477, 479, 481, 482, 486, 490, 493–497, 500, 504, 507–509, 518, 521, 522, 524, 534–536, 540, 548, 555, 569, 571, 573, 579, 582／下…9, 25, 307, 607, 608
山岡鉄太郎　上…101, 103, 115, 123, 126, 182／下…603, 608
山県　上…202
山県有朋（狂介）　上…79, 98, 113, 170, 173, 182, 187, 188, 193, 195, 213, 229, 230, 233–236, 238, 250, 259, 266, 268–271, 296–298, 305, 340, 377, 418, 422, 468, 504, 506, 507, 567／下…7, 206, 231, 295, 296, 404, 405
山県伊三郎　上…299
山県九右衛門（貴速、喜久槌、松原音三）　上…61
山県権左衛門　上…65
山県十蔵　上…12
山県寿作（鎮実）　上…18, 22
山県ツル　下…348
山県友子　上…377／下…225, 231
山県信子　上…299
山県半七（半蔵、太華）　上…11
山県弥八（和至）　上…62
山県与一兵衛　上…66
山口　上…408
山口正定（徳之進）　上…355, 365／下…605
山崎寛治　下…398, 399
山崎隆篤　上…455, 458
山崎本次　下…493
山下　上…458, 459／下…604
山下多八郎　上…455
山階宮晃親王　上…105, 158, 189, 288, 289, 298, 303, 362, 394, 469, 519, 563, 568／下…461, 588, 592, 594
山階宮菊麿王→梨本宮菊麿王
山階宮定麿王→東伏見宮依仁親王
山田　上…412, 481, 489, 502
山田愛助　上…146, 263, 481
山田顕義　上…193, 204, 377／下…79, 80, 181, 182, 184, 186
山田宇右衛門（頼毅）　上…73
山田七郎　下…36, 119, 120, 126, 133, 276, 289, 290, 316, 347, 359, 369, 423, 481
～の継母　下…377
山田七郎ヵ　上…561
山田助三（常恵）　上…8
山田瀬兵衛（道信）　上…33, 36
山田藤吉　下…576
山田水雄　下…275
山田盛実　上…56
山田安栄　下…359
山田儀祐　下…44, 218, 277
大和国之助　上…59, 63
山名勝則　下…305
山名好之助　下…305
山中李兵衛（永方）　上…40
山本〈有栖川宮家扶〉　上…152, 164, 183, 185
山本〈老女〉　上…164
山本　上…205
山本喜勢治　上…169, 202
山本喜勢治ヵ　上…253, 269, 276, 299
山本辰之助　上…106, 177, 201, 208
山本辰之助ヵ　上…296, 325
山本玉樹→三吉玉樹

毛利元恒　下…47
毛利元敏（元懋、宗五郎）　上…34, 37, 39, 53, 59, 61, 64, 66-68, 75-86, 90-102, 107, 108, 118, 122, 124-126, 131, 133, 134, 137, 138, 141, 145, 148, 151, 153, 154, 156, 158, 162-164, 172, 176, 177, 180-184, 197, 198, 204, 205, 207, 209-211, 213-215, 217, 218, 221-225, 230, 232, 233, 236, 237, 239, 241-243, 245, 247-252, 255, 256, 259-261, 263, 264, 267-269, 272-274, 276, 277, 279, 280, 284, 287, 288, 291, 294, 301, 303-305, 308, 309, 312, 314, 317-321, 323, 327-332, 336, 339-343, 347, 348, 354, 359, 362, 365, 374, 379-382, 406, 412, 472, 479, 482, 483, 486, 490, 491, 495, 499, 501, 502, 504, 508, 511, 512, 515, 518, 519, 521, 522, 525-532, 534, 536-538, 540-543, 547-563, 565, 567, 574, 578, 579, 581-583／下…7, 8, 11, 12, 14-18, 22-24, 26, 28-32, 39, 42, 43, 45, 46, 51, 52, 54, 55, 59, 61-67, 70, 75, 76, 79-82, 84, 85, 87-91, 93-99, 101, 102, 105, 107-109, 112, 114-120, 123-134, 137, 139, 141, 142, 145-149, 152, 154-157, 160, 161, 165, 167-170, 172-177, 179, 181, 183, 184, 186-188, 191, 195, 197-200, 202-205, 207-210, 212-214, 216, 217, 220, 222-225, 227, 229-236, 238, 240, 241, 243, 244, 247, 248, 250, 252, 254, 257, 258, 260-263, 267-269, 275, 277-279, 284-286, 288, 290, 293, 296-299, 303-307, 309, 312, 313, 315, 317, 319, 320, 325, 329, 333, 334, 336, 342-344, 347-351, 354, 356, 358, 364, 365, 367, 370, 371, 374, 376, 382-384, 387-389, 391, 395, 397, 398, 400, 402, 404, 405, 407-409, 411, 412, 416, 417, 419, 420, 422, 424-429, 433, 434, 440, 442, 443, 445-447, 449, 453, 457, 460, 461, 463, 465-472, 477, 479-482, 484, 497, 503, 504, 509, 511, 513-515, 521-525, 527, 534, 536-538, 540, 542, 543, 546, 550, 552, 553, 558, 559, 563, 566, 567
毛利元就　上…252
毛利元徳（騄尉、広封、定広）　上…14, 60-63, 65, 67, 68, 76, 78, 79, 81, 82, 98-100, 124, 147, 172, 195, 212, 213, 218, 222, 241, 243, 248, 257, 267-269, 294, 312, 319, 393, 410, 411, 419, 422, 439, 447, 536-538, 540-542, 545, 546, 550／下…7, 14, 16, 20, 31, 32, 37, 54, 58, 61, 62, 65-67, 70, 81, 86, 87, 94, 99, 101, 102, 144, 157, 171, 204, 205, 225, 243, 388, 390-392, 396, 406, 409, 466
毛利元秀　下…558
毛利元蕃　上…60, 62, 68, 77, 195, 213
毛利元運（賢徳院）　上…10, 11, 13, 15, 22, 41／下… 142-144, 146, 229
毛利元義　上…7, 8／下…209, 210, 213
毛利保子　上…90-92, 99, 140, 167, 172, 177, 181, 182, 213, 214, 223, 263, 276, 312, 314, 315, 359, 379, 381, 484-486, 506, 508, 530, 531, 534-536, 539, 542, 543, 545-547, 549, 553, 555, 568, 578／下…10, 14, 18, 23, 26, 28-30, 39, 42, 43, 46, 61-63, 66, 67, 70, 75, 77, 81, 87, 88, 99, 100, 104, 127-130, 137, 139, 142, 147, 149, 167-173, 182, 189, 195, 207, 209, 212, 213, 216, 217, 227, 230, 233, 236, 240, 241, 243, 244, 247, 248, 252, 254, 262, 264, 268, 269, 271, 291, 292, 296, 298, 306-308, 310, 311, 317, 319, 325, 329, 342, 344, 347, 348, 354, 358, 364, 365, 367, 370, 374, 383-385, 387, 388, 391, 392, 395, 397, 398, 404, 409, 416, 425-427, 429, 434, 440, 442, 443, 445-447, 449, 453-456, 459, 460, 463, 465-467, 473, 475, 484, 486, 503, 511, 514, 521, 524, 533, 534, 536, 541, 542, 563, 567
毛利安子　上…124, 172, 212, 271, 294, 312, 319, 346, 376, 519, 542, 543, 550／下…58, 61, 67, 70, 87, 177, 178, 388, 390, 426-429, 458, 459, 461, 463, 468
毛利鏻子　上…26, 163, 164, 252, 314, 319, 362, 364, 368, 373, 374, 376, 380, 496, 501, 508, 519, 520, 533, 542, 543, 545, 557, 559, 560, 562／下…35, 38, 39, 46, 51, 54, 69, 70, 89, 92, 93, 95, 97, 99, 120, 121, 128, 137, 143, 151, 192, 200, 243, 252, 299, 347, 361, 404, 421, 425, 427, 429, 432, 438, 466, 468, 478, 487, 489, 490, 509, 521, 542
毛利六郎　下…171
許田　下…148
許田杏平　上…92, 564／下…319
許田杏平ヵ　下…148
元田永孚　上…118
森有礼　上…410, 524
森岡真　上…455
森重政之進　上…12
森本　上…323
森山　上…173